*J. Claude Weiss / Verena Bachmann*
Pluto – Eros, Dämon und Transformation

*J. Claude Weiss / Verena Bachmann*

# Pluto

**Eros, Dämon und Transformation**

Edition Astrodata

*4. Auflage 2008*

Druck: fgb.freiburger graphische betriebe – www.fgb.de
Horoskope: Astrodata AG, CH-Zürich
Umschlagbild: Der Gott Samvara in Vereinigung mit seiner Sakti Vajravarahi, Symbol für
die Auflösung jeglicher Dualität (nepalesische Thanka, Privatsammlung J. C. Weiss)

ISBN 978-3-907029-05-3

# Inhaltsverzeichnis

Vorwort zur dritten, erweiterten Auflage, von J. Claude Weiss ................ 11
Vorwort zur ersten Auflage, von Verena Bachmann .......................... 12
Einleitung ......................................................... 13

**1. Teil: SYMBOLIK, MYTHOLOGIE UND ENTDECKUNG DES PLUTO**
**von J. Claude Weiss**
Pluto: Die Magie der eigenen oder der fremden Macht ...................... 17
Mythologie ........................................................ 20
Die Entdeckung des Pluto ............................................ 26
Pluto als Planet .................................................... 38

**2. Teil: PLUTO-THEMEN IN DER PRAXIS**
**von Verena Bachmann**
Pluto-Themen in der Praxis .......................................... 43
Die verschiedenen Ebenen der Pluto-Entsprechung ...................... 45
Die Masken des Pluto im Alltag ...................................... 47
    Aktive Entsprechungen ......................................... 47
    Passive Entsprechungen ........................................ 51
    Gesellschaftlich-soziale Entsprechungen ......................... 55
Das Potential von Pluto-Themen ...................................... 57
Leben mit Pluto-Themen ............................................. 61
Pluto-Themen in der Beratungssituation ............................... 74
Pluto-Themen in Therapie und Prozessarbeit ........................... 77
    Die verschiedenen Therapie-Formen ............................. 78
    Die drei Ebenen der Prozessarbeit .............................. 80
    Die vier Hauptthemen in der Arbeit mit Pluto-Erfahrungen ......... 88
    Sexualität .................................................... 90
    Verlust oder plötzlicher Entzug von Zuwendung .................. 97
    Bedrohung, nicht sich selbst sein dürfen ....................... 102
    Blockierte Aggressionen ...................................... 109
Pluto-Transite: Der kreative Umgang mit Lebenskrisen ................. 118
    Erfahrungen mit Pluto-Auslösungen ........................... 122

**3. Teil: PLUTO IM WELTGESCHEHEN**
**von J. Claude Weiss**
Pluto in den Zeichen ............................................... 135

**Pluto im Widder** .................................................. 137
    Astrologische Symbolik ....................................... 137
    Revolution und Nationalhelden ................................ 137
    Die industrielle Revolution – Kapital und Proletariat ............ 137

Die Generation mit Pluto im Widder .................................................. 138
Andere astrologische Einflüsse zur Zeit von Pluto im Widder ............... 138

**Pluto im Stier** ............................................................................... 140
Astrologische Symbolik ................................................................... 140
Restauration, Reaktion und Rückgriff auf eine konservative Politik ......... 140
Nutzung der Bodenschätze – Ausbeutung der Kolonialvölker –
Hypothekar- und Kreditwesen .......................................................... 141
Die Gegensätze zwischen Landwirtschaft und Industrie –
Der amerikanische Bürgerkrieg – Die ersten Millionäre ...................... 141
Die grosse Zeit der Kaiser – Stacheldraht und allgemeine Wehrpflicht ....... 142
Das viktorianische Zeitalter – Positivismus und historischer
Materialismus – Darwinismus .......................................................... 142
Die Generation mit Pluto im Stier ..................................................... 143
Andere astrologische Einflüsse zur Zeit von Pluto im Stier ................... 144

**Pluto in Zwillinge** ......................................................................... 147
Astrologische Symbolik ................................................................... 147
Umwälzende Veränderungen – Sichtbarwerden der Schützepolarität ........ 147
Veränderungen im Bereich der Fortbewegung und des Transports .......... 148
Sprunghafte Entwicklung der Kommunikationsmittel .......................... 149
Handel, Politik und Kriegsführung .................................................... 150
Wissenschaftliche Errungenschaften – Veränderung im Bereich des
Denkens und Verhaltens .................................................................. 150
Die Geburt der modernen Psychologie ............................................... 152
Die Generation mit Pluto im Zwillingezeichen .................................... 152
Andere astrologische Einflüsse zur Zeit von Pluto in Zwillinge ............. 153

**Pluto im Krebs** ............................................................................. 155
Astrologische Symbolik ................................................................... 155
Das Ende der europäischen Herrschaft – Der Niedergang der Kaiser-
reiche – Der Diktator als Mann des Volkes und als neue Vaterfigur –
Die neue Ordnung .......................................................................... 155
Prohibition, Mafia und Grosse Depression in den USA ........................ 157
Die merkwürdige Psychologie des Ersten Weltkrieges – Wie vaterlän-
disches Pflicht- und Ehrgefühl zur Farce wird – Weihnachten in den
Schützengräben ............................................................................. 158
Auch nach dem Krieg grosse wirtschaftliche Unsicherheit – Galoppierende
Inflation in Deutschland – Der Aufbau von Feindbildern ...................... 160
Die goldenen Zwanziger Jahre – Spekulationsfieber und Zusammenbruch –
Der Nationalsozialismus .................................................................. 161
Passiver Widerstand in Indien – Pestepidemie in China ....................... 162
Fliessband und Massenproduktion – Rundfunk und Massenbeeinflussung –
Die Profilierung der Frau in Familie und Gesellschaft .......................... 162
Kultur, Kunst und Filmschaffen: Einbruch des Unbewussten – Geschichts-
forschung und Archäologie – Darstellung von Massenszenen im Film ........ 163

6

Die Generation mit Pluto im Krebs .......................................... 165
Andere astrologische Einflüsse zur Zeit von Pluto im Krebs ................. 168

**Pluto im Löwen** .............................................................. 170
Astrologische Symbolik ....................................................... 170
Der Zweite Weltkrieg – Die Teilung der Welt in zwei Lager – Die Dyna-
mik der «Neuen Ordnung» und ihr Zusammenbruch ........................ 170
Die Atomspaltung und die Spaltung der Welt in zwei Blöcke – Der Zwang,
mit seinem Schatten zu leben ................................................ 171
Der grosse Glaube an den Fortschritt – Freiheit für alle: Die «Wunder-
kinder» – Der Sieg über die Natur: Atomenergie, Kunststoffe, Penicillin
und DDT ...................................................................... 173
Heldenkult, «Playboy» und «Club Mediterranée» – Das Fernsehen – Die
Jugend kreiert ihre Helden – Erotische Provokationen ....................... 174
Die Generation mit Pluto im Löwezeichen ................................... 175
Andere astrologische Einflüsse zur Zeit von Pluto im Löwezeichen ......... 176

**Pluto in Jungfrau** ........................................................... 178
Astrologische Symbolik ....................................................... 178
Aufstand und Niederwerfung der «Satelliten» – Berliner Mauer – Kom-
munistische Erfolge in der Dritten Welt – Volkskommunen in China –
Der Vietnamkrieg ............................................................. 178
Bürgerrechtsbewegung in den USA – Rassenkrawalle – Studentenun-
ruhen – Soziale Forderungen ................................................ 180
Frankreich verliert seine Kolonien – Amnesty International im Kampf
gegen die Folter – Das «afrikanische Jahr» ................................. 180
Medizinische Fortschritte – Pillen als Konsumgüter – Besinnung auf den
Körper – Die Antibabypille – Drogen und bewusstseinsverändernde
Mittel – Hippie- und Popkultur ............................................. 181
Wissenschaftliche Fortschritte – Die Eroberung des Weltalls – Der Be-
ginn des Wassermann-Zeitalters ............................................ 183
Der Wettkampf zwischen Ärzten und Agronomen – Von der Fruchtbar-
keit der Böden und der Menschen ........................................... 184
Rationelle Büroorganisation – Aufkommen der Computer – Postleit-
zahlen ........................................................................ 185
Neuer Durchbruch in der Psychologie: Transaktionsanalyse, Gestalt-
therapie und Bioenergetik ................................................... 186
Kultur, Film und der neue Umgang mit Erotik und Sexualität ............. 188
Die Generation mit Pluto im Jungfrauzeichen .............................. 189
Andere astrologische Einflüsse zur Zeit von Pluto im Jungfrauzeichen ...... 190

**Pluto in Waage** .............................................................. 191
Astrologische Symbolik ....................................................... 191
Wie die USA zu einem Waage-Präsidenten kommen – Der schwache
Mann und die «eiserne Lady» – Der Rollentausch ......................... 191
Extremisten und Terroristen .................................................. 196

Friedensabkommen – Afghanistan und die Farce der «brüderlichen Hilfe» – Bürgerkriege .................................................................. 197
Erdölkrise – «Club of Rome» und quantitatives Wachstum – Währungskrise – Wie «Untertanen» zu «Herren» werden .............................. 198
Erforschung des Planeten Mars ................................................... 200
Die nicht mehr beachteten Gesetze – Hausbesetzungen und Konkubinat – Offene Ehe und hohe Scheidungsraten – Gleiche Rechte für Mann und Frau ....................................................................... 200
Die sexuelle Befreiung – Die «neue Frau» – Pornographie und Retortenbabys – Die narzisstische Persönlichkeit ......................................... 202
Die Generation mit Pluto in Waage ............................................. 204
Andere astrologische Einflüsse zur Zeit von Pluto in Waage ................. 206

**Pluto in Skorpion** ................................................................. 208
Astrologische Symbolik ............................................................ 208
Die Sexualität als Gefahr: AIDS .................................................. 209
Tschernobyl und die vergiftete Nahrung ........................................ 212
Überwindung des Gegensatzes Kommunismus–Kapitalismus ................. 214
Überwindung der Apartheid ....................................................... 216
Ozonloch, Meeresverschmutzung, Waldsterben und Öko-Bewegung ........ 217
Der Golfkrieg und die verpasste «Neue Weltordnung» ........................ 218
Yuppie-Bewegung, Materialismus, Fusionen und Börsenspekulationen ...... 219
Die Generation mit Pluto in Skorpion ........................................... 219
Andere astrologische Einflüsse zur Zeit von Pluto in Skorpion .............. 220

**Pluto in Schütze** ................................................................. 224
Astrologische Symbolik ............................................................ 224
Frühere Transite von Pluto durchs Schützezeichen ............................ 224
  1749–1762: Aufklärung und englische Erfolge in Amerika und Indien .......... 224
    Erdbeben von Lissabon ........................................................ 226
  1502–1516: Erste Kolonien in Amerika, Siegeszug Spaniens und Portugals ...... 226
    Die Osmanen beherrschen die islamische Welt ............................. 227
    Schweiz wird neutral, Utopia und Macchiavelli ........................... 227
    Krisenstimmung bereitet die Reformation vor ............................. 228
    Postverbindung und Erdbeben von Konstantinopel ....................... 229
  1256–1270: Grösste Ausbreitung des Mongolenreiches und Ende der Kreuzzüge ........................................................................... 230
  1010–1024: Römischer Kaiser, König von England und Dänemark ............. 230
  764–778: Karl der Grosse und das Römische Reich unter christlicher Prägung .. 230
  518–533: Justinian und die christliche Zeitrechnung ........................... 230
  272–287: Bedrohtes Römisches Reich, Religionsgründer Mani ................. 231
  26–42: Kreuzigung – Beginn der christlichen Religion ........................ 231
  Frühere Perioden .................................................................. 231
  Zusammenfassung der Entsprechungen ........................................ 231
Wichtige Zyklen prägen die Periode von 1995–2008 mit Pluto in Schütze .... 232
  Der neue Uranus/Neptun-Zyklus ab 1993 ..................................... 233
  Frühere Uranus/Neptun-Konjunktionen ........................................ 234
    Renaissance ..................................................................... 234

Sieg der Naturwissenschaften und Republik ............................... 234
Das industrielle Zeitalter .............................................. 234
Gegenwärtige Entsprechungen von Pluto in Schütze ......................... 236
  1. Die Natur zeigt sich von ihrer wilden Seite: massive Erdbeben ............... 236
    Relevanter Vollmond auf 26 Grad Krebs/Steinbock ......................... 237
  2. Die neuen Krankheiten: BSE und Creutzfeld-Jakob ..................... 240
  3. Der Krieg der Kulturen: Morden im Namen Gottes ..................... 242
    Samuel Huntingtons «Kampf der Kulturen» ........................... 244
  4. Globalisierung und Internet-Euphorie .............................. 246
  5. Der 11. September – Kreuzzug und Kampf gegen das Böse ................... 248
    Frühe Anzeichen für dramatische Herausforderungen der USA ab
    Sommer 2001 ..................................................... 249
    Uranus/Lilith: Die zu kurz Gekommenen melden sich zurück ............... 250
    Der Terroranschlag vom 11. September 2001 ......................... 252
    Der Kreuzzug gegen das Böse ...................................... 255

**Übergeordnete Plutoaspekt-Zyklen** .................................... 258
Die epochalen Saturn/Pluto-Zyklen und die Wende von 2001–2002 ........... 259
  1. Der Saturn/Pluto-Zyklus von 1914–1947 ............................ 260
    1914–1915: Saturn Konjunktion Pluto im Krebszeichen ................... 260
    1929–1931: Saturn/Pluto-Opposition auf der Steinbock/Krebs-Achse ......... 261
  2. Der Saturn/Pluto-Zyklus von 1947–1982 ............................ 262
    1947–1948: Saturn Konjunktion Pluto in Löwe ....................... 262
    1964–1967: Saturn/Pluto-Opposition auf der Achse Fische/Jungfrau ......... 263
      Beatles und Hippies ........................................ 264
      Grenzen des Wachstums ..................................... 265
  3. Der Saturn/Pluto-Zyklus von 1982–2020 ............................ 265
    1981–1982: Saturn Konjunktion Pluto in Waage ..................... 265
      Zusammenschlüsse, Fusionen und Sieg des Kapitalismus ................. 266
    2001–2002: Saturn/Pluto-Opposition auf der Achse Zwillinge/Schütze ......... 267
      Schwere Rückschläge an der Börse ............................. 268
Nach dem 11. September 2001: Unterwegs zu Pluto in Steinbock ............. 268
  Die kardinale Ballung von 1988–1993 ................................ 269
  Kritische Halbzeit von 1998–2002 .................................. 270

**Pluto in Steinbock** ................................................ 272
Die kardinale Spannungskonstellation von 2008–2015 ...................... 272
Astrologische Symbolik .............................................. 273
Frühere Transite von Pluto durch das Steinbockzeichen ................... 274
  1762–1778: Höhepunkt und Herausforderung der beherrschenden Weltmacht .. 274
    Dramatische Entwicklungen in Königshäusern ......................... 276
    Beginn der industriellen Entwicklung und neue Wirtschaftstheorien ........ 276
  1516–1532: Fiskalismus der Kirche führt zur Reformation ................. 277
    Eine Zeit der Unsicherheit ........................................ 278
    Spanien wird zur Grossmacht Europas und Osmanisches Reich expandiert .. 278
    Alte Weissagungen erleichtern Eroberung Mexikos ..................... 279
    Bauernaufstand .................................................. 279
    Künstler und grosse Geister ....................................... 279

1270–1287: Zeit der Orden und der Hanse – Beginn der Habsburger-Dynastie .. 279
1024–1041: Neue Herrscherdynastien ................................ 280
    Stabilisierung des Feudalismus ................................ 281
778–796: Blütezeit der Kaiser- und Kalifenreiche ................................ 281
532–551: Beginn der christlichen Zeitrechnung ................................ 282
    Justinian und seine Frau Theodora herrschen in Konstantinopel ............. 282
287–306: Stabilisierung des Römischen Reiches durch Diokletian ............... 283
42–61: Rohe Sitten in der Kaiserfamilie ................................ 283
Künftige Entsprechungen mit Pluto in Steinbock ................................ 284
    Politische Entwicklungen ................................ 285
    Wirtschaftliche Entwicklungen ................................ 288
    Gesellschaftliche Entwicklungen ................................ 289
Andere astrologische Einflüsse in der Zeit von Pluto in Steinbock ........... 289

**Pluto in Wassermann** ................................ 292
Astrologische Symbolik ................................ 292
Frühere Perioden mit Pluto in Wassermann ................................ 292
    1778–1798: Entdeckung des Uranus, erster bemannter Flug, Revolution ........ 292
        Französische Revolution ................................ 294
    1532–1553: Reformation und Gegenreformation, Heinrich VIII. gründet
    eigene Kirche ................................ 294
        Gold und Sonne stehen im Mittelpunkt ................................ 295
        Eine Vielfalt von interessanten Persönlichkeiten ................................ 296
        Eigenwillige Herrscher ................................ 296
        Landnahme auf dem nordamerikanischen Kontinent ................................ 297
Andere Einflüsse beim nächsten Transit von Pluto durch Wassermann ...... 297

**Pluto in Fische** ................................ 300
Astrologische Symbolik ................................ 300
Frühere Transite von Pluto durch das Fischezeichen ................................ 301
    1797–1823: Napoleon – ein feurig-visionärer Eroberungsdrang, gefolgt von
    Wirren ................................ 302
        Sieg der Seemacht England ................................ 303
        Unabhängigkeitskämpfe in Lateinamerika ................................ 303
        Wissenschaftliche und industrielle Fortschritte ................................ 303
    1552–1579: Religionskämpfe zwischen Protestanten und Katholiken, Staats-
    bankrott, Nostradamus ................................ 304
        Lebendiges Zeugnis der Kunst von Astrologen und Hellsehern ............. 304
        Vom Augsburger Religionsfrieden zur Bartholomäusnacht .................. 305
        Blütezeiten und Schreckensherrschaften ................................ 306
        Beginn des Siegeszugs des Tabaks ................................ 307
    1307–1334: Geldgieriger König, schwacher Papst; Sieg der Eidgenossen ........ 307
    Frühere Perioden ................................ 308
Andere Einflüsse beim nächsten Transit von Pluto durch Fische ............. 309

**Literaturverzeichnis** ................................ 310

# Vorwort zur dritten, erweiterten Auflage

Seit dem Erscheinen der ersten Auflage im Jahre 1989 und der zweiten im April 1991 sind verschiedene der vermuteten Ausdrucksformen von Pluto in Skorpion und Pluto in Schütze sichtbar geworden. So stellen wir fest, dass die Analyse, die wir zu Pluto in Schütze hinsichtlich der Auseinandersetzung zwischen verschiedenen Kulturen in der 1991 erschienenen zweiten Auflage des Buches zeichneten, ein Jahrzehnt später nichts an Gültigkeit eingebüsst hat. Damals befürchteten wir, dass das Ausklammern von Problemen oder einseitige Entscheidungen aufgrund dominanter Machtpositionen, um Andersdenkende zu «überzeugen», unter Pluto in Schütze zu dramatischen Konfrontationen führen könnten, die dann mit Waffengewalt ausgetragen werden. Dabei schilderten wir die Brisanz des ungelösten Palästinenserproblems, des Neides besitzloser arabischer Massen auf die reichen Brüder in den eigenen Reihen und deren Groll gegen die Übermacht der westlichen Zivilisation.

Wir hätten uns allerdings gewünscht, dass in der Zwischenzeit mehr Toleranz für unterschiedliche Kulturen entwickelt worden wäre, damit es nicht zu gefährlichen Formen des Zusammenpralls kommt. Es ist zu hoffen, dass Versäumtes noch nachgeholt wird.

In den früheren Auflagen des Buches wurde Pluto in den Zeichen nur bis zu den damals aktuellen oder kurz bevorstehenden Konstellationen besprochen. In dieser dritten, stark erweiterten Ausgabe wird Pluto nun in allen Zeichen gedeutet, wobei Vergleiche mit früheren Epochen mit der selben Plutostellung teilweise weit zurückreichen. Wir hoffen, mit diesem Vorgehen brauchbare Illustrationen zu vermitteln, damit sich die Leserin und der Leser selbst ein Bild über künftige Entsprechungen machen können. Dabei wurden die Stellungen von Pluto in den Zeichen durch Überlegungen über Zyklen von Pluto-Aspekten zu anderen Langsamläufern angestellt – dies mit besonderer Berücksichtigung des Saturn/Pluto-Zyklus.

Da wir seit Erscheinen der früheren Auflagen inzwischen auch mit Chiron und Lilith arbeiten, wurden diese beiden Faktoren in den Horoskopen, die die Kapitel ab Pluto in Skorpion begleiten, eingezeichnet.

Es ist mir ein Anliegen, an dieser Stelle allen zu danken, die am Zustandekommen dieser dritten, erweiterten Auflage mitgewirkt haben: Armando Bertozzi für Gestaltung und Grafik, Corinne Jaun und Sabina Wolf für das Lektorat.

Wettswil, im Mai 2002                                                              J. Claude Weiss

# Vorwort zur ersten Auflage

Den Anstoss zur intensiven Auseinandersetzung mit den Manifestationen von Pluto-Themen in der Praxis gaben zum Teil eigene Erfahrungen, zum anderen aber auch Erlebnisse und Beobachtungen mit Klienten in Beratungen und in der Prozessarbeit. Die in Astrologiebüchern gefundenen Erläuterungen – wenn Pluto überhaupt als relevant betrachtet wurde – beschrieben extrem und einseitig vor allem die «negativen», «schwierigen» Aspekte Plutos, aus denen scheinbar kein Entrinnen möglich war, während die eigene Arbeit, neben der bedrohlichen, dunklen Seite Plutos, eine Vielfalt anderer Facetten dieses Planeten aufzeigte.

Die Beschreibungen der verschiedenen Manifestationsebenen in der Praxis sollen daher dem Leser die grosse Variationsbreite von Entsprechungen Plutos und die damit verknüpften Möglichkeiten aufzeigen. Die Schilderungen der Prozessarbeit mit Klienten andererseits soll jenen, denen die «Reise in die plutonische Unterwelt» bisher zu bedrohlich erschien, Mut machen, sich mit den eigenen Ängsten und Verletzungen auseinanderzusetzen. Eine eingehende Beschäftigung mit persönlichen Pluto-Themen kann letztlich ein grosses Potential, innere Kraftreserven und Regenerationsfähigkeit zutage fördern. Auch in Märchen und Mythen sind Schätze und Reichtümer meist in dunklen Höhlen versteckt, im Erdreich vergraben, oder sie liegen auf dem Grund von tiefen Gewässern.

In diesem Zusammenhang möchte ich insbesondere meinen Klientinnen und Klienten danken, welche mir erlaubten, sie ein Stück auf dieser abenteuerlichen Reise zu begleiten und mit ihnen das damit verbundene intensive Erleben zu teilen. Alle hier beschriebenen Menschen haben sich zudem bereit erklärt, dass ihre Bilder und Erfahrungen auch in diesem Buch erwähnt werden dürfen, was gerade bei Plutos Neigung zum Verbergen nicht selbstverständlich ist. Ohne diese Offenheit wäre der zweite Teil dieses Buches nicht möglich gewesen, und ich möchte dafür ganz besonders danken.

Um die Privatsphäre dieser Klienten zu schützen, werden die genauen Geburtsdaten nicht aufgeführt. Auch die Namen und die verschiedenen persönlichen Umstände, sofern diese nicht mit der Thematik zu tun hatten, wurden entsprechend verändert.

Weiter möchte ich auch Sascha Dönges danken, die mich in meinem eigenen Prozess begleitet hat, was es mir erlaubte, den mit Pluto verbundenen Reichtum zu entdecken. Es bleibt mir, Claude Weiss für die intensive Zusammenarbeit der letzten Jahre zu danken, welche viele plutonische Ebenen aktivierte, die in diesem Buch zum Ausdruck kommen.

Zürich, im Mai 1989                                                        Verena Bachmann

# Einleitung

Pluto wurde 1930 entdeckt. Bis weit in die dreissiger Jahre hinein waren sich die Astrologen sowohl über seine Bedeutung und Wirkung als auch über seine zeichenmässige Zuordnung uneins. In seiner 1933 publizierten, zirka tausendseitigen und sorgfältig recherchierten «Encyclopædia of Medical Astrology» lässt der Autor Dr. H. L. Cornell Pluto gänzlich aus und zitiert zu seiner Rechtfertigung E. H. Bailey mit folgenden Worten: «Ich glaube überhaupt nicht an die behaupteten Einflüsse dieses Planeten» und «Ich sehe keinen Grund, ihn in der Horoskopdeutung einzubeziehen».

Sogar in seinem 1969 veröffentlichten Werk «Astrologische Menschenkunde», Band III, widmet der Altmeister der deutschen Astrologie, Thomas Ring, den Pluto-Aspekten lediglich drei bis vier Zeilen, während er andere Aspekte über drei bis vier Seiten beschreibt. Allzuvieles scheint ihm im Zusammenhang mit Pluto noch ungesichert.

Zur gleichen Zeit, zu welcher dessen Wirkung von vielen angezweifelt wird, macht sich Pluto jedoch in extremster Weise bemerkbar: Mit der Depression Anfang der dreissiger Jahre und dem Aufkommen des Nationalsozialismus, der die Welt bald in eine globale Zerstörung stürzt, erfährt die Menschheit die nicht integrierte Pluto-Qualität auf destruktivste Art und Weise. Seit jener Zeit sind nun über siebzig Jahre vergangen, und kein Astrologe würde inzwischen die Bedeutung dieses langsamsten aller Planeten in Frage stellen. Dabei sind sowohl dessen persönliche als auch kollektive Entsprechungen von grossem Interesse. Im vorliegenden Buch wird versucht, auf beide Bereiche einzugehen. Im Bestreben, bereits existierenden Werken über die Deutung von Pluto-Positionen im Horoskop nicht einen weiteren Band mit Deutungsregeln anzureihen, ist das vorliegende Buch vor allem praktischen Beobachtungen verschiedener Pluto-Stellungen im Geburtshoroskop und im Zeitgeschehen gewidmet.

Der von Claude Weiss verfasste 1. Teil des Buches gibt Hinweise über Symbolik, Mythologie und Entdeckung des Pluto. Im 2. Teil «Pluto-Themen in der Praxis» zeigt dann Verena Bachmann auf, wie sich Pluto über Geburtsstellungen und zeitliche Auslösungen im praktischen Leben manifestiert. Ebenfalls an konkreten Fakten – jenen der Weltgeschichte – orientiert sich der 3. Teil «Pluto im Weltgeschehen», welcher über Forschungen und Beobachtungen berichtet, die Claude Weiss seit bald 20 Jahren beschäftigen.

Durch eine praxisnahe, sich auf Beobachtungen abstützende Vorgehensweise hoffen wir, der Leserin und dem Leser Anstösse für ein besseres Verständnis der Entsprechungen des Planeten Pluto im persönlichen Erleben wie auch im Weltgeschehen zu vermitteln.

# 1. Teil

# SYMBOLIK, MYTHOLOGIE UND ENTDECKUNG DES PLUTO

von J. Claude Weiss

# Pluto: Die Magie der eigenen oder der fremden Macht

Pluto verkörpert eine geheimnisvolle Qualität. Dies fängt schon damit an, dass die einen behaupten, sie spürten im Zusammenhang mit ihrem Pluto im Horoskop oder dessen Auslösungen nichts Besonderes, während andere von grössten Veränderungsprozessen berichten. Manche Leute wiederum erblicken die Wirkung des Pluto vor allem in Verbindung mit kollektiven Massenprozessen, wo das Individuum nur indirekt betroffen ist.

Wie kommt es zu solchen widersprüchlichen Aussagen? Der Grund scheint darin zu liegen, dass Pluto derart an unseren Fundamenten rüttelt, dass es zuweilen für jemanden ganz einfach zu schwierig ist, näher hinzuschauen. Wenn wir dies tun, so müssen wir nämlich feststellen, dass wir die Vorstellung, welche wir von uns haben, nur schwerlich aufrechterhalten können und zunächst einmal in eine grosse Unsicherheit katapultiert werden. Es mögen dann Bilder totaler Bedrohung auftauchen im Zusammenhang mit früheren Situationen aus der Kindheit oder einer Vergangenheit, die wir gar nicht so ohne weiteres in dieses Leben einordnen können. Es ist dann, wie wenn latent schon von je her ein wichtiges Thema vorhanden gewesen wäre, welches nun in einer Krise plötzlich an die Oberfläche tritt, ähnlich wie die im Erdinnern brodelnde Lava bei einem Vulkanausbruch plötzlich zerstörerisch hervorquillt. In solchen Momenten erleben wir eine Art Umstülpung unserer bisherigen Vorstellung der Wirklichkeit, wie wenn der verborgene und unterdrückte Teil nun plötzlich in die Wahrnehmungsebene drängt. Das, was bisher im Lichtkegel unseres Bewusstseins stand, gerät nun in den Schatten und das, was bisher durch die Dunkelheit vor unseren Blicken geschützt war, wird sichtbar, wobei wir dabei gleichzeitig der verzerrten Züge einer bisher im dunklen Keller versteckten Komponente unserer Persönlichkeit ansichtig werden. Dies löst bei uns wie auch bei andern meist Schrecken aus.

Pluto sind jedoch Begriffe von Gut und Böse, positiv und negativ, lustvoll und unlustbetont, offensichtlich vollkommen gleichgültig. Im Gegenteil, er scheint geradezu Spass zu haben, alles auf den Kopf zu stellen, um uns unsere bisherigen Illusionen zu nehmen. Damit sorgt er unmissverständlich für eine Ganzheitlichkeit, der gegenüber wir uns bisher vielleicht allzu gerne verschlossen haben. Er bietet dafür viele Entsprechungen: Die Befruchtung, wo Weibliches (Yin) und Männliches (Yang) zusammenkommen, um ein neues Wesen zu erschaffen, die Geburt als Übergangsprozess zwischen einer Zeit, wo wir in die schützende Dunkelheit des Mutterschosses eingebettet waren, um dann ins grelle Licht des Tages zu treten, dann der Tod, wo wir unsere körperliche Erscheinungsform wieder eintauschen müssen gegen etwas, das uns vom Diesseits her betrachtet wiederum als Dunkel erscheint, aber vielleicht – und darin liegt eines der vielen Pluto-Paradoxa – ein Zustand grösster Lichthaftigkeit ist.

Gerade diese Suche – manchmal kann man gar von einer Sucht sprechen – nach Ganzheit, führt uns in die aufwühlendsten Situationen, wie wenn etwas in uns danach verlangt, auch gegen unseren erklärten Willen aufgebrochen und befruchtet zu werden, um auf einer neuen Ebene eine Wiedergeburt zu erleben. Dies drückt sich naturgemäss nicht nur auf einer spirituellen Ebene aus, vieleher kann dieses Bedürfnis sehr konkrete körperliche Formen annehmen. So aktiviert Pluto auch die Sexualität, die dann häufig als gewalttätig und zur gleichen Zeit als lustvoll erlebt wird. Eng damit verbunden ist die Leidenschaft, deren dunkles Begleitprodukt die Eifersucht darstellt. Der in den lateinischen Sprachen für «Leidenschaft» gebräuchliche Begriff «Passion» weist darauf hin, dass es sich dabei um ein sich auf der Ego-Ebene manifestierendes religiöses oder spirituelles Feuer handeln könnte. Damit wird auch verständlich, dass wir Pluto dann am positivsten erleben werden, wenn wir unsere «Leidenschaft» und «Besessenheit» auf etwas zu richten in der Lage sind, welches ein überpersönliches Ziel darstellt. So haben wir mit Pluto nicht die Wahl, jeglicher Besessenheit aus dem Weg zu gehen, aber wir können ihre Form wählen. Wir können uns entscheiden, diese nicht im materiellen Bereich durch Festhalten-wollen, durch Unterdrücken oder Unterdrückt-werden zu leben, sondern dafür ein dynamisches, lebendiges Motiv geistig-seelischer Verwirklichung zu wählen.

Dann setzt ein Gesundungsprozess ein, der eine im Ich oder in einem einzelnen Du (zwanghafte Fixierung auf einen Partner) gebundene Energie befreit, indem dafür ein neuer Ausdruckskanal gefunden wird. Mit Pluto stellt sich also die Frage, in welche Richtung wir unsere Energie lenken. Richten wir sie auf eine Person oder ein Objekt, so können wir uns dieser Person oder diesem Objekt total ausgeliefert fühlen. Wir erleben zwar im Moment des Kontakts ein Gefühl totaler Verbundenheit, indem wir mit der Person oder dem betreffenden Objekt verschmelzen, fürchten jedoch sehr bald die Abhängigkeit, die das bei uns auslöst. Wir haben Angst, die dabei erlebte Lust nicht mehr wiederholen zu können, wenn wir die betreffende Person oder Sache, auf die wir unsere Aufmerksamkeit gelenkt haben, nicht kontrollieren. Dies verleitet uns dazu, Druckmittel zu entwickeln, die mit der Zeit so zwanghaft werden, dass sie zur gefürchteten Abwendung oder zum gefürchteten Verlust führen. Diese Leidenschaft oder Besessenheit muss jedoch nicht einem anderen Menschen oder einer Beziehung gelten; es kann sich auch um eine gesellschaftliche Position, z.B. um ein Amt, um Besitztümer (Grundstücke, Haus, Bankkonto etc.) oder gar um ein Produkt (Suchtmittel) handeln. Man wird in diesen Fällen nicht von Eifersucht, sondern beispielsweise von Herrschsucht, Arbeitsucht oder Drogensucht sprechen. Nehmen wir den krassesten Fall, die Drogensucht, so besteht das Problem darin, dass wir unsere Abhängigkeit vom Suchtmittel nicht mehr im Griff haben können und vielleicht gar unsere ganze Energie dem Erwerb dieses Suchtmittels widmen müssen.

Je materieller die Fixierung ist, umso weiter entfernen wir uns von der erhebenden «Passion». Die von Pluto geforderte Ergänzung hat in diesem Falle in eine Sackgasse geführt, in ein «dead-end» (totes Ende), wie die Amerikaner sagen, ein Ausdruck, den man häufig wörtlich nehmen kann. Möglicherweise sorgt dann

18

wiederum Pluto dafür, dass wir nicht in dieser Sackgasse, wo nur noch der Tod lauert, verbleiben, sondern Situationen anziehen, die uns — wenn nötig gewaltsam — daraus herausreissen. Dies führt dann zur Erneuerung, vor der wir uns so oft fürchten, weil wir nicht im voraus wissen können, wie sie aussehen wird.

Akzeptieren wir die Erkenntnis, dass Pluto durch Wahrnehmung und Bewusstmachung sowohl unserer hellen als auch unserer dunklen Seiten uns zur Ganzheitlichkeit führen will, so können wir verstehen, warum Pluto mit Magie zu tun hat. Wenn wir Magie als Fähigkeit definieren, ohne physisches Zutun Anordnungen auch materieller Art auf Distanz zu verändern (z.B. Dinge entstehen und vergehen zu lassen), so weist Pluto darauf hin, dass wir aufgrund unserer Identifikation mit nur einem Teil der Wirklichkeit den anderen Teil automatisch als Aussenwelt erschaffen. Mit anderen Worten, Pluto veranlasst uns, aufgrund unserer Wertungen darüber, was sein und was nicht sein darf, unsere äussere Realität selbst zu definieren. Gerade das, womit wir uns nicht identifizieren können, das, was keinen Platz hat im Bild von uns und der Welt, welches wir uns machen, wird uns über Pluto begegnen. Dies soll jedoch kein Anlass für die Befürworter des «positiven Denkens» sein, nun aufzuatmen und sich bestätigt zu fühlen. Pluto interessiert sich nicht für das, was wir uns bemühen zu denken oder zu glauben — ihn interessiert vielmehr, was wir aus unserem «bewussten Denken» verdrängen. Genau das wird er uns vor Augen führen.

Damit sind wir in der misslichen Lage, dass wir zwar erkennen können, dass wir uns mit Pluto unsere Realität selbst schaffen, diesen Prozess jedoch mit dem Willen und mit gutgemeinten Vorsätzen nicht verändern können. Das einzige, was wir tun können, liegt darin, dem, was aus unserem Unbewussten heraus geboren werden möchte, dem, was nach Ausdruck drängt, aber bisher kein Ventil, keinen Ausdruckskanal gefunden hat, in psychologischen oder spirituellen Ritualen zur Geburt zu verhelfen. Dies heisst: Selbsterfahrungsprozesse zulassen.

Dieses Buch berichtet darüber, wie sich diese Themen auf der individuellen und kollektiven Ebene manifestieren. Neben mythologischen Zusammenhängen zeigt es auch auf, wie durch Pluto schicksalshafte Einschnitte im Leben ausgelöst werden, wie diese durch therapeutische Prozesse aufgearbeitet und «verwandelt» werden können. Im weiteren werden auch die Ausdrucksformen auf der kollektiven Ebene, wie sie in der Menschheitsgeschichte zum Ausdruck kommen, aufgezeigt.

# Mythologie

In der griechischen Mythologie symbolisiert Pluto als Gott der Unterwelt für den Menschen die Endstation seines Daseins. Dementsprechend ist er der einzige Gott, dessen Wort nicht zurückgenommen werden kann – dies zumindest, solange er seines Amtes waltet und nicht für sich selbst etwas begehrt.

Als Gott der Unterwelt ist er ein Einsamer und ein Einzelgänger, der mit den anderen Göttern nur sporadisch Kontakt hat. Auch den Menschen begegnet er nie direkt, da er die Erdoberfläche nur mit seinem Helm, der ihn unsichtbar macht, betritt. So wird er auch auch Hades, Haides oder Aides genannt, was soviel heisst wie «der Unsichtbare». Diese Eigenschaft flösst den Menschen jedoch soviel Angst ein, dass sie ihn lieber «Pluto» nennen, was «Der Reiche», «das Viele» und «die Fülle» bedeutet. Daneben trägt er noch weitere Namen, so «Eubuleus» (der gute Ratgeber) oder «Klymenos» («der gute Ruf», «die Berühmtheit»). Wie ist nun Pluto (Hades) zu seinem dunklen Reich gekommen, in welchem er über die Seelen der Toten herrscht?

Hades, ein Sohn von Kronos und Rhea, wurde wie sein Bruder Poseidon und seine Schwestern von seinem Vater Kronos verschlungen. Der jüngste Bruder, Zeus, entging diesem Schicksal und zwang Kronos, seine Kinder herauszugeben. Nach dem Sturz ihres Vaters Kronos (Saturn) losten Zeus (Jupiter), Poseidon (Neptun) und Hades (Pluto) die Oberherrschaft über den Himmel, das Meer und die Unterwelt unter sich aus – die Erde liessen sie als gemeinsamen Besitz. Hades gewann dabei die Unterwelt, Zeus den Himmel und Poseidon das Meer. Die Waffen, die den drei Brüdern den Sieg gegen Kronos ermöglichten, erhielten sie von den Kyklopen: Zeus den Blitz als Waffe des Angriffs, Hades die Tarnkappe, um sich unsichtbar zu machen, und Poseidon den Dreizack. Bezeichnend ist deren Rolle im Kampf gegen ihren Vater Kronos. Während sich Hades ungesehen an Kronos heranschlich, dessen Waffen stahl und Poseidon ihn mit seinem Dreizack bedrohte, womit er dessen Aufmerksammkeit ablenkte, schlug ihn Zeus mit seinem Blitz nieder.

Hades wacht eifersüchtig über seine Rechte in der Unterwelt. Nur selten besucht er die oberen Regionen, höchstens dann, wenn er plötzlich von Lust erfasst wird. Dabei bleibt ihm aufgrund der Furcht, die er erregt, meist nur die Entführung und Vergewaltigung.

Auf diese Art kam er auch zu seiner Frau Persephone, die als junges Mädchen noch Kore hiess. Hades hatte sich in Kore verliebt und bat Zeus, sie heiraten zu dürfen. Zeus wusste, dass Demeter ihm nie verzeihen würde, wenn Kore in die Unterwelt gehen müsste, fürchtete jedoch, seinen älteren Bruder durch eine Absage zu kränken. So antwortete er diplomatisch, dass er seine Zustimmung weder geben, noch verweigern könne. Da wagte es Hades, das Mädchen, das auf einer Wiese ihre Lieblingsblume, eine Narzisse pflückte, zu entführen. Kores Mutter, Demeter, suchte nun 9 Tage und Nächte vergebens ihre Tochter. Den einzigen Hinweis erhielt sie von Hekate, die Kore «Gewalt! Gewalt!» schreien gehört hatte. Erst am zehnten Tag verdichteten sich die Hinweise. Ein Schweinehirt hatte erlebt, wie sich die Erde vor ihm geöffnet und seine Herde vor seinen eigenen Augen verschlungen hatte. Danach erschien ihm ein von schwarzen Pferden gezogener Wagen, angeführt von einem Wagentreiber, dessen Gesicht unsichtbar war. In seinem rechten Arm hielt er ein schreiendes Mädchen fest. Unter der Last dieser Hinweise zwangen dann Demeter und Hekate Helios, den alles-sehenden Sonnengott, zuzugeben, dass Hades der Entführer sei, der mit Zustimmung seines Bruders Zeus gehandelt hatte.

Demeter war über diesen Verrat so erzürnt, dass sie riesige Hungersnöte ausbrechen liess, indem sie den Pflanzen zu wachsen und den Bäumen Früchte zu tragen verbot. Sie beschloss, dass die Erde unfruchtbar bleiben sollte, bis Kore zurückgekehrt sei.

Zeus musste sich nun Sorgen machen, dass ihn niemand mehr verehren würde, wenn die Menschen infolge Hungersnöten auf der Erde aussterben. So sandte er Hermes (Merkur) mit der Botschaft zu Hades, dass er Kore zurückgeben solle. Demeter liess er wissen, dass sie ihre Tochter zurückhaben könne, falls diese nicht von der Totenspeise der Unterwelt gegessen habe. Kore hatte jedoch im Garten der Unterwelt einen Granatapfel gepflückt und davon sieben Kerne gegessen, sodass sie damit von nun an unausweichlich an die Unterwelt gebunden war. Erst über seine Mutter Rhea, die auch Hades und Demeter geboren hatte, konnte Zeus einen Kompromiss aushandeln, wonach Kore 3 Monate im Jahr bei Hades als Königin des Tartaros verbringen sollte, und die übrigen 9 Monate bei Demeter. Hekate erklärte sich bereit, für die Einhaltung des Übereinkommens zu sorgen[1]. Eine andere Version spricht von einem Übereinkommen, wonach sich Kore, bzw. Persephone je 4 und 8, bzw. je 6 Monate in der Unter- und Oberwelt aufhalten sollte.

Was erzählt uns diese Geschichte? Sie bringt zunächst einmal den Gegensatz zwischen männlichen und weiblichen Gottheiten zum Ausdruck. Während offensichtlich Hades und Zeus unter einer Decke stecken und auch Poseidon die von ihrer Suche erschöpfte Demeter mit Hilfe listiger Tricks sexuell überwältigt (um sich ihm zu entziehen hatte sie die Gestalt einer Stute angenommen, worauf er sich in einen stürmischen Hengst verwandelte), findet Demeter nur bei Hekate Unterstützung. So ist Kores Entführung durch Hades, wie Robert Graves* aufzeigt, «ein Teil jenes Mythos, in dem die hellenische göttliche Dreifaltigkeit mit Gewalt die vorhellenische, dreifaltige Göttin heiratet: Zeus die Hera, Zeus oder Poseidon die Demeter und Hades die Kore...». Er bezieht sich auf die männliche Übernahme der weiblichen Fruchtbarkeitsmysterien in primitiven Zeiten.

Astrologisch gesehen, erkennen wir hier sowohl den Gegensatz zwischen dem venusischen Stierzeichen und dem plutonischen und marsischen Skorpionzeichen als auch den Übergang vom Stierzeitalter zum Widderzeitalter, welcher 2300-2200 v. Chr. stattgefunden hat.

---

*Robert Graves = R. von Ranke-Graves. Nur den in die deutsche Sprache übertragenen Werken fügte Robert Graves den Namen seiner deutschen Vorfahren «von Ranke» bei. International ist er in erster Linie als Robert Graves bekannt.

Eine Entsprechung zum Skorpionzeichen finden wir wiederum in der Übersetzung des Namens «Persephone», welcher von «Phero» und «Phonos» stammend soviel heisst wie «die, die Zerstörung bringt». Auch der römische Name für Persephone, «Proserpina», heisst soviel wie «die Furchtbare». Gemäss Robert Graves handelt es sich dabei um den Titel einer dem heiligen König opfernden Nymphe. Im frühen Griechenland wurde im Rahmen einer Trauerfeier der heilige König, oder sein Knaben-Stellvertreter, geopfert, um die Göttin des Wachstums gnädig zu stimmen. Er musste geopfert werden, weil er es dreimal gewagt hatte, das Feld zu pflügen und damit die Weizenpriesterin zu lieben. Der Name «Hekate» («Einhundert») bezieht sich anscheinend auf die hundert lunaren Monate seiner Regierung und auf die hundertfache Ernte. Tatsächlich finden wir zur Stier/Skorpion-Zeit häufig Menschenopfer, um weibliche Fruchtbarkeitsgöttinnen gnädig zu stimmen.

So verwundert es nicht, dass im Rahmen eines Übergangs zu einer patriarchalen Ordnung die männlichen Gottheiten sich durch ebenso brutale Vergewaltigungen auszeichnen und die betroffene weibliche Gottheit − in diesem Fall Demeter − durch Verweigerung der Fruchtbarkeit von Boden und Pflanzen, was Hungersnöte auslöst, reagiert. Kore, Persephone und Hekate verkörpern auch drei Erscheinungsformen des weiblichen Prinzips, nämlich das Mädchen, die Nymphe und das alte Weib, oder, auf der Ebene der Vegetation, das grüne Getreide, die reife Ähre und das geerntete Korn. Dabei wird in der patriarchalen Phase, in welcher zusammen mit dem Kronos-Mythos auch der Pluto/Persephone-Mythos entstand, die plutonische Verwandlung auf das weibliche Prinzip projiziert, während in der matriarchalen Phase der allmächtigen Fruchtbarkeitsgöttinen der König, oder der ihn stellvertretende Knabe, diese Verwandlung mit seinem Opfer selbst erleben musste.

Was bedeuten nun die zwei Etappen, in denen Kore-Persephone in immer stärkeren Kontakt mit der Unterwelt gerät: Zuerst pflückt sie eine Narzisse, dann isst sie vom Granatapfel, der Frucht der Unterwelt. In der ersten Phase ist sie Mädchen und sie pflückt eine Blume, welche als Symbol der Verliebtheit in sich selbst angesehen werden kann. Aus diesem Zustand wird sie von Pluto herausgerissen, verliert − indem sie von der reifen Frucht des Granatapfels isst − ihre Unschuld und wird zur Frau. Vom Granatapfel sagt Robert Graves[1]:

«Seine reife Frucht springt wie eine Wunde auf und zeigt im innern rote Kerne» (eine Beschreibung ihres Zustandes nach der Vergewaltigung durch Pluto). «In den Händen Heras oder Persephones symbolisiert sie (die Granatfrucht) Tod und die Hoffnung auf Wiedererstehung.»

Dazu weiter:

«Es bestand ein primitives Tabu über rotgefärbte Nahrung, die nur den Toten angeboten werden durfte. Man glaubte, der Granatapfel − sowie die achtblättrige, scharlachrote Anemone − entstamme dem

22

Blut des Adonis oder Tammuz. Die sieben Granatapfelkerne stellen vielleicht die sieben Phasen des Mondes dar, während derer die Bauern auf die grünen Getreidekeime warteten.»

In obigem Zitat finden wir den Hinweis, dass der Granatapfelbaum aus dem Blute des Adonis (oder des syrischen Gottes Tammuz) hervorgegangen ist – eine andere Quelle spricht davon, dass dessen Entstehung dem Blut des Dionysos zu verdanken ist. Wir wollen hier lediglich auf die Symbolik der beiden griechischen Gottheiten eingehen:

Sowohl mit Adonis als auch mit Dionysos hatte Persephone eine enge Verbindung. Den schönen Jüngling Adonis hätte Persephone auf Geheiss der Aphrodite in der Unterwelt in einer Truhe aufbewahren sollen. Sie öffnete die Truhe, verliebte sich in ihn und machte ihn zu ihrem Liebhaber. Als Aphrodite dies hörte, forderte sie Adonis zurück, was Persephone ablehnte. Auch dieser Streit wurde durch einen Kompromiss beigelegt: Adonis sollte einen Drittel des Jahres mit Persephone, einen mit Aphrodite und den letzten allein verbringen. Diese Lösung war jedoch nicht von langer Dauer. Nachdem Persephone ihrem Wohltäter Ares (Mars) erzählt hatte, dass Aphrodite ihn mit Adonis betrüge, verwandelte sich dieser in einen Eber, spiesste Adonis auf seine Hauer und tötete ihn.

Die Verbindung mit Dionysos war eine ganz andere. Mindestens eine Version erzählt davon, dass Zeus – meist als Vater von Persephone angesehen – sich in der Gestalt einer Schlange mit ihr paarte und so Dionysos erzeugt wurde.

Damit entstand der Granatbaum, entweder aus dem Blut des Sohnes (Dionysos), der aus der Verbindung seiner Mutter mit ihrem Vater hervorging, oder aus jenem des Liebhabers von Persephone (Adonis), der seinerseits ebenfalls die Frucht der Verbindung seiner Mutter Smyrna mit deren Vater Kinyras von Kypros war.

Bei so vielen Inzesten verwundert es nicht, dass die auf dem Genuss des Granatapfels beruhende Verbindung zwischen Persephone und Hades kinderlos bleiben musste. Die Wiedergeburt muss hier wohl auf einer anderen Ebene gesucht werden. Daneben stellt sich die Frage, ob man überhaupt Kinder braucht, wenn man soviele Seelen der Toten zu verwalten hat? Von Persephone hiess es übrigens, dass sie sich lieber in Gesellschaft der Hekate, der Königin der Hexen, aufhielt als mit Hades.

Wen finden wir sonst noch in der Unterwelt? Beispielsweise die Erinnyen oder Furien. Es ist ihre Aufgabe, Klagen der Sterblichen anzuhören. Sie haben Schlangenhaare, Hundehäupter, kohlschwarze Körper, Fledermausflügel und blutunterlaufene Augen. Ähnlich wie man Hades nicht beim Namen nennt, sondern über die Bezeichnung «Pluto» seine positiven Eigenschaften herausstreicht, wurden sie gewöhnlich die «Eumeniden» genannt, was «die Freundlichen» bedeutet.

In der Beschreibung der Erinnyen finden wir zwei Tiersymbole, welche in der Unterwelt immer wieder auftreten: Die Schlange und den Hund. Während Persephone mit Schlangen in den Haaren beschrieben wird, trägt Pluto, wenn er sich unsichtbar machen will, einen Helm aus Hundehaut. Die sich häutende Schlange ist ein direktes Pluto-Symbol, was auch für den Hund in seiner defensiven Eigenschaft gilt. Bezeichnenderweise werden die Hundehaut wie auch die Schlangen am Kopf (Marsbereich) getragen (Pluto ist, astrologisch gesehen, die höhere Oktave des Mars). Der Hund tritt auch als eigenständiges Symbol auf, in Form des dreiköpfigen Kerberos, der ebenfalls Schlangen um seine Köpfe trägt.

In der Unterwelt ist es dunkel, die vorwiegendste Farbe ist schwarz, Ausnahmen bilden das Rot des Granatapfels, vielleicht ein Symbol für die mögliche Erneuerung (Wiedergeburt), oder das Gold des Wagens, von welchem sich Pluto-Hades ziehen lässt, wenn er die Unterwelt verlässt. Als Symbole finden wir im weiteren die Pappel, wobei die schwarzen der Todesgöttin geweiht sind und die weissen der Persephone als Göttin der Wiedergeburt.

Bezeichnend ist auch, dass man, um Charon, den Fährmann, zu bezahlen, eine Münze braucht, die aus Kupfer besteht und unter die Zunge gelegt wird. Sowohl eine Münze (Geld) als auch die Zunge oder das Element Kupfer symbolisieren die Venus, das Gegenprinzip zum Pluto. Vielleicht handelt es sich dabei auch um die notwendige Bereitschaft, über das Entrichten von Geld, bzw. etwas Wertvollem, Werte abzulegen, denn geldlose Geister müssen ewig am Diesseitigen des Flusses warten, es sei denn, sie fänden einen Weg, sich über einen Hintereingang einzuschleichen, wobei sie dann Gefahr laufen, von Kerberos verschlungen zu werden.

Um in die Unterwelt zu gelangen, braucht es lediglich ein kleines Opfer, eine Münze. Wieder herauszukommen ist ausserordentlich schwierig und selten, sodass die Berichte über die Unterwelt sehr spärlich sind. Einzig demjenigen, der Liebe und Mut (Venus und Mars) vereint, kann dies gelingen, wie das Beispiel von Orpheus und Eurydike zeigt. Aber auch dann gilt es, nicht zurückzuschauen, sonst war die ganze Mühe umsonst.

Den überlieferten Beschreibungen der Unterwelt haftet etwas Schattenhaftes an, alles ist schwarz oder grau – aber gerade darin liegen die grossen Möglichkeiten des Pluto. Kann man diesen Schatten integrieren, so wird man reich und ganz, man geniesst dann einen unsichtbaren Schutz. (So sollte Pluto bei den Römern helfen, den Rücken zu schützen – jenen Teil, den man nicht sieht).

Die Unterwelt ist unten wie auch das Grab, solange wir in der Welt der Schwerkraft (Gravitation) leben – jene Gesetzmässigkeit, die von Newton aufgrund des Falls eines Apfel (lat. malus = schlecht) entdeckt wurde. Es muss nicht immer ein Granatapfel sein, man kann auch von einem gewöhnlichen Apfel essen, um aus dem Paradies herauszufallen. Dann ist die Situation ernst – «grave», wie man auf französisch oder englisch sagen würde. Dies gilt auch für die Schwangerschaft (Gravidität), die aber zu einem neuen Leben, einer Art Wiedergeburt führt. Umgekehrt ruhen ja gerade in der Erde, im «Unten» die grossen Schätze. So wussten die alten Griechen auch, dass Pluto der Gott der fruchtbaren Erde und der Verteiler des Reichtums war, dass er über die Weizenernte, aber auch über Bergwerke und Bodenschätze regierte, dass er sowohl Richter, Verwalter, Wächter als auch Beschützer war. Die Bilder, wo er dargestellt wird mit einem Schlüssel in der Hand, weisen vielleicht darauf hin, dass man den Schlüssel finden muss, um zu ihm Zugang zu erhalten.

Vielleicht hat der Schlüssel zu Pluto mit der Zahl 3 (oder 3 x 3 = 9) zu tun, die wir im Zusammenhang mit der Unterwelt immer wieder antreffen.

So war Pluto der eine von drei Brüdern, die sich das Universum in 3 Bereiche aufteilten. Wenn die Toten in die Unterwelt kommen, begegnen sie zunächst dem dreiköpfigen Höllenhund Kerberos, um dann 3 Richtern (Rhadamanthys, Minos und Aiakos) gegenüberzustehen, die darüber entscheiden, in welche Region der Unterwelt sie gebracht werden. Auch die Erinnyen, ebenfalls Furien oder Rachegöttinnen genannt, sind zu dritt: Alekto, Tisiphone und Megaira. Nach der einen Variante verbringt Persephone 3 Monate in der Unterwelt und 9 Monate auf der Erde, nach einer anderen je 1/3 und 2/3 des Jahres – nach ihrer Entführung sucht ihre Mutter Demeter sie während 9 Tagen und Nächten und als Persephone den gemeinsamen Geliebten Adonis Aphrodite nicht zurückgeben will, wird beschlossen, dass beide Göttinnen ihn für je 1/3 der Zeit haben sollen. Seine Zeit soll somit aufgeteilt werden zwischen Alleinsein, Gemeinschaft mit der Göttin der Liebe und Gemeinschaft mit der Göttin des Todes sowie der Wiedergeburt. Vielleicht finden wir darin eine Parallele zu den drei Formen, aus welchen das weibliche Prinzip oder die verschiedenen Phasen der Vegetation in Erscheinung treten: Kore, Persephone und Hekate, bzw. die grüne Jungpflanze, die reife Ähre und die geerntete Frucht.

Diese verschiedenen Erscheinungsformen desselben Prinzips finden wir auch wieder in der Symbolik von Larve, Puppe und Schmetterling oder in der Trilogie der indischen Gottheiten: Brahman (Schöpfung), Vishnu (Erhaltung) und Shiva (Zerstörung). Sicher würden wir für Pluto – hätten wir zu wählen – die Analogie vor allem mit Shiva herausstreichen; dabei würden wir jedoch vergessen, dass die drei Formen des göttlichen Prinzips nicht voneinander zu trennen sind und die Zerstörung des Alten unweigerlich der Erschaffung des Neuen vorangehen muss. Diese Ambivalenz drückt sich auch darin aus, dass die Astrologen anfänglich uneins waren, ob sie Pluto dem Skorpion- oder dem Widderprinzip zuordnen sollten, und ein bekannter französischer Astrologe (Alexandre Volguine) hielt bis zum Schluss an seiner Zuordnung von Pluto zum Schützezeichen fest. Tatsächlich verkörpert Pluto den Übergang vom Alten zum Neuen und damit, nach dem Zusammenbruch der alten Werte im 8. Haus oder Zeichen, die Chance eines Neubeginnes im 9. Haus oder Zeichen. Somit können wir auch von der Astrologie her die geistige Wiedergeburt, die Pluto bewirken kann, mit der Zahl 9 in Verbindung bringen, während die Zahl 8 die dazu notwendige Krise darstellt. Vielleicht erklärt dies, warum der Strom der Unterwelt, der Styx, diese 9mal umkreist.

# Die Entdeckung des Pluto

Die Entdeckung des Planeten Uranus am 13. März 1781 leitete in der Erforschung unseres Planetensystems eine neue Ära ein. Seit dem Altertum hörte die Reihe der Planeten mit Saturn, dem entferntesten, auf. Das Studium der Abweichungen der Uranus-Bahn vom mathematisch berechenbaren Ideal-Orbit führte dann wenig später zur Vorstellung, dass es noch mindestens einen weiteren unbekannten Planeten geben müsse, der durch seine Schwerkraft-Wirkung für Aberrationen sorgte. Aufgrund solcher theoretischer Überlegungen wurde dann von Johann Gottfried Gull am 23. September 1846 in Berlin ein neuer Planet entdeckt – kaum ein Grad von der Position entfernt, die der französische Astronom Leverrier im voraus dafür berechnet hatte. Dieser Planet erhielt den Namen Neptun.

Dies stellte einen Ansporn dar, um das Weltall nach weiteren Planeten zu untersuchen. Zu den eifrigsten Forschern sollte sich Percival Lowell profilieren, ein Intellektueller aus Boston, der sich nicht nur als Geschäftsmann, sondern auch als Diplomat und Schriftsteller bereits einen Namen gemacht hatte. Astrologisch gesehen, ist nun interessant, wie Lowell den Anreiz zu seiner Arbeit erhielt. Im Jahre 1877 las er, dass der italienische Astronom Giovanni Schiaparelli auf dem Planeten Mars «Canali» gesichtet habe, was in dem englischen Bericht, den Lowell zu lesen bekam, mit «Kanälen» übersetzt war, während das italienische Wort als «Furchen» oder «Rinnen» gemeint war. Von diesem Moment an war Lowell nicht mehr davon abzubringen, dass es auf dem Planeten Mars Leben geben müsse, sodass er von nun an sein ganzes Geld und seine ganze Energie in das Studium des Planeten Mars steckte. Er stellte sich vor, dass intelligente Wesen auf dem Mars ein Bewässerungssystem gebaut hatten, welches das durch das Schmelzen der Polarkappen freiwerdende Wasser verteilte. Zu seinen zahlreichen Büchern über dieses Thema gehört «Mars and Its Canals» (Mars und seine Kanäle), 1906. Vorher hatte Lowell vor allem Bücher über Asien geschrieben, so «Occult Japan» (Okkultes Japan), 1895. Offensichtlich war er nicht nur vom Planeten Mars fasziniert, sondern auch von marsischen Kriegsritualen, insbesondere, wenn ihnen etwas Geheimnisvolles oder Okkultes anhaftete. Seine nicht gerade sehr wissenschaftlichen Theorien über Mars wurden von vielen belächelt, waren jedoch erst 1965 – anlässlich der Konjunktion von Uranus und Pluto – zu widerlegen, als das Raumschiff «Mariner 4» am Mars vorbeiflog.

Das Hauptverdienst von Lowell besteht jedoch darin, dass er felsenfest davon überzeugt war, dass es jenseits von Neptun noch einen weiteren Planeten geben müsse, welcher für Abweichungen in der Neptun- und Uranusbahn verantwortlich ist. Mit Hilfe einer aus eigenen Mitteln auf dem «Mars Hill», einer Anhöhe bei Flagstaff in Arizona, gebauten und mit modernsten Geräten ausgestatteten Sternwarte suchte er inbesondere ab 1905 den Himmel nach einem weiteren Planeten ab. Beharrlich versuchte er, die Umlaufbahn des mutmasslichen Planeten zu ermitteln, indem er dessen vermutete Einflüsse auf die Bahnen von Neptun und Uranus untersuchte. Erfolg war ihm dabei nicht beschieden, aber er hatte detaillierte Hinweise hinterlassen, wo man den vermuteten neuen Planeten suchen müsste. Sein letztes Werk «Memoirs on an Trans-Neptunian Planet» (Memoiren zu einem transneptunischen Planeten), welches 1915, ein Jahr vor seinem Tod, erschien, zeugt von seinen Anstrengungen.

Etwa um die Zeit herum, wo Percival Lowell die Suche nach einem neuen Planeten aufnahm, wurde am 4. Februar 1906 ein Mann geboren, der später bei der Entdeckung des Pluto eine wichtige Rolle spielen sollte: Clyde Tombaugh. 1929 trat er als 22-Jähriger in die Dienste des Lowell-Observatoriums ein, nachdem er als ehemaliger Farmer ohne jede höhere Schulbildung nach einer Beschreibung im «Scientific American» ein Teleskop mit 400facher Vergrösserung selbst konstruiert hatte. Aufgrund seiner Begeisterung und seiner Vorleistungen wurde ihm eine Probeanstellung als Assistent angeboten. Unermüdlich und für 90 Dollar im Monat suchte er 15 Stunden täglich auf photographischen Platten nach dem vermuteten neuen Planeten.

Folgende Beschreibung vermittelt ein Bild von der Art Arbeit, die notwendig war, um Pluto zu finden[2]:

«Bei der erneuten Jagd nach dem Planeten X hatte das Observatorium damit begonnen, eine Vielzahl winziger Himmelssegmente per Teleskop zu photographieren. Man fertigte von jedem Abschnitt Aufnahmen im Abstand von mehreren Tagen an. Dann legte man je zwei zusammengehörige Photoplatten in ein stereoskopisches Gerät, einen sogenannten Blink-Komparator, in dem die beiden Bilder in rasch wechselnder Folge beleuchtet wurden. Da die Platten im Sucher genau übereinstimmten, bleiben sämtliche Fixsterne in ihrer Position unverändert. Ein Planet jedoch hätte sich in der Zeit zwischen zwei Aufnahmen weiterbewegt und die Verschiebung wäre durch ein Blinken gegen den unveränderten Sternenhintergrund aufgefallen. Jede Platte enthielt Zehntausende von Sternabbildungen, manche sogar mehr als eine Million. Der Beobachter schaltete das Gerät ein und suchte jeweils einen winzigen Ausschnitt von zwei gleichen Platten nach dem mutmasslichen Planeten ab. ‹Dabei konnte man echt den Verstand verlieren›, erzählte Tombaugh, ‹kein akademischer Astronom hätte sowas auf sich genommen. Deshalb hielten sie Ausschau nach einem fanatischen Amateur. In mir hatten sie einen gefunden›.»

Tombaugh berichtet, wie er «Streifen um Streifen, Feld um Feld» abtastete. «Ich war ein Perfektionist», sagte er von sich.

Am Nachmittag des 18. Februar 1930 wurde er fündig. Er hatte einen Punkt entdeckt, der sich um etwa 3 Millimeter weiterbewegt hatte. «Ich habe ihn», rief er aus und eine fürchterliche Aufregung überkam ihn. Erst, nachdem er alles nochmals überprüft hatte, ging er zum Büro seines Vorgesetzten, Direktor Slipher:[2]

«Ich versuchte ganz ruhig zu bleiben und sein Büro so lässig wie nur möglich zu betreten. Er schaute von seinem Schreibtisch auf. *Dr. Slipher, ich habe ihren Planeten X gefunden.*»

Bei den photographischen Platten, welche am 18. Februar 1930 zur Entdeckung des Pluto führten, handelte es sich um Aufnahmen vom 21., 23. und 29. Januar 1930.

Die Entdeckung wurde jedoch nicht sofort bekanntgegeben, sondern erst am 13. März 1930, dem Geburtstag von Percival Lowell, welcher gleichzeitig Jahrestag der Entdeckung des Uranus durch Herschel ist.

Bei seiner Bekanntgabe wurde der neue Planet ohne neuere Namensnennung als Planet X bezeichnet. Gemäss Brunhübner* telegraphierte der Vater von Venitia Burney, einer jungen Engländerin von elf Jahren, deren Vorschlag, den Planeten gemäss dem Mickey Mouse-Hund «Pluto» zu bezeichnen. Da diese Bezeichnung mit den Initialen P. L. von Percival Lowell zusammenfiel, soll sie sofort akzeptiert worden sein.

Wieder einmal wurde auf scheinbar zufällige Art und Weise von gänzlich unastrologischen Astronomen ein Planet nach dem ihm von der Symbolik her sinngemässen Namen bezeichnet. Dies war früher schon mit Uranus und Neptun so geschehen.

Vielleicht ist dies ein Anlass, um uns im Zusammenhang mit der Entdeckung des Pluto überhaupt mit der Symbolik von Namen und Daten auseinanderzusetzen. Fangen wir an bei der interessanten Tatsache, dass Uranus am gleichen Jahrestag entdeckt wurde** (Figur 1), an dem Percival Lowell*** geboren (Figur 2) und Pluto bekanntgegeben wurde (Figur 3). Dabei finden wir bei allen Horoskopen den absteigenden Mondknoten (nicht eingezeichneter Punkt genau vis-à-vis vom aufsteigenden Mondknoten) jedesmal im Skorpionzeichen. (Der absteigende Mondknoten hat im Zusammenhang mit der Zwanghaftigkeit, die er auslöst, an sich schon viel mit Pluto gemeinsam, umso mehr natürlich, wenn er sich im Skorpionzeichen befindet.) Wir wollen jedoch nicht auf die einzelnen Horoskope eingehen, sondern lediglich vermerken, dass der 13. März, je nach Jahr, Sonnenstellungen von 21-23 Grad Fische bedeutet. So wird es uns auch nicht erstaunen, dass Albert Einstein, den man als Vater der plutonischen Atomenergie bezeichnen kann, mit seiner Sonnenstellung von 23.30 Grad Fische (Geburt am 14.3.1879) ebenfalls in diesen Raster fällt.

---

*In der dritten Auflage von «Der neue Planet Pluto» berichtet F. Brunhübner über einen Artikel aus der Zeitschrift «Zenith» aus dem Jahre 1931, in welchem das Zustandekommen der Benennung von Pluto beschrieben wird.

**Obwohl der genaue Zeitpunkt der Entdeckung des Uranus nicht registriert wurde, wissen wir, dass dieser zwischen 20.20 Uhr (Anbruch der Dunkelheit) und kurz nach 23 Uhr (Beeinträchtigung der Beobachtungen durch den zunehmenden Dreiviertelmond) liegen muss. Herschel beschreibt andererseits, dass ihm die Entdeckung erst anlässlich einer seiner letzten Versuche an diesem Abend gelang, was eine Zeit um 23 Uhr (GMT) nahelegt. (Uranus; John Townley; Samuel Weiser, New York; 1978).

***Nach «The American Book of Charts» (Lois M. Rodden) wurde P. Lowell am 13. 3. 1855 zwischen 7. 10 Uhr und 7. 45 Uhr in Boston geboren. Wir haben für die Horoskopzeichnung den Mittelwert von 7. 30 Uhr eingesetzt.

Kehren wir jedoch zurück zu den Zahlen 13 (Tag) und 3 (Monat), welche im Zusammenhang mit Pluto und Uranus eine derart grosse Rolle zu spielen scheinen. Im Kapitel über Mythologie haben wir gesehen, dass die Zahl 3 und die Zahl 9 in Beziehung zur Unterwelt sehr oft auftauchen. Die Zahl 3 haben wir in Verbindung gebracht mit Schöpfung, Erhaltung und Zerstörung oder mit Entstehen, Werden und Vergehen als Grundprinzipien jeglicher Erneuerung. Die Zahl 9 erschien uns wichtig in bezug auf die Neuentstehung im 9. Haus nach der Krise des 8. Hauses,

*Figur 1:*

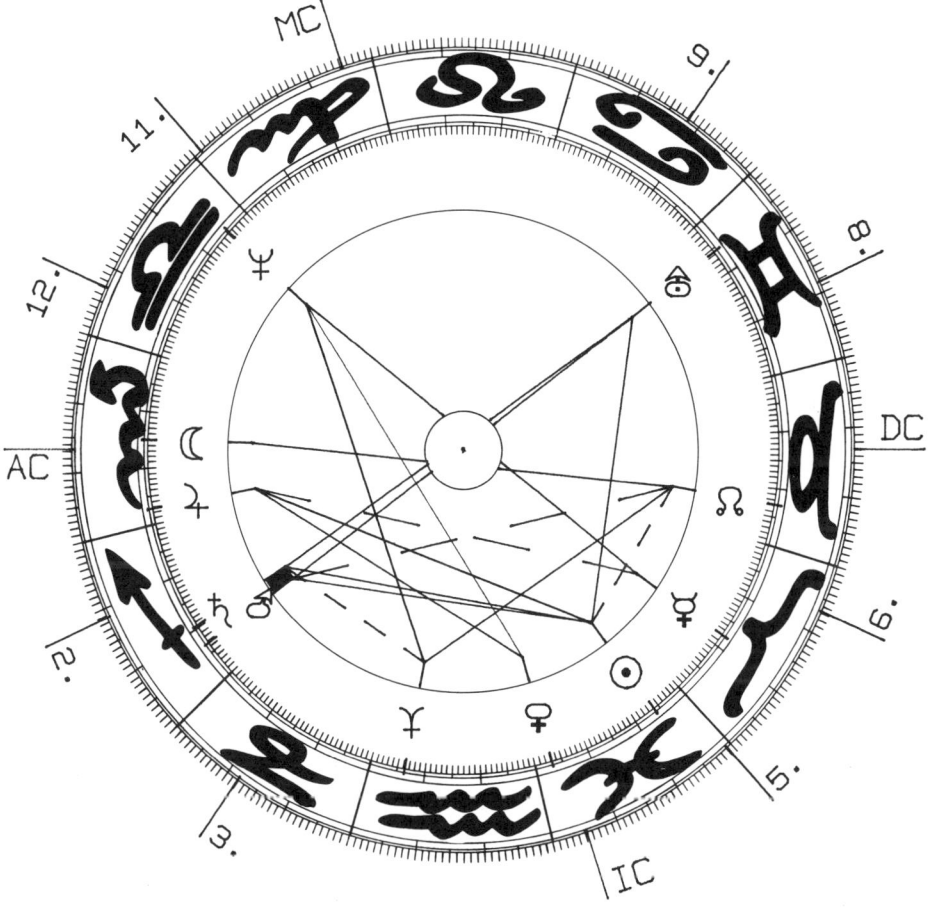

Entdeckung Uranus

13. 3. 1781   LT 23.00   GT 23.00   London GB                                    AD-Koch

| ☉ 23 ♓ 46' 4" | ♀ 2 ♓ 55'25" | ♄ 19 ♐ 41'59" | ⛢ 6 ♒ 9'42" |
| ☽ 15 ♏ 10'56" | ♂ 23 ♐ 25'36" | ⊕ 24 ♊ 27'16" | ☊ 6 ♉ 53' 8" R |
| ☿ 11 ♈ 45'37" | ♃ 27 ♏ 25' 3" R | ♆ 4 ♎ 47'52" R | ⚷ 5 ♉ 9'33" |

29

welches auch als «Todeshaus» bezeichnet wird. Wir haben auch darauf hingewiesen, dass Pluto, welcher im Skorpionzeichen zuhause ist, über die Erneuerung herrscht, welche im darauf folgenden 9. Prinzip (9. Haus oder Schützezeichen), bzw. im 1. Prinzip (1. Haus oder Widderzeichen) angesiedelt werden kann. Im einen Fall handelt es sich dabei um die 9. Station des Werdens, im andern Fall um die 13., welche den Neubeginn symbolisiert. Eine Analogie für diese Entsprechung mögen wir auch darin erblicken, dass nach der Krise der 8. Station des Werdens

*Figur 2:*

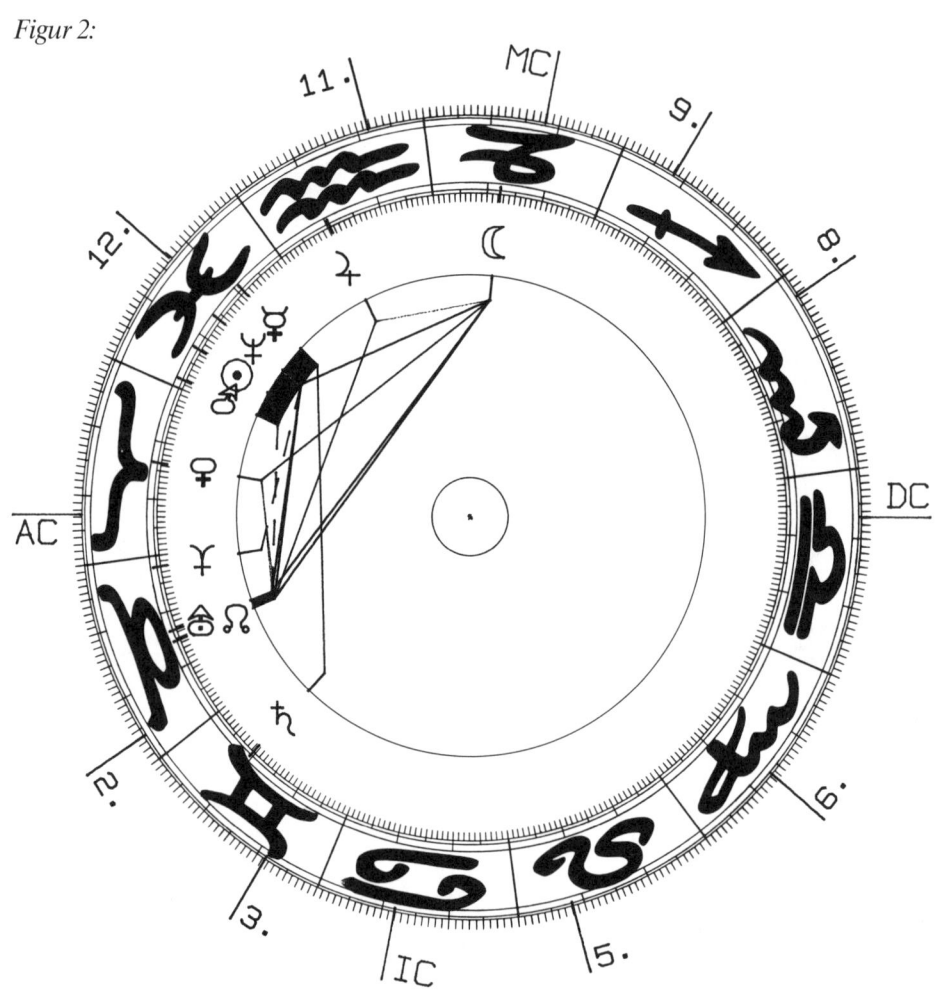

Percival Lowell

13. 3. 1855   LT 7.30   GT 12.14   Boston/Mass. USA                                    AD-Koch

| ☉ | 22 ♓ 22'54" | ♀ | 13 ♈ 51'49" | ♄ | 9 ♊ 52'46" | ♅ | 2 ♉ 18'32" |
| ☾ | 17 ♐ 33'51" | ♂ | 28 ♓ 28'11" | ⚷ | 13 ♉ 48'11" | ☊ | 15 ♉ 43'16" R |
| ☿ | 9 ♓ 5'59" R | ♃ | 19 ♒ 31'27" | ♆ | 15 ♓ 53'37" | ⚸ | 14 ♉ 16'37" R |

30

(jahreszeitlich gesehen, die Periode Oktober/November) die Natur ihren Neubeginn erst im Frühjahr, im Widderzeichen (März/April) erlebt, während der
Mensch im 9. Prinzip des Schützezeichens (November/Dezember) eine Neubesin-
nung erfahren kann.

Überhaupt sind 8 und 12 verschiedene Einteilungssysteme der Wirklichkeit, die
einem unterschiedlichen Bewusstsein entsprechen. So finden wir auf der Basis eines früheren Entsprechungsdenkens eine Vorliebe für die Einteilung des Kosmos

*Figur 3:*

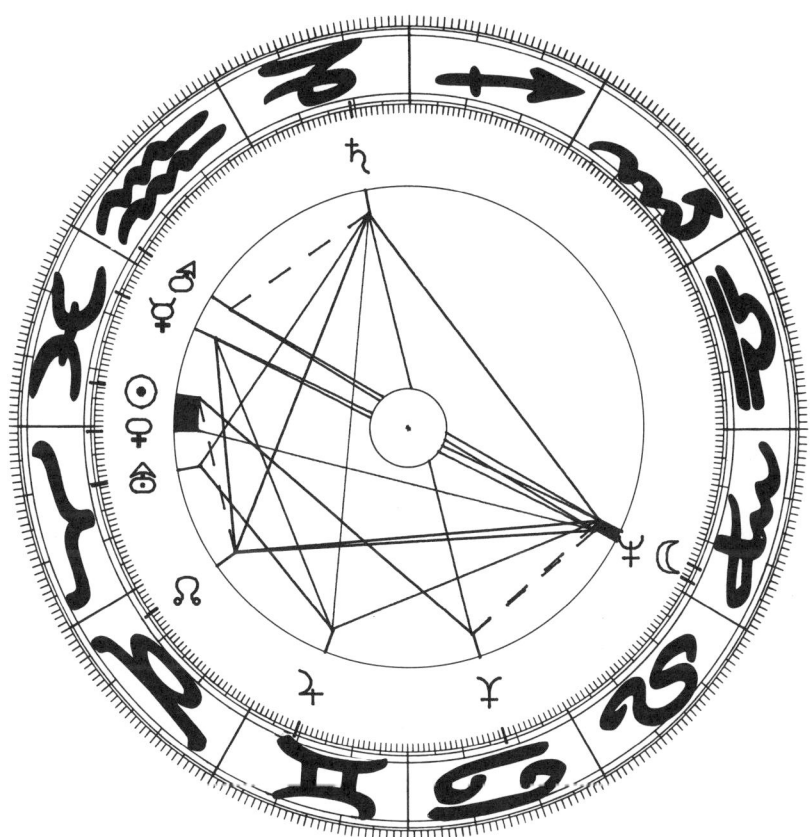

Bekanntgabe Pluto

13. 3. 1930   GT 12.00   Flagstaff USA

| ☉ ♒ ♓ | ♀ 1 ♈ | ♄ 11 ♉ | ♇ 18 ♋ R |
| ☾ 4 ♍ | ♂ 27 ♒ | ⚷ 10 ♈ | ☊ 5 ♉ R |
| ☿ 6 ♓ | ♃ 9 ♊ | ♆ 2 ♍ R | ⚸ 3 ♉ R |

31

in 8 Teile – z.B. haben wir im I-Ging 8 Urzeichen, wie wir auch in der Astrologie anfänglich statt 12 Häusern 8 Sonnenstationen hatten – während ein Bewusstsein, welches mit Gegensätzen arbeitet, auf eine Zwölferteilung ausmündet. Im einen Fall genügt die Multiplikation der sich als ergänzende Polarität zum Ausdruck bringenden Zahl 2 mit den vier Elementen, im andern Fall muss die Zahl 3 herangezogen werden, um das Prinzip von These, Antithese und Synthese zum Ausdruck zu bringen, was, multipliziert mit 4, dann die Zwölferteilung ergibt.

Dies führt uns im ersten Fall für eine Wiedergeburt und Erneuerung auf die Zahl 9, im zweiten Fall auf die Zahl 13.

Es braucht nicht besonders betont zu werden, dass sich die westliche Kultur sehr bald für die Gegensätze schaffende Dualität und damit dem notwendig werdenden dritten Pol entschieden hat, was im Zusammenhang mit einem «solaren Bewusstsein» zur Zwölferteilung führte, währenddem der Osten beim Konzept der sich ergänzenden Polarität geblieben ist, mit der dazugehörigen Achterteilung, die man beispielsweise in Mandalas immer wieder vorfindet. Dieses Erschaffen von Gegensätzen beinhaltet jedoch auch zuallererst das Erlebnis des Gegensatzes zwischen männlich und weiblich, sodass die westlichen Kulturen ein Alternieren von matriarchalen und patriarchalen Phasen erleben mussten. Dies bedeutete, dass im Zusammenhang mit einer Verschiebung von einer matriarchalen zu einer patriarchalen Phase in der Zeitrechnung von 13 Mondmonaten auf 12 Sonnenmonate übergegangen wurde. Von diesem Moment an wurde nicht nur aus Angst vor einem Rückfall in frühere Zeiten das Weibliche – welches mit den 13 Mondmonaten in Verbindung gebracht wurde – abgewertet, auch die Zahl 13 wurde zu einer unheimlichen Zahl. Für die einen bedeutete sie dann Unglück, als Ausdruck all dessen, was nicht vom solaren Verstand her kontrollierbar ist, für die andern wurde sie zur Möglichkeit, ein verdrängtes Prinzip zu integrieren und damit zur Chance, mit Kräften in Berührung zu kommen, welche das Normale überschreiten. Der Grund, weshalb der «Freitag, der 13.» sovielen Leuten Angst macht, dürfte darin zu suchen sein, dass er nicht nur die verdrängte Monddimension (Zahl 13), sondern auch als Venus-Tag (Freitag = venerdi, vendredi) gleichzeitig die andere weibliche Komponente, jene der Venus, zum Ausdruck bringt. So handelte es sich vor allem für die «Hexen» – welche im ganzen Mittelalter das Symbol verdrängter Weiblichkeit darstellten – um einen besonders günstigen Tag, weil ihnen dann aussergewöhnliche Kräfte zur Verfügung standen, während sich die patriarchale Gesellschaft davor ängstigte.

Was hat dies nun alles mit Uranus und Pluto zu tun? Wohl ganz einfach, dass mit diesen beiden Planeten das weibliche Prinzip wieder nach Anerkennung drängt, nach einer neuen Sicht der Dinge und nach einer Ganzheitlichkeit, welche durch einseitige Fixierung auf patriarchale, solare Werte verlorengegangen war. Da der Mond als Ergänzungspol zur Sonne nicht nur das Weibliche, sondern auch das Volk verkörpert, ist verständlich, dass kurz nach der Entdeckung des Uranus die französische Revolution als Aufstand des Volkes stattfand und sich bereits mit der Entdeckung des Uranus die amerikanische Kolonie vom Mutterland England trennte, um sehr bald zur grössten Demokratie der Welt zu werden.

In einer patriarchalen, solaren Ordnung wird das weibliche Mondprinzip zum Schatten. Mit der Entdeckung von Pluto muss dieser wieder integriert werden, was heisst, dass der Mensch damit aufgefordert wird, jenseits seiner Geschlechtsrolle seine weiblich-männliche Ganzheit wiederzufinden. Dies drückt sich auch in verschiedenen Pluto-Symbolen aus (Figur 4), welche sowohl das Sonnen- als auch das Mondelement in sich verkörpern.

*Figur 4:*

*Pluto-Symbole*

Soweit die Zahlensymbolik im Zusammenhang mit der Entdeckung Plutos. Wenden wir uns nun als nächstes der Namensymbolik zu. Auch wenn man im nachhinein feststellen muss, dass Pluto von seiner Masse her zu klein ist, um für die Aberrationen der Uranus- und Neptunbahnen verantwortlich zu sein, sodass es als zufällig angesehen werden muss, dass Pluto dort gefunden wurde, wo Lowell ihn vermutet und beschrieben hatte, gilt Lowell doch nach wie vor als Vater der Entdeckung des Pluto. Wenn man berücksichtigt, dass er so extrem überzeugt war, dass es noch einen weiteren Planeten geben müsse und dessen Entdeckung am von ihm gegründeten Observatorium gemacht wurde, steht ihm dieser Titel sicher zu.

Wie steht es nun mit P. Lowells Vornamen und Namen? Er trägt den Vornamen «Percival». Dies ist auch im englisch-amerikanischen Sprachbereich ein sehr ungewöhnlicher Name, der sehr direkt an den mittelalterlichen Helden der Artus-Sage

«Parzival» (auf englisch Percival) erinnert. Parzival (auch Parsival oder Parsifal genannt) ist ein Symbol des Ritters, der in schweren Kämpfen Ritterpflicht erlernt. Nach vielen Fehlern vollzieht sich seine Versöhnung mit Gott und er erfährt das Gralsgeheimnis, sodass er, nachdem er den alten König Amfortas heilt, König des Grals wird.

Astrologisch betrachtet, können wir darin die Entwicklung vom etwas unerfahrenen, marsbetonten Jüngling zum Kämpfer für eine höhere, geheimnisvolle und göttliche Sache erblicken, etwas, das wir mit Neptun oder Pluto in Verbindung bringen würden. Vor allem plutonisch ist daran wohl die Tatsache, dass er auf seinem Weg zur Anerkennung und Bestätigung durch viele Prüfungen hindurch muss und – obwohl nach manchen Abenteuern am Artushof aufgenommen – von der Tafelrunde ausgeschlossen und verflucht wird. Er muss also vorübergehend «untendurch», muss sich von der Basis her regenerieren. Ohne allzuviel Phantasie ins Spiel zu bringen, können wir dieses Thema des In-die-Tiefe-Gehens auch aus dem Familiennamen «Lowell» herauslesen (welcher eine Art Kombination von «low» = tief, niedrig, und «bowel» = Darm, Eingeweide, aber auch dem Inneren, der Mitte, verkörpert). Auch ohne auf die Parzival-Sage einzugehen, könnten wir erkennen, dass der Name «Percival» zu tun hat mit dem französischen Wort «percer» (vulg.lat. pertussiare), welches soviel heisst wie durchlöchern oder durchdringen – aber auch mit «percevoir» (lat. percipere), welches sowohl wahrnehmen als auch einnehmen (im Sinne von Einnahmen) bedeutet. Zusammen mit dem Familiennamen «Lowell» wäre damit jemand beschrieben, welcher als Kämpfer in die Tiefe vorzudringen hat und dadurch wachsen kann, dass er seine Wahrnehmung und Sensibiltät schult, indem er von andern lernt und fähig wird, Informationen vonseiten der Umwelt aufzunehmen und zuzulassen. Schliesslich können wir den Namen des Helden, der zuerst unter der Bezeichnung «Perceval» in einem französischen Gedicht des 12. Jahrhunderts auftrat, als Verbindung von «percer» (durchlöchern) und «val» (Tal) deuten, das wiederum den Kämpfer bezeichnet, der in die Tiefe zu gehen hat.

Vom Horoskop her scheinen Name und Vorname auf Percival Lowell bestens zuzutreffen (Figur 2). Der absteigende Mondknoten im Skorpionzeichen weist auf eine Faszination für Themen von Tod und Transformation wie auch auf das Bedürfnis hin, Geheimnisse zu enträtseln. Der Herrscher des Zeichens Skorpion am absteigenden Mondknoten, Pluto, befindet sich im ersten Haus, womit diese Transformation über die Wandlung der eigenen Persönlichkeit zu geschehen hat, was heisst, dass sich die ganze Person für diese aus einer karmischen Vergangenheit stammende Aufgabe einsetzen muss. Die dazu notwendige Art des Vorgehens wird durch den aufsteigenden Mondknoten im Stierzeichen in Konjunktion mit Uranus gekennzeichnet. Uranus symbolisiert den Himmel wie auch das Neue, Unkonventionelle und Künftige, was mit marsischer Energie (erstes Haus) und mit viel Beharrlichkeit und Geduld (Stier) angegangen wird. Mit Mars im Fischezeichen im 12. Haus muss diese Energie jedoch verfeinert werden. In ihrer rohen Form ausgedrückt, würde sie zu Rückschlägen führen. Eine Anlehnung an die Artus-Sage finden wir auch in der Konjunktion von Mars und Sonne im Fischezei-

34

chen, wo es darum geht, dass der junge Ritter (Mars) den alten und kranken König Amfortas (Sonne Konjunktion Neptun) heilt. Wie wir gesehen haben, lebte Percival Lowell in einer ersten Zeit das Parzival-Thema durch weite Reisen, welche ihn in den fernen Orient führten, wo er sich insbesondere mit der kriegerischen, aber auch religiös orientierten Tradition Japans auseinandersetzte, bis dann, im Alter von 35 Jahren, seine Faszination für den Planeten Mars erwachte, welche ihn bald ganz in seinen Bann zog.

Die Entstehung seiner Sternwarte steht ebenfalls ganz im Zeichen des Mars. Sie wurde auf «Mars Hill», einer Anhöhe bei Flagstaff in Arizona, aufgebaut. Flagstaff, was zu deutsch «Fahnenstange» heisst, wurde zum Anlass des 100jährigen Jubiläums der Unabhängigkeitserklärung der Vereinigten Staaten am 4. Juli 1876 von Holzfällern gegründet. Flagstaff befindet sich in Arizona, eine Bezeichnung, welche an «Arid-Zone» (Trockenzone) oder Aries-Zone (Widder-Zone) erinnert. Tatsache ist, dass Arizona mit 6 Prozent von allen amerikanischen Staaten den höchsten Indianeranteil hat, mit früher recht militanten Stämmen, wie beispielsweise den Apachen (Kämpfe gegen Indianer fanden dort noch bis zum Jahre 1886 statt). Im weiteren ist die Landschaft ausgesprochen wild, mit tiefen, das rötliche Gestein durchziehenden Schluchten (z.B. der Grand Canyon). Die Mars-Entsprechung drückt sich auch darin aus, dass hier sowohl Verbrechens-, Konkurs- als auch Scheidungsraten zu den höchsten der Vereinigten Staaten zählen. Eine Entsprechung des dem Widder- und Mars- gegenüberliegenden Waage- und Venusprinzips finden wir andererseits darin, dass zwei Drittel der amerikanischen Kupferproduktion aus Arizona stammen (Kupfer entspricht dem Venusprinzip). Aber auch eine Entsprechung zu Pluto finden wir im Namen der Hauptstadt «Phoenix», welche von 5'000 Einwohnern im Jahre 1900 in den 80er Jahren auf über 800'000 zugenommen hat. Diese Mammutstadt in der Wüste (Einzugsgebiet von 1 1/2 Millionen Einwohnern) entstand auf alten indianischen Ruinen mit Hilfe ausgeklügelter Bewässerungssysteme. Wenn auch nicht auf dem Mars, so wurde Percival Lowells Vision von Kanälen und Bewässerungssystemen in seinem eigenen Staat nach seinem Tod doch Wirklichkeit.

Kehren wir jedoch zu Percival Lowell und der Entdeckung Plutos zurück. Lowells Suche nach der Evidenz von Leben auf dem Planeten Mars fand mit der Publikation seines Buches «Mars an Its Canals» (1906) ihren Abschluss, worauf er sich mehr oder weniger ausschliesslich der Suche nach dem neuen Planeten zuwandte. Auch wenn er bis zu seinem Lebensende damit erfolglos blieb, so hatte er doch Beschreibungen hinterlassen, welche Clyde Tombaugh 1930 zum erfolgreichen Fund führten.

Auch der Name Tombaugh weist sehr deutlich auf plutonische Themen hin («tomb» bedeutet, ähnlich wie das französische Wort «tombeau», Grab und Grabstätte). Eine Analogie besteht jedoch auch zu «tomback», «tombak», ein amerikanischer Ausdruck für «Rotmessing», was wieder auf die Symbolik von Mars (rot) und Venus (Messing) als Kupfer-Zink-Legierung hinweisen würde.

Dies war nun ein am Beispiel der Entdeckung Plutos recht detaillierter Exkurs in die Symbolik der Namen, welche jedoch, wenn wir es mit Pluto zu tun haben, meist sehr deutlich zum Ausdruck kommt. Denn Pluto geht über die rein mentale Begriffsebene hinaus und vermittelt zwischen den Zeilen wie kein anderer Planet verborgene symbolische Zusammenhänge. Das, was man − ähnlich wie die Ehrfurcht vor der Zahl 13 − als abergläubisch abtut, hört sich dabei im Nachhinein oft beinahe als prophetisch an, wie die Ortsbezeichnung Tschernobyl, welche auf ukrainisch «Schwarzes Gras» bedeutet. Aus dieser Sicht kann man es den Einwohnern der Gegend von Genf sicher nicht verübeln, wenn sie sich um die Nähe des Schnellen Brüters «Superphénix» von Creys-Malville (Malville = böse oder schlechte Stadt) Sorgen machen. Sogar, wenn man jegliche symbolische Entsprechung verneint, könnte man argumentieren, dass solche Begriffe auf der unbewussten, mondhaften Ebene ihre Wirkung entfalten und zu verhängnisvollem Fehlverhalten Anlass geben können.

Neben dieser Entsprechung zwischen Namen, Zahlen und äusserem Geschehen, welche normalerweise in unserem rationalistischen Denken keinen Platz finden, kennt die Astrologie noch eine weitere Entsprechungsebene, um symbolische Zusammenhänge herzustellen. Es handelt sich um das Thema der Gleichzeitigkeit. So können wir uns vorstellen, dass auch andere Themen, die am 18. 2. 1930, dem Tag der Entdeckung Plutos, und am 13. 3. 1930, jenem der Bekanntgabe des neuen Planeten, Eingang in die Spalten der Weltchronik fanden, ebenfalls die Signatur Plutos tragen könnten. Wegen zeitzonenbedingten und auf Verzögerungen in der Nachrichtenübermittlung beruhenden Verschiebungen ist es dabei nützlich, eine Bandbreite von plus/minus einem Tag zuzulassen. Schlagen wir die «Chronik des 20. Jahrhunderts»[3] auf, welche in einem Satz das wichtigste Ereignis des Tages − sofern überhaupt ein solches zu verzeichnen ist − zusammenfasst, so finden wir folgende Eintragungen:

17. Februar 1930: «Reichspräsident Paul von Hindenburg empfängt die Führer der Deutsch-Nationalen, Alfred Hugenberg und Ernst Oberfohren, und nimmt deren Auffassung zum Young-Plan entgegen.»

18. Februar: «Rücktritt der Regierung Sachsens nach erfolgreichem Misstrauensantrag der NSDAP-Fraktion gegen Kabinett Bünger.»

12. März: «Mahatma Gandhi beginnt einen Feldzug der Gehorsamsverweigerung (‹Salzmarsch›).»

13. März: «Der Reichstag genehmigt die Haager-Gesetze und Hindenburg unterzeichnet das Gesetz über die Haager-Konferenzen 1920 und Januar 1930.»

In prägnanter Form kommen an diesen Tagen der Entdeckung und Bekanntgabe Plutos drei verschiedene, ebenfalls plutonische Entsprechungen grosser Reichweite zum Ausdruck:

1.) Es ist die Rede vom Young-Plan und von den Haager-Gesetzen, welche die wirtschaftlichen Folgen des Weltkrieges für den Verlierer Deutschland endgültig regeln sollen. Schulden, Kredite und deren Regelung, «das Begleichen alter Rechnungen», gehören zur Domäne Plutos sowie des achten Hauses.

2.) Die gegensätzlichen Auffassungen der Regierung und der Deutsch-Nationalen prallen aufeinander. Die NSDAP-Fraktion macht sich bemerkbar und erzielt Erfolge. Sehr bald werden es die harten Forderungen des Young-Planes sein, welche Deutschland spalten und zu einer Krise führen, woraus dann die grossen Erfolge des Nationalsozialismus, eine weitere Pluto-Entsprechung, hervorgehen. Damit wird an diesen Tagen die Saat für eine Gewalt (Pluto) gelegt, welche sehr bald die ganze Welt in ihren Sog ziehen wird.

3.) Mahatma Gandhi, der in seinem Horoskop eine ausgeprägte Pluto-Thematik aufweist, musste sich schon früh für oder gegen Gewalt entscheiden. Zur gleichen Zeit, wo der Nationalsozialismus seine ersten Erfolge feiert, entwickelt er den «Feldzug der Gehorsamsverweigerung» unter Beachtung von Grundsätzen absoluter Gewaltlosigkeit. Damit demonstriert er der Welt eine andere Pluto-Entsprechung, nämlich, wie man auch als scheinbar Schwächerer durch passiven Widerstand einen überlegenen Gegner bezwingen kann.

Für weitere Einzelheiten zu jener Zeit wird auf das Kapitel «Pluto im Krebs» verwiesen.

# Pluto als Planet

So mysteriös der Planet Pluto astrologisch ist, so schwierig scheint es, ihm astronomisch beizukommen. Während man ihm ursprünglich eine Masse von sechs- bis siebenmal jener der Erde zuschrieb, lauten die neuesten Schätzungen auf 1/400stel bis 1/600stel, was ihn um einiges kleiner macht als der Erdmond. Mit einer Ausdehnung in der Grössenordnung der Vereinigten Staaten fällt Pluto ausser Betracht, um die beobachteten, bisher unerklärlichen Bahnschwankungen von Uranus und Neptun mit ihrer rund 15-, bzw. 17fachen Erdmasse zu verursachen. Auch in dieser Hinsicht hat Pluto also die Forscher hinters Licht geführt. Percival Lowell hatte einen Planeten errechnet, den es in dieser Form gar nicht gab, dafür fand man am beschriebenen Ort einen andern, der jedoch viel zu klein war, um irgendetwas zu erklären. Reiner Zufall also?

Dabei stellt sich natürlich auch die Frage, ob es jenseits von Pluto einen weiteren Planeten gibt, der für die Aberrationen der Uranus- und Neptunbahn verantwortlich gemacht werden kann? Die Mehrzahl der Astronomen bezweifelt, dass der Schlüssel in einem vorhandenen, aber noch nicht entdeckten Grossplaneten liegt. Auch Clyde Tombaugh, der mit unermüdlicher Beharrlichkeit noch 13 Jahre nach dem Auffinden des Pluto nach weiteren Planeten suchte und dabei 70 Prozent des Himmels untersuchte, meinte: «Ich bin sicher, dass sich in dem Gebiet, das ich erkundet habe, kein zehnter Planet befindet.» Schliesslich stehen ja inzwischen noch weit potentere Teleskope zur Verfügung, als jenes, welches zum Auffinden des Pluto eingesetzt wurde. Dies heisst jedoch nicht, dass damit die Reihe der astrologisch relevanten Himmelskörper abgeschlossen ist. Die Tatsache, dass ein so kleiner Planet einen derart grossen Einfluss ausüben kann, mahnt uns hier zur Vorsicht.

Am geheimnisvollsten ist Plutos Ursprung. Von den anderen Planeten weicht er durch physikalische Eigenschaften, wie Grösse, Masse, Achsenrotation und Exzentrizität der Umlaufbahn erheblich ab. So muss er auf eine andere Art und Weise zustandegekommen sein. Die Vermutung, dass Pluto ein Satellit des Neptun sein könnte, der sich im Laufe der Zeit vom Neptun entfernt hat, erscheint nach jüngsten Erkenntnissen (1988) nicht mehr sehr wahrscheinlich. Man nimmt eher an, dass es sich bei Pluto um ein Überbleibsel einer nicht mehr existierenden Art von Himmelskörpern handelt, von welchen es früher mehrere gab, die jedoch infolge ihrer chaotischen Umlaufbahnen derart in den Sog der Sonne gezogen wurden, dass sie verbrannten, wenn sie nicht gar ganz aus dem Sonnensystem herausfielen. Bei Pluto könnte gerade die Harmonie zwischen seiner eigenen Umlaufbahn und jener Neptuns zu seinem Überleben beigetragen haben.

Seit man im Jahre 1978 Plutos Mond, Charon, entdeckt hat und dessen Grösse kennt – circa ein Achtel von Plutos Masse – kann man im Zusammenhang mit Pluto mit Recht von einem «Doppelplaneten» sprechen. Pluto und sein Mond kehren sich immer die gleiche Seite zu, sodass sie wie zwei Tänzer in ewiger Bewegung, sich aber ständig anschauend, betrachtet werden können. Ungewöhnlich ist auch, dass sie eine gemeinsame Atmosphäre besitzen. Diese besteht wahrscheinlich zum grossen Teil aus Methan, jedenfalls besitzt Pluto an beiden Polen Eiskappen, die aus gefrorenem Methan bestehen.

## Plutocharakteristiken

| | |
|---|---|
| Mittlere Entfernung von der Sonne: | 5900 Mio. km |
| Äquatordurchmesser: | 2.200 -2.300 km |
| Masse: | circa 1/400stel der Erdmasse |
| Dichte: | 1,1 |
| Umlaufzeit um die Sonne: | 248 Jahre |
| Rotationsperiode: | 6,4 Tage |
| Mittlere Bahngeschwindigkeit: | 4,6 km/sek. |
| Bahnneigung gegen die Ekliptik: | 17,2 Grad |

Für astrologische Berechnungen ist es wichtig, sich zu vergegenwärtigen, dass wir im System des veränderlichen Zodiaks arbeiten, welcher sich gegenüber dem fixen Zodiak in 72 Jahren um ein Grad verschiebt. Dies bedeutet, dass Pluto nach circa 246 Jahren den gleichen Punkt im Tierkreis wiedererreicht (beispielsweise befindet er sich alle 246 Jahre auf 0 Grad Widder). Ebenfalls von Interesse: Von 1979 bis 1999 befindet sich Pluto innerhalb der Umlaufbahn von Neptun und ist 1989 am erdnächsten.

# 2. Teil

# PLUTO-THEMEN IN DER PRAXIS

## von Verena Bachmann

# Pluto-Themen in der Praxis

Pluto-Themen manifestieren sich auf vielfältige Art. Sie sind oft maskiert. Wie der mythologische Hades (Pluto), der Herrscher der Unterwelt, besitzen sie eine Tarnkappe, die sie unsichtbar macht. Dem astrologischen Laien fällt es daher oft schwer, hinter all den verschiedenen Entsprechungen und Masken das zu finden was *Pluto* ausmacht. Auf den ersten Blick besteht die Gemeinsamkeit der Vielfalt in der extremen, meist absoluten Form, in welcher Pluto-Themen zum Ausdruck kommen. Häufig zeigen sie sich in einer Polarität im Sinne von *alles oder nichts, weiss oder schwarz, Herrscher oder Sklave, Täter oder Opfer, Heiliger oder Verbrecher,* etc. Die verbindenden Wurzeln dieses mannigfach verzweigten Gebildes können erst gefunden werden, wenn die unsichtbaren Hintergründe dessen, was sichtbar ist, miteinbezogen werden. Diese unbewussten Motive sind jedoch oft in ein scheinbar bewusstes Verhalten gekleidet, welches in grosser Diskrepanz zu den Beweggründen steht. Es wird dann ersichtlich, dass es letztlich fast immer um Fragen geht, welche mit Macht, Sexualität und Tod zu tun haben, also um Bereiche, die in unserer Kultur noch weitgehend tabuisiert sind und daher umgangen, kaschiert, verzerrt oder versteckt werden.

Die menschliche Psyche ist dabei so geschickt, dass selbst die Betroffenen gar nichts von dieser Persönlichkeitskomponente, der ursprünglichen Erfahrung oder den damit verbundenen Mechanismen wissen. Vor allem in der astrologisch-psychologischen Beratung kann es daher oft geschehen, dass der Klient, auf ein entsprechendes Thema angesprochen, dieses verneint oder sich nicht erinnern kann. Das heisst, dem Bewusstsein sind Bedürfnisse, Erlebnisse und Traumata im Zusammenhang mit Pluto-Themen (wie dies dem Herrscher der Unterwelt entspricht) meist verborgen. Nur die Kenntnis der astrologischen Entsprechungen oder eine tiefreichende psychologische Arbeit kann eine Verbindung zwischen den urprünglichen Energien und deren verschiedenartigen Äusserungen in der Realität herstellen.

Die folgenden Kapitel sollen, anhand von Fallbeispielen, dazu beitragen, die verschiedenen Umgangsformen und Manifestationsweisen aufzuzeigen und etwas Licht ins Dunkel der plutonischen Unterwelt zu bringen. Die Beschreibung der Hintergründe für bestimmte Verhaltensformen und die damit verbundenen, subjektiven Erfahrungen in der frühen Kindheit können die psychischen Mechanismen erhellen. Wertungen werden dabei vermieden. Einerseits, weil gerade die der plutonischen Kraft innewohnende Aggressions- und Gewaltkomponente gerne als grundsätzlich böse und schlecht gewertet wird, was deren verzerrten und entstellten Ausdruck fördert. Die Möglichkeit, grosse Energien auch in konstruktiver Art umzusetzen und Macht dazu zu nutzen, Dinge zu bewirken, die der Allgemeinheit zugute kommen, wird dabei oft übersehen. Andererseits erschwert aber auch die in unserer Kultur herrschende Spaltung in «gut» und «schlecht» die Synthese, die nötig ist, um Pluto-Energien in sinnvoller Form zum Ausdruck zu bringen. Gemäss dem Tao-Symbol (Figur) beinhaltet das Dunkle immer einen hellen Kern und das Helle einen dunklen. **Beide** zusammen bilden die Ganzheit.

*Tao-Symbol*

Es werden weiter auch psychologische Arbeitsformen mit Pluto-Problemen vorgestellt sowie Wege, die es ermöglichen, das dem Pluto innewohnende Potential kennezulernen und zu nutzen.

Menschen, deren Geburtshoroskope starke Pluto-Themen (siehe Tabelle A) aufweisen, werden während des ganzen Lebens mit dessen starker Energie und ihren Auswirkungen konfrontiert. Jeder begegnet jedoch im Laufe seines Lebens (bei zeitlichen Auslösungen) mehrmals Pluto und seinen Forderungen, meist in Form von Krisen, neuen Herausforderungen und Wandlungsprozessen. Der kreative Umgang mit solchen Prozessen kann dazu beitragen, diese Lebensphasen positiv zu bewältigen und daran zu wachsen. Fallbeispiele dazu illustrieren die verschiedenen Umgangsebenen. Sie zeigen die Probleme, die auftauchen können, aber auch die Chancen, die solche Erfahrungen mitbringen.

---

**Tabelle A**

Pluto-Themen ergeben sich aus folgenden Konstellationen:

– Pluto im Bereich einer Hauptachse (AC, MC, IC, DC)
– Pluto im Aspekt zu einem persönlichen oder einem gesellschaftlichen Planeten
– Pluto im Bereich des absteigenden Mondknotens
– Planeten im Skorpionzeichen
– Planeten im 8. Haus
– Skorpion am AC oder am MC
– Absteigender Mondknoten im 8. Haus
– Absteigender Mondknoten im Skorpion
– Pluto in direkten Halbsummen

Plutoähnliche Themen entstehen bei folgenden Konstellationen:

– Rückläufige persönliche Planeten
– Konjunktionen von Venus/Mars, Sonne/Mond, Jupiter/Saturn (der Yin- und Yang-
  Pol kommen zusammen)
– Saturn/Mars-Konjunktion im Wasser

Je mehr dieser Pluto-Faktoren in einem Horoskop zu finden sind, umso stärker wird die Pluto-Energie zum Ausdruck drängen.

---

# Die verschiedenen Ebenen der Pluto-Entsprechung

Ähnlich wie die Atomkraft steht Pluto zunächst für ein enormes Energiepotential, das heisst, im Bereich, wo sich Pluto im Horoskop befindet, stehen grosse Energien zur Verfügung. Diese wollen in irgendeiner Form zum Ausdruck kommen. Sie manifestieren sich in unterschiedlichen Gebieten und auf verschiedenen Ebenen. Einmal im ganz «normalen» Alltag, was im Zusammenhang mit Pluto gerne vergessen wird. Es gibt eine grosse Zahl von Gegenständen, Tätigkeiten, Bildern und Begebenheiten, welche dem aufmerksamen Beobachter den Pluto-Bezug verraten. Auf den ersten Blick vielleicht unspektakulär, besitzen doch alle direkte Analogien zur astrologischen Pluto-Symbolik.

Dann zeigt sich Pluto vor allem auch in Extremsituationen jeglicher Art. Gemeint sind dabei Situationen, in welchen die eigenen Grenzen nicht nur erreicht (dies entspräche dem Planeten Saturn), sondern gesprengt und durchbrochen werden und dadurch ganz neue Formen entstehen. Dieser Wandlungs- und Neuwerdungsprozess kann sich auf der physischen, psychischen oder geistigen Ebene abspielen.

Gleichzeitig können sich alle Manifestationen in einer Yin- oder Yang-Entsprechung zeigen, also in einer aktiven oder passiven Form. Die folgenden Stichworte beschreiben mögliche Erfahrungsebenen und werden einem der zwei Pole zugeordnet:

| Yang-Pol | Yin-Pol |
|---|---|
| Kompensation | Blockierung |
| Macht | Ohnmacht |
| Leistung | Versagen |
| Kontrolle | Kontrollverlust |
| Täter | Opfer |
| Status | Gesellschaftliche Offside-Position (Schwarzes Schaf, Sündenbock) |
| Neubeginn | Zusammenbruch/Krisen |
| Manipulation | Abhängigkeit |
| Durchschauen | Verstecken |
| Aufdecken | Verbergen |
| Sadismus | Masochismus |
| Jähzorn | Selbstdestruktiviät |
| Lust | Ekel |

Diese Pole bedingen einander gegenseitig, es sind daher immer beide vorhanden. Wenn ein Mensch also die eine Komponente zum Ausdruck bringt, wird in seinem Umfeld jemand den anderen Pol übernehmen. Etwas provokativ formuliert bedeutet dies, dass jeder, der in der Opferrolle lebt, einen Täter anzieht, jeder, der Macht ausüben will, einen Ohnmächtigen braucht, oder dass nur etwas durchschaut oder aufgedeckt werden kann, was verborgen oder verdeckt wurde, etc.

Beispielsweise erlebt sich ein Kind aufgrund seiner sehr subjektiven Wahrnehmung vor allem in den passiven Verhaltensformen, was nicht unbedingt einem objektiven Geschehen entspricht. Daher sehen sich Eltern von plutogeprägten (siehe Tabelle A) Kindern durch deren passiven Widerstand oder deren absolute Bedürfnisse und Verlangen oft in die Rolle der Täter oder Kontrolleure gedrängt. Aufgrund von sogenannten «Kernerfahrungen» (grundsätzlichen Prägungen) fällt das Kind unbewusst den Entscheid, wie es später im Leben mit den plutonischen Energien umgehen wird. Die durch das Horoskop aufgezeigten Anlagen, aber auch die Erwartungen und Forderungen der Umwelt sind dabei ausschlaggebend, ob eher die aktive oder passive Entsprechung «gewählt» wird. So «entscheiden» sich Frauen aufgrund der gesellschaftlich-kulturellen Rollenforderung oft für die Yin-Komponente. Unbewusst ziehen sie in der Folge Partner an, die den Yang-Ausdruck übernehmen, oder suchen sich ein soziales Umfeld, in welchem sie die von ihnen nicht aktiv geäusserten Energien erleben können. Stark plutogeprägte Frauen, die ein Selbstbild frei von Gewalt und Machtansprüchen pflegen, befinden sich daher oft in einer von martialischen, dominanten Männern geprägten Umgebung.

Männer andererseits werden dem männlichen Rollenbild entsprechend eher den Yang-Pol Plutos wählen, die Kontrolle über das Geschehen aktiv zu wahren suchen und sich demzufolge – vielleicht mehr als von ihnen beabsichtigt – in der Rolle des Täters, des Manipulators finden.

# Die Masken des Plutos im Alltag

Die vielleicht beste Möglichkeit, Pluto-Energien im Alltag zum Ausdruck zu bringen, besteht in der Beschäftigung – sei es als Beruf oder als Hobby – mit Bereichen oder Themen, welche die Intensität, die Energie, aber auch das zugleich faszinierende und abstossende Dunkle, Hintergründige des Pluto beinhalten. Durch die Wahl einer solchen Tätigkeit wird immer die Yangebene aktiviert, das heisst, die aktiven Entsprechungen kommen zum Ausdruck.

## Aktive Entsprechungen

Die grossen Energien, gepaart mit dem Bedürfnis nach Macht, sind zum Beispiel gute Voraussetzungen für eine Managementfunktion oder eine politische Karriere. In den Horoskopen vieler herausragender Politiker sind daher starke Pluto-Themen zu finden. Als Beispiel für eine in dieser Form ausgedrückte Energie kann J. F. Kennedys Werdegang und Karriere dienen. Die entsprechende Thematik in seinem Horoskop zeigt sich durch die starke Besetzung des achten Hauses und Pluto im Bereich des absteigenden Mondknotens (Figur). Die Pluto-Prägung durch das achte Haus weist zusätzlich daraufhin, dass das Verlangen nach Status

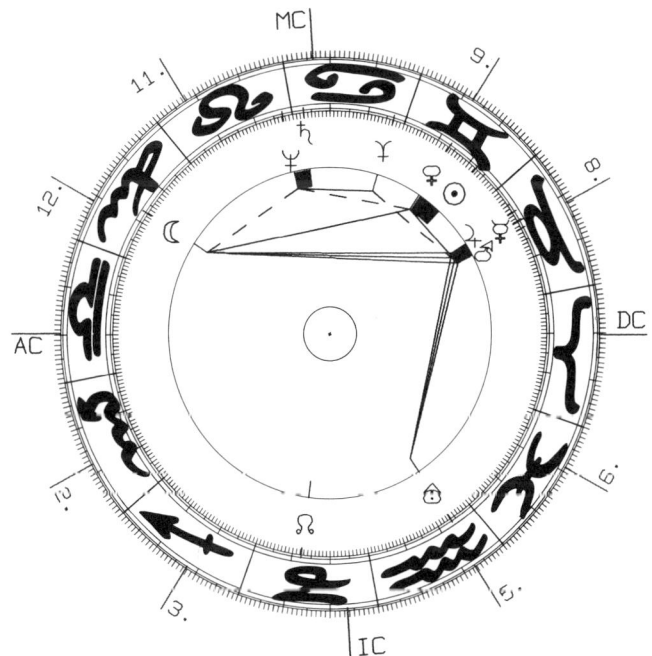

*John F. Kennedy*
*29. 5. 1917   LT 15.00   GT 20.00   Brookline USA*                    *AD-Koch*

und Macht nicht nur einem inneren Antrieb entsprach, sondern eine starke Erwartung und Forderung der Familientradition darstellte. Bei Robert Kennedy mit Sonne, Saturn und Mars im Skorpion, Pluto im Bereich des AC in Opposition zu Venus und Jupiter (Figur) könte man eher von einem eigenen Bedürfnis, Macht auszuüben, sprechen. Die Tatsache, dass Prinz Charles ebenfalls eine starke Pluto-Prägung aufweist, lässt weiter den Schluss zu, dass Pluto-Themen oft auch auf eine machtvolle Familie mit den entsprechenden Forderungen an die Kinder hinweisen.

Aber auch die Rolle einer grauen Eminenz (z.B. als Unternehmensberater) oder des Alleinherrschers (Selbständigerwerbender) eignet sich gut für den oft unausgesprochenen Anspruch nach Kontrolle und Macht. Als Beispiel für ein indirekt zum Ausduck kommendes Bedürfnis, die Situation jederzeit zu beherrschen, mag die Aussage eines selbständig und allein arbeitenden Architekten dienen: «Ich bestelle meine Bauherren gerne morgens schon um vier oder fünf Uhr zur Baustelle. Wenn sie mich sprechen wollen, müssen sie sich nach *meinen* Zeiten richten.»

Der Thematik des Aufdeckens von Hintergründigem, des Demaskierens und des Durchschauens entsprechen kriminalistische Tätigkeiten als Detektiv, Staatsanwalt oder Kriminalbeamter. Das gleiche Bedürfnis, auf einer andern Ebene gelebt, führt zu tiefenpsychologischer Arbeit oder zum Forschen in Grenzbereichen. C.G. Jungs Arbeiten über das kollektive Unbewusste finden sich symbolisch in der Mond/Pluto-Konjunktion in seinem Horoskop.

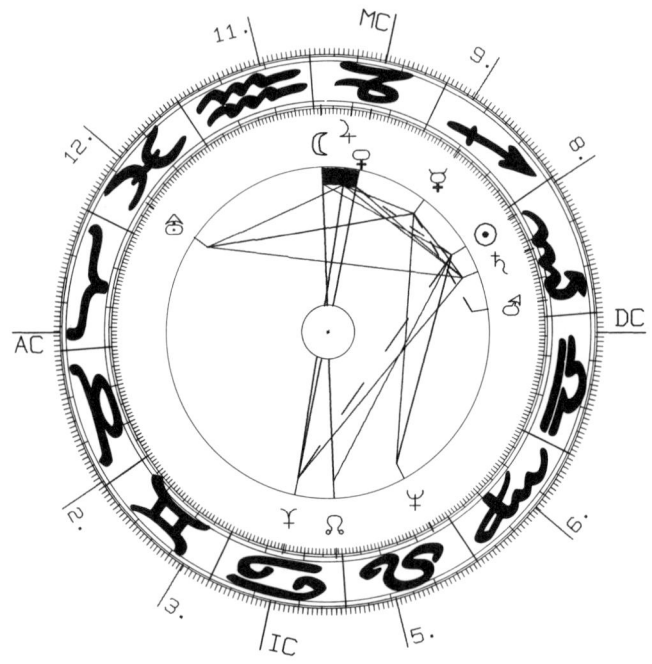

*Robert Kennedy*
*20. 11. 1925   LT 14.48   GT 19.48   Brookline USA*                    *AD-Koch*

Die Suche nach der absoluten Wahrheit und Gerechtigkeit, verbunden mit der Machtthematik, kann zu einer Richter- oder Polizistenfunktion führen; das Bedürfnis, in der Tiefe zu bohren, zum Beruf des Zahnarztes; jenes, zu schneiden, zu chirurgischen Tätigkeiten oder auf einer anderen Ebene zum Beruf des Metzgers.

Die Analogie des Plutos zu Sexualität, Geburt und Tod macht eine Verwirklichung in der Sexualtherapie, der Geburtshilfe und in der Medizin ganz allgemein möglich. Dieselbe Symbolik findet sich aber auch in der Prostitution, sei es, indem sie ausgeübt oder bekämpft (als Sittenwächter) wird, sei es in der Produktion oder Konsumation von pornographischen Artikeln. Forschung über das Leben nach dem Tod, Arbeit auf der Intensivstation, Sterbebegleitung oder die Betreuung Aidskranker bringen ebenfalls eine Pluto-Facette zum Ausdruck.

Einer etwas weiter gefassten Ebene, die ebenfalls die Pluto-Symbolik beinhaltet, entsprächen Berufe im Zusammenhang mit Erdöl, Bergbau und vulkanischem Geschehen. Sie beschäftigen sich mit Dingen, die aus der Tiefe der Erde stammen (Hades-Unterwelt). Die Atomenergie wiederum besitzt eine direkte Analogie zum Pluto. Es ist dabei erstaunlich zu beobachten, wie auch Menschen, die sich ihrer ausgeprägten Pluto-Energie nicht bewusst sind, oft in Bereichen tätig sind, welche mit Pluto assoziiert werden, sei dies beispielsweise als Sekretärin in einer erdölproduzierenden Firma oder als Angesteller in einem Kernkraftwerk.

Ebenfalls dem aktiven Pol zugerechnet, allerdings auf einer «negativen» Ebene, werden auch alle jene Menschen, die z.B. durch Terrorakte oder andere Gewaltverbrechen, durch Manipulation anderer Menschen, durch sadistische Handlungen oder ähnliches ihre Macht zum Ausdruck bringen. Die Pluto-Komponenten **extrem** und **grosse Energie** manifestieren sich in diesem Fall in der enormen Gewalttätigkeit oder Brutalität ihrer Handlungen. Die bereits beschriebene Polarität und die Tatsache, dass ein aktiver und ein passiver Pol sich gegenseitig bedingen, zeigen sich in der zuweilen fast identischen astrologischen Thematik von Täter und Opfer.

Pluto verleiht den Menschen, in deren Horoskop er stark betont ist, oft auch eine besonders starke Ausstrahlung. Diese kann faszinieren, aber auch Angst auslösen oder bedrohlich wirken. Oft scheint von plutobetonten Menschen eine unsichtbare Kraftwelle auszugehen, die auch in der Umwelt ihre Folgen zeitigt. Menschen, die diese ihnen innewohnende Kraft nutzen, zeichnen sich häufig durch ein erstaunliches Leistungsvermögen aus. Dieses kann sich bei Mars/Pluto- oder Sonne/Pluto-Themen (Tabelle B; nächste Seite) in extremen sportlichen Leistungen zeigen oder in der Fähigkeit, riesige Arbeitspensen ohne grössere Probleme zu bewältigen. Meist können sich diese Menschen auch von grossen Strapazen innert kürzester Zeit erholen. Der bereits erwähnte Architekt beispielsweise arbeitete vielfach von morgens vier oder fünf Uhr bis abends um sechs. Danach bestieg er sein Fahrrad. In den folgenden zwei Stunden fuhr er vorzugsweise eine Bergstrekke, mit der Vorgabe, so schnell zu fahren, dass kein anderer ihn überholen könne. Ohne diese Leistungen fühlte er sich unzufrieden und aggressiv.

Sind Mond/-oder Venus/Pluto-Themen (Tabelle B) vorhanden, bezieht sich die grosse Kraft auf die Gefühlsebene. Die intensive Ausstrahlung dieser Menschen lässt andere kaum gleichgültig. Meist fühlt man sich von ihnen entweder magisch angezogen, oder abgestossen, vielleicht auch beides zur gleichen Zeit. Menschen, welche diese Gefühlskraft nutzen, besitzen eine grosse Belastbarkeit und die Fähigkeit, sich absolut und mit ganzem Herzen für eine Sache oder einen Menschen zu engagieren, oft ohne Rücksicht auf die möglichen Konsequenzen.

Bei diesen Menschen ist die Gefühlsintensität meist zu gross, um ausschliesslich in einer Beziehung zum Ausdruck gebracht zu werden. Häufig wird daher ein Beruf oder ein Hobby gesucht, das ein grosses persönliches Engagement erfordert, wie etwa der Einsatz für Randgruppen oder für Kinder (Mond/Pluto). Die starke Ausdruckskraft und Intensität kann sich aber auch in einer expressiven künstlerischen Betätigung einen Kanal schaffen, etwa in modernen Tanzformen (Jazztanz, Moderndance, Afrodance etc., ev. auch Bauchtanz) oder im Theater. Vor allem das Theater, aber auch die Filmszene (bedingt zusätzlich Neptun-Themen im Horoskop) können es erlauben, auch die extremen, dunklen Seiten der plutonischen Energie zum Ausdruck zu bringen, ohne dass negative Folgen für das eigene Leben zu befürchten sind. Der Schauspieler, der als Mephisto oder Heinrich VIII.

---

## Tabelle B

**Pluto/Mars-Themen im Horoskop:**
- Pluto/Mars-Aspekte
- Pluto am Aszendenten, bzw. im ersten Haus
- Mars im Skorpion
- Mars im achten Haus
- rückläufiger Mars
- Skorpionaszendent

**Pluto/Mond-Themen im Horoskop:**
- Pluto/Mond-Aspekte
- Mond im Skorpion
- Mond im achten Haus
- Pluto am IC oder im vierten Haus
- Skorpion am IC
- Pluto im Krebs

**Pluto/Merkur-Themen im Horoskop:**
- Pluto/Merkur-Aspekte
- Merkur im Skorpion
- Merkur im achten Haus
- Pluto im dritten Haus
- Pluto im sechsten Haus
- Skorpion an der Spitze des dritten Hauses
- Skorpion an der Spitze des sechsten Hauses
- Pluto in den Zwillingen
- Pluto in der Jungfrau
- rückläufiger Merkur

**Pluto/Sonne-Themen im Horoskop:**
- Pluto/Sonne-Aspekte
- Sonne im Skorpion
- Sonne im achten Haus
- Skorpion an der Spitze des fünften Hauses
- Pluto im fünften Haus
- Pluto im Löwen

**Pluto/Venus-Themen im Horoskop:**
- Pluto/Venus-Aspekte
- Venus im Skorpion
- Venus im achten Haus
- Pluto am DC oder im siebten Haus
- Pluto im zweiten Haus
- Skorpion am DC
- Skorpion im zweiten Haus
- Pluto in der Waage
- rückläufige Venus

auftritt, die Schauspielerin, welche eine Bordellhure oder die Gattin des Othello spielt, finden so eine Manifestationsebene für die entsprechende Pluto-Thematik.

Am Yin-Pol finden sich dementsprechend die Zuschauer solcher Filme und Theaterstücke. Insofern können all die Filme, welche die dunkle, beängstigende Seite der Existenz zeigen wie Krimis, Pornographie, u.ä., auch für den Betrachter zum Ausdruck seiner Pluto-Thematik werden. Der eigene Bezug zu diesen Themen zeigt sich meist in der Faszination oder Betroffenheit, welche solche Filme beim Betrachter auslösen. Als typische Pluto-Filme wären u.a. «Quiet days in Clichy», «Der letzte Tango in Paris», «A Clockwork Orange», «Pretty Baby», «Der Nachtportier», «Belle de Jour» und «Taxidriver» zu bezeichnen.

Wir können Pluto-Themen im Alltag aber auch auf einer ganz anderen Ebene begegnen. Gegenstände, mit welchen sich ein Mensch umgibt, oder auch Örtlichkeiten, an denen er sich bevorzugt aufhält, stehen oft in direktem Bezug zu seinen Horoskopthemen. Aus der Fülle von symbolischen Entsprechungen für Pluto, die recht häufig zu beobachten sind, seien hier einige herausgegriffen. So haben plutobetonte Menschen oft ein besonderes Flair für Autos der Marke BMW. Zufälligerweise (!) wird Bayern, wo der BMW gebaut wird, oft als Pluto- oder Skorpionstaat bezeichnet. Ansonsten werden Wagen bevorzugt, welche ihre grosse Kraft mit einem eher unauffälligen Äussern kaschieren wie beispielsweise GTI- oder 16-Ventil-Modelle von Mittelklassewagen. Die plutonische Neigung, die wahren Qualitäten nur dem Kenner zu enthüllen, zeigt sich darin ebenso wie zum Beispiel bei Kleidern oder Wohngegenständen, welche auf den ersten Blick schlicht wirken, jedoch eine ganz besondere Wirkung erzeugen, oder deren Perfektion erst bei näherem Hinschauen sichtbar wird.

Einer bekannteren Analogie Plutos entspricht auch eine Vorliebe für Kleidungsstücke aus Leder, für Stiefel oder für vieldeutigen, skurrilen Schmuck (wie Masken, Schlangen, sexuelle Symbole u.ä.).

## Passive Entsprechungen

Viele Menschen lehnen es ab, die dunkle Seite Plutos wahrzunehmen, sei dies bei sich oder bei andern. Oft steht dahinter eine äusserst schmerzhafte oder bedrohliche Erfahrung, die es für die Psyche notwendig machte, alle damit verbundenen Wahrnehmungen zu verdrängen. In anderen Fällen jedoch ist der Ausschluss eines Teils der Pluto-Realität auch eine Folge der Suche nach dem Guten, Schönen, Heilen und dem in unserer Kultur besonders stark verankerten Bedürfnis, nach oben in den Himmel, in die Helle, zum Reinen zu streben. Da bei Pluto – wie auch bei andern Planeten, jedoch ungleich deutlicher und massiver – die dunkle, dämonische Komponente untrennbar mit der hellen verbunden ist, bewegen sich diese Menschen oft in einem Umfeld, das überdurchschnittlich von *negativen* plutonischen Erscheinungen geprägt ist.

Es gibt dabei verschiedene mögliche Formen. Bei der ersten haben die Betreffenden scheinbar keine, sie persönlich belastenden Erfahrungen. Auf die in Astrologiekreisen beliebten, dramatischen Geschichten im Zusammenhang mit Pluto reagieren sie meist mit Kopfschütteln, Unglauben oder grosser Skepsis. Kennt man diese Menschen näher, betrachtet man ihr Umfeld, oder erzählen sie etwas aus ihrem Leben, kann man jedoch die erstaunlichsten Pluto-Entsprechungen hören. Kennzeichnend für diese Form ist die Tatsache, dass solche Begebenheiten meist in lockerem, unbeteiligtem Gesprächston erzählt werden, so als sei dies gar nichts Besonderes, nicht der Rede wert. Zwei Beispiele sollen das eben Gesagte beschreiben:

### Beispiel ROSMARIE

Rosmaries Horoskop zeigt starke Pluto-Aspekte zur Sonne und zum Mars. Sie führt, wie sie sagt, ein absolut durchschnittliches Leben. Allerdings ist sie mit einem Mann verheiratet, der eine wichtige, machtvolle Position einnimmt, und den sie oft auf seinen Reisen begleitet. Auf diesen Reisen nun gerät sie «zufälligerweise» immer wieder in eigenwillige, seltsame Situationen. So war sie schon in einem Entwicklungsland, als dort eine Revolution ausbrach, und wurde in Südamerika Zeugin eines äusserst blutrünstigen Eingeborenenrituals, bei welchem lebendigen Tieren der Kopf ab- oder das Herz herausgerissen wurde. Ein andermal wurde sie in einen Raubüberfall verwickelt, was aber – wie sie sagt – nicht weiter schlimm war, da im rechten Moment ihr Mann mit der Polizei auftauchte und sie so *nur* ihr Geld und ihren Schmuck verlor.

### Beispiel MIRJAM

Mirjam besitzt in ihrem Horoskop einen genauen Aspekt vom Mond zum Pluto, auch Venus und Mars werden von Pluto beeinflusst. Auch sie führt, wie sie sagt, ein ganz gewöhnliches Leben. Ihren nahen Bekannten fällt aber auf, dass sie immer wieder mit Männern zu tun hat, die straffällig wurden oder eine gewalttätige Seite haben. Sie kümmert sich auch gerne um Randfiguren der Gesellschaft und engagiert sich für mehr Gerechtigkeit in der Welt. In diesem Zusammenhang wurde sie auch einmal in eine undurchsichtige Geschichte hineingezogen, in welcher ein Mann mit magischen Riten versuchte, die Dinge zu seinen Gunsten zu wenden.

Eine besondere Form, dunklen, aufwühlenden plutonischen Erfahrungen zu begegnen, zeigt sich, wenn Pluto-Aspekte ganz genau, aber harmonisch sind. Auch hier wird, scheinbar unbelastet, über Erlebnisse erzählt, die ganz klar Pluto-Manifestationen entsprechen. Vor allem finden sich in der Kindheit Geschehnisse, die man als Aussenstehender als sehr traumatisch bezeichnen würde, die aber dem äusseren Eindruck nach keine tiefen, ungeheilten Wunden hinterlassen haben. Als Erwachsene kennen Personen mit harmonischen Pluto-Aspekten oft keine besonderen, persönlichen Probleme. Allerdings finden sich in ihrem Umfeld gehäuft Menschen mit starken Pluto-Prägungen (in diesem Fall Spannungsaspekte, bzw. Konjunktionen von Pluto mit persönlichen Planeten oder Besetzungen des 8. Hauses), welche ganz offensichtlich grosse Probleme mit dieser Thematik haben.

**Beispiel PAULA**

Paula hat in ihrem Horoskop ein genaues Trigon vom Mond und von der Venus zum Pluto. Sie selbst sagt von sich, dass sie keine Probleme mit Gefühlen habe, Nähe sehr gut zulassen könne und Intensität suche, ohne diese zu fürchten. Erstaunlicherweise verliebt sie sich immer wieder in Männer mit Mond/Pluto-Konjunktionen oder -Spannungen. Diese hatten eine sehr schwierige Mutterbeziehung und zeigen grosse Bindungsschwierigkeiten, indem sie entweder jede enge Beziehung fürchten, oder umgekehrt, absolute Ansprüche an Paula stellen, die sie nicht erfüllen kann.

Es ist bezeichnend, dass vor allem bei Frauen Pluto-Themen in dieser Art zum Ausdruck kommen. Männer finden doch meist einen Weg, wenigstens einen Teil ihrer Pluto-Energien aktiv in ihren Beruf einzubringen, während die Komponente Macht und Gewalt von Frauen oft projiziert oder dann erlitten wird.

Die passive Entsprechung zeigt das destruktive, gefährliche Potential eines nicht integrierten Plutos am deutlichsten auf. Menschen mit einer starken Pluto-Betonung, die aufgrund ihrer Erziehung und Kultur gelernt haben, immer lieb zu sein, sich anzupassen und niemanden zu verletzen, dürften daher immer wieder in Situationen geraten, in welchen ihnen genau das angetan wird, wovor sie sich am meisten fürchten oder dem sie auszuweichen versuchen.

So werden Menschen mit nicht gelebten Pluto-Themen gehäuft zu Opfern von sexuellem Missbrauch oder von Gewalttätigkeit. Sie erleben immer wieder Situationen, in welchen sie sich ohnmächtig und hilflos erleben, unfähig, sich gegen die Macht, die über sie ausgeübt wird, zu wehren. Vor allem, wenn auch Neptun stark gestellt ist, besteht eine starke Neigung dazu, unbewusst Beziehungen einzugehen, die stark von Abhängigkeit geprägt sind, bis hin zur eigentlichen Hörigkeit. Im beruflichen Bereich finden sich solche Menschen immer wieder mit machtgierigen, sadistischen oder korrupten Vorgesetzten konfrontiert, denen sie sich ausgeliefert fühlen, oder sie geraten durch ihre an sich harmlose berufliche Tätigkeit in gefährliche Lagen. Dazu zählt z.B. der Bankbote, der überfallen wird, der Pöstler, der vom Hund gebissen wird, der Staatsbeamte, welcher von einem erbosten Bürger bedroht wird, etc.

**Beispiel FRAU X**

Frau X hat in ihrem Horoskop ein Spannungsdreieck mit einer Pluto/Mars-Konjunktion im Quadrat zur Sonne einerseits und zum Mond andererseits. In ihrem Auftreten wirkt sie ruhig, höflich und ist immer freundlich. Es ist ihr wichtig, Haltung zu bewahren und möglichst alles friedlich zu lösen. Sie arbeitete längere Zeit als Direktionssekretärin in einer Firma für Erdölhandel. Als alleinstehende Frau bewohnte sie eine charmante Wohnung in einem Jugendstilhaus, umgeben von einem schönen Park. Als sie eines Abends zum Fenster hinausblickte, bemerkte sie eine dunkle Gestalt, die zu ihr hinaufsah, sich aber sofort hinter einen Baum zurückzog. Von diesem Tag an fühlte sie sich beobachtet und konnte auch mehrmals Gestalten im Park sehen, die offensichtlich nicht gesehen werden wollten. In ihrer Unruhe ging sie nach einiger Zeit zur Polizei. Diese bestätigte ihre Wahrneh-mung und fand auch heraus, wer sich da im Park aufhielt. Es handle sich um drei in einem andern Land terroristischer Umtriebe verdächtigter Araber, wurde ihr mit-geteilt. Es könne ein Zusammenhang bestehen mit ihrer Tätigkeit. Leider sei es (zum damaligen Zeitpunkt) aber nicht möglich, einzugreifen, da sich diese Leute in der Schweiz noch keines Vergehens schuldig gemacht hätten, und auch kein inter-nationaler Haftbefehl vorliege. In ihrer Angst blieb Frau X nichts anderes übrig, als sich für etwa drei Monate in einem Hotel einzumieten. Sie wagte es auch kaum mehr, allein irgendwohin zu gehen und wurde von Alpträumen geplagt.

Diese Erfahrung stellt eine krasse Form der Begegnung mit dem Plutonischen in der Umwelt dar. Aus der astrologischen Perspektive gesehen, könnte man dieser Frau eigentlich nur wünschen, dass sie einen Weg finde, ihr eigenes Machtpoten-tial, ihre eigenen, aggressiven Energien wahrzunehmen und einen Kanal für diese zu finden. Auf der psychologischen Ebene könnte man sich Gedanken über be-drohliche, frühkindliche Erfahrungen machen, die zu einer völligen Verdrängung der Pluto-Energie und einer unbewussten Anziehung von ähnlich traumatischen Situationen führten. Frau X suchte damals Hilfe beim Astrologen, zog es jedoch vor, durch ihr Verschwinden von der Bildfläche eine Art Scheintod zu manifestie-ren, als sich mit ihren eigenen Ängsten und Verhaltensmustern auseinanderzuset-zen. Noch stärker lehnte sie jeden eigenen Bezug zu Aggressionen ab.

Eine andere, meist problematische Pluto-Entsprechung zeigt sich ebenfalls dann, wenn die Pluto-Energien völlig blockiert werden. Wenn keine anderen Aus-drucksformen möglich sind, oder wenn in der *Ganzheit Mensch* der Körper die Schwachstelle darstellt, können sie auch auf der Körperebene sichtbar werden. Wenn die Transformation, die Pluto fordert, nicht auf der geistigen oder Gefühls-ebene stattfinden kann, findet sie im Körper statt, indem z.B. Zellen mutieren, was im Extremfall zu Krebs führen kann. Die Unterdrückung von Wut und Aggression kann langfristig zu Krankheiten führen, in welchen der Köper sich selbst angreift und sogar zerstört. In der Folge wären allergische Krankheiten, rheumatisches Ge-schehen aber auch Multiple Sklerose denkbar. Die destruktive Komponente Plu-tos, verbunden mit der grossen Energie, wird sich vor allem in Krankheitsbildern zeigen, die in letzter Konsequenz zum Tode führen können. In diesem Zusammen-hang wäre auch die Magersucht zu sehen. Diese Krankheit zeigt zudem deutlich ei-ne andere Seite Plutos, indem Magersüchtige mit ihrer Verweigerung auch ihre Umwelt unter Druck setzen und so ein Machtspiel in Gang kommt, dessen Aus-gang unter Umständen tödlich sein kann.

Der Bezug Plutos zur Sexualität zeigt sich in Geschlechtskrankheiten wie zum Beispiel bei AIDS oder Syphilis, oder bei anderen Erkrankungen der Sexualorga-ne. Es soll hier aber betont werden, dass bei allen Erkrankungen meist eine Viel-zahl von astrologischen und auch anderen Komponenten mitspielt, diese also kei-nenfalls nur auf die Pluto-Dimension reduziert werden dürfen. Die Beteiligung Plutos an einer körperlichen Manifestation zeigt sich neben den beschriebenen, di-rekten symbolischen Entsprechungen in ihren extremen Konsequenzen und dem

Unvermögen, das Geschehen unter Kontrolle zu halten. Die positiven Möglichkeiten, welche diese Energie auch auf der Körperebene beinhaltet, zeigen sich immer dann, wenn ein Mensch die innere Wandlung, die notwendige Veränderung zulässt. Dann zeigt Pluto seine Fähigkeit zur Regeneration und zur Erneuerung.

**Beispiel WILLY**

Willy, ein junger Mann, zukünftiger Erbe eines gutgehenden Betriebs, hatte grosse Konflikte mit seinem Vater. Dieser übte mit dem Hinweis auf das zu erwartende Erbe massiven Druck auf Willy aus, indem er bestimmte, was sein 25jähriger Sohn zu tun und zu lassen habe. Willy – mit Mars/Pluto-Opposition im Horoskop – fühlte sich ohnmächtig und als Versager, fügte sich aber immer wieder den Ansprüchen seines Vaters. Als er eben zum zweitenmal selbst Vater werden sollte, fanden die Ärzte bei ihm einen Hodenkrebs, der bereits im ganzen Körper Metastasen gebildet hatte. Willy wurde sehr krank ins Spital eingeliefert und die Ärzte gaben ihm zu verstehen, dass er höchstens noch ein bis zwei Monate zu leben habe. In diesem Zustand fing er an, eine Bilanz seines Lebens zu ziehen, und entdeckte, wieviel Wut gegenüber seinem Vater sich angestaut hatte. Er entschied sich auch, sein Leben für die Zeit, die ihm blieb, völlig zu verändern. So teilte er seinem Vater in einer heftigen Aussprache zum ersten Mal seine Gefühle mit und sagte sich von ihm und auch von seinem Erbe los. In der Folge fühlte er sich auch körperlich etwas besser und wurde nach Hause entlassen. Eingedenk seines Entscheides zog er aus dem schönen Haus, das seinem Vater gehörte, aus, suchte sich eine einfache Wohnung und sah sich nach neuen beruflichen Möglichkeiten um. Fünf Monate später standen die Ärzte vor einem medizinischen Rätsel. Alle Tumore in seinem Körper waren verschwunden, er wurde für gesund erklärt.

Diese Geschichte spielte sich vor mehr als zehn Jahren ab (der Transit-Pluto bildete damals ein Quadrat zu Willy's Sonne). Heute hat Willy einen neuen Bezug zu seinem Vater gefunden. Er lebt in verhältnismässig einfachen Umständen, ist aber zufrieden und – vor allem – gesund.

# Gesellschaftlich-soziale Entsprechungen

Die letzte beschriebene Erscheinungsform spielt sich nicht nur auf der individuellen, sondern auch auf der sozialen oder gesellschaftlichen Ebene ab. Vor allem Menschen mit einem stark religiösen Bezug (mit Religion ist nicht spezifisch die christliche gemeint, sondern der Glaube an das Göttliche ganz allgemein) neigen dazu, das sogenannt «Schlechte» aus ihrem Leben auszuschliessen. Dieses schleicht sich dann in Form von Feindbildern, die das Böse verkörpern, sozusagen durch die Hintertür wieder ein. Im christlichen Glauben wird es ganz direkt durch den Teufel symbolisiert, der den Menschen bedroht, wenn er nicht wachsam ist. Aber auch in spirituell orientierten Gruppierungen des *New Age* oder *Light Age* (Lichtzeitalter) tauchen solche Feindbilder auf. Bei Vereinigungen, die allein das Helle und Lichte betonen, werden sich schnell unbemerkt Elemente dazugesellen, die immer stärker in Wertungen und Feindbilder ausarten. Dadurch werden gewisse Menschen und Handlungen als «böse und schlecht» ausgeschlossen. Andererseits wird die Kontrolle in solchen Gruppen immer strikter und absoluter. Es gibt Geheimnisse, die keinem Aussenstehenden verraten werden dürfen (der Astrologe erkennt Plutos Werk!), was über kurz oder lang zum grossen Drama oder zur Katastrophe führen kann.

### Beispiel BHAGWAN

Die Bhagwan-Organisation und ihr vorerst unrühmliches Ende in Oregon, aber auch ihre Wiedererstehung zeugen in vielfacher Hinsicht von Pluto-Themen. Sowohl die Suche nach dem Absoluten und die für einige Zeit geltende sexuelle Freizügigkeit (die fast zur Pflicht erhoben wurde) als auch später die Kontrollen, die «graue Eminenz» Sheela, die Mordgeschichten und der plötzliche Aufbruch bei Nacht und Nebel sind typische Pluto-Entsprechungen, die mit zunehmender Erstarrung der Organisation immer destruktiver wurden. Andererseits zeigen die Berichte von Menschen, die sich in dieser Gemeinschaft gewandelt und ihr wahres Selbst gefunden haben, aber auch der Neubeginn in Poona die positiven Energien Plutos.

# Das Potential von Pluto-Themen

Um das Potential Plutos, die durch ihn symbolisierten Möglichkeiten, zu erfassen, lohnt es sich, unsere sprachlichen Ausdrucksformen etwas näher zu untersuchen. Bereits die mit Pluto häufig in Verbindung gebrachten Wörter geben uns Hinweise auf das Potential dieses Planeten. Die mit Pluto zur Verfügung stehende Energie wird unter anderem mit den Worten *Macht* und *Gewalt* in Verbindung gebracht. Das deutsche Wort *Macht* hat bei vielen Menschen einen verwerflichen oder gar verdammenswerten Beigeschmack. Machtbesitz scheint mit «schlecht» oder «böse-sein» verknüpft. Gerne geht dabei der Zusammenhang des Substantivs *Macht* mit dem Verb *machen* verloren. Dieser weist darauf hin, dass ich nur etwas (also auch etwas Gutes!) bewirken (machen) kann, wenn ich die Macht dazu habe.

Der englische Ausdruck *Power* und der französische *Puissance* für Macht beinhalten weniger *negative* Assoziationen. Diese beiden Wörter weisen vielmehr auch auf das Element der *Kraft* hin, die der Macht innewohnt. Im Wort *Gewalt* andererseits steckt das Verb *walten* und das Adjektiv *gewaltig*. Gerade das Wort gewaltig gibt uns auch Hinweise auf die Grösse, auf das Ausmass der Energie, die bei Pluto vorhanden ist. Als gewaltig werden all jene Dinge und Leistungen bezeichnet, die unser «normales» menschliches Vermögen übersteigen. Vor allem im Zusammenhang mit Naturereignissen wird dieses Wort oft verwendet. Wir sprechen beispielsweise bei den Niagarafällen, bei einem Vulkanausbruch, aber auch bei der Szenerie eines Grand Canon in Amerika von einem *gewaltigen* Naturschauspiel.

Der Begriff *walten* andererseits wird vor allem für Menschen verwendet, die für die Erledigung eines Auftrags eine gewisse Macht zur Verfügung gestellt erhalten. Diese ermöglicht es uns, *unseres Amtes zu walten*, z.B. als Bankier, bzw. Treuhänder ein Bankkonto, oder als Politiker, bzw. Herrscher die Macht des Volkes zu *verwalten*. Bezeichnenderweise werden die entsprechenden Berufe und Ämter oft von Menschen mit starken Pluto-Betonungen ausgeübt. Als Beispiel dazu mag Mahatma Gandhi dienen, dessen Horoskop starke Pluto-Themen aufweist, aber auch J. F. Kennedy, Charles de Gaulle und Willy Brandt besitzen ein plutobetontes Horoskop. All diese Persönlichkeiten verfügen zudem über eine ganz besondere Ausstrahlung (Charisma), was ebenfalls einen Aspekt von Plutos Potential darstellt. Dieses Charisma macht andere zu Gefolgsleuten und Mitstreitern im Kampf für grosse Vorhaben oder gegen Ungerechtigkeit, Unterdrückung etc. Ein Politiker, welcher seine Pluto-Energie nutzt, wird in seinem Bereich vieles bewirken können, was andere nicht für machbar hielten. Diese Möglichkeit besteht allerdings in bezug auf den hellen (*guten*) wie auf den dunklen (*bösen*) Pol Plutos, was am Beispiel Adolf Hitlers auf der einen und Gandhis auf der anderen Seite ersichtlich wird. Pluto ist also in diesem Sinne *wertfrei,* und es ist dem Einzelnen und seiner Verantwortlichkeit überlassen, in welchen Pol er seine Energien lenkt.

Das Potential Plutos spielt aber nicht nur bei Politikern und Persönlichkeiten mit grosser äusserer Macht eine Rolle. Pluto ist in jedem Horoskop vorhanden und seine Möglichkeiten stehen uns allen offen – wenn wir sie nutzen. Der Bereich Plutos im Horoskop (angezeigt durch das Haus, in welchem er steht, sowie durch die Aspekte, die er zu anderen Planeten bildet) weist darauf hin, *wo* uns grosse Energie zur Verfügung steht, ein Potential, das weit über die persönlichen, im allgemeinen mehr oder weniger beschränkten Kräfte hinausgeht. Durch Pluto sind wir verbunden mit der Energie des Kollektivs. Dabei kann es sich um ein Kollektiv im Sinne einer Menschenmasse handeln, aber auch um Kollektivenergie im Sinne einer Urenergie, die jederzeit vorhanden ist und gebraucht oder missbraucht werden kann. Nur, wenn wir diese Energie nicht zu nutzen wissen oder nicht verstehen, mit ihr umzugehen, wird sie verzerrt in ihrer Erscheinungsweise und destruktiv in ihren Auswirkungen.

Da Pluto als höhere Oktave des Mars ein Planet des Handelns ist, will seine Energie auch tätig gelebt sein und eine konkrete Ausdrucksform finden. Gleichzeitig stellt uns die überpersönliche Komponente Plutos auch vor die Aufgabe, dass die Macht oder die Energie, die wir durch ihn besitzen, letztlich der Entwicklung eines grösseren Ganzen zugute kommen soll. Nur Projekte und Handlungen, die eine *innere Richtigkeit* besitzen, bzw. mit dem *guten Gewissen* zu vereinbaren sind, können mit Plutos voller Unterstützung rechnen. Menschen, welche die grosse Energie, die ihnen zur Verfügung steht, vor allem zum Ausbau ihrer persönlichen Machtfülle oder zur ausschliesslich eigenen Bereicherung einsetzen, werden früher oder später einen hohen Preis dafür zahlen müssen, indem die destruktive, dunkle Seite Plutos in irgend einer Form in Erscheinung tritt.

Beispiele über den Besitz plutonischer Energie, die durch sie möglich gewordenen Taten und den damit verbundenen Status, aber auch die allenfalls möglichen Folgen, sind sowohl in Märchen («Das verkaufte Herz», «Rumpelstilzchen») wie auch in der Weltliteratur («Goethes Faust») zu finden. Die Kräfte des Herrn der Unterwelt in Anspruch zu nehmen, ohne langfristig persönlich (an Leib oder Seele) Schaden zu erleiden, bedingt *gute* Absichten, die mit dem kosmischen oder göttlichen Willen im Einklang sind. Die Analogie Plutos zur *Maske* spielt aber auch hier eine grosse Rolle, da wir oft unsere tieferen Motive, die vielleicht sehr eigennütziger Natur sind, nach aussen – unter Umständen sogar uns selbst gegenüber – mit der Verkleidung des guten Willens, des Helfenwollens oder der Gerechtigkeit *tarnen*. Es ist daher wichtig, die wirklichen eigenen Absichten und Bedürfnisse zu kennen, um dann zu entscheiden, ob das verfolgte Ziel in Übereinstimmung mit dem *Grösseren Ganzen* (oder auch mit Gott) ist.

Das heisst: Um Plutos Energiepotential in positiver Weise zu nutzen, müssen wir bereit sein, unsere dunklen, weniger schönen Seiten zu sehen und anzuerkennen, und Wege gefunden haben, unsere persönlichen Bedürfnisse auf einer anderen Ebene (mit den persönlichen Planeten und deren Möglichkeiten) zu befriedigen. Dann können wir uns quasi «reinen Herzens» und ohne unausgesprochene, hintergründige Absichten der grossen Kraft Plutos bedienen und mit ihr Dinge erreichen sowie Taten vollbringen, die weit über die «normalen» Grenzen des Möglichen hinausgehen.

Pluto vermittelt uns die Fähigkeit zu aussergewöhnlichen Leistungen, sei dies im sportlichen, künstlerischen, politischen, geschäftlichen oder auch im mitmenschlichen Bereich. Er gibt uns die Chance, *über uns hinauszuwachsen* und grosse Taten zu vollbringen. Extremsportler machen z.B. häufig die Erfahrung, dass sie, an einem bestimmten Punkt angelangt, wo die «normalen» körperlichen Kräfte erschöpft sind und sie an ihre Grenzen stossen, unvermittelt Zugang zu einer zusätzlichen Energie finden. Durch diese vermögen sie es einerseits, Spitzenleistungen zu erbringen, andererseits führt das Erlebnis des «Grenzensprengens» oft zu einer Art überpersönlicher Ekstase, verbunden mit einer ganz besonders intensiven Wahrnehmung seiner selbst. Es ermöglicht, in innere Bereiche vorzudringen und die Realität auf eine andere Art und Weise zu sehen. Solche Erfahrungen machen den Reiz sportlicher Extremleistungen aus und werden immer wieder zu wiederholen gesucht. Ähnliche Erfahrungen kennen aber auch Menschen, die im geistigen oder seelischen Bereich ihre Limitierungen, die Beschränkungen ihrer Persönlichkeit sprengen.

Pluto kann uns die Kraft geben, grossem Druck standzuhalten oder Widerstände zu durchbrechen. Da, wo keine Lösungen mehr erkennbar sind und innere oder äussere Hindernisse unüberwindlich scheinen, finden wir mit Pluto die Energie zum Durchbruch, hilft er uns, *gordische Knoten* zu durchschlagen. Seine Energie unterstützt uns auch dabei, grundlegende Veränderungen zu erreichen und Schritte mit weitreichenden Folgen zu unternehmen. Diese Möglichkeiten setzen allerdings die Fähigkeit voraus, die Konsequenzen solchen Handelns abzusehen und bereit zu sein, die Verantwortung zu übernehmen.

Im emotionalen Bereich zeigt sich Plutos Energie in der Fähigkeit, intensive Gefühle und erschütternde Ereignisse auszuhalten und in verzweifelten oder schwierigen Situationen von einer enormen Gefühlskraft zehren zu können. Weiter ermöglicht er es auch, durch sogenannt «schlechte» Gefühle wie Wut, Zorn, Trauer und Schmerz hindurchzugehen (anstatt sie zu verdrängen) und sie so hinter uns zurückzulassen und neu zu beginnen. Menschen, die unter extremem Leidensdruck fähig sind, nicht nur mit den eigenen Gefühlen fertigzuwerden, sondern z.B. in einer Krisen- oder Katastrophensituation auch anderen beizustehen, Menschen, die es schaffen grosse gefühlsmässige Erschütterungen zu verarbeiten und **wirklich neu** anzufangen (das heisst, dem vermeintlichen oder echten Verursacher auch zu verzeihen), profitieren durch ihren Mut, dem, was ist, ins Auge zu sehen, von Plutos Regenerations- und Heilpotential. So befähigt uns diese Energie einerseits dazu, die eigenen Krisen als Chancen zum Wachstum zu nutzen, aber auch dazu, andere durch Krisen, tiefgreifende Wandlungen oder beim Sterben begleiten zu können.

Ein Künstler, der die Energie Plutos zum Ausdruck bringt, wird über eine enorme Schaffenskraft verfügen und ein in jeder Beziehung aussergewöhnliches Werk, das andere in irgendeiner Art und Weise berührt, hinterlassen. So finden sich z.B. in den Horoskopen von Pablo Picasso, Charles Chaplin, Walt Disney, Victor Hugo, Henry Miller und Edith Piaf starke Pluto-Themen. Alle diese Künstler haben durch ihr Schaffen wichtige neue Impulse gegeben, die weit über ihre Generation und ihr Land hinausreichten. Sie überragten in ihrer Sparte viele andere und zeichneten sich auch durch einen ungewöhnlichen Lebenslauf aus.

Eine weitere Entsprechung Plutos weist auf dessen Potential, grosse Tiefe zu erreichen, unter, bzw. hinter die Oberfläche zu gelangen. Mond/Pluto-Themen beispielsweise befähigen zu grosser Gefühlstiefe, zur Wahrnehmung dessen, was letztlich den Gefühlskern ausmacht, sowohl bei sich selbst wie auch bei andern. Plutobetonte Menschen besitzen die Gabe, das Oberflächliche, Offensichtliche zu durchschauen und vorzudringen zur ursprünglichen Motivation, zur Substanz oder zum Kern dessen, was ist. Das, was in der Medizin der Röntgenapparat (Pluto-Entsprechung) ist, nämlich die Möglichkeit, durch *Haut und Fleisch* das Skelett in der Tiefe zu erkennen, erbringt Pluto in der Wahrnehmungsfähigkeit des Menschen: Die Fähigkeit, hinter den schönen Worten, netten Gesten, unauffälligen Verhaltensformen und anderen Manifestationsebenen liegenden Absichten zu erfassen. Plutobetonten Menschen kann man daher kaum etwas vormachen, wenn sie sich vorgenommen haben, den Dingen auf den Grund zu gehen. Das Phänomen der Hellsichtigkeit stellt ebenfalls ein Potential Plutos dar.

Die Analogie Plutos zum Thema *der Geburt, der Regeneration, der Transformation* und *der Erneuerung* zeugt von der Fähigkeit, im Bereich Plutos immer wieder neu anzufangen. Wie im Bild des Phönix, der sich aus der Asche neu erhebt, können Menschen in den schwierigsten Momenten unvermittelt zu neuen Energien gelangen oder eine unverhoffte Wandlung erleben. Dieses Potential Plutos kann vor allem in Krisensituationen den Durchbruch in ein neues Leben ermöglichen (siehe auch Kapitel «Transite»).

Auf einer weiteren, der körperlichen Entsprechungsebene kann Pluto auch mit Heilkräften in Verbindung gebracht werden. Das heisst, die Energie Plutos kann nicht nur destruktive körperliche Prozesse in Gang setzen, sondern umgekehrt auch die Regenerationsfähigkeit des Körpers stärken und zerstörerische Vorgänge stoppen oder diese sogar in konstruktive Bahnen lenken. Dazu wären beispielsweise die medizinisch unerklärbaren Spontanheilungen bei Krebs zu rechnen. Solche Heilenergien dürften weiter auch bei dem Phänomen der Geistheiler eine wichtige Rolle spielen.

# Leben mit Plutothemen

Wie aus den einzelnen Bildern in den vorhergehenden Kapiteln ersichtlich wird, können Pluto-Themen auf sehr unterschiedliche Weise gelebt werden. Das gemeinsame Element besteht in einer gewissen Dramatik, die immer wieder vorkommt und im Zusammenhang mit Pluto wahrscheinlich auch notwendig ist, sowie in der Tendenz, aussergewöhnliche, extreme Dinge entweder zu tun oder zu erleben. Für viele Menschen mit Pluto-Themen im Horoskop sind all diese Erfahrungen ganz normal, sie sehen auch keinen Unterschied zwischen ihrem Lebenslauf und dem anderer Menschen. Wenn wir die Biographie plutobetonter Menschen jedoch näher untersuchen, finden wir sich wiederholende Muster in Abläufen und Reaktionsweisen, die ihren Ursprung doch recht klar in plutonischen Entsprechungen besitzen.

Die folgenden Fallbeispiele wollen als grössere Teile von Lebensgeschichten Plutos Erscheinungsweisen in ihrer Vielfalt und über einen längeren Zeitraum hinweg beleuchten. Vor allem bei zwei Beispielen werden die zeitlichen Auslösungen Plutos und deren konkrete Entsprechungen im Leben der betreffenden Personen besonders berücksichtigt.

### Beispiel MIREILLE – Der Weg zur Domina

Mireille (Figur nächste Seite) ist eine bekannte Prostituierte in Zürich. Im Jahr 1981 und 82 wurde sie durch Presseartikel und Radiosendungen in der ganzen Schweiz bekannt. Ihr Ruf gründete nicht nur auf ihrer Attraktivität, sondern vielmehr auf der Tatsache, dass sie als eine der ersten mit grossformatigen Inseraten in einschlägigen Zeitschriften sowie durch Interwiews offen ihre Arbeit als **Domina** propagierte. Mireille sah sich nicht als «gewöhnliche» Prostituierte, sie war die «Herrin» ihrer Kunden, die sie mit sadistischen Praktiken «behandelte». Hier manifestiert sich Pluto in seinen klassischen Symbolentsprechungen, wobei Mireille recht klar den aktiven Pol gewählt hat. Die Beschreibung ihrer Tätigkeit und ihrer Kunden liest sich wie eine Aufzählung möglicher Pluto-Entsprechungen:
Mireille entdeckte schon früh (mit 16 Jahren), dass sie mit ihrem Körper nicht nur viel Geld verdienen, sondern auch Macht über die Männer ausüben konnte. Bald hörte sie auf, mit ihren Kunden sexuellen Verkehr zu haben, und spezialisierte sich auf das, was sie «meine natürliche Begabung» nennt, nämlich sadistische Handlungen. Ihre Behandlungen nennt sie Erziehung, Kliniksex oder Zahnarztsex. Immer ist sie die Bestimmende, Bestrafende. Manche ihrer Praktiken sind extrem schmerzhaft (wie Auspeitschungen oder Nadelungen), andere äusserst erniedrigend. So führte sie manche Kunden am Hundehalsband (Hund = Pluto-Symbol) durch die Strassen. Immer spielte dabei die absolute Abhängigkeit des «Sklaven» von ihr als Herrin eine grosse Rolle. Die meisten ihrer Kunden waren nach ihren Schilderungen Manager, Ärzte, Richter und Anwälte (!).

Die Verbindung der Jupiter- mit der Pluto-Thematik in ihrem Horoskop (Sonne/Mond/Jupiter-Konjunktion im Schützen, im 8. Haus im Quadrat zum Pluto) zeigt auch klar ihr Bedürfnis, die Beste, die Grösste zu sein. In diesem Bestreben kaufte sie sich 1981 eine grosse Jugendstilvilla in einem als gehoben bekannten Viertel in Zürich und richtete dort nach ihren Worten einen Sexclub und eine Sexklinik ein, in der Realität war es eher ein Bordell, dem sie als Chefin vorstand. Ihr Bedürfnis nach absoluter Grösse und Macht liess sie jedoch die Grenzen des Machbaren überschreiten (Pluto/Jupiter), was 1982 zur Verhaftung und zur Anklage wegen Kuppelei führte.

Aufgrund der starken Pluto-Prägung, vor allem der Aspekte von Sonne und Mond zum Pluto sowie Mars im Skorpion, kann man annehmen, dass sie bereits in der Kindheit entprechende Erfahrungen mit dem Thema Macht und Ohnmacht gesammelt hatte. So erlebte sie den Vater sich selbst gegenüber zwar nachgiebig und verwöhnend, die Mutter wurde bei den häufigen Streitereien der Eltern jedoch oft geschlagen. Die Mutter ihrerseits versuchte die Tochter, der sie sich

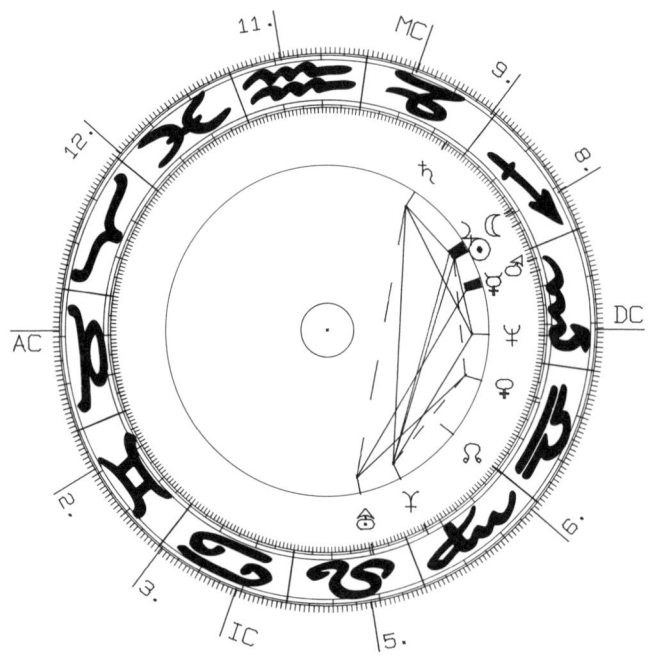

*Mireille*

| | |
|---|---|
| ☉ ☽ ♃ Quadrat ♇ | ♂ ☿ im ♏ |
| ☉ ☽ ♃ im 8. Haus | ♀ in Halbsumme ☉ ♇ |

schon bald nicht mehr gewachsen fühlte, mit Schlägen zu erziehen. Auch der Vater begann sie zu schlagen, als er mit der einsetzenden Pubertät ihr Interesse an anderen Männern entdeckte. Ihre «Berufswahl» war also in gewisser Weise die Entscheidung, statt Macht zu erleiden (Yin-Pol) nun selbst Macht auszuüben, bezeichnenderweise vorwiegend über mächtige Männer. Diese wiederum dürften in der masochistischen Erfahrung den Yin-Pol ihres sonst aktiv gelebten Pluto-Themas kennenlernen.

**Beispiel ROBERT – Das Bedürfnis nach Macht und Perfektion**
Robert ist ein gutaussehender, schlanker, ruhig und verhalten wirkender Mann. Er arbeitet als Zahnarzt mit eigener Praxis in einer mittelgrossen Schweizer Stadt und hat sich dort einen guten Ruf erworben. Robert liebt seinen Beruf sehr, insbesondere alle Arbeiten, die besondere Präzision erfordern, sowie die chirurgischen Eingriffe. Er bezeichnet sich auch als Perfektionisten, der entweder alles absolut richtig machen wolle, oder dann nichts. Darüber befragt, was für ihn in seiner be-

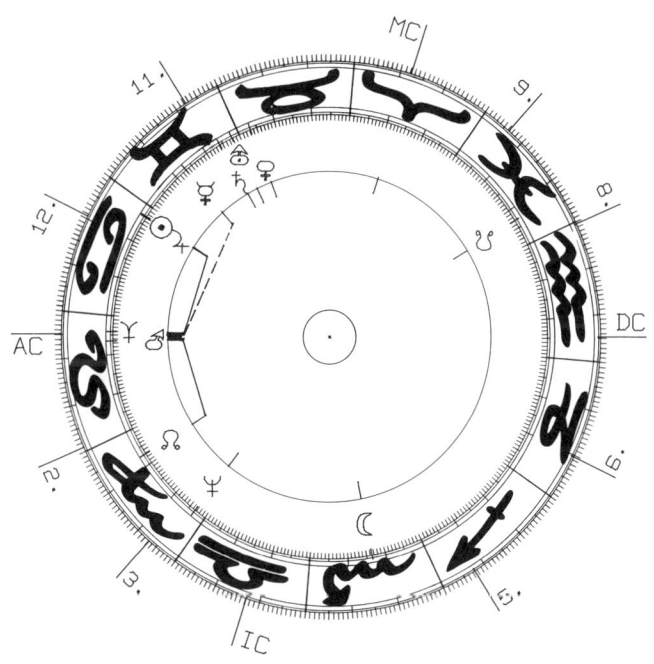

*Robert*

| ♂ ♈ Konjunktion AC | ☾ im ♏ | ☋ im 8. Haus |
|---|---|---|
| ♈ H'Sextil ☉ | | ♇ H'Quadrat ☿ |
| Halbsumme ♂ ♈ ≙ Halbsumme ☉ ☊ = AC | | |

63

ruflichen Tätigkeit sonst noch von Bedeutung sei, meinte er, dass es ihm ganz zentral wichtig sei, von niemandem abhängig zu sein, auch materiell, und niemandem Rechenschaft über sein Tun und Lassen zu schulden. Kontrolliert zu werden, ertrage er nicht. Weiter brauche er aber auch das Gefühl, Macht zu haben, und in gewisser Weise seien ihm die Patienten auf dem Stuhl ja auch hilflos ausgeliefert.

Diese Aussagen weisen klar auf den Yang-Pol der Pluto-Thematik hin: Durch Leistung selbst die Macht übernehmen, die Kontrolle über das Geschehen besitzen. Roberts Berufswahl entspricht der Mars/Pluto-Thematik, aber auch sein persönliches Umfeld ist von Pluto-Entsprechungen geprägt. So besitzt er einen schwarzen (!) BMW, zwei Hunde und ein grosses Haus, das auf einer Anhöhe liegt, aber ganz hinter Bäumen versteckt ist. Er legt grossen Wert auf die Einhaltung von Formen, unterwirft sich einer strengen Selbstkontrolle und lässt sich nur selten von seiner Wut überwältigen. Dann aber hat er eigentliche Jähzorn-Ausbrüche, was die Menschen um ihn herum, die nur die höfliche, korrekte Maske kennen, erstaunt und erschreckt.

Besonders augenfällig ist in Roberts Horoskop die Mars/Pluto-Konjunktion. Diese Pluto-Prägung bezieht sich, entsprechend ihrer Stellung am Aszendenten, auch auf die Geburtssituation: Robert besitzt einen Zwillingsbruder. Die Ärzte bemerkten jedoch während der Schwangerschaft nicht, dass Roberts Mutter Zwillinge erwartete. Nachdem Roberts Bruder geboren war, fiel den Ärzten immer noch nichts Ungewöhnliches auf, worauf sie das Neugeborene betreuten und die Mutter allein liessen. Zu dieser krassen Form der Existenz-Verneinung Roberts kam anschliessend eine Existenzbedrohung, indem die durch nochmalige Wehen geschockte Mutter das zweite Kind (also Robert) allein zur Welt bringen musste und sowohl Mutter wie Kind beinahe starben. Von Roberts Vater erzählt man, er habe anschliessend den diensthabenden Arzt in seiner Wut umbringen wollen. Roberts Devise «Jetzt erst recht» und «Denen werd ich's zeigen» wäre als Yang-Reaktion auf diese ursprüngliche Bedrohung zu sehen.

Die grosse Gefühlsintensität und tiefe Verletzbarkeit, das Absolute und die **alles oder nichts** Haltung im Zusammenhang mit seiner Mond/Pluto-Thematik kommt in Roberts Schilderung seiner «wirklichen Liebe» zum Ausdruck: Robert besitzt als gut aussehender Mann eine starke Ausstrahlung auf Frauen. Es werden ihm dementsprechend auch viele Affären nachgesagt.

Einmal jedoch, erzählte Robert, liebte er eine Frau wirklich und war bereit alles für sie zu tun. Als sie sich mit einem Kollegen befreundete und diesen schliesslich heiratete, wollte er anfänglich nicht wahrhaben, dass sie nicht doch zu ihm gehöre. Er wollte einfach abwarten, bis sie ihren Fehlentscheid einsehe. Erst als jene Frau von ihrem Mann ein Kind erwartete, traf ihn die Erkenntnis, dass sie den andern ihm vorzog, wie ein Schock. Depressionen und Selbstmordgedanken waren die Folge, aber auch die (Yang-) Entscheidung, sich nie mehr gefühlsmässig so tief einzulassen: «Niederlagen kann ich nicht verkraften.» Später suchte sich Robert eine Frau, mit welcher er sich vor allem auf der kameradschaftlichen und gesellschaftlichen Ebene verstand. Er war nicht mehr bereit, sich auf leidenschaftliche Gefühle einzulassen. Dafür spielen heute seine Kinder, die er mit derselben Ausschliesslichkeit liebt, eine wichtige Rolle in seinem Leben.

**Beispiel MARIA**

Maria war der Astrologie gegenüber sehr skeptisch. Mit der Beschreibung der Pluto-Konstellation in ihrem Horoskop, in entsprechenden Themen und Problemen formuliert, konnte sie sich anfangs gar nicht identifizieren. Da es aber einer ihrer Charaktereigenschaften entspricht, den Dingen immer auf den Grund zu gehen (Pluto), wollte sie doch mehr über ihr Horoskop, die Astrologie im allgemeinen, deren Hintergründe und Möglichkeiten wissen. Sie war in diesem Zusammenhang auch bereit, von ihrem Leben zu erzählen.

*Kindheit:*

Ihre Kindheit sei völlig undramatisch und sorglos gewesen, erzählte Maria. Sie sei von Eltern und Grosseltern liebevoll umsorgt worden und traumatische Erlebnisse

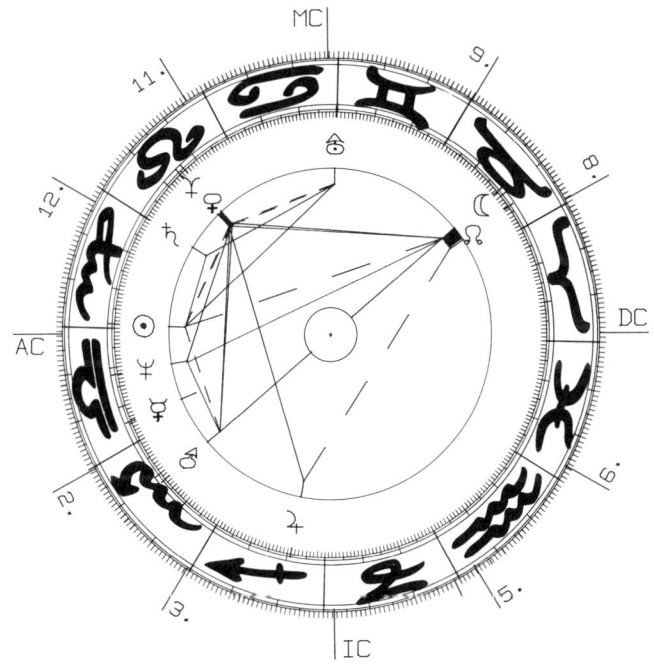

*Maria*

| ♀ Konjunktion ♇ | ♂ Quadrat ♇ | ☽ Quadrat ♇ |
| --- | --- | --- |
| ♂ im ♏ | ☽ im 8. Haus | ☉ H'Quadrat ♇ |

65

habe sie auch keine gehabt. Nach den Haupterinnerungen aus ihrer Kindheit befragt, meinte sie: «Ein Bild taucht immer wieder auf, mein Vater, der weggeht.» Als Maria 2 1/2 Jahre alt war, fing der Vater in einer entfernten Stadt ein Studium an und war während zwei Jahren nur an den Wochenenden zu Hause. Maria begleitete ihn jeweils zum Bahnhof.

In der gleichen Zeit sei sie auch mehrmals die Treppe hinuntergefallen. Gebeten, das Geschehen etwas genauer zu schildern, erzählte Maria: «Ich hatte damals mein Kinderzimmer im Estrich (mit 2 1/2 Jahren!), am Ende einer langen dunklen Treppe. Vielleicht, weil ich dort oben Angst hatte oder nicht alleine dort schlafen wollte, stand ich offenbar immer wieder auf, nahm meine Kleider und wollte zur Mutter. Da die Treppe sehr dunkel war und ich den Lichtschalter nicht erreichen konnte, fiel ich dreimal diese Treppe hinunter. Einmal hatte ich sogar eine Hirnerschütterung.»

Nach der Huber'schen Alterspunktprogression* erreichte der AP zu dieser Zeit Neptun, der im Sextil zum Pluto, im Halbsextil zum Mars und in Quincunx zum Mond steht. Die Verunsicherung (eine Neptun-Entsprechung) dürfte in dieser Zeit im Vordergrund gestanden haben. Die Pluto-Thematik in Verbindung mit Neptun findet eine Analogie in der Angst Marias im Estrichzimmer, in der Hirnerschütterung (Pluto/Mars/Neptun-Entsprechung), aber auch im subjektiven Verlust des Vaters.

Als Hauptproblem in der Kindheit erwähnte Maria die Aussenseiter-Position, in welcher sie sich als hochbegabtes Kind in der Schule fühlte. Sie erlebte eine Art Zwang, sich nicht wirklich zeigen zu können, wie sie war, wenn sie geliebt werden wollte. Venus als Herrscherin des Sonnenzeichens Waage steht in Konjunktion mit Pluto, was ein grosses Bedürfnis nach intensiver Zuwendung, verbunden mit der Angst, nicht sich selbst sein zu können oder verlassen zu werden, symbolisiert. Maria hatte den Eindruck, von den Mitschülern gefürchtet und gemieden zu werden, wenn sie ihre Fähigkeiten wirklich nutze und zum Ausdruck bringe. Sie habe daher oft absichtlich Fehler gemacht, dergleichen getan (Maske = Pluto), als sei sie wie die andern, um auch dazuzugehören und Freunde zu haben. (Das 11. Haus, in welchem Marias Pluto/Venus-Konjunktion steht, wird auch als das Haus der Freundschaften bezeichnet).

Als Maria 8 1/2 Jahre alt war (Übergang des AP über den Mars, im Quadrat zu Pluto/Venus und in Opposition zum Mond; der Transit-Pluto befand sich zu der Zeit in genauer Konjunktion mit ihrem Radix-Saturn) kam ihr Bruder zur Welt (Figur). Sie habe sich sofort seiner angenommen wie eine Mutter, erzählte sie, und ihren ganzen Ehrgeiz (Pluto ?!) in die Absicht gesteckt, aus ihrem Bruder ein Wunderkind zu machen. Er sollte in gewisser Weise ihr Werk werden.

---

*Die Altersprogression (Alterspunkt = AP) ist eine Altersstufenlehre, die von Bruno Huber entdeckt und in jahrelanger Forschungsarbeit psychologisch definiert wurde. Sie erfasst eine Zeitmechanik im Horoskop, die einer Uhr vergleichbar ist. Der «Zeiger auf der Lebensuhr» beginnt beim Aszendenten und wandert gegen den Uhrzeiger durch alle 12 Häuser. Jedes Haus entspricht einem Lebensabschnitt von 6 Jahren und alle 12 Häuser einem Lebensablauf von 72 Jahren. Dabei bestimmt das psychologische Thema des betreffenden Hauses während 6 Jahren die innere und äussere Einstellung des Menschen und ändert sich entsprechend den darin befindlichen Zeichen und/oder Planeten. Aufgaben, Probleme, Schwierigkeiten und Entwicklungsmöglichkeiten, die im Grundhoroskop angelegt sind, werden im Laufe des Lebens zeitlich durch den Alterspunkt aktiviert.

Eher beiläufig berichtete sie auch von einer Begebenheit im Alter von 14 Jahren. Bei einem Familienstreit wegen Erbschaftsangelegenheiten (8. Haus/Pluto-Thematik) sei der Grossvater erbost weggelaufen und sie hinter ihm hergeschickt worden. Als sie ihn im Keller fand, war er gerade dabei, sein Jagdgewehr zu entsichern, um sich zu erschiessen. Maria gelang es, ihn davon abzuhalten, indem sie sich an sein Gewehr hängte, ihn auf ein dortstehendes altes Bett drängen konnte, sich in voller Länge auf ihn legte und um Hilfe rief. In dieser Zeit befand sich der AP wiederum auf 12 Grad (im Schützezeichen), der Transit-Neptun hatte den Mars auf 12 Grad fix erreicht und damit das ganze Spannungsdreieck ausgelöst. Maria legte bei ihrer Erzählung Wert darauf, dieses Geschehen als nichts Besonderes oder Ausserordentliches zu betrachten.

*Erwachsenenzeit:*
Von der grossen Intensität, den starken Emotionen, die man bei der starken Pluto-Betonung erwarten würde, ist bei Maria auf den ersten Blick wirklich wenig zu merken. Sie wirkt ruhig und kontrolliert und lässt sich kaum zu Temperamentsausbrüchen hinreissen. Vom Thema Macht will Maria nichts wissen, sie sei gar nicht machthungrig, im Gegenteil. Wütend wird sie nach eigenen Angaben auch nur selten. Maria betont aber, wie wichtig es ihr sei, die Kontrolle über sich selbst, wenn möglich, auch über die Situation, nicht zu verlieren.

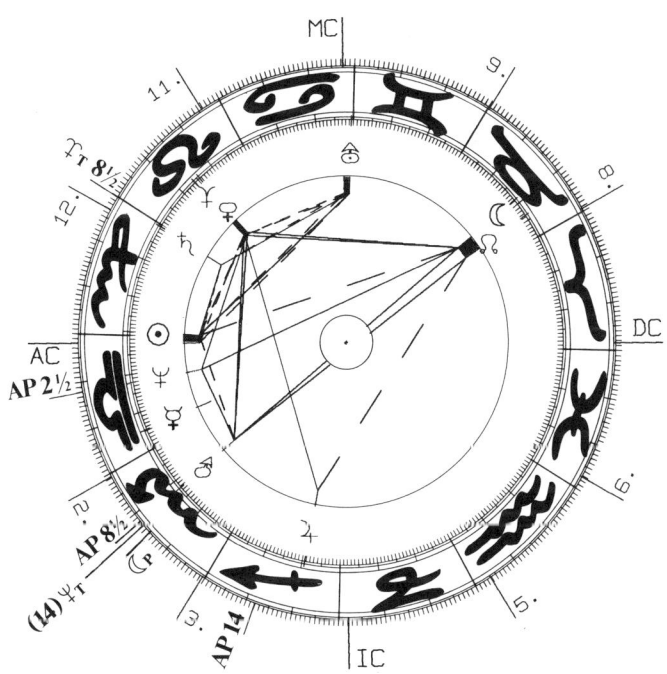

*Maria, 8 1/2jährig und 14jährig*

67

Dafür wendet sie recht viel Energie auf. Sie nahm z.B. einmal an einer Atem-Selbsterfahrungsgruppe teil, in welcher durch Hyperventilation tiefe Emotionen evoziert werden sollten. Es interessierte sie, was in einer solchen Gruppe alles geschehe. Sie selbst machte allerdings nur solange mit, wie sie sich noch völlig unter Kontrolle und den Eindruck hatte, jederzeit aus der Erfahrung aussteigen zu können.

Marias stark betonter Ehrgeiz, ihr grosses und ausgesprochenes Bedürfnis, die Übersicht über das Geschehen zu behalten, aber auch ihre grosse Leistungsfähigkeit lassen auf den Yang-Pol Plutos schliessen. Als Pluto-Entsprechung wäre auch ihre Vorstellung, bzw. Erfahrung, sich nicht wirklich so zeigen zu können, wie sie ist, zu sehen. Vor allem Menschen mit starken gesellschaftlichen Prägungen und Ambitionen neigen dazu, ihre mit Pluto verbundenen Kräfte und aggressiven Tendenzen nicht offen zu zeigen. Hier erleben wir die Tarnkappe von Hades, die Maske. Marias diplomatisches, freundliches Verhalten, die Tatsache, dass sie selten wütend wird und auch keinen offenen Machtanspruch zeigt, weist auf eine Yin-Komponente Plutos hin.

Die starke Kontrolle der vorhandenen Pluto-Energie, die Tendenz, gewisse Pluto-Komponenten zu projizieren, sowie die Blockierung von aggressiven Tendenzen und die sich daraus ergebenden Entsprechungen manifestierten sich im Alter

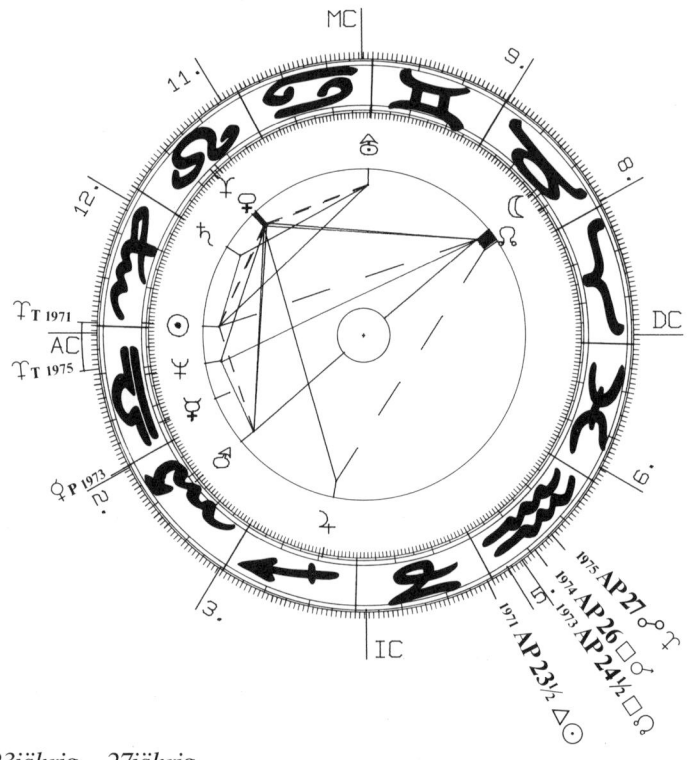

*Maria, 23jährig – 27jährig*

von 23 – 27 Jahren intensiv auf den unterschiedlichsten Ebenen. Unter anderem lief in dieser Zeit Pluto zuerst über Marias Sonne, dann über ihren Aszendenten (Figur). Diese Lebens-Phase, die während dieser Zeit gemachten Erfahrungen und ihre langfristigen Konsequenzen sollen mit den zeitauslösenden Faktoren näher untersucht werden:

Im Jahre 1971, als der Transit-Pluto sich über ihre Sonne bewegte, lernte Maria ihren späteren Mann, Reinhard, kennen. Dieser hat 5 Planeten im 8. Haus. Gefragt, was sie damals an ihm besonders fasziniert habe, meinte Maria: «Er war so geschickt darin, Geschehnisse psychologisch zu analysieren. Er gab sich nicht mit dem Sichtbaren zufrieden, sondern hinterfragte immer alles und ging den Dingen auf den Grund. (Projektion des plutonischen Bedürfnisses *in die Tiefe zu gehen*). Ausserdem hatte er eine «Bindungsneurose» (Projektion einer Venus/Pluto-Entsprechung) und es muss mich wohl auch gereizt haben, auszuprobieren, ob ich diese nicht abbauen könnte (Machtthematik).»

Die Auseinandersetzung um Nähe und Distanz wurde im darauffolgenden Jahr besonders intensiv, als Maria und Reinhard zusammenzogen. In dieser Zeit erreichte der Transit-Pluto zum erstenmal den Waage-Aszendenten von Marias Horoskop und aktivierte so auch die Herrscherin des Waagezeichens (Venus), die ihrerseits in Konjunktion mit dem Pluto steht. Maria beschrieb diese Zeit wie folgt: «Es war eine schöne und intensive Zeit. Ich wurde aber sehr stark von Verlustängsten geplagt, da Reinhard immer wieder auf seiner Freiheit und Unabhängigkeit bestand.» Gefragt, ob sie denn über ihre Ängste gesprochen habe, reagierte sie erstaunt: «Sicher nicht, ich wollte ihn doch nicht vertreiben!» Gleichzeitig nahm der Druck von Marias Familie zu, die ihre Tochter gerne verheiratet gesehen hätte. Die in diesem Zusammenhang angestaute Pluto-Energie manifestierte sich beim nächsten Übergang Plutos über den Aszendenten auf der Körperebene.

Im Frühling des Jahres 1973, Maria und Reinhard hatten geplant, im Herbst zu heiraten, musste sie wegen starken Schmerzen im Unterleib zum Arzt. Bei der in der Folge nötigen Operation fanden die Ärzte einen Tumor auf ihrem Eierstock (Venus/Mond/Pluto). Er sei zwar gutartig, wurde ihr gesagt, sie müsse jedoch aufpassen, da diese Art Tumor auch entarten (ausser Kontrolle geraten = Pluto) könne. Die im Herbst vorgesehene Heirat fand nicht statt, da Reinhard zwei Wochen vor der geplanten Zeremonie erklärte, er halte den Druck dieses gesellschaftlichen Ereignisses nicht aus, er könne nicht heiraten. Maria akzeptierte diesen Entscheid (auch wenn er wahrscheinlich viele Ängste wieder aktivierte) und so blieb die Beziehung, wenn auch ohne behördlichen und kirchlichen Segen, bestehen. Genau ein Jahr später, im Frühling des Jahres 1974, war eine zweite Operation notwendig geworden, bei welcher Maria ein Eierstock entfernt werden musste. Einen Monat nach der Operation heirateten Maria und Reinhard ohne grosse Festlichkeiten. Die Ärzte hatten Maria geraten, falls sie Kinder wolle, sollte sie möglichst schnell schwanger werden, da sie langfristig für nichts garantieren könnten. Maria und ihr Partner hatten beide den Wunsch, einmal Kinder zu haben. Der Versuch, eine Schwangerschaft herbeizuführen, schlug jedoch fehl.

Wiederum ein Jahr später eröffneten die Ärzte Maria, der Tumor sei wieder aufgetreten und habe sich verändert; man müsse ihr also nicht nur die Reste der Eierstöcke, sondern auch die Gebärmutter entfernen. Damit war sie dazu gezwungen, sich im Alter von 27 Jahren mit Themen auseinanderzusetzen, welche für Frauen im allgemeinen erst mit dem Klimakterium aktuell werden. Neben den körperlichen Erscheinungen im Zusammenhang mit dem plötzlichen Hormonentzug beschäftigten sie in dieser Zeit vor allem die Fragen: «Bin ich denn so noch eine richtige Frau?» und «Was macht denn das **Frau-sein** aus?» Die Beziehung zu ihrem Mann erfuhr durch dieses Problem eine Vertiefung, da Maria und Reinhard sich intensiv mit der Bedeutung und den Konsequenzen der Operation auseinandersetzten. Alle diese Themen stellen Analogien zur Venus/Pluto-Thematik dar, die zu diesem Zeitpunkt (durch den AP) ausgelöst war.

Die Tatsache, dass sie keine Kinder bekommen konnte, brachte Maria langfristig zu einem anderen Thema: Ihrem Beruf und ihrem Lebensziel. Maria hatte ihren Mann während eines Psychologiestudiums kennengelernt, dieses später abgebrochen und sich gemeinsam mit ihm zur Sekundarlehrer(in) ausbilden lassen. Dieser Beruf, so musste sie nun feststellen, befriedigte sie überhaupt nicht. Durch das Wegfallen der Kinderfrage und den damit verbundenen beruflichen Einschränkungen ergaben sich neue Voraussetzungen für ihre Zukunft.

In den Jahren 1981 – 1983, als der Transit-Pluto dreimal über den Merkur lief, hörte Maria auf zu unterrichten, suchte nach neuen Möglichkeiten und entschied sich bei der letzten Konjunktion Plutos mit ihrem Geburts-Merkur, ein Medizinstudium zu beginnen. Der Abschluss dieses Studiums, also ihr Staatsexamen fällt «zufälligerweise» genau mit dem letzten Transit Plutos zu den Planeten der Spannungsfigur Mars-Venus/Pluto-Mond zusammen!

### Beispiel RETO

Reto ist ein grosser, knochig gebauter Mann, mit kantigem Gesicht und auffallend tiefliegenden blauen Augen, die den Eindruck erwecken, das Gegenüber zu durchbohren, wenn er jemand fixiert. Reto arbeitet als selbständiger Architekt. (Er wurde bereits im Kapitel «Masken im Alltag» zweimal kurz erwähnt). Reto ist nicht nur zu beträchtlichen Arbeitsleistungen fähig, er hat auch den Ehrgeiz, immer der Beste zu sein. Den extrem hohen Anforderungen, die er an sich selbst stellt, sollten auch seine Mitarbeiter sowie die Bauhandwerker genügen. Durch seinen Perfektionismus entstanden denn auch schon Schwierigkeiten mit den Untergebenen und sogar den Bauherren, die er «zu ihrem eigenen Besten», wie er sagt, von seinen Vorstellungen zu überzeugen sucht. Reto ist bei den Handwerkern und Fachleuten, die mit ihm zusammenarbeiten, für seine unerbittliche Härte, gekoppelt mit einem absoluten Gerechtigkeitssinn, bekannt. Alle, die mit ihm zu tun haben, kennen seinen Anspruch, angegebene Termine und Preise in der Regel genau einzuhalten. Durch diese Haltung gewann Reto grossen Respekt sowohl von Seiten jener Baufirmen, die bereit sind, seinen Anforderungen zu genügen, wie auch von den Bauherren. Er erhielt denn auch schon des öftern Grossaufträge für öffentliche Gebäude, die er – ohne grosses Aufsehen zu erregen – meist zeitgerecht erfüllte. Im

Grunde fühlt sich Reto als Einzelgänger, da er keine Autorität über sich duldet und Mühe hat, die Schwächen und Fehler von Untergebenen zu ertragen. Das Berufsbild von Reto entspricht weitgehend dem Yang-Pol Plutos; die Konjunktion von Sonne/Venus im Quadrat zum Mond dürften bei der Wahl des Themas Architektur eine wichtige Rolle gespielt haben.

Die Pluto-Thematik spiegelt sich auch in Retos Beschreibungen seiner Kindheit. Der Vater, als Verdingbub aufgewachsen, zeigte keine Gefühlsregungen. Reto fürchtete sich als Knabe vor ihm, da er ihn als sehr hart erlebte. Im Nachhinein, meinte Reto allerdings, sei diese Haltung auch zu bewundern, habe es sein Vater auf diese Weise doch zu etwas gebracht. Wenn Reto als Kind etwas nicht so erledigt hatte, wie dies der Vater verlangte, wurde er geschlagen oder in den Keller gesperrt. Der Vater schlug jedoch nicht nur ihn, sondern auch Retos Mutter, und diese habe jeweilen zurückgeschlagen, sodass es zu eigentlichen Kämpfen gekommen sei.

Als Reto sieben Jahre alt war (der Transit-Pluto stand nun in genauer Opposition zum Geburts-Mars), lernte die Mutter einen anderen Mann kennen. Reto er-

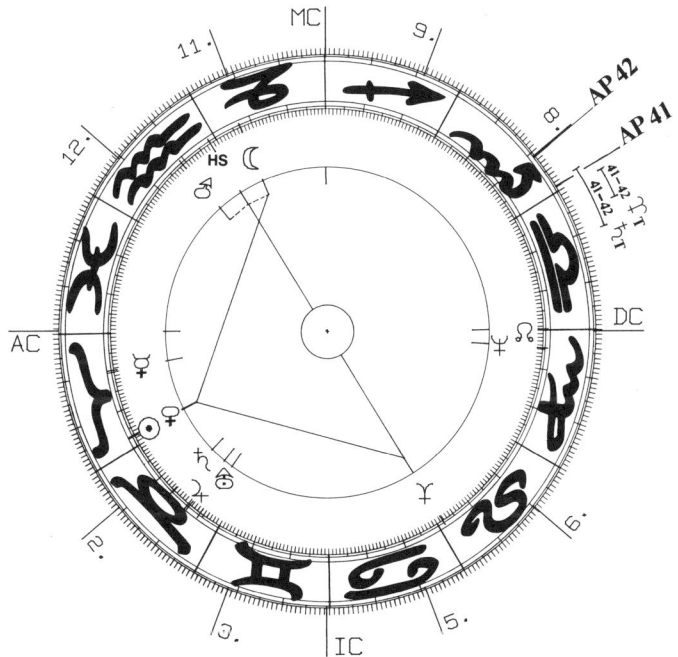

*Reto (Auslösungen: 41- und 42jährig)*

♇ Quadrat ☉ ♀

♇ in Opposition zur Halbsumme ☽ ♂

lebte mit, wie der Vater sich zuerst zu revanchieren versuchte, indem er selbst eine Affäre hatte, dann aber einen Selbstmordversuch unternahm. Obwohl die Ehe der Eltern anschliessend wieder einigermassen funktionierte, fühlte sich Reto von nun an in seiner Sicherheit und Existenz bedroht, solange er abhängig war. Er entschied sich damals, dass er in Zukunft mit Leistung für seine Unabhängigkeit und Freiheit sorgen werde.

Wie Maria wurde also auch Reto schon früh Zeuge eines versuchten Selbstmordes, was sowohl der Todes- als auch der Gewaltthematik Plutos entspricht. Solche Konfrontationen mit dem Thema Tod in der unmittelbaren Umgebung der Kindheit tauchen in den Schilderungen von Menschen mit starken Pluto-Themen im Horoskop immer wieder auf. Obwohl der oder die Betreffende sich vielleicht nicht mehr daran erinnert oder solche Geschehnisse im Stil einer Familiengeschichte, die nicht weiter bedeutend sei, erzählt, beeinflusst dieses Erleben das spätere Verhalten der Welt gegenüber nachhaltig.

Die Sexualität (eine weitere Pluto-Analogie) spielt in der Gedankenwelt von Reto eine grosse Rolle. Da er, wie er sagt, glücklich verheiratet sei, beschäftigt er sich vor allem in seiner Phantasie ausführlich mit diesem Thema, unterhält sich gerne mit andern darüber, macht dabei auch Witze und ist (war «in jungen Jahren») allenfalls auch für Kurzerlebnisse zu begeistern. In seiner liebsten Vision sieht er sich als Besitzer eines Bordells. Wie er erzählte, plane er dessen Organisation und Ausstattung manchmal in seiner Phantasie bis in alle Einzelheiten. Prostitution (von hoher Qualität natürlich) sei für ihn durchaus attraktiv und scheine auch finanziell lohnenswert, meinte er.

Die Beziehung zu seiner Frau, die er leidenschaftlich liebte, beinhaltete für ihn eine ganz andere Dimension. Er war sehr eifersüchtig und stand zu seinem absoluten Besitzanspruch: «Sie sollte mir immer zur Verfügung stehen, wenn ich sie brauche.» Dementsprechend kontrollierte Reto seine Frau, allerdings auf subtile, wenig offensichtliche Art, etwa indem er unverhofft «zufälligerweise» heimkam oder sie an Kurse, die ihm suspekt erschienen, begleitete. Gefragt, wie sich denn seine starken sexuellen Phantasien mit der Beziehung zu seiner Frau vertrügen, sagte Reto, er könnte sich vorstellen, seine Frau einem andern Mann zu überlassen, allerdings müsste er diesen auswählen können und auch dabei sein können. Dazu meinte er wörtlich: «Kein anderer Mann soll über meine Frau herrschen.» Diese extreme Aussage (Feministinnen mögen verzeihen) zeugt vom grossen Bedürfnis Retos nach Macht und Kontrolle, vor allem auch im sexuellen Bereich (Yang-Pol).

Zwischen Retos 41. und 42. Lebensjahr (Figur) befand sich sein AP kurz nacheinander in Opposition zur Sonne/Venus-Konjunktion, im Quadrat zum Pluto und der Halbsumme Mond/Mars. In der gleichen Zeit bewegten sich sowohl der Transit-Pluto wie auch der Transit-Saturn zuerst über das Quadrat zum Mond, dann über die Opposition zur Sonne und etwas später über das Quadrat zum Radix-Pluto.

In dieser Zeit brach Retos sorgfältig aufgebautes Macht- und Kontrollsystem zusammen. Er hatte bemerkt, dass seine Frau sich innerlich mehr und mehr von ihm distanzierte. Als er etwas später herausfand, dass sie sich ab und zu mit einem anderen Mann traf, war er gleichermassen verzweifelt wie wütend. Er merkte, wie wichtig seine Frau ihm war, auch wie abhängig er von ihr und ihrer Zuwendung war. «Meine Frau ist wie eine Hälfte von mir. Ich brauche das Wissen, dass sie absolut zu mir hält, sonst bin ich zerstört,» sagte er damals. Anfänglich suchte Reto, sich die für ihn notwendige Sicherheit über seine Frau durch ein raffiniertes Kontrollsystem zu erlangen, indem er z.B. die Telefonleitung überwachte und alle ihre Gespräche mitschnitt oder zu allen Tageszeiten nach Hause kam, um nachzuprüfen, ob sie da sei. Bald stellte er jedoch fest, dass ihn dieses Verhalten nur noch mehr von seiner Frau entfremdete. Gleichzeitig merkte er, wie seine Leistungsfähigkeit ohne ein grösseres Ziel vor Augen («Ich arbeite für meine Frau und meine Familie») zusammenbrach. Er wurde arbeitsunfähig, vom Arzt wegen eines «Nervenzusammenbruchs» krankgeschrieben. Reto begann, sich nach dem Sinn seines Lebens zu fragen und einen Selbstmord zu erwägen. Zu diesem Zweck kaufte er sich eine Pistole, die er von nun an ständig bei sich trug.

Damit war Reto nahe daran, das Lebensmuster seines Vaters in bezug auf diese Thematik zu wiederholen. Am Tiefpunkt angekommen, bestimmten zwei Dinge Retos weiteren Weg: Reto war nun bereit, der Bedeutung, welche die Beziehung zu seiner Frau für ihn hatte, auch den nötigen zeitlichen Raum zu geben. Damit verbunden, entschied er sich, sein Arbeitspensum einzuschränken und mehr Energien auf gemeinsame Unternehmungen zu verwenden. Gleichzeitig war er nun gewillt, seine Frau «loszulassen», ihr damit auch die Entscheidung zu überlassen, ob sie bei ihm bleiben wolle oder nicht. Das offene Eingeständnis seiner Abhängigkeit (Yin-Pol) ermöglichte es andererseits seiner Frau, sich ebenso eindeutig für die Partnerschaft mit Reto zu entscheiden. In vielen intensiven Gesprächen und Auseinandersetzungen suchten und fanden die beiden eine ganz neue Form im gegenseitigen Umgang miteinander, schufen so letztlich eine neue Beziehung.

Durch die damalige Krise hat sich Reto nachhaltig verändert: Es stehen ihm zwar nach wie vor grosse Energien zur Verfügung, die er beruflich und privat zum Ausdruck bringen will und auch muss. Allerdings hat er neue Wertmassstäbe gefunden sowie die Grenzen seiner Fähigkeiten und Kontrollmöglichkeiten kennengelernt. Zudem hat er, was für ihn vielleicht am wichtigsten ist, die Erfahrung gemacht, dass das Loslassen von Vorstellungen und die Bereitschaft, Schmerz zuzulassen, ihm schliesslich die Wandlung zum Guten, die Erneuerung ermöglichten und ihm auch die verloren geglaubten Energien und Ziele wieder zurückbrachten.

# Pluto-Themen in der Beratungssituation

Pluto-Themen manifestieren sich in den unterschiedlichsten Beratungssituationen oft in einer ganz bestimmten Art und Weise, die hier vor allem im Zusammenhang mit der astrologischen oder psychologischen Beratung beschrieben werden soll, die jedoch auch zum Beispiel bei juristischen oder medizinischen Konsultationen vorkommen kann.

Ganz allgemein kann man davon ausgehen, dass Menschen mit starken Pluto-Themen es zunächst vermeiden, Hilfe und Unterstützung in einer Beratung zu suchen. Sie neigen viel eher dazu, alles mit sich selbst auszumachen und nach aussen ein intaktes Selbstbild zu zeigen. Meist sind diese Menschen auch skeptisch und misstrauisch gegenüber einem Ratgeber. Damit verbunden sind Zweifel daran, dass jemand die anstehenden Fragen und Probleme wirklich richtig verstehen und lösen könne. Gleichzeitig sind sehr hohe, absolute Erwartungen an einen Berater da. Er sollte umfassende Fähigkeiten und Erfahrungen besitzen und möglichst ganz zur Verfügung stehen. Auf einer anderen Ebene, die meist unbewusst ist, findet sich eine grosse Angst davor, durchschaut, erkannt und danach abgelehnt zu werden. Beratung wird daher meist nur in einer wirklichen Problemsituation gesucht, was im ersten Gespräch allerdings oft kaum so scheint.

Plutobetonte Klienten neigen dazu, sich anfänglich verschlossen und abwartend zu zeigen. Allfällige Unsicherheit wird hinter betont gleichmütigem, unberührtem Verhalten verborgen. Vor allem Menschen, die den aktiven Pluto-Pol gewählt haben, schätzen die Vorstellung überhaupt nicht, dass ihr Gegenüber etwas von ihnen wissen könnte, was sie demaskieren und ihre Schwachstellen sichtbar machen würde. Oft versuchen sie daher, zuerst etwas über ihren Berater, bzw. darüber, was er von ihnen weiss (wenn es z. B. um Astrologie geht), zu erfahren, bevor sie – oft erst ganz zum Schluss – ihre eigentliche Frage, ihr eigentliches Problem preisgeben. Das Bedürfnis nach Kontrolle der Situation ist im allgemeinen gross, sodass auf Offenheit sehr schnell wieder ein Rückzug hinter die gewohnte, sichere Fassade folgt.

Denkbar ist beispielsweise das folgende Verhalten:

Der Klient/die Klientin erkundigt sich beim ersten Anruf ausführlich über die Ausbildung und Erfahrung des Beraters oder zieht vorher bei Bekannten Erkundigungen ein. Auch die Skepsis kommt oft schon ganz am Anfang zum Ausdruck, bei eher passiv orientierten Klienten, indem sie ihren Erkundigungen anfügen: «Meinen sie, dass Sie mit Ihren Methoden (z.B. mit der Astrologie) wirklich etwas erreichen können?» Mit dieser Frage wird der grosse Anspruch verdeckt formuliert. Der den aktiven Pluto-Pol einnehmende Klient wird seine Erwartungen bei der ersten Begegnung etwa in der folgenden Form zum Ausdruck bringen: «Jetzt bin ich aber gespannt darauf, was Sie mir zu sagen haben», oder beim Astrologen: «Nun erzählen Sie mir doch einmal, was die Sterne sagen». Damit braucht der

Klient sich vorerst nicht zu zeigen, er behält die Kontrolle über die Situation. In beiden Fällen ist es dem Klienten möglich, sich, wenn nötig, zu einem späteren Zeitpunkt vor unangenehmen Themen zu schützen, indem er etwa sagen kann: «Das, was sie raten, funktioniert bei mir nicht», oder beim Astrologen: «Die Astrologie stimmt bei mir nicht.»

Besitzt auch der Berater eine starke Pluto-Prägung, kann er in Versuchung geraten, seine Leistungen und Fähigkeiten zu demonstrieren. Vielleicht bemüht er sich, die Maske des Klienten so schnell wie möglich zu durchschauen und zu den tieferen Ursachen der Konsultation vorzudringen. So kann er auf seine Weise versuchen, die Situation zu dominieren und den Yang-Pol zu übernehmen. Der Klient andererseits dürfte sich bemühen, seinen Schutz mit allen ihm zur Verfügung stehenden Mitteln aufrecht zu erhalten, indem er entweder die Anregungen des Beraters als nicht durchführbar ablehnt, oder aggressiv reagiert. Ein stark Yang-betonter Klient wird sich wahrscheinlich sogar bemühen, in Kürze die Schwachstellen seines Beraters ausfindig zu machen, um dann seinerseits auf diese hinzuweisen. Damit sind die bei Pluto-Themen häufigen Machtspiele geradezu vorprogrammiert und am Schluss der Beratung wird es einen Sieger und einen Verlierer geben.

Der Berater kann solche für alle Beteiligten unbefriedigende Geschehnisse vermeiden, indem er seinem eigenen plutonischen Drang, alles aufzudecken, widersteht und anerkennt, dass der Klient aufgrund seiner Erfahrungen gute Gründe zur Vorsicht und seine Skepsis ihn vielleicht schon oft vor unangenehmen Erfahrungen geschützt hat.

So wird – scheinbar im Widerspruch zur grossen Intensität, die im Zusammenhang mit Pluto-Themen vorhanden ist – vor allem beim astrologischen Beratungsgespräch oft zuerst über ganz allgemeine Themen gesprochen, während sich der Klient langsam zu seiner eigentlichen Frage vortastet. Es mag dem Berater sogar scheinen, der Klient habe gar kein Problem. Erst wenn eine gewisse Vertrauensbasis da ist, werden die eigentlichen Themen angesprochen. Da es sich dabei oft um tabuisierte, schmerzliche oder innerlich abgelehnte Bereiche handelt, braucht der Berater allerdings oft seinerseits die detektivische Fähigkeit Plutos, um die wahre Frage, das wirkliche Problem hinter der Verkleidung zu erkennen.

Plutobetonte Menschen besitzen einen ausgeprägten Gerechtigkeitssinn und einen hohen Perfektionsanspruch, an welchem sie nicht nur sich selbst, sondern auch ihre Berater messen. Es wird also im Umgang mit Klienten dieser Prägung besonders wichtig sein, von Anfang an möglichst ehrlich und klar zu sein und die Grenzen des Machbaren oder Möglichen genau zu definieren. Versucht der Berater mehr zu scheinen als das, was er ist, hält er die abgemachten (oder unausgesprochen vorgegebenen) Spielregeln nicht genau ein, muss er damit rechnen, dass der Klient gemäss dem von Eric Berne im Buch «Spiele der Erwachsenen»[1] definierten Spiel «*Jetzt hab ich dich endlich, du Schweinehund*» zu einem bestimmten Zeitpunkt alle Fehler und Schwächen des Beraters aufdeckt oder diesen sogar mit Anschuldigungen verfolgt.

Hat der Berater jedoch das Vertrauen seines plutonischen Klienten gewonnen und sich eine gute Zusammenarbeit ergeben, kann er mit besonderer Treue und

Offenheit, aber auch mit Anerkennung rechnen. Das plutonische Element dürfte sich dann in der besonderen Intensität des Austauschs und dem gemeinsamen Aufdecken von tiefer liegenden Wahrheiten und Tatsachen manifestieren.

# Pluto-Themen in Therapie und Prozessarbeit

Menschen, die sich dazu entscheiden, eine Therapie* zu beginnen oder sich in eine psychologische Prozessarbeit einzulassen, stehen meist unter grossem innerem oder äusserem Druck. Oft gibt eine Krise den Anstoss, einen Therapeuten** aufzusuchen. Diese Tatsache stellt an sich bereits ein Pluto-Thema dar und wird im Kapitel zum «Kreativen Umgang mit Lebenskrisen» näher dargestellt.

Bei plutobetonten Personen hat dieser Schritt jedoch zusätzlich einen besonderen Stellenwert, da sie, wie bereits besprochen, nach Möglichkeit alles mit sich selbst auszumachen suchen. Auch zeigt die Arbeit mit diesen Menschen meist eine ganz eigene Dynamik, die ihrerseits direkt mit der Pluto-Thematik zu tun hat. Die Arbeit mit Pluto-Themen setzt grosse Energien frei, löst beim Klienten aber oft auch grosse Ängste und Widerstände aus. Sie gleicht der Reise in ein unbekanntes, gefährliches Land, von dem man allenfalls eine dunkle Ahnung hat, aber keine Landkarte besitzt. Auf dieser Reise sucht der Klient die sichere Führung (englisch: guiding) einer Person, der er zutraut, die Gefahren zu kennen und auch mit diesen umgehen zu können. Gleichzeitig setzt eine solche Führungspersönlichkeit aber auch plutonische Mechanismen in Gang. Der Therapeut sollte nämlich einerseits mächtig sein, die Kontrolle über das Geschehen behalten und die Fähigkeit besitzen, hinter die Maske zu schauen. Andererseits werden dadurch aber die eigenen, alten Erfahrungen von Macht und Ohnmacht und die damit verbundenen Reaktionsweisen aktiviert. So wird jemand, der bisher vorwiegend den Yin-Pol der Pluto-Thematik gelebt hat, sich schnell abhängig, blockiert oder ohnmächtig fühlen, während eine Person, die den Yang-Pol zum Ausdruck bringt, wahrscheinlich früher oder später den Kampf um die Vormachtsposition aufnimmt. Der Therapeut befindet sich also auf einer Gratwanderung und braucht viel Klarheit sowie Bereitschaft zur Selbsterkenntnis, damit er sich nicht in Machtspiele verwickeln lässt.

Eine andere Schwierigkeit bei der Arbeit mit Pluto-Problemen besteht in der Tatsache, dass die meisten ursprünglichen Erfahrungen in eine sehr frühe Zeit zu-

---

*Der Begriff «Therapie» bezieht sich in diesem Buch auf die Arbeit mit «psychisch gesunden» Menschen, welche jedoch mit gewissen Problemen und Verhaltensmustern nicht allein fertigwerden oder auf der Suche nach ihrem Lebenssinn sind und sich in ihrem eigenen inneren Wachstumsprozess engagieren. «Therapie» wird in diesem Zusammenhang als ein WEG zur Persönlichkeitsentwicklung gesehen, auf welchem der Klient und der Therapeut, oder besser gesagt, sein Führer (guide) oder Begleiter gemeinsam ein Stück Weg zurücklegen. Personen mit eigentlichen psychischen Krankheiten gehören in die Obhut von klinisch geschulten Psychologen, bzw. Psychiatern (Ärzten mit psychiatrischer Ausbildung).

**Unter dem Begriff «Therapeut» ist in diesem Kontext eine Person zu verstehen, die sich durch entsprechende, fundierte psychologische Schulung, Selbsterfahrung und Supervision – unabhängig von einer bestimmten, definierten Theorie und Methodik – die Fähigkeit erworben hat, psychisch gesunde Menschen durch eine Krise zu begleiten oder sie in ihrer Persönlichkeitsentwicklung zu unterstützen. In diesem Buch werden dabei vorwiegend psychologische Vorgehensweisen beschrieben, die aus dem Bereich der humanistischen oder transpersonalen Psychologie stammen. Damit der Lesefluss gewährleistet bleibt, habe ich überall dort, wo es um den «Therapeuten» oder den «Klienten» geht, die männliche Sprachform gewählt. Therapeutinnen und Klientinnen sind damit ebenso angesprochen.

rückreichen, in welcher das Kind noch keine sprachlichen Ausdrucksformen besass, das heisst, die genaue Bedeutung der Wörter also noch nicht «verstehen» konnte. Oder, die gemachten Erlebnisse waren, der Pluto-Symbolik gemäss, zu jenem Zeitpunkt so bedrohlich oder tabuisiert, dass sie komplett verdrängt wurden und demnach keine Erinnerung besteht.

Mit einer Arbeit, die sich vorwiegend auf der kognitiven Ebene, der Gesprächsebene abspielt, kann daher meist der Zugang zu den tiefer liegenden Ursachen des Problems nicht gefunden werden. Der Schutz, den sich die Psyche zugelegt hat, um die Verletzungen im Zusammenhang mit Pluto nicht zu spüren, ist meist so stark, dass der Verstand ihn nicht durchdringt. In der klassischen Analyse-Situation wird der Klient daher – ohne dies zu wollen – die wirklich heiklen Themen sehr lange mit grossem Geschick umgehen oder vermeiden. Gleichzeitig wird auch oft die Fähigkeit benutzt, mit Pluto den Analytiker zu durchschauen, seine Schwächen und Vorlieben aufzuspüren. Die Kombination dieser beiden Komponenten führt zu Situationen, in welchen ein Klient unter Umständen jahrelang in die Analyse-Stunden geht, dem Analytiker auch viele interessante Assoziationen und Geschichten präsentiert, der eigentlichen (plutonischen) Thematik jedoch nie wirklich näher kommt.

Um Pluto-Probleme wirklich anzugehen, braucht es daher einerseits einen Therapeuten, der seine eigenen Schwächen kennt und diese akzeptiert. Der plutobetonte Klient wird sicher im Verlaufe des Prozesses diese «Schwach-Punkte» einmal ansprechen oder *auszunutzen* versuchen! Andererseits sollte die Arbeit auch andere Kanäle als denjenigen der Sprache benutzen. Wie bereits erwähnt, bildet die Sprache meist einen Teil des Schutzsystems, das sich der Klient aufgebaut hat, und viele wichtige Erfahrungen sind dem Bewusstsein nicht direkt zugänglich, weil sie zu früh stattgefunden haben oder zu *gefährlich* sind.

Dieses Schutzsystem könnte der astrologisch geschulte Therapeut durchbrechen, da er aufgrund des Geburtshoroskops gewisse Anhaltspunkte für die tiefer liegenden Themen besitzt. Er kann also die effektiven Hintergründe direkter ansprechen, als wenn er nur auf die Erzählungen des Klienten angewiesen wäre. Allerdings wird dies unter Umständen die Abwehr des Klienten noch verstärken. Ein zu direktes Aufdecken kann auch Angst auslösen und den Klienten dazu veranlassen, die Therapie abzubrechen.

## Die verschiedenen Therapie-Formen

Neben der Erkenntnis-, bzw. Verstandesebene sollte daher für die Arbeit mit Pluto-Themen auch die Körper- und die Gefühlsebene angesprochen werden. In Anbetracht der Tatsache, dass Pluto zu den transpersonalen Planeten gehört, scheint es mir wichtig, auch die spirituelle und kollektive Ebene, wenn nötig, miteinzubeziehen. Die folgenden Techniken, Methoden und Konzepte können unter anderem dafür geeignet sein (es wird kein Anspruch auf Vollständigkeit erhoben):

| | |
|---|---|
| - Bioenergetik | |
| - Rolfing | vorwiegend körperorientiert |
| - Atemtherapie | |

| | |
|---|---|
| - Rebirthing | |
| - Primärtherapie | |
| - Urschrei | Gefühls- und körperorientiert |
| - Gestaltarbeit | |
| - Hypnosetherapie | |
| - NLP (Neurolinguistisches Programmieren, Bandler u. Grinder) | |

| | |
|---|---|
| - Psychosynthese | zusätzlich transpersonale Ausrichtung |
| - Holotrope Therapie (nach Stan Grof) | |

Sowie gewisse Formen der:

| | |
|---|---|
| - Reinkarnationstherapie | z.B. die von Thorwald Detlefsen entwickelte Form |
| - Jung'schen Analyse | vor allem Imaginations- und Traumarbeit |
| - Transaktionsanalyse | vor allem die *«Neubeelterung»* nach Schiff sowie die *«Neuentscheidung»* nach Gouldings |

Alle diese Therapieformen aktivieren zusätzlich zur verbalen weitere Ebenen und können daher den Bezug zu den meist gut verborgenen Pluto-Themen herstellen. Astrologisch Versierte könnten aufgrund des Horoskops auch herausfinden, welche Therapieformen wohl die geeignetsten darstellen. So dürfte eine körperbetonte Therapie beispielsweise bei starker Betonung des Elementes Erde – oder bei dessen Fehlen – angezeigt sein. Eine das Gefühl ansprechende Form wird eher einem wasserbetonten Klienten liegen und kann bei fehlendem Wasser eine wichtige Ergänzung bilden. Ein betonter Neptun andererseits weist auf die Empfänglichkeit für Bilder, Tagträume und Imaginationen hin.

Die zentrale Bedeutung in einer *«Pluto-Therapie»* hat jedoch letztlich weniger die *Technik* oder *Methode,* sondern die Persönlichkeit des Therapeuten. Da Klienten mit Pluto-Verletzungen meist extrem skeptisch und vorsichtig sind, und die Reise zum Pluto-Land viel Schmerz, Angst und Wut zutage fördert, spielt die Frage des Vertrauens auf die Kraft und die Zuwendung des Therapeuten eine besonders wichtige Rolle. Bevor sich ein plutobetonter Mensch seinem Begleiter «ausliefert» (dies entspricht dem unbewussten Erleben), muss er ganz sicher sein, dass er weder im Stich gelassen noch die Macht vom Therapeuten missbraucht wird. Dementsprechend wird in jeder Therapie mit einem plutobetonten Menschen die erste Phase mehr ein Abtasten des Therapeuten und seiner Fähigkeiten darstellen.

# Die drei Ebenen der Prozessarbeit

Die im folgenden geschilderten Beobachtungen und Beschreibungen basieren auf Prozessarbeiten, in denen Elemente aus der Transaktionsanalyse, der Gestaltarbeit, der Arbeit nach Grof sowie der Psychosynthese integriert sind. Wir können drei Ebenen unterscheiden:

1.) **Die «Hier- und Jetzt-Ebene»:** Auf dieser Ebene liegt das aktuelle Problem oder die Krise des Klienten. Sie betrifft die konkreten Erfahrungen, die er mit sich und seiner Umwelt in der Gegenwart oder in der kurz zurückliegenden Vergangenheit hatte.

2.) **Die «Kindheitsebene» oder die «Vergangenheitsebene»:** Auf dieser Ebene liegen meist die Prägungen und traumatischen Erfahrungen, welche dem Problem in der «Hier- und Jetzt-Ebene» zugrundeliegen. Diese Erlebnisse können irgendwann in der Kindheit stattgefunden haben, eventuell sind es auch spätere Erfahrungen, die als besonders intensiv und bedrohlich erlebt wurden. Zu dieser Ebene ist aber auch die Prägung durch das Geburtsgeschehen sowie allenfalls eine solche während der Schwangerschaft zu verstehen.

3.) **Die «Zukunfts-» oder «Potentialebene»:** Diese Ebene bezieht sich auf das Potential, das den Problemen, Krisen und Erfahrungen mit Pluto innewohnt, das sich aber zum Beispiel aufgrund von Kindheitserlebnissen im «Hier und Jetzt» verzerrt und destruktiv manifestiert. Auf dieser Ebene sollen die Möglichkeiten aufgezeigt und erfahren werden, mit der Energie Plutos in der Zukunft anders umzugehen.

**Beispiel URSULA**

Die Beschreibung der Arbeit mit Ursula (Figur) soll den möglichen Ablauf eines solchen Prozesses aufzeigen. Dabei werden besonders die für Pluto-Themen spezifischen Vorgänge, Erfahrungen und Bilder berücksichtigt und in Zusammenhang mit Themen im Geburtshoroskop gebracht. Die Angabe von astrologischen Auslösungen zu bestimmten Abläufen und Geschehnissen während des Prozesses soll weiter die Möglichkeiten aufzeigen, Astrologie als Wissenschaft der Zeitqualität auch im psychologischen Prozess zu nutzen.

Ursula ist eine gutaussehende, sportlich wirkende Frau mit einer starken Ausstrahlung. Sie kam in die Beratung, weil sie sich völlig blockiert fühlte, immer wieder schwere gesundheitliche Probleme hatte (was auch verschiedene Operationen notwendig machte) und unter Ängsten litt, die sie allerdings nicht genau definieren konnte. Sie arbeitete als Direktionssekretärin in einer Import-Export-Firma und gab an, mit ihrem Beruf zufrieden zu sein. Nebenbei besuchte sie viele Weiterbildungskurse und hatte ein grosses Bedürfnis nach Information und Wissen. Sie lebte zum Zeitpunkt des ersten Gesprächs allein, nachdem sie sich kurz zuvor von ihrem Freund getrennt hatte.

Die Beziehung zur Familie beschrieb sie als harmonisch. Von den Eltern lebe nur noch ihre Mutter, der sie sehr verbunden sei. Sie habe weiter eine sehr viel ältere Schwester sowie einen dreizehn Jahre älteren Bruder, in dessen Firma sie lange gearbeitet habe. Obwohl ihr Leben also recht normal sei, fühle sie sich nicht wohl. Auch habe sie den Eindruck, dass die gesundheitlichen Probleme vielleicht doch auch psychischer Art sein könnten. Nach dem ersten Gespräch entschied Ursula, sich auf eine Prozessarbeit, auf eine Erkundungsreise der eigenen Persönlichkeit einzulassen.

Die starken plutonischen Themen in ihrem Horoskop waren für mich ein Hinweis dafür, dass wahrscheinlich viele Verletzungen in der frühen Kindheit stattgefunden hatten. Aufgrund der Beschreibung ihrer Lebensumstände stellte ich mir vor, dass die viele Arbeit und ihr Wissensdrang als Schutz vor den dunklen und bedrohlichen Komponenten ihrer Persönlichkeit dienten. Da Ursula während dem ersten Gespräch fortwährend lächelte und sehr ruhig wirkte, hatte ich auch die Vorstellung, dass sie ihren Mars (in der Halbsumme von Sonne/Pluto, aber nicht

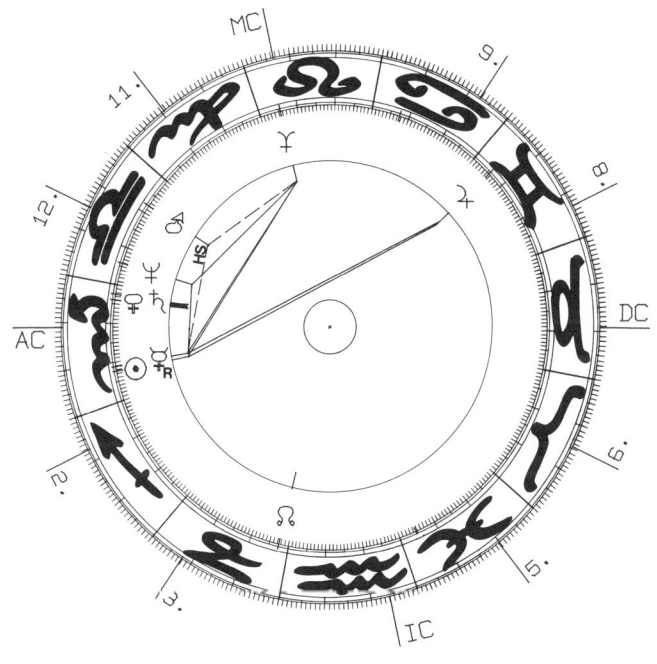

*Ursula*

| ☉ im ♏ | ☿ im ♏ | ♀ im ♏ | ♄ im ♏ |
|---|---|---|---|
| ☉ Quadrat ♇ | | ☿ Quadrat ♇ | |
| ☿ rückläufig | | ♂ in Halbsumme ☉♇ | |

aspektiert), also ihre aggressiven Seiten verdränge. Der Kopfschmerz, der sie quälte (Kopf = Mars), die Operationen sowie die Tatsache, dass sie sich energielos fühlte, unterstützten meine Hypothese, dass Ursula wahrscheinlich vor allem den Yin-Pol der Pluto-Thematik zum Ausdruck bringe.

Die Sitzungen begannen, als der Transit-Saturn, der vorher über ihre Venus/Saturn-Konjunktion gelaufen war, auf ihren Aszendenten kam. Ursula erzählte in der Anfangszeit viel über ihr jetziges Leben, das sie nicht wirklich befriedigte. Sie fühlte sich oft überfordert und müde, konnte sich jedoch nicht entschliessen, eine ihrer vielen Aktivitäten aufzugeben. In der ersten Zeit erwähnte sie auch einmal – scheinbar persönlich wenig berührt – dass ihre Mutter während der Schwangerschaft eine Abtreibung versuchte hätte. Sie fügte allerdings sofort bei, wie verbunden sie sich mit ihrer Mutter fühle und wie gut ihr gegenseitiges Verhältnis sei.

Diese Art des Umgangs kommt vor allem bei Themen des «Nicht erwünscht Seins» oder bei anderen «die Existenz verneinenden» Ereignissen oft vor. Die Psyche hat eine Art Schutzdeckel über den Schmerz gelegt, der wie eine Betäubung wirkt. So fühlt der Betreffende nichts, wenn er Geschichten dieser Art hört oder erzählt. Gleichzeitig wird die Gegenkomponente, das «Gute» stark betont, da dies wahrscheinlich damals überlebenswichtig war.

Als Pluto in Konjunktion mit der Venus stand, kam Ursula zum ersten Mal mit sie tiefer berührenden Themen in Kontakt. Sie erzählte den folgenden, der «Venus im Skorpion-Thematik» recht genau entsprechenden Traum:

> Sie befand sich in einem Schlossturm mit zwei Frauen. Obwohl sie wusste, dass es sich dabei um Hexen handelte, hatte sie keine Angst vor ihnen, da sie sehr liebevoll waren. Diese Hexen stimulierten sie sexuell, bis sie sich sehr erregt fühlte, und verlangten dann von ihr, sich nackt auszuziehen und einem Mann, der erschienen war, hinzugeben. Sie fühlte sich dabei gleichzeitig tief erniedrigt und beschämt und voller Lust, was sie sehr erschreckte, als sie aus dem Traum erwachte.

Auf die Aufforderung hin, nochmals mit diesen Gefühlen in Kontakt zu kommen und die Frage, ob es in ihrem Leben schon eine Situation gegeben habe, in welcher sie sich ähnlich fühlte, sah sie sich sehr schnell in einem Bild, das schon während einer früheren Sitzung in einer Imagination aufgetaucht war:

> Sie war etwa sechs Jahre alt und befand sich auf dem Weg nach Hause. Auf diesem Weg gab es ein Stück, das zu gehen sie sich fürchtete. Sie sagte: «Irgend etwas ist da, das mir auflauert, aber ich weiss nicht was, ich trau mich nicht weiter, ich habe Angst . . .». Dann blieb die Erinnerung blockiert, wie wenn ein Film gerissen wäre. Durch die Gefühle und Bilder des Traumes stiess sie nun wieder auf dieselbe Szene. Diesmal allerdings sah sie plötzlich Männerbeine (ein sechsjähriges Kind hat eine andere Perspektive als ein Erwachsener). Sie verstummte – und fing an zu weinen, immer wieder «Nein! Nein!» rufend. Langsam

tauchte die Erinnerung an jenes Geschehnis wieder auf. Sie war zu dieser Zeit von einem Mann, den sie nicht näher beschreiben konnte, sexuell missbraucht worden. Damals wagte sie es nicht, irgendjemandem von der Geschichte zu erzählen, da sie sich zu sehr schämte und auch mit ihren zwiespältigen Gefühlen nicht zurecht kam. Später hatte sie die Geschichte *vergessen*, erlebte jedoch immer wieder Schwierigkeiten in sexuellen Beziehungen zu Männern.

Die Möglichkeit, den Schmerz und die tiefe Scham zum Ausdruck zu bringen, und auch die Erfahrung, trotz dieser «schlimmen» Tat akzeptiert und angenommen zu werden, waren für Ursula der erste Schritt zur Heilung der damaligen Wunde. Natürlich brauchte es noch einige Zeit und auch weitere Arbeit, um die Erfahrung zu verarbeiten. Nicht lange danach verliebte sie sich intensiv in einen stark plutobetonten Mann und war zum ersten Mal fähig, ihre tiefen Gefühle und sexuellen Bedürfnisse voll zum Ausdruck zu bringen und echte Nähe auch ohne Angst zuzulassen.

Mit einer Entsprechung zur Sonne/Pluto-Thematik kam sie kurze Zeit später in Kontakt (als Saturn über die Sonne transitierte). Sie sah sich nochmals als kleines Mädchen im Korridor der Wohnung. Vor ihr der Vater, zusammengebrochen in einer Blutlache liegend. Wie sie dazu erzählte, war der Vater lungenkrank und erbrach in der letzten Phase seines Lebens oft Blut. Offenbar war die kleine Ursula dabei einmal Zeugin eines solchen Anfalls geworden, ohne dass jemand dagewesen wäre, der ihr geholfen hätte, mit dem Schrecken fertigzuwerden. Etwas später starb dann ihr Vater, der ja zu ihrer Geburt schon recht alt gewesen war, und der ältere Bruder (Mars in der Halbsumme zu Pluto/Sonne) übernahm seine Rolle.

Mit dem mehrmaligen Saturn-Transit über ihre Radix-Sonne wurde dann der Bruder zu einem wichtigen Thema in den Sitzungen. Sie hatte ihn immer sehr geliebt und bewundert. Gleichzeitig schien jedoch auch eine Dimension von Angst, die jedoch kaum genauer auszuloten war, in dieser Beziehung mitzuspielen. Zu jener Zeit hatte sich Ursula von ihrem Bruder distanziert. Der Grund für den vorübergehenden Bruch mit dem Bruder entsprach ebenfalls recht stark ihrer Venus/Pluto-Thematik (im zwölften Haus). Der Bruder, verheiratet und mit Kindern, hatte nebenbei eine Geliebte. Um sich unauffällig mit ihr treffen zu können, brachte er seine kleine Schwester dazu, mit dieser Frau Freundschaft zu schliessen, ohne sie jedoch über sein Verhältnis zu informieren. Erst viel später fand Ursula dies durch einen Zufall heraus. Inzwischen hatte sie die betreffende Frau zu ihrer engen Vertrauten gemacht und ihr viel Persönliches erzählt. Sie fühlte sich daher verraten und missbraucht. Dies umsomehr, als sie den Eindruck hatte, dass ihrem Bruder von diesen für sie sehr intimen Dingen vieles zugetragen wurde.

Bei der Arbeit an dieser Thematik kam Ursula mit ihrer Verletzung und ihrem Schmerz über das Geschehen in Kontakt. Sie zeigte jedoch kaum Unmut oder gar Wut über das Handeln des Bruders. Vielmehr tauchte ein Gefühl des Ausgeliefertseins und der Hilflosigkeit auf, was sie auch veranlasste, ihrem Bruder eine zeitlang aus dem Weg zu gehen (Yin-Pol von Pluto).

In der gleichen Zeit (Saturn/t, Sonne/r, Pluto/r) tauchte in geleiteten Phantasien manchmal ein Dämon auf, der sie bedrohte und in ihr grosse Angst auslöste. Sie wollte ihn jedoch lange nicht ansehen. Als sie schliesslich Mut fasste und genauer hinschaute, entdeckte sie, dass dieser Dämon eine Maske trug. Diese Maske malte sie dann (Bild). Auf die Aufforderung hin, etwas über den Dämon in Erfahrung zu bringen (im Gepräch mit der in der Phantasie vorgestellten Figur), hörte sie ihn sagen: «Ich habe dich unter Kontrolle, ich passe ganz genau auf, was du tust. Du musst immer tun, was ich will, sonst zwinge ich dich dazu!» Ursula fühlte sich vom Dämon bedroht, war aber zu diesem Zeitpunkt nicht bereit, sich mit der Figur näher zu beschäftigen.

Etwas später entschied sich Ursula, die Prozess-Arbeit vorerst zu beenden. Sie fühlte sich viel besser, lebte in einer guten und intensiven Beziehung mit ihrem

*«Maske des Dämons»*

Freund und hatte auch einige ihrer vielen Weiterbildungsaktivitäten zugunsten von mehr Lebensqualität aufgegeben. Sie meinte in der letzten Sitzung: «Ich weiss, dass ich mich mit meinem Dämon noch auseinandersetzen muss, aber ich verschiebe das lieber auf später.»

Diese Reaktion auf bedrohliche Themen zeigt sich bei der Prozessarbeit mit plutobetonten Menschen häufig. Manchmal wird schon nach ca. fünf bis sechs Sitzungen die Arbeit abgebrochen, dann nämlich, wenn es zum ersten Mal darum geht, sich wirklich auf eine Erfahrung einzulassen. Damit dies möglich ist, muss der Klient sich einerseits mit seinem Therapeuten sehr sicher fühlen und viel Vertrauen haben, andererseits aber auch nicht zuviel Druck spüren. Andernfalls wird er es vorziehen, seine Schutzmechanismen weiterhin zu nutzen und auf eigene Faust einen weniger tiefgreifenden Weg zur Lösung seines «Problems» zu suchen.

Nach meiner Erfahrung ist es daher gerade bei plutobetonten Menschen sehr wichtig, sowohl klar sichtbar zu machen, worum es wirklich geht, als auch dem Klienten die Entscheidung zu überlassen, ob er sich wirklich und absichtsvoll mit seinen dunklen Seiten auseinandersetzen will. Druck und harte Konfrontation dürften die alten Verhaltensmuster im Umgang mit Pluto wieder aktivieren und zum plutonischen Spiel «Wer erwischt wen?» (der Klient den Therapeuten oder der Therapeut den Klienten?) führen. Die eigene Entscheidung, in die Unterwelt hinabzutauchen, ist auch ein Schritt dazu, die eigene Macht an sich zu nehmen. Gleichzeitig werden dadurch die bekannten Verstecken/Aufdecken-Spiele unterbrochen. Ursula hatte einen ersten Schritt ins Ungewisse getan, dieser zweite war ihr jedoch zu riskant.

Astrologisch gesehen, war der Zeitpunkt des Ausstiegs auch leicht zu erklären. Die starken Transite waren nämlich vorüber und in jener Phase war keines der angesprochenen Themen direkt ausgelöst.

Etwas mehr als ein Jahr später rief Ursula wieder an: «Ich glaube, mein Dämon meldet sich wieder und ich möchte ihn diesmal besser kennenlernen.» Im Horoskop bewegte sich nun Pluto auf den Aszendenten zu und der Transit-Neptun stand innerhalb eines Orbis von zwei Grad im Quadrat zu Mars. Mittlerweile hatte Ursula die bisherige Arbeitsstelle gekündigt, da sie nach einer neuen Herausforderung suchte. In der Zwischenzeit arbeitete sie wieder wie früher für ihren Bruder. Sehr schnell merkte sie, wie sie sich im Kontakt mit ihm unwohl fühlte, sich blockierte und unfähig war, dagegen etwas zu unternehmen.

Obwohl Ursula aufrichtig gewillt war, sich mit dieser Situation und den damit verbundenen Gefühlen auseinanderzusetzen, gestaltete sich die Arbeit mit dem Dämon und den dahinter verborgenen Themen recht schwierig. Ursula erzählte viel, schweifte aber gerne immer wieder vom Thema ab. In Phantasiereisen traf sie zwar ihren Maskenträger, wollte ihn jedoch am liebsten so schnell wie möglich loswerden und dieser seinerseits weigerte sich, ihr sein wirkliches Antlitz zu zeigen.

Meine Hypothese zu diesem Zeitpunkt war die folgende: Der Dämon, der immer wieder auftauchte, entsprach einem verdrängten Persönlichkeitsanteil von Ursula, der nun immer unüberhörbarer auf sein Recht pochte. Die Art seines Auftretens wies auf eine aggressive Komponente hin, während Ursula sich bis dahin noch nie ärgerlich oder wütend gezeigt hatte. Auch schien dieser Dämon etwas mit Ursulas Bruder zu tun zu haben, da immer beide zur gleichen Zeit aktuell waren.

Im Horoskop entspräche diese Figur dem fast abgelösten Mars in der Halbsumme von Sonne/Pluto (unaspektierte Planeten stehen oft für nicht integrierte Persönlichkeitsteile). Auf der Kindheitsebene könnte man, von der Pluto-Thematik dieses Mars ausgehend, auf eine sehr bedrohliche Situation schliessen. Die Angst Ursulas vor dem Dämon wies in eine entsprechende Richtung, aber auch die Ohnmachtsgefühle gegenüber dem Bruder.

Als Ursula scheinbar «zufällig» hintereinander zwei Sitzungen kurzfristig absagte — eine wegen Arbeitsüberlastung, die andere wegen Unwohlseins — konfrontierte ich sie beim nächsten Mal mit der folgenden Aussage: «Ich nehme an, dass es in dir einen Teil gibt, der aus irgend einem Grund gar nicht zu den Sitzungen kommen will.» Zuerst verneinte Ursula und betonte, wie wichtig es für sie sei, an ihren Ängsten zu arbeiten. Dann überzog ein kleines Lächeln ihr Gesicht und sie meinte: «Irgendwie hast du schon recht. Manchmal höre ich in mir eine Stimme, die sagt: Muss das sein? oder: Ich will nicht! —ICH will aber schon.» Auf die Aufforderung hin, in der Phantasie eine Figur zu finden, die zu der Stimme gehöre, welche nicht hier sein wolle, sah Ursula einen Kobold, es könne aber auch ihr Dämon sein, meinte sie.

In der Gestaltarbeit gibt es eine sogenannte «Arbeit mit dem leeren Stuhl». Der Klient identifiziert sich dabei z.B. mit verschiedenen verdrängten Persönlichkeitsanteilen, mit Traumfiguren oder Personen aus seinem Umfeld, mit welchen er sich zu dieser Zeit auseinandersetzt. Er bewegt sich, wie wenn er einer dieser Teile oder Figuren wäre, und spricht oder handelt dementsprechend. Unter Umständen sitzt er dabei auf einem zusätzlichen, dem «leeren Stuhl». Dabei kann ein Gespräch, bzw. eine Auseinandersetzung mit dem Therapeuten (oder auch mit der auf dem ursprünglichen Stuhl sitzenden, als ICH erlebten Person) stattfinden. Die Persönlichkeitskomponente oder das durch eine Traumfigur symbolisierte Bedürfnis, das vielleicht bisher unterdrückt oder verdrängt wurde, erhält so eine Gelegenheit, sich zu manifestieren.

Ursula kannte diese Art Arbeit bereits von früheren Sitzungen. Eingeladen, auf einem zusätzlichen Stuhl dieser Kobold zu sein, setzte sie sich jedoch nur auf dessen Rand und meinte mit einem etwas herausfordernden Unterton: «Ich weiss gar nicht, ob ich reden will. Mich geht das hier gar nichts an. Mich hat man ja auch nicht gefragt.» Es zeigte sich, dass der Kobold/Dämon-Teil einerseits sehr trotzig, andererseits auch sehr skeptisch war und Angst hatte, nicht mehr existieren zu dürfen, wenn er sich wirklich zu erkennen gebe. Auf die Frage hin, wie denn das wäre, wenn er (es handelte sich eindeutig um einen männlichen Anteil Ursulas) sich ganz zeige, kam sehr schnell die Antwort: «Das wäre gefährlich. Ich weiss nicht ob jemand mit mir fertigwerden würde.» Nachfragen ergaben das Bild eines zornerfüllten Teils, der fürchtete, entweder sich selbst, oder die Umwelt zu zerstören, wenn er die Maske und Kontrolle aufgebe.

Ähnliche Persönlichkeitsteile zeigen sich oft im Zusammenhang mit Mars/Pluto-, allenfalls Sonne/Pluto-Themen. Meist besteht eine unbewusste Ahnung von den grossen Energien und Aggressionen, welche in der Persönlichkeit schlummern oder unterdrückt werden. Die Angst vor unkontrollierten Ausbrüchen und deren Folgen ist aber meist so gross, dass es vorgezogen wird, die ganze Energie zu blockieren. Die Umlenkung der Energie in eine enorme Arbeitsleistung stellt die andere zugelassene Form dar (wie in «Pluto im Alltag» beschrieben). Auf der Kindheitsebene findet sich in diesem Zusammenhang oft ein Erlebnis von Ohnmacht und Hilflosigkeit einer übermächtigen Person gegenüber.

Ursulas Kobold war in der Folge bereit, sich nicht mehr ganz zu verstecken, sondern seine Macht und seine Wut versuchsweise zu zeigen. Es war IHM dabei wichtig, abzuklären, ob ich mir zutraue, mit ihm umzugehen. Er glaube es schon, wolle aber meine Zusicherung, meinte Ursula in der Rolle des Kobold/Dämons auf die Rückfrage, ob er/sie es mir zutraue. Auf meine bejahende Antwort hin entspannte sich Ursula merklich.

Wenn es in der Arbeit mit Mars/Pluto- und Sonne/Pluto-Themen darum geht, die damit verbundenen Energien und Aggressionen zu aktivieren, ist es wichtig, dass der Therapeut sich seiner eigenen Macht und Kraft bewusst ist, ihr vertraut und bereit ist, diese auch einzusetzen, ohne sie zu missbrauchen und den Klienten zu manipulieren. Vor allem die seit langer Zeit blockierten und angestauten Energien zeigen sich meist zuerst sehr heftig und überschiessend. Ähnlich wie bei einem lange nicht mehr entleerten, übervollen Stausee kann ein Dammbruch ungeahnte Folgen haben. Die Möglichkeit, Wut und Aggression in einem geschützten, sicheren Rahmen zum Ausdruck zu bringen, kann den Überdruck abbauen. In einem weiteren Schritt können dann neue Wege und Formen, mit der eigenen Macht umzugehen, entwickelt und ausprobiert werden (siehe auch Beispiel Rita).

Ursula sagte keine weiteren Sitzungen mehr ab und wurde jedesmal mutiger, auch ihrem Ärger Raum und Gestalt zu geben. Dies machte sie einerseits verbal, indem sie laut schimpfte, aber auch durch das Malen von Bildern oder durch körperlichen Ausdruck. Gleichzeitig gewann sie auch an Lebendigkeit und erzählte, dass sie sich nun öfters zur Wehr setze, wenn sie sich bedrängt oder überfordert fühle. Auch der Kobold in ihren Phantasien wandelte und entwickelte sich zu einem munteren Kerlchen, das gerne zu Unfug und Streichen aufgelegt war.

Der Dämon (wie es sich zeigte, doch eine etwas andere Komponente von Ursulas Persönlichkeit) hatte ebenfalls an Bedrohlichkeit abgenommen. In Phantasiegesprächen, die Ursula mit ihm führte, war er mehr und mehr bereit, seine absolute Kontrolle aufzugeben und ihr mehr Raum zu lassen. Einmal erlebte Ursula sogar wie er schrumpfte und immer kleiner wurde, um sich schliesslich in einen kraftvollen Mann zu verwandeln. Beim nächsten Mal allerdings war er wieder da und beharrte auf seiner Macht. Ursula mochte sich auch im Rollenspiel nicht mit ihm zu identifizieren. Diesen Teil ihrer Persönlichkeit zu akzeptieren schien ihr doch zu weit zu gehen.

Astrologisch gesehen, könnte man diesen Dämon-Aspekt mit der Sonne (in Konjunktion mit dem rückläufigen Merkur und im Quadrat zum Pluto) in Verbindung bringen, während der Kobold mehr der Mars-Thematik zu entsprechen schien. Wie beschrieben, erschien der Dämon zum ersten Mal auch im Zusammenhang mit dem Saturn-Transit auf die Radix-Sonne; in der oben geschilderten Zeit hingegen waren Mars und AC durch Transite ausgelöst. Daraus liesse sich die astrologische Hypothese erstellen, dass wahrscheinlich erst der Pluto-Transit über die Sonne die volle Integration des Dämons und seine endgültige Verwandlung bringen wird.

Ursula entschied sich übrigens in dieser Zeit, eine Stelle im Ausland anzunehmen und mindestens für eine längere Zeit alle ihre bisherigen Sicherheiten und Gewohnheiten aufzugeben. Die Herausforderung des Unbekannten reizte sie, obwohl sie nicht genau abschätzen konnte, was genau auf sie zukam. «Zufälligerweise» deckte sich der Zeitpunkt ihrer Abreise mit dem ersten genauen Übergang des Pluto über ihren Aszendenten, was eine schöne Möglichkeit darstellt, mit dem Potential dieses Pluto-Transits umzugehen.

Die Arbeit mit Ursula zeigt die Verwobenheit der verschiedenen Erfahrungsebenen. Einerseits durchlebte Ursula nochmals Situationen aus der Kindheit, was dazu beitragen kann, alte Wunden und Verletzungen zu heilen und die Energie, die darin blockiert ist, zu befreien. Andererseits geht es aber gerade bei Pluto-Themen auch darum, sich mit der «Hier- und Jetzt-Ebene» auseinanderzusetzen, das heisst, wahrzunehmen, wie sich die Energien und Verhaltensmuster im aktuellen Umfeld manifestieren. Ursula tat dies in ihrer Beschäftigung mit dem Kobold, indem sie merkte, in welchen Alltagssituationen (z.B. im Geschäft und mit ihrem Freund) dieser Persönlichkeitsteil aktiv mitbeteiligt war.

Dies führt zum nächsten Schritt, nämlich der Möglichkeit, kreativ neue, andere Wege zu finden, mit Pluto-Erfahrungen umzugehen. Dann hat der Bertreffende die Wahl zwischen verschiedenen aktiven (Yang) und reaktiven (Yin) Verhaltensformen und kann sich für die ihm in der aktuellen Situation am besten entsprechendste entscheiden. Eine Lösung in dieser Art fand Ursula mit ihrem Entschluss, auszuwandern.

Allerdings sei hier nicht verschwiegen, dass Entscheidungen mit Pluto immer grosse Konsequenzen haben. Auch hier finden sich die beiden Pole Plutos: Etwas Neues zu beginnen, auszuwandern, bedeutet gleichzeitig, etwas Altes loszulassen, Abschied zu nehmen von Vertrautem. Geburt und Tod also auch im übertragenen Sinn.

## Die vier Hauptthemen in der Arbeit mit Pluto-Erfahrungen

In der Arbeit mit Pluto-Themen im Horoskop finden sich immer wieder die gleichen Muster: Subjektiv bedeutsame Kindheitserfahrungen in diesem Zusammenhang (oder Themen aus der Zeit von Schwangerschaft und Geburt, in Form von Bildern), die zu – unbewussten – Entscheidungen geführt haben, wie zukünftig mit dieser Energie umzugehen sei. Diese Entschlüsse waren damals zweifellos richtig und notwendig, da sie meist in irgend einer Form das Überleben sicherten oder es ermöglichten, mit der gemachten Erfahrung umzugehen.

Als Erwachsene reagieren wir jedoch meist immer noch in der gleichen Art wie damals auf entsprechende Impulse, als führen wir wie eine Eisenbahn auf den vorgegebenen Schienen. Eine andere Verhaltensweise kommt einer «Entgleisung» gleich und scheint bedrohlich, auch wenn sie, objektiv gesehen, logisch oder sogar nützlich wäre. Bestimmte Situationen und Geschehnisse lösen wie auf Knopfdruck ein Verhalten aus, das, wenn es in Gang gesetzt wurde, kaum mehr zu stoppen oder zu verändern ist. Wenn es um plutonische Bereiche geht, ist die freiwerdende oder blockierte Energie dabei so gross, dass der weitere Ablauf schnell der Kontrolle des Einzelnen entgleiten kann. Auch hier zeigt sich übrigens wieder die Parallele zur Atomkraft: Der Spaltungsprozess ist, wenn er einmal begonnen hat, nicht mehr aufzuhalten oder rückgängig zu machen.

Es ist daher sinnvoll, für die Arbeit an plutonischen Mustern oder Blockaden eine Begleitung zu suchen, da die in Gang gesetzten Prozesse mindestens vorübergehend eine Eigendynamik entwickeln. Dies vor allem dann, wenn die Energie, die Wut, die Angst oder der Schmerz lange Zeit angestaut wurden.

Es zeigt sich, dass im Zusammenhang mit Pluto die Grund- oder Ursprungserfahrung meist in einem der vier folgenden plutonischen Bereichen zu finden ist:

- Unverarbeitete Erlebnisse im Zusammenhang mit **Sexualität**
- **Verlust** von etwas, das gefühlsmässig sehr wichtig war, oder plötzlicher Entzug von Nähe
- Existenzielle **Bedrohung**, nicht sich selbst sein dürfen
- **Blockierte Aggression**

Das betreffende Thema gewinnt im Leben meist einen besonderen Stellenwert. Es wird entweder absolut abgelehnt, verneint oder tabuisiert (Yin), taucht dann aber – scheinbar zufällig – immer wieder im näheren Umfeld auf, und man wird zu seinem Opfer. Es kann aber auch eine eigentümliche Faszination von ihm ausgehen, eine Mischung aus Anziehung und Abwehr, sodass meist unbewusst immer wieder Situationen provoziert werden, welche diese Thematik aktivieren. Bei einer Yang-Entscheidung andererseits wird der Kampf aufgenommen und mit sehr viel Energie eine Machtposition in jenem Bereich gesucht, im Sinne von: «Wenn ich die Kontrolle über das Geschehen behalte, kann mir so etwas nicht wieder passieren.»

Das Gemeinsame an all diesen Verhaltensformen finden wir im Mangel an Entscheidungs- und Handlungsfreiheit, verbunden mit einer zwanghaften Reaktion, immer, wenn es um den wunden Punkt geht.

Die Prozessarbeit* mit diesen Themen kann die ursprüngliche Situation und die damit verbundene Entscheidung wieder bewusst machen, die darin blockierte Energie lösen und so die Befreiung von Verhaltenszwängen ermöglichen.

---

*Unter «Prozessarbeit» wird das Durcharbeiten von unverarbeiteten Erfahrungen oder die Aktivierung von bisher nicht zur Verfügung stehenden Energien verstanden – ein «Prozess, der zu persönlichem Wachstum führt», wird in Gang gesetzt.

# Sexualität

Vor allem in der Arbeit mit Pluto/Mars- und Pluto/Venus-Themen (Tabelle B) tauchen oft traumatische, unverarbeitete Erlebnisse und Bilder im Zusammenhang mit der Sexualität auf.

Eine häufige Entsprechung ist die frühe Konfrontation mit der elterlichen Sexualität, wenn beispielsweise das Kind im gleichen Zimmer wie die Eltern schlief. So erinnerte sich eine Klientin, wie sie als Kleinkind im gleichen Bett lag, in dem sich Vater und Mutter liebten. Sie fühlte sich durch die ungewohnten Geräusche sehr bedroht und hatte vor allem Angst, der Mutter werde ein Leid angetan. Die Tatsache, dass Sexualität in dieser Familie ansonsten ein Tabu war, trug mit dazu bei, dass diesem Geschehen etwas Verbotenes, Bedrohliches, gleichzeitig jedoch auch Faszinierendes anhaftete.

### Beispiel SUSANNE

Susanne's Kinderbett war ebenfalls im Elternzimmer einquartiert. Sie erlebte immer wieder die Situation, wie die Mutter sich scheinbar gegen den Vater wehrte, von ihm überwältigt wurde und dabei stöhnte. Ein paarmal versuchte sie, auf ihre kindliche Art das unheimliche Geschehen zu unterbrechen, indem sie weinte und der Mutter rief, erntete aber nur Unwillen.

Im Erwachsenenleben gewann die Sexualität, das Geschehen zwischen Mann und Frau für Susanne eine eigenwillige Dynamik. Sie fühlte sich von allem, was mit Sexualität zu tun hatte, stark angezogen, empfand es aber gleichzeitig als erniedrigend, beängstigend und «gruusig» (schweizerischer Ausdruck für ekelerregend, widerlich). Dementsprechend hatte sie auch in Beziehungen zu Männern immer wieder Probleme mit der Sexualität. Sie zog sich gerne etwas aufreizend an, gab sich sehr kokett, war aber empört, wenn ein Mann sich auf ihr Spiel einliess.

Auch mit ihrem eigenen Mann spielte sich die Sexualität ähnlich ab. Sie bewegte sich gerne nur mit einem Negligé bekleidet in der Wohnung, fühlte sich aber gleichzeitig sexuell von ihrem Mann bedrängt und wies ihn ab, bis er (Yang-Pol) jeweils überwältigte. In der Sitzung damit konfrontiert, stellte sie erstaunt fest, dass diese Art Sexualität auch etwas Lustvolles für sie beinhaltete und sie jeweils enttäuscht war, wenn ihr Mann sie wirklich in Ruhe liess. Das Erfahren des Zusammenhangs zwischen ihren Erlebnissen als Kleinkind und ihren Problemen mit Männern ermöglichte es Susanne, sich von nun an bewusst zu entscheiden, ob sie sich lustvoll auf Sex mit ihrem Mann einlassen und den Akt dann auch geniessen wolle, oder wirklich nein zu sagen, ihren Partner dann aber auch nicht aufzureizen.

Bereits etwas problematischer sind sexuell gefärbte Erlebnisse mit dem gegengeschlechtlichen Elternteil oder einem gegengeschlechtlichen Geschwister in der Kindheit. Es scheint mir an dieser Stelle wichtig, darauf hinzuweisen, dass die in der Prozessarbeit auftauchenden Bilder und Wahrnehmungen **subjektiv** immer richtig und real sind, aber nicht immer einem in der gleichen Art **objektiven** Geschehen entsprechen. Es geht also weder darum, die «bösen» Eltern oder Geschwister zu verdammen, noch dem Klienten falsche und «erfundene» Angaben vorzuwerfen. Damit befänden wir uns sehr schnell in der «gut/böse»-Dualität, welche eine Heilung von Wunden nicht zulässt, sondern nur Schuld verteilt. In diesem Sinne sind auch die folgenden Erfahrungsbilder zu sehen. Sie können der effektiven Realität entsprechen, aber auch einem subjektiven Erleben, welches die reale Situation verzerrt wahrgenommen hat.

Die sexuell gefärbten Erlebnisse mit einem gegengeschlechtlichen Elternteil sind dem Bewusstsein oft schwer zugänglich, da sie meist mit Scham verbunden sind und daher verdrängt wurden. Daher dauert es in einer Therapie oder Prozessarbeit häufig auch etwas länger, bis die Vertrauensbasis zum Therapeuten eine Stabilität erreicht hat, die es dem Klienten erlaubt, sich wieder zu «erinnern».

### Beispiel SIMONE

Simone (Mars/Pluto-Opposition, Venus/Pluto-Halbquadrat), die neben anderen Problemen auch ihre immer wieder schwierigen und schmerzvollen Erfahrungen mit Beziehungen bearbeiten wollte, beschrieb ihren Vater als einen eher scheuen, zurückhaltenden Mann. Sie bezeichnete ihn sogar als «verklemmt», und einen Bruder, der mit Mars/Pluto-Themen in Verbindung gebracht werden könnte, hatte sie auch nicht. Nach längerer Arbeit mit anderen Themen tauchte in einer Sitzung, in welcher sie sich mit ihrem problematischen Verhältnis zu ihrem Vater auseinandersetzte, plötzlich das folgende Bild auf:

> Sie war etwa vierjährig und sass mit ihrem Vater in der Badewanne. Simones erste Reaktion darauf: «Das gibts nicht, ich war doch nie mit Vater in der Badewanne!» Auf meine Einladung hin, das Bild einmal so stehenzulassen und zu beschreiben, was sie wahrnehme, schwieg Simone eine Weile. Darauf sagte sie wieder: «Das darf doch nicht wahr sein!» Dann: «Ich mag nicht mehr hinsehen, das ertrage ich nicht.» Simone öffnete die Augen und fragte mich: «Ist das wahr, was ich da sehe?»

Diese Frage schien für Simone sehr wichtig. Sie hatte in bisherigen Imaginationen im Zusammenhang mit ihrer Kindheit immer Situationen gesehen und erlebt, welche sie im Nachhinein im Gespräch mit den Eltern verifizieren konnte, die also reell *wahr* waren (Simone hat auch einen Merkur/Pluto-Aspekt im Horoskop und sucht die absolute Wahrheit zu finden). Das nun aufgetauchte Bild schien sie sichtlich zu schockieren, daher die dringende Frage. Ich fragte zurück: «Ist es für Dich wichtig, zu wissen, ob diese Situation Realität war?» In der Antwort waren Wut und Ratlosigkeit vermischt: «Mein Vater kann doch nicht ein solcher Schweinehund gewesen sein, – aber warum habe ich solche Bilder?» Ihre Betroffenheit war spürbar, obwohl immer noch nicht klar war, WAS sich in dieser Badewanne abgespielt hatte. Ich machte Simone darauf aufmerksam, dass das Bild für sie offenbar sehr lebendig und reell sei, da sie so heftig reagiere, ich wisse aber auch nicht, ob es der objektiven Realität entspreche, was sie denn tun würde, wenn es stimme? «Dann würde ich . . . ich weiss auch nicht was!» Simones Stimme tönte zornig. Auf meinen Vorschlag, den Vater zu fragen, wollte Simone zuerst nicht eingehen und meinte nur: «Der sagt sowieso, es stimme nicht, auch wenn es so war.» Etwas später war Simone bereit, vorerst die innere Realität des Bildes anzunehmen und, falls es für sie nach der Sitzung immer noch wichtig sein würde, den Vater nach jenem Geschehen zu fragen.

Nun erst konnte Simone zu ihrem Erleben zurückkehren. Der nackte Vater in ihrem Bild hatte seine kleine Tochter aufgefordert, ihm den erigierten Penis zu waschen. Simone fühlte gleichzeitig Scham und Befremden, das Gefühl etwas Verbotenes, Schlechtes zu tun, und irgendwie auch Faszination. Als Simone ihre Gefühle zulassen konnte und auch ihren Zorn darüber, für eine solche Handlung missbraucht worden zu sein, fühlte sie sich erleichtert und befreit. Sie erkannte auch, dass in ihren sexuellen Beziehungen als Erwachsene dieselben Gefühle auftauchten und sie daran hinderten, sich frei zu fühlen und zu geniessen. Die Frage nach der effektiven Realität war für sie unwichtig geworden.

Die geschilderte Geschichte stellt keinen Einzelfall dar, sondern ist in Variationen recht häufig. So beschrieb beispielsweise eine andere Klientin (Venus/Pluto) in einer Imagination, der Penis ihres Vaters sei direkt bei ihrem Mund gewesen, und eine dritte erzählte, wie sie mit ihrem nackten Vater im Bett gelegen hatte.

Diese reellen oder phantasierten Geschehnisse tauchen vor allem bei Frauen im Zusammenhang mit der Pluto-Thematik häufig auf (ich konnte bisher nichts über ähnliche Bilder bei Männern in Erfahrung bringen). Menschen mit Pluto-Themen haben ursprünglich eine sehr intensive Sexualität. Diese dürfte sich auch bereits beim Kind in irgendeiner Form manifestieren und Kinder mit starken Pluto-Aspekten besonders aufnahmefähig und sensibel für alles machen, was mit Sexualität zu tun hat. So werden Erlebnisse dieser Art, auch wenn sie vielleicht harmloser Art waren, einen tiefen Eindruck hinterlassen und können, je nach dem Erziehungs- oder sonstigen Gefühlsklima, auch zu unverarbeiteten, belastenden oder verdrängten Bereichen werden. Um als Erwachsene(r) die mit Pluto stark betonte Sexualität in gesunder, kreativer Form zum Ausdruck zu bringen und nicht darunter zu leiden, kann es daher wichtig sein, solche Erfahrungen, welcher Art sie auch sein mögen, zu verarbeiten.

Am schwierigsten, belastendsten und schmerzhaftesten sind sicher alle Erlebnisse von eigentlichem sexuellem Missbrauch in der Kindheit und Jugend. Sie kommen als extreme Form des Yin-Pols von Pluto-Themen doch recht häufig vor. Unter sexuellem Missbrauch verstehe ich nicht nur Inzest, Vergewaltigung und sexuelle Nötigung, sondern auch den Missbrauch der sexuellen Geschlechtsrolle (männlich oder weiblich) des Kindes im weitesten Sinn. So würde ich z. B. die folgende Erfahrung eines Mannes als eine Art sexuellen Missbrauchs bezeichnen:

**Beispiel CLAUDIO**
Claudios Vater war ein Musiker, der häufig auch über längere Zeit auf Tourneen unterwegs war. Während dieser Zeit nahm Claudios Mutter ihren damals 8jähri-

gen Sohn immer zu sich ins Bett. Claudio erzählte, dass die Mutter immer nackt geschlafen habe und auch von ihm erwartet habe, dass er ohne Pyjama zu ihr ins Bett komme. Was im Bett genau vor sich gegangen ist, daran kann oder will sich Claudio nicht erinnern. Wenn er über dieses Geschehen berichtet, kommt er jedoch immer mit Gefühlen von Wut und Scham in Kontakt.

Ganz gegensätzlich erlebte er demgegenüber die Zeit, während welcher sein Vater zu Hause war. Er hatte dann in seinem Zimmer zu bleiben und durfte unter keinen Umständen das elterliche Schlafzimmer betreten. Die Mutter habe dann jeweilen kaum einen Blick für ihn übrig gehabt. Erst wenn der Vater wieder weg war, wurde sie wieder zärtlich und er gleichzeitig wieder ins Elternschlafzimmer umquartiert. Claudio hat als erwachsener Mann grosse Schwierigkeiten mit sexuellen Beziehungen zu Frauen. Er sagt, es sei, wie wenn seine Mutter immer dabei wäre, wenn er mit einer Frau zärtlich werde.

Neben der Auseinandersetzung mit der Sexualität spielt in solchen Fällen meist auch der Faktor Gewalt eine Rolle, sei diese nun seelischer oder körperlicher Natur. Die nun beschriebenen Abläufe und Entsprechungen kommen demnach in ähnlicher Form auch beim dritten plutonischen Erfahrungsbereich, der existenziellen Bedrohung, vor. Vor allem, wenn die Erfahrung in der früheren Kindheit gemacht wurde, schützt sich die Psyche vor den fast nicht ertragbaren Gefühlen, indem sie das Erlebte aus der Erinnerung streicht. Die unbewussten Entscheidungen, die damals gefällt wurden, prägen jedoch das Verhalten, vor allem im Umgang mit dem andern Geschlecht, massgeblich.

### Die Reaktionsweisen auf plutonische Erfahrungen
Grundsätzlich gibt es drei Reaktionsweisen auf derart extreme Erfahrungen, welche die Entscheidungen für das weitere Leben prägen. Man kann dabei einen symbolischen Bezug zur Tierwelt herstellen, was in den Werken von Dr. A. D. Jonas und seiner Frau[2] auch in anderen Zusammenhängen beschrieben wird. Tiere reagieren in der Regel auf drei unterschiedliche Arten auf Bedrohung:

— Wenn sie sich dem Gegner ebenbürtig fühlen, **greifen** sie **an** (Yang-Pol).
— Wenn sie sich dem Gegner unterlegen fühlen, **flüchten** sie oder **unterwerfen** sich (Yin-Pol).
— Ist die Bedrohung extrem gross, findet sich in der Tierwelt das **Phänomen des Scheintods, des Erstarrens**, was bezweckt, dass der Gegner das Interesse am Opfer verliert.

Im übertragenen Sinn reagieren auch wir Menschen in ähnlicher Form auf extrem bedrohliche Erfahrungen.

### Angriff
Jemand, der stark den Yang-Pol zum Ausdruck bringt, kann z.B. beschliessen, sich an allen Vertretern des Geschlechts, das ihn misshandelte, zu rächen und die Kon-

trolle über sie auf jeden Fall, wenn nötig, auch durch die Anwendung von Gewalt oder Unterdrückung, zu wahren. Diese Form dürften vor allem Männer wählen, die in irgendeiner Art als Kinder von der Mutter als Partnerersatz seelisch und auch körperlich missbraucht wurden. Als Folge davon kann das Bedürfnis entstehen, Frauen zu unterwerfen, sie leiden zu machen und die eigene Männlichkeit immer wieder zu beweisen. Viele Formen des Sadismus könnten mit dieser Yang-Entsprechung des Plutonischen erklärt werden. Wie das Beispiel «Mireille» zeigte, können auch sehr Yang-betonte Frauen eine ähnliche Entscheidung treffen. Einer etwas «weiblicheren» Form des Angriffs entspräche die Femme fatale, der Vamp oder einfach die Frau, welche Männer durch ihre Sexualität hörig und von sich abhängig macht und diese Abhängigkeit nutzt, um Macht und Kontrolle auszuüben. Da diese Reaktionsform die Energie Plutos, wenn auch verzerrt, fliessen lässt, entsteht nur selten ein innerer Druck, der gross genug wäre, um sich mit der Thematik auseinanderzusetzen und andere Verhaltensweisen zu suchen. Diese These könnte auch eine Erklärung für die Frage darstellen, weshalb Männer viel seltener psychologische Hilfe im Zusammenhang mit Beziehungsproblemen suchen.

### Flucht und Unterwerfung

Menschen, die den Yin-Pol zum Ausdruck bringen, werden sich auf die Erfahrung von sexuellem Missbrauch für die zweite Reaktionsart entscheiden.

Der Thematik *Flucht* gehören diejenigen Personen an, die nach Möglichkeit jeder auch nur annähernd erotisch-sexuellen Begegnung mit dem andern Geschlecht aus dem Wege gehen. Die grosse Intensität der Gefühle, die bei Pluto-Themen vorhanden ist, wird in diesem Fall auf das Thema «Nächstenliebe», Liebe für die unterdrückte Kreatur oder auf die gleichgeschlechtliche Liebe umgelenkt. So weiss man z.B. von Gandhi (Venus/Mars/Pluto), dass seine Erfahrungen mit der Sexualität (allerdings im jugendlichen Alter) eher traumatischer Natur waren. Gandhi lenkte seine nicht unbeträchtliche plutonische Gefühlsintensität ganz auf den Einsatz für *sein* unterdrücktes Volk.

Auch Frauen mit verdrängten, traumatischen Erfahrungen im Zusammenhang mit der Sexualität wählen oft diesen Weg. Solche Frauen können ein sehr liebevolles, fürsorgliches Verhalten zeigen, jedoch sobald eine Begegnung erotischen oder gar sexuellen Charakter annimmt, mit Panik reagieren. Die Flucht- und Umlenkreaktion hat aus astrologischer Sicht für die Betreffenden einen entscheidenden, allerdings nicht auf den ersten Blick ersichtlichen Nachteil. Diese Entscheidung schliesst den Yang-Pol nicht mit ein.

Da, wie bereits eingangs erwähnt, die beiden Pole untrennbar miteinander verbunden sind, wird der Yang-Pol in diesem Fall immer wieder «schicksalshaft» durch entsprechende Situationen erfahren. Das heisst, es taucht immer wieder ein «Täter» auf, der, wenn auch nicht immer direkt, die uralte, schmerzende Erfahrung wiederholt. Es wäre daher auch vorstellbar, dass z.B. Frauen mit dieser Reaktionsweise häufiger zum Opfer oder zumindest zu Zeugen von Vergewaltigungen, sexuellem Missbrauch oder anderer Gewaltanwendung werden. Auch Gandhi wurde

wurde letztlich zum Opfer der von ihm abgelehnten Gewalt. Der Yang-Pol kann sich aber auch durch den Körper manifestieren, indem dort ein destruktiver Prozess in Gang gesetzt wird, vorzugsweise im Zusammenhang mit den männlichen oder weiblichen Sexualorganen, oder in Form einer Mager- oder Fettsucht.

Menschen mit dieser Thematik suchen psychologische Unterstützung und Beratung meist im Zusammenhang mit einer aktuellen, bedrohlichen Erfahrung, da in diesem Zusammenhang die alte Wunde wieder aufbricht und sie sich fragen: «Warum immer ich?» In der Arbeit mit diesen Menschen wird es wichtig sein, dass sie das Unaussprechliche, Dunkle in sich wahrnehmen können, um den Heilungsprozess in Gang zu setzen und Formen für den eigenen Ausdruck der intensiven Pluto-Energie zu finden.

Die *Unterwerfungsentsprechung* stellt vielleicht die häufigste dar. Bei dieser Reaktionsweise sind in der Psyche Sexualität und Lust untrennbar mit Schmerz, Erniedrigung, Scham und Erleiden verbunden. Diese Menschen neigen dazu, sich immer wieder Partner zu suchen, welche den Yang-Pol übernehmen. Durch ihr unbewusstes Verhalten signalisieren sie die Bereitschaft, sich zu unterwerfen und dadurch abhängig zu werden. Damit stellen sie die genaue Ergänzung für jemanden dar, der sich für die Yang-Rolle entschieden hat.

Abhängigkeit vom Partner, Hörigkeit und masochistische Themen spielen in solchen Beziehungen immer wieder eine Rolle. Der Yin-Partner fühlt sich ohnmächtig, als Versager oder erduldet Übergriffe auf seine Persönlichkeits- und Gefühlssphäre.

Gleichzeitig scheint es ihm aber nicht möglich, sich ohne noch grössere Schmerzen aus der Beziehung zu lösen. Gelingt die Lösung vom Partner, weil vielleicht der Druck unerträglich wurde, wird mit grosser Wahrscheinlichkeit in der nächsten Beziehung eine Variation des bereits Bekannten stattfinden. Das Buch von Robin Norwood, «Wenn Frauen zu sehr lieben»[3], stellt eine besondere Form dieser Thematik dar (meist bei einer Kombination von Pluto- und Neptun-Themen im Zusammenhang mit Sonne, Mars und Venus zu finden). Menschen, welche diese Art der Pluto-Entsprechung leben, suchen psychologische Hilfe meist dann, wenn der Druck in der Beziehung unerträglich wird.

Neben dem Aufarbeiten von vergangenen schmerzlichen Erfahrungen und dem sich Bewusstwerden über die Zusammenhänge mit frühkindlichen Mustern besteht der vielleicht wichtigste Schritt in diesem Prozess in der Wahrnehmung dessen, welchen «Nutzeffekt» die Übernahme des Yin-Pols hat, wozu das Leiden verhilft. Die Erkenntnis, dass das Erleben von Lust und Intensität (das bei Pluto-Themen einen hohen Stellenwert hat) aufgrund von frühen Erfahrungen untrennbar mit jenem von Schmerz und Erniedrigung verbunden war, ermöglicht es, diese zwei Bereiche vorerst im Bewusstsein zu trennen.

Durch das Ausprobieren von anderen Verhaltenformen können neue Erfahrungen mit Intensität und mit der eigenen sexuellen Rolle gemacht werden, die eine andere Qualität haben. Auf diese Weise wird der Weg frei für neue, befriedigendere Beziehungsformen.

## Das Phänomen des Scheintods, des Erstarrens

Diese Reaktionsweise findet sich meist in Verbindung mit effektiven Missbrauchshandlungen oder grosser Bedrohung (siehe auch Kapitel «Bedrohung»). Sie ist bei Frauen weitaus häufiger anzutreffen und stellt eine besondere Form des Yin-Pols dar. Die Erfahrung scheint von so unerträglicher Art gewesen zu sein, dass sämtliche damit verbundenen körperlichen Wahrnehmungen und Gefühle erstarrt sind (wie im Märchen von Dornröschen, nach dem Stich mit der Spindel). Häufig haben die Betroffenen im Zusammenhang mit Erotik und Sexualität keine Gefühlswahrnehmungen mehr. Es scheint, als habe die Psyche unter grossem Stress die Leitung gekappt. Findet eine körperliche Berührung statt, erstarren diese Menschen meist, frieren innerlich ein und fühlen sich vor allem gegenüber dem anderen Geschlecht völlig blockiert. Im Unterschied zu den bisherigen Entsprechungen ist bei diesen Menschen die Pluto-Energie völlig blockiert. Sie wirken meist extrem zurückgenommen, verhalten und energielos, wie wenn sie nur zum Teil wirklich anwesend wären. Vielfach haftet ihnen etwas Geheimnisvolles an, als ob sie etwas Unaussprechliches zu verbergen hätten (was auch oft der Fall ist), das zum Vorschein käme und sie wieder bedrohen würde, wenn sie es wagten, wirklich lebendig zu sein.

Psychologische Hilfe suchen solche Menschen häufig, weil sie sich nicht lebendig fühlen, sich nicht freuen können, grosse Ängste haben, die sie nirgends zuordnen können, oder auch oft, weil psychosomatische Störungen vorhanden sind, die ihnen zu schaffen machen. Die Arbeit mit ihnen erfordert besondere Behutsamkeit, da jeglicher Zwang oder Druck das Unbewusste dazu veranlassen könnte, sich beispielsweise durch eine effektive, körperliche Krankheit der Konfrontation mit dem Schrecklichen zu entziehen. In diesen Fällen spielt das Vertrauen zum Therapeuten die zentrale Rolle, da meist grosse und tiefe Verletzungen vorhanden sind.

Dementsprechend wird es im Prozess vorerst darum gehen, einen sicheren Ort zu schaffen, wo die verdrängten Bereiche sich langsam dem Bewusstsein öffnen können. Es dauert meist einige Zeit, bis die Klientin es wagt oder dazu imstande ist, den Schutz über der Wunde etwas zu öffnen, das heisst, sich zu erinnern. Vergewaltigung und sexueller Missbrauch in der Kindheit, aber auch später, sind Themen, welche eine lange Heilungszeit brauchen. Der Weg wird oft zuerst über die verbale, allenfalls über die imaginative Ebene führen. Es wird aber, eingedenk der grossen Energien Plutos, wichtig sein, auch alle blockierten und verdrängten Gefühle, die mit dem betreffenden Erlebnis verbunden sind, zum Ausdruck zu bringen, um so den Heilungsprozess in Gang zu setzen.

Die hier beschriebenen Manifestationen und Verhaltensweisen im Zusammenhang mit Pluto und Sexualität haben ab und zu noch einen anderen Ursprung als die direkte, konkrete, eigene Erfahrung. Menschen, die Zeugen eines solchen Geschehens wurden, können ähnliche Muster und Verhaltensweisen entwickeln. So musste beispielsweise eine Frau als Älteste machtlos miterleben, wie der Vater ihre jüngeren Schwestern missbrauchte, während er sie aus Angst, dass sie sich zur

Wehr setzen könnte, in Ruhe liess. Zu Scham, Schmerz und Erniedrigung gesellte sich bei ihr auch noch das Gefühl, als Schwester versagt zu haben, weil sie ihren jüngeren Geschwistern keinen Schutz bieten konnte.

Manchmal tauchen auch Bilder, Ängste und Verhaltensmuster auf, die keinen Bezug zum eigenen Leben zu ergeben scheinen. In einigen Fällen stellte es sich im Verlauf der Prozessarbeit heraus, dass die Mutter der betreffenden Klientin das Opfer von sexueller Gewalt geworden war. Offenbar hatte die Tochter das Trauma und die damit verbundenen Gefühle der Mutter unbewusst übernommen.

Weiter kann auch eine unverarbeitete Geburtserfahrung zu ähnlichen Manifestationen führen. Stanislav Grof beschreibt in seinem Buch «Topographie des Unbewussten»[4] im Zusammenhang mit dem Erlebensbereich der dritten perinatalen Matrix Gefühle von absolutem Schmerz verbunden mit Lust, sexueller Erregung und Todesangst, oft auch mit Bildern von perverser Sexualität (auf Geburtserfahrungen wird im Kapitel «Bedrohung» näher eingegangen). Die Thematik dieser Phase der Geburt entspricht symbolisch eindeutig dem Pluto. Es können daher auch unverarbeitete Bilder und Gefühle des Unbewussten aus dieser Phase die hier beschriebenen Verhaltensweisen und Reaktionen auslösen.

## Verlust oder plötzlicher Entzug von Zuwendung

Verlusterfahrungen kommen vor allem bei Mond/Pluto- und Venus/Pluto-Themen vor, ab und zu auch bei Sonne/Pluto.

Menschen mit einem Venus/- oder Mond/Pluto-Thema haben die Tendenz, sich besonders intensiv gefühlsmässig an etwas zu binden. Dementsprechend finden sich in der Kindheit meist sehr schmerzliche Erfahrungen im Zusammenhang mit dem Verlust eines Menschen, eines Tiers oder einer Sache. In der Folge besteht oft eine grosse Angst davor, sich auf etwas gefühlsmässig wirklich einzulassen und einen Anspruch auf Liebe zu erheben. Umgekehrt wird etwas, das einem oder zu einem «gehört», eifersüchtig gehütet, in der dauernden Furcht, es wieder verlieren zu können. Auch der Entzug von Nähe oder Zuwendung aus nicht rational nachvollziehbaren Gründen erzeugt Verletzungen, die im späteren Leben den lebendigen, spontanen Ausdruck von Gefühlen, insbesondere von Zärtlichkeit und Zuneigung erschweren.

Oft sind es scheinbar banale, in der Familiengeschichte oder Biographie nicht besonders vermerkte Ereignisse, welche zu diesen Wunden führen. Erst die Arbeit mit den verletzten Gefühlen bringt die Erinnerung an solche Erfahrungen wieder ins Bewusstsein zurück.

### Beispiel DORA

Dora (Venus/Pluto-Aspekt), aufgewachsen auf einem Bauernhof, besass als Kind ein Kaninchen, das sie sehr liebte. Es war als kleinstes des Wurfs von den andern verdrängt worden, und sie hatte sich seiner angenommen. Das Kaninchen war sehr zutraulich und folgte ihr überallhin. Eines Tages war es verschwunden. Dora war untröstlich, dieses Tier hatte ihr allein gehört und war ihr liebstes gewesen. Den eigentlichen Schock erlebte sie jedoch am nächsten Tag. Beim Mittagstisch liess sich ein Knecht zur Bemerkung verleiten: «Na Dora, wie schmeckt dir dein Kaninchen?» Diese Frage liess für Dora eine Welt zusammenstürzen. Nicht nur hatte sie etwas ihr sehr Liebgewordenes verloren, sondern sie fühlte sich auch von den Eltern, die das Tier geschlachtet, es ihr vorgesetzt und ihr die Wahrheit verheimlicht hatten, betrogen und hintergangen. Dieses Geschehen ist für eine Verlusterfahrung im Zusammenhang mit Pluto typisch. Es geht oft nicht nur um den eigentlichen Verlust und die Trauer darüber, sondern auch um die Erfahrung von fremder Willkür und der damit verbundenen Macht- und Wehrlosigkeit.

Als Erwachsene suchte Dora möglichst Distanz zu wahren und sich nicht wirklich für einen Menschen oder eine Sache zu engagieren. Sie wirkte daher oft arrogant und kalt auf andere, sehnte sich aber zutiefst nach Nähe und Zuwendung. Wenn ihr diese entgegengebracht wurde, schreckte sie jedoch aus Angst davor zurück, dass ihr Vertrauen wieder missbraucht, die Person sich abwenden und sie ähnlich wie damals verletzt werden könnte. Statt dessen sammelte sie mit Leidenschaft alte Puppen, die sie wie einen Schatz hütete. Die Arbeit mit jener Kindheitserfahrung setzte bei Dora nicht nur Gefühle der Trauer und des Schmerzes frei, sie kam auch in Kontakt mit grosser Wut über die Willkür, mit welcher über etwas, das ihr gehört hatte, verfügt wurde. Im Verlaufe des Heilungsprozesses wurde Dora bewusst, dass sie sich als Erwachsene nicht mehr machtlos und ausgeliefert fühlen musste. Sie lernte auch, die Zuneigung anderer entgegenzunehmen, ohne Angst zu haben, diese gleich wieder zu verlieren.

Auch wenn einem Kind (mit Venus- oder Mond/Pluto-Themen) ein geliebter Gegenstand weggenommen wurde, etwa ein Plüschtier, weil es unhygienisch sei, wie ein Klient erzählte, kann ein ähnliches Muster entstehen.

In vielen Fällen geht es bei diesen Themen jedoch um den realen Verlust eines nahen, geliebten Menschen. Es kann sich dabei um den Tod der geliebten Grossmutter handeln, zu welcher das Kind ein besonderes Vertrauensverhältnis hatte, den bewunderten Vater, der nach der Scheidung aus dem Umfeld des Kindes verschwindet, oder auch um das Kindermädchen, welches immer Zeit und Liebe hatte und nun plötzlich entlassen wurde.

Im Zusammenhang mit der Pluto-Thematik gibt es bei diesen Erfahrungen jedoch immer noch einen zusätzlichen Faktor, der es dem Kind nicht erlaubte, seine Trauer, seinen Schmerz offen zu zeigen. So war beispielsweise die Mutter beim Tod der Grossmutter dafür besorgt, ihre Tochter während der Trauerzeremonie wegzugeben, damit sie nicht so leiden sollte. Es wurde dem Mädchen auch nicht offen gesagt, dass seine Grossmutter gestorben war. Diese Tatsache wurde wie ein Geheimnis behandelt.

Oder, zum Beispiel im Falle einer Scheidung war die Mutter durch das Verhalten des Vaters persönlich sehr verletzt worden und sagte das auch ihrer kleinen Tochter. Sie erzählte ihr, wie böse der Vater gewesen sei, und war nach jedem Besuchstag traurig oder wütend. Das Kindermädchen, welches immer Zeit für den Knaben hatte, wurde aufgrund einer Affäre mit dem Vater entlassen und in der Folge zum Tabuthema in der Familie.

**Das**, worüber nicht gesprochen werden darf, lässt die damit verbundenen Gefühle ins Dunkle, in den Keller der Psyche absinken, prägt aber gleichzeitig massgeblich die Entscheidung für den späteren Umgang mit Liebe und Nähe. Menschen mit solchen Prägungen haben daher oft grosse Mühe, Trauer und Schmerz zuzulassen. Sie können fast gleichgültig wirken oder scheinbar ohne grosse Probleme über Verluste und Verletzungen mit einem Lächeln hinweggehen. Gleichzeitig wird es ihnen schwer fallen, zu zeigen, dass ihnen jemand am Herzen liegt.

Der Entzug von Zuwendung und Nähe, entweder zu einem weit zurückliegenden Zeitpunkt, oder dann in einem rational nicht nachvollziebaren Zusammenhang, bildet den Ursprung einer anderen, verbreiteten Pluto-Entsprechung. Vor allem in der frühen Kindheit handelt es sich auch in diesem Fall nicht unbedingt um eine – objektiv gesehen – extreme Situation, wenn auch die subjektiv damit verbundenen Gefühle enorm schmerzhaft und bedrohlich waren.

**Beispiel**

So erlebte eine Klientin im Kontakt mit einer Situation aus der frühen Kindheit, wie sie anlässlich der Geburt ihrer Schwester für zwei Wochen zu ihrer Tante gebracht wurde. Sie erfuhr den Schmerz des Verlassenwerdens und die Angst, die geliebte Mutter zu verlieren, als umfassend und zentral. Die ganze Welt schien sie im Stich gelassen zu haben und nicht mehr zu lieben. Damals traf sie die unbewusste Entscheidung, von nun an niemanden mehr zu brauchen und auf wirkliche Nähe zu verzichten, damit sie den Schmerz des Fortgestossenwerdens nicht mehr erleben musste. Gleichzeitig lernte sie, sich nützlich und unentbehrlich zu machen. Dies bildete gewissermassen eine Versicherung dafür, nicht verlassen zu werden, da sie ja gebraucht wurde.

Als Erwachsene suchte sie psychologische Beratung, weil sie sich nicht lebendig fühlte und nicht richtig glücklich sein konnte. Zusammen mit dem Bedürfnis nach Liebe und Nähe, das nicht mehr sein durfte, hatte sie damals auch ihre Fähigkeit, intensiv und tief zu fühlen, begraben. In einem schmerzlichen und auch viel Angst auslösenden Prozess lernte sie nun, das bisher nicht zugelassene Bedürfnis nach absoluter und beständiger Zuwendung anzuerkennen. Dies brachte sie mit ihrer kindlichen und verletzlichen Seite in Kontakt, was ihr Gefühl des Ausgeliefertseins wieder aktivierte.

Gleichzeitig merkte sie auch, dass sie als Erwachsene andere Möglichkeiten hatte, mit ihren grossen Gefühlsansprüchen und der Erfahrung des Liebesverlustes umzugehen, indem sie z.B. ihre Trauer akzeptierte und sich etwas zuliebe tat oder sich mit ihren Anliegen an einen Menschen wandte, bei welchem sie sicher war, nicht abgewiesen zu werden.

Der wichtigste Schritt in einer Arbeit mit dieser Thematik besteht meiner Ansicht nach in der Bereitschaft, die eigenen Gefühle, auch wenn sie unmässig und unpassend erscheinen, ernstzunehmen und sich selbst nicht im Stich zu lassen, indem man sich ein Recht auf Nähe und Zärtlichkeit zugesteht und Wege sucht, diese zu finden.

**Beispiel VERA**

Eine extreme Form von Liebesentzug, verbunden mit Machtausübung hat Vera erlebt (Figur). Vera suchte eine Beratung aufgrund ihrer gesundheitlichen Probleme. Vor allem mit den Nieren (Venus-Entsprechung) hatte sie immer wieder Schwierigkeiten, aber auch ihre Verdauung, das heisst, der Magen (Mond) war nicht ganz in Ordnung. Die Ärzte hätten gesagt, Ihre körperlichen Probleme seien nur zum Teil diagnostizierbar, wahrscheinlich habe ihre Krankheit auch eine psychische Komponente.

Obwohl sie als starke Persönlichkeit bekannt war, wirkte sie im direkten Kontakt eher scheu und zurückhaltend. Bald stellte sich heraus, dass sie, bereits über 65 Jahre alt, nur mehr mit wenigen Menschen wirklich in Kontakt war und ihre Gespräche mit mir vor allem dazu dienten, ihr unausgesprochenes Bedürfnis nach Zuwendung zu stillen. Immer wieder hörte ich in ihren Erzählungen, wie schwer es ihr falle, auf Menschen zuzugehen und sie um etwas zu bitten. Es war ihr auch wichtig, niemandem etwas schuldig zu bleiben. Ihr Verhalten spiegelte eine Mi-

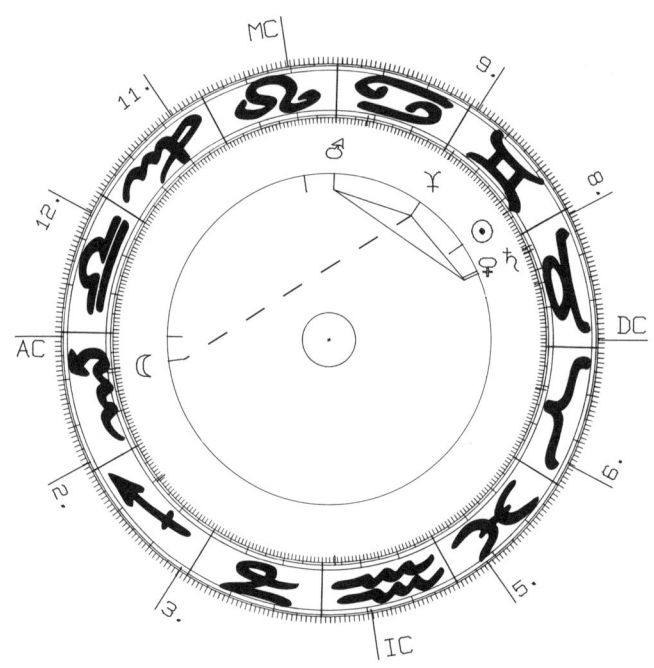

*Vera*

| AC im ♏ | ☾ im ♏ | ☉ im 8. Haus |
|---|---|---|
| ☾ Anderthalbquadrat ♇ | ♀ H'Sextil ♇ | ♂ H'Sextil ♇ |
| ☉ in Halbsumme ☿ ♇ | ♇ in Halbsumme ♀ ♂ | |

schung aus Stolz und Haltung, die sie manchmal fast etwas hochmütig scheinen liess. Manchmal hatten ihre Züge jedoch etwas von einem kleinen liebesbedürftigen Mädchen, das sich vor der erwarteten Zurückweisung fürchtete.

Nach einer längeren Zeit der gemeinsamen Gespräche, manchmal verbunden mit Phantasiereisen, kam Vera auf ihre Kindheit zu sprechen. Sie erinnerte sich wieder an Begebenheiten, welche sie seit langem aus ihrem Gedächtnis gestrichen hatte. Hauptsächlich eine Situation tauchte in Imaginationen immer wieder auf. Sie war etwa zwei Jahre alt, liebte ihre Mutter über alles und folgte ihr daher auf Schritt und Tritt (Mond/Pluto weist immer auf eine besonders bedeutsame Mutter/Kind-Bindung hin). Diese war eine Dame der Gesellschaft und ertrug das anhängliche Kind offenbar schlecht. Vera erlebte, wie die Mutter ihre Nähe und ihre Zärtlichkeitsbezeugungen eine gewisse Zeit duldete, dann aber versuchte, sie durch Fortschicken loszuwerden. Als Vera immer wieder zu ihr kam, sperrte sie sie ins fensterlose Badezimmer ein, um Ruhe zu haben. Vera berichtet, wie sie zuerst weinte und schrie, da sie sich auch vor der Dunkelheit fürchtete, jedoch niemand reagierte. Erst als sie resigniert aufgegeben hatte und müde einschlief, wurde sie wieder geholt. Eine ehemalige Hausangestellte erzählte Vera später einmal, dass sie jeweils bis zu vier Stunden im Badezimmer eingesperrt wurde.

Dieses Erlebnis prägte Veras Umgang mit anderen Menschen nachhaltig. Einerseits hatte sie Angst davor, jemandem ihre Zuneigung und Liebe zu zeigen, andererseits verbrachte sie einen grossen Teil ihres Lebens in der unausgeprochenen und unbewussten Erwartung, eines Tages jemanden zu finden, der ihre tiefen und intensiven Gefühle ertragen könnte. Einen Teil der grossen vorhandenen Intensität lenkte Vera in die Musik, die ihr sehr viel bedeutete, einen anderen in ihren Pflanzengarten, auf den sie ihre ganze Liebe übertrug.

Eine weitere Entprechungen der *Verlust- oder Liebesentzugs-Thematik* Plutos wäre auch die recht häufig vorkommende Drohung, das Kind in ein Kinderheim zu bringen, wenn es sich nicht so verhalte, wie man es gerne hätte, oder es aus dem Haus zu schicken.

Einer Kombination von Bedrohung und Liebesentzug entspricht die Erfahrung Thereses. Während des Scheidungsprozesses ihrer Eltern, bei welchem diese erbittert um das Kind kämpften, brachte ihr Vater die damals 6jährige Therese eines Abends unverhofft zur Nachbarin und sagte ihr, dass sie jetzt eine Zeitlang da bleiben müsse. Auf die Frage des Kindes, warum es denn nicht zu Hause bleiben dürfe, antwortete er: «Dein Mami will dich umbringen, deswegen darfst du es nun eine Weile nicht mehr sehen.»

Bei der Arbeit mit Menschen, die eine solche Erfahrung mitbringen, ist lange Zeit ein grosses Misstrauen gegenüber dem Therapeuten vorhanden, genährt von der unbewussten Angst, auch dieser könnte einen zurückweisen, verletzen oder, noch schlimmer, verlassen. Es ist daher bei der Prozess-Begleitung eines solchen Menschen von zentraler Bedeutung, sich als Begleiter dazu zu entscheiden, wenn nötig, auch über einen längeren Zeitraum real und ohne Bedingungen einfach da zu sein. Die allenfalls beim Therapeuten vorhandene Erwartung, es müsse jetzt etwas passieren, dürfte sehr schnell wahrgenommen werden. Oft drücken Klienten dies beim ersten Gespräch auch aus, indem sie, nach dem schlimmsten gefragt, was ihnen in der Prozessarbeit passieren könne, antworten: «Dass du aufgibst oder nicht mehr willst.» In der Heilungsphase, wenn der Klient sich öffnet, kann daher die beständige, eventuell auch körperliche Nähe, indem man ihn beispielsweise längere Zeit wie ein Kind im Arm hält, eine wichtige Rolle spielen. Auf diese Art kann eine neue Erfahrung gemacht werden, nämlich Nähe ohne Bedingungen zu erhalten, wenn sie gebraucht wird.

## Bedrohung, nicht sich selbst sein dürfen

Diese Thematik zeigt sich vor allem im Zusammenhang mit Pluto/Mond- oder Pluto/Mars-Themen, beim rückläufigen Mars und bei Mars oder Pluto am absteigenden Mondknoten.

Die extremste Form von Pluto-Erfahrungen stellen Bedrohungen der Existenz dar. Es kann sich dabei um eine reale Lebensbedrohung handeln, aber auch um ein subjektives Erleben absoluten Bedrohtseins. Da die existenzielle Bedrohung so umfassend ist, können reale Erfahrungen dieser Art in jedem Alter tiefe Verletzungen und dementsprechend starke Reaktionen bewirken. Ich denke dabei an die überlebenden Opfer von Kriegshandlungen, Folterungen, Terroranschlägen, Entführungen, Raubüberfällen und ähnlichem. Die zweite Form ist vorwiegend in der ersten Lebensphase bis zum Alter von ca. 6 Jahren zu finden, da das Kind in dieser Zeit noch nicht die Fähigkeit hat, abzuschätzen, ob eine Gefahr reell vorhanden oder eher gefühlsmässig empfunden wird. Die Erlebensqualität ist jedoch in beiden Fällen eine sehr ähnliche. Beim kleinen Kind fehlt dabei zusätzlich die Möglichkeit, das Erlebte verstandesmässig zu verarbeiten, weshalb frühe Pluto-Erlebnisse dieser Art meist verdrängt und «vergessen» werden. Die unbewussten Reaktionsmuster und die später sichtbaren Verhaltensweisen sind sich jedoch in vielen Fällen sehr ähnlich.

Eine erste lebensbedrohliche Situation ist uns allen gemeinsam. Der Geburtsprozess spiegelt beide Seiten Plutos: Den Eintritt in ein neues Leben, die Neuwerdung und den Kampf ums Überleben während der Wehen- und der Austreibungsphase. Stanislav Grof hat mit seinen Forschungen und Publikationen diesen Kampf in vier Phasen unterteilt, die er *perinatale Matrizen* nennt, diese untersucht und beschrieben[4]. Zwei dieser Phasen entsprechen in ihren Bildern und im Erleben unmittelbar plutonischen Erfahrungen.

Die **zweite perinatale Matrix** (Phase der Wehen, während welcher der Muttermund noch geschlossen ist) bezeichnet Grof mit den Worten «kein Ausweg». Das mit dieser Matrix verbundene Erleben wird mit Gefühlen tiefster Verzweiflung und Hoffnungslosigkeit in Beziehung gebracht. Das Leben wird oft als sinnlos, als «Hölle auf Erden» gesehen, manchmal gekoppelt mit der Wahrnehmung, jede geistige Kontrolle zu verlieren, und der Angst, «verrückt» zu werden. Weiter wird auch das Gefühl, ohnmächtig dem Geschehen ausgeliefert zu sein, von fremden Mächten bedroht zu werden, eingesperrt zu sein, ohne Möglichkeit, zu entweichen, dieser Phase zugeordnet. Auf der symbolischen Ebene findet sich das Bild des Verschlungenwerdens von einem Ungeheuer oder vom Kosmos. Hier wäre auch eine Analogie zu Jungs Beschreibung der verschlingenden Mutter[5], zu Neumanns Beschreibung des negativen Elementarcharakters der «Grossen Mutter»[6] oder zu den Bildern der menschenfressenden, indischen Göttin Kali zu sehen. Diese Bilder entsprechen dem Erleben des Kindes, das unter dem immensen Druck der mütterlichen Wehen steht, die es nicht kontrollieren kann. Gleichzeitig besteht keine Möglichkeit, dem Geschehen zu entgehen oder selbst aktiv zu werden. Die zweite perinatale Matrix besitzt in dieser Beschreibung eine direkte Analogie zum Yin-Pol Plutos in all seinen Manifestationen.

In der **dritten perinatalen Matrix** beschreibt Grof die Erfahrungen während der eigentlichen Austreibungsphase, den Presswehen der Mutter. Er umschreibt diesen Prozess als Kampf um «Tod oder Wiedergeburt» oder als «Kampf der Titanen». Hier wird der aktive Kampf ums Überleben geschildert, einer Spannung, die über das hinauszugehen scheint, was ein Mensch ertragen kann. Es wird von einer immensen Verdichtung von Energie und ihrer explosionsartigen Entladung gesprochen, von einer Erfahrung, in der übermenschliche Anstrengung und extremer Schmerz mit höchster Lust zusammenfallen und die beiden Empfindungen nicht mehr voneinander unterschieden werden können. Grof braucht in seiner Beschreibung auch den Ausdruck «vulkanische Ekstase». In dieser Phase ist zwar immer noch höchste Bedrohung vorhanden, aber im Gegensatz zur zweiten geschieht jetzt etwas. Die Mutter und auch das Kind können sich aktiv mitbeteiligen und etwas bewirken. In der Beschreibung der dritten Matrix sind demzufolge neben Erfahrungen der Yin-Pol-Komponente auch viele Elemente des Yang-Pols Plutos enthalten.

Über ausserordentliche Erfahrungen ähnlicher Art bis hin zu einer Form von Ekstase berichten denn z.B. auch Sportler oder Bergsteiger, die bis an oder über die Grenzen ihrer Leistungsfähigkeit gehen und die Faszination dieser Empfindungen durch neue Extremleistungen immer wieder zu wiederholen versuchen, was ebenfalls einer Yang-Manifestation Plutos entspricht (s. Kapitel «Potential»).

Ausser jenen Kindern, die durch einen geplanten Kaiserschnitt vor der eigentlichen Geburt auf die Welt gebracht (gezwungen = Pluto?) werden, geht jeder Mensch durch diese Phasen und hat dadurch einen Bezug zu den analogen plutonischen Dimensionen und Bildern. Menschen mit einer starken Pluto-Prägung sind oft auf einer dieser Ebenen fixiert. So erleben sie immer wieder Situationen, die sie überwiegend mit dem einen oder andern Pol in Kontakt bringen. Bestand in einer dieser Geburtsphasen eine eigentliche Gefährdung des Kindes, dürfte die Fixierung noch stärker sein und demgemäss diese Thematik zu einem lebensbeherrschenden Thema werden. Bei allen Menschen ist also schon mit dem Beginn des eigentlichen Lebens ein mehr oder weniger starker plutonischer «Eindruck» mit seinen entsprechenden Mustern entstanden.

Eine eigentliche Lebensgefährdung des Kindes während der Geburt gemäss der plutonischen Thematik (subjektiv oder objektiv) wird im Horoskop unter anderem aus Mars/Pluto- oder Mond/Pluto-Themen ersichtlich, vor allem wenn sich Pluto im Bereich des Aszendenten befindet oder einen Aspekt dazu bildet (siehe auch Beispiel Robert). Es gibt auch Gefährdungen im Zusammenhang mit Neptun-, Uranus- oder Saturn-Themen, auf welche in diesem Rahmen nicht eingegangen werden soll.

Meines Erachtens werden lebensbedrohende Situationen während der Schwangerschaft, wie etwa bei einer versuchten Abtreibung oder einem Schock der Mutter, vom werdenden Kind ebenfalls wahrgenommen und als *«nicht existieren dürfen»* oder *«in der Existenz bedroht sein»* erlebt. Eine Erfahrung dieser Art steht im allgemeinen im Zusammenhang mit einer Mond/Pluto-Thematik. Sie stellt aber nur einen möglichen Aspekt dieser Kombination dar. Die gleiche Mond/Pluto-Thematik ist beispielsweise auch bei sogenannt «übererwünschten» Kindern zu finden, das heisst, wenn die Mutter und/oder der Vater jahrelang mit grossem persönlichem Einsatz, allenfalls auch mit medizinischer Beihilfe (Retortenbabys), dafür gekämpft haben, weil sie um jeden Preis ein Kind wollten. In diesem Zusammenhang steht das Thema *«nicht sich selbst sein dürfen»* im Vordergrund. Das Kind wird einer Vorstellung oder einem lebenswichtigen Bedürfnis von Vater oder Mutter zufolge gezeugt und geboren und nicht um seiner selbst willen.

Wurde die Existenz des Kindes schon während der Schwangerschaft in irgendeiner Art und Weise in Frage gestellt, entspricht dies einer absoluten Bedrohung. Dies in einer Phase, während welcher im allgemeinen die Entwicklung des Urvertrauens, der inneren Sicherheit und der Urgeborgenheit im Vordergrund steht. Folglich scheint diesen Menschen vorerst der sichere Boden, in welchem sie die Wurzeln für ihr Erdendasein schlagen und wachsen lassen können, zu fehlen.

Sie müssen in einem gewissen Sinn bereits zu einer Zeit, zu welcher sie noch gar nicht «auf der Welt sind», um ihr Leben kämpfen, können also nicht «einfach sein». Erfahrungen und Bedrohungen in bezug auf Schwangerschaft und Geburt sind mit dem Verstand und der eigentlichen Erinnerung nicht zu erreichen, sondern kommen nur in Prozess-Arbeiten, die den Körper und die Gefühle umfassend miteinbeziehen, oder in Imaginationen zum Ausdruck. Auch bei Phantasiereisen, die sich mit dieser Lebensphase beschäftigen, sind meist zusätzlich Körper und Gefühle intensiv mitbeteiligt.

In Arbeiten mit vorgeburtlichen Themen und Geburtserfahrungen zeigt sich immer wieder, dass Entscheidungen, die damals un-, oder besser, vor-bewusst gefällt wurden, das spätere Leben massgeblich prägen. Auch der konkrete Ablauf der Geburt, im spezifischen eine allfällige Gefährdung und der Überlebenskampf oder die Rettung, wiederholt sich im späteren Leben analog auf anderen Ebenen und zieht sich wie ein roter Faden durch das Lebensmuster. So findet sich im Umgang mit plutonischen Lebenskrisen und ihrem zeitlichen Ablauf (siehe auch Kapitel «Transite») meist eine direkte Parallele zum Ablauf des eigenen Geburtsprozesses.

### Lebensentscheidungen aufgrund von Bedrohungen

Entsprechend den drei im Kapitel über die Sexualität beschriebenen Reaktionsweisen wird auch im Zusammenhang mit sehr frühen existenziellen Bedrohungen eine Entscheidung darüber gefällt, wie künftig mit Bedrohungen und Krisensituationen umgegangen, oder überhaupt, welche Haltung dem Leben gegenüber eingenommen wird:

Die dem **Yang-Pol** entsprechende Entscheidung können wir unter dem Titel *«Euch werd ich's zeigen!»* zusammenfassen. Menschen mit dieser Lebenshaltung zeichnen sich meist später im Leben durch einen grossen Leistungswillen aus, nehmen gegen Widerstände den Kampf auf und suchen – fast um jeden Preis – Macht und Kontrolle zu erringen und zu erhalten. Schwierigkeiten fordern sie zu Höchstleistungen heraus und Angriff ist für sie die beste Verteidigung.

Hilfe oder Therapie nehmen sie nur selten freiwillig in Anspruch, da dies ja die Aufgabe der Kontrolle bedeutete. Nur eine akute Lebensgefährdung, etwa durch eine bedrohliche Krankheit, oder ein Zusammenbruch des sorgsam errichteten Lebensgebäudes kann diese Menschen zur Auseinandersetzung mit ihren tief sitzenden Ängsten bewegen (siehe Beispiel Reto). Manchmal wird sogar in objektiv ausweglosen Situationen (Yin-Pol) oder bei einer tiefen gefühlsmässigen Erschütterung und Verunsicherung versucht, die Kontrolle über das Geschehen in irgendeiner Form zu behalten. Dies kann zu destruktiven Handlungen führen nach der Devise: *«Lieber alles, was mir wichtig, lieb und teuer ist, zerstören, als meinen Machtanspruch darüber aufzugeben»*. In diesem Zusammenhang stellt Selbstmord die extremste Form des *«ich zeig's euch»* dar. Dahinter steht auch hier der Anspruch *«Ich habe die Macht, mein Leben zu beenden, wann und wie ich will»*. Bei einer äusseren Bedrohung käme noch die Ergänzung *«Mich erwischt ihr nicht»* hinzu.

Der Thematik der dritten Matrix Grof's entsprechend bedeutet «Leben» für Menschen, die diese Yang-Prägung besitzen, Herausforderung, Kampf und Leistung. Sie werden immer wieder die Grenzen dessen, was möglich ist, ausloten, um in Kontakt mit Intensität zu gelangen.

Die zum **Yin-Pol** analoge Lebens-Entscheidung könnte man *«ich streng mich an, um durch Anpassung und Unterwerfung an die herrschenden Bedingungen meine Existenz zu rechtfertigen»* nennen. Auch diese Menschen besitzen ein beträchtliches Leistungsvermögen, erleben sich aber meist unterlegen und abhängig von andern. Ihr grosser Energieeinsatz hat nicht den Zweck zu siegen, sondern zu überleben. Sie suchen sich dementsprechend unbewusst immer wieder Menschen, durch welche sie mit dem Yang-Pol Plutos konfrontiert werden, sei dies als Vorgesetzten oder als Partner. Dort erleben sie sich als unterlegen und ausgeliefert, und ihr Kampf ist von Verteidigungs- und Absicherungsstrategien geprägt. Oft leben sie in der Angst, den Forderungen und dem Druck von aussen nicht gewachsen zu sein, was mit einem Gefühl von Ohnmacht verbunden ist. Das Leben in einer ständigen Abwehr- und Angstbereitschaft erzeugt zudem eine fatale Anziehung für wirklich bedrohliche Situationen, sodass diese Menschen mehr als andere zum Opfer von Gewalttätigkeit, Manipulation und Machtmissbrauch werden.

Da diese Art zu leben sehr energiezehrend sein kann, suchen solche Menschen oft Unterstützung und Begleitung, weil sie sich dem Leben nicht mehr gewachsen fühlen, oder weil eine akut bedrohliche Situation ihre grossen Ängste aktiviert. Selbstmord stellt in diesem Kontext eher ein Aufgeben des Kampfes dar, verbunden mit dem Gefühl, im Leben versagt zu haben. Es scheint mir in der Arbeit mit diesen Menschen von grosser Bedeutung, ihnen die Wahrnehmung dafür zu vermitteln, dass sie durch ihre Geburt jenen ersten Kampf, jene erste Bedrohung überlebt haben, da sie sonst nicht existieren würden. Weiter wird es wichtig sein, den Yang-Pol Plutos zu aktivieren, sie in Kontakt mit ihrem eigenen Machtpotential zu bringen. Dabei muss zuerst das Thema «Macht», von welchem bisher nur die «schlechten», bedrohlichen oder zerstörerischen Komponenten und diese wiederum vorwiegend bei andern wahrgenommen wurden, eine Neubewertung erfahren. Mit dem Anerkennen der eigenen Machtmittel, der eigenen Energien, kann auch die Fähigkeit entwickelt werden, diese einzusetzen und aktiv zu gebrauchen, statt sich der Macht von aussen ausgeliefert zu fühlen.

War die Erfahrung zu überwältigend, wird als dritte mögliche Grundentscheidung beschlossen: *«Ich stelle mich tot, erstarre, um so der Bedrohung zu entgehen. Ich fühle und spüre nichts mehr, eigentlich bin ich gar nicht da».* Dieses Muster kann zu einem äusserlich völlig unauffälligen, verhaltenen Leben führen, sodass diese Menschen − wie ein erstarrtes Insekt, dass sich absolut dem Untergrund angleicht und kein Leben zeigt − meist auch wirklich übersehen werden. Es scheint auch oft, als ob sie effektiv nur mit einem Fuss im Leben stünden und sich die Option offenhielten, wieder zu gehen, wenn das Leben zu unerträglich würde. Die Blockierung der Lebensenergie manifestiert sich in äusserst sparsamen Bewegungen, dem körperlichen Gefühl von Unterkühlung, evtl. auch in tiefem Blutdruck. Lebenslust und spontane Freude sind diesen Menschen häufig fremd. Es fällt ihnen schwer, wirklich intensiv zu fühlen, welche Gefühle auch angesprochen sein mögen. Das einzig Auffällige sind meist ihre Augen. Diese zeugen von grosser Tiefe, drücken aber vielfach auch grosse Angst, manchmal sogar Panik aus.

Neben dem bereits im Zusammenhang mit sexuellem Missbrauch beschriebenen Vorgehen besteht ein wichtiger Schritt in der Arbeit mit diesem Lebensmuster darin, den Aufbau der Sinnes- und Gefühlswahrnehmungen zu unterstützen und zu fördern. Es geht darum, die Starre langsam abzubauen. Bei einem erfrorenen Körperteil gilt die Regel, diesen nur mit kaltem oder lauem Wasser aufzutauen und zu erwärmen. Die Wiederbelebung wird anfänglich als sehr schmerzhaft empfunden. Analog zu diesem Bild werden auch mit dem Zulassen von «eingefrorenen» Gefühlen und Körperempfindungen zuerst die Ängste und Verletzungen wieder spürbar, was den Eindruck erwecken kann, es werde alles nur noch schlimmer als vorher. Der Begleiter wird daher in solchen Fällen viel Geduld und Sorgfalt brauchen, um den Prozess nicht zu forcieren und dadurch wieder zu einer Bedrohung werden zu lassen.

Eine Klientin beschrieb ihre Prozessarbeit einmal mit folgendem schönem Bild:

«Ich sehe eine Muschel, die eine kostbare Perle enthält, aber auch tiefen Schmerz (Perlen entstehen als Abwehrreaktion, wenn ein Sandkorn in die Muschel eindringt und dadurch einen Dauerreiz verursacht). Diese Muschel kann sich im Meer nicht öffnen, da sie sonst überspült und die Perle weggetragen würde. Gewaltsames Öffnen lässt diese Muschel sterben. Die Muschel muss von den Wellen behutsam an den Strand getragen werden, wo sie Ruhe und Frieden finden kann, um sich langsam zu öffnen.»

### Frühkindliche Bedrohungen

Die frühkindlichen Bedrohungen können sowohl subjektiver wie auch realer Natur sein. Reale Pluto-Erfahrungen in der Kindheit können zum Beispiel Kriegserlebnisse wie Bombenalarm, Bombardierungen und Feuersbrünste sein. Erlebnisse dieser Art finden sich bei vielen in Deutschland anfangs der vierziger Jahren Geborenen. Dann gibt es aber auch erschütternd viele Kindsmisshandlungen. Oft ereignen sich diese bei Eltern, die sich selbst dem Geschehen und der Welt ausgeliefert fühlen und auf diese Art die Kontrolle wenigstens zu Hause zu behalten suchen. Häufig resultieren Misshandlungen aus der eigenen Hilflosigkeit oder aus angestauter Aggression, die keinen andern Kanal findet. Solche Misshandlungen, seien sie körperlicher oder seelischer Art, hinterlassen beim Kind tiefe Prägungen, Ängste und Wunden. Die Eltern übernehmen dabei den destruktiven Yang-Pol Plutos, während das Kind in einer extremen Yin-Position ihrer Macht und Gewalt ausgeliefert ist.

Ein Klient erzählte zum Beispiel, wie ihn seine Mutter in ihrer Wut (Jähzorn = Pluto-Yang-Pol) mit dem Kopf an die Wand geschlagen habe, bis er ohnmächtig wurde. Er wisse, dass damals etwas verloren gegangen sei, was für sein Leben sehr wichtig gewesen wäre und das er nun wieder finden müsse, um wirklich sich selbst zu sein. Er hat damals aufgehört, das Wort ICH zu verwenden und spricht auch heute als längst erwachsener Mann nur in der dritten Person von sich (*man* hat getan, es passierte *einem* . . . , wenn er sagen will: *Ich* habe getan, oder: *Mir* passierte).

Eine Frau erlebte, wie ihr Vater im Streit mit der Mutter sie und sich im Zimmer einschloss und drohte, er werde sich und das Kind erschiessen.

### Beispiel DANIEL

Wie Daniel erzählte, war er vier Jahre alt, als seine Mutter versuchte, ihn in der Badewanne zu ertränken. Der Versuch, ihn umzubringen, misslang nur, weil eine Nachbarin an der Türe läutete. Die Bedrohung, die Angst und der Schmerz müssen damals grösser gewesen sein, als er ertragen konnte. Er spricht davon, wie er plötzlich nichts mehr spürte, quasi aus Distanz zusah, was geschah. Er hatte gelernt, die Wahrnehmung aus seinem Körper abzuziehen, gewissermassen in eine andere Welt zu gehen.

Mit zwanzig wurde Daniel schwer krank, war sogar für eine kurze Zeit klinisch tot. Dieses Todeserlebnis, das er als sehr befreiend und schön erlebte, bestärkte ihn in seiner Haltung, wenn nötig, nicht wirklich da zu sein. Ängste kennt er keine, da ihn das Tabu Tod nicht mehr erschreckt. Er beschreibt, wie er einfach empfindungs- und gefühllos wird, wenn die äussere Situation bedrohlich oder unangenehm zu werden droht. Allerdings fällt es ihm schwer, in der Alltagsrealität zu leben und diese anzuerkennen. Er erlebt auch immer wieder problematische Situationen in seinem Beruf (meist dreht es sich dabei um Autoritätskonflikte, was einer anderen Pluto-Dimension entspricht). Auch der Körper spiegelt seine Haltung dem Leben gegenüber. Er leidet an einer schweren Allergie, die manchmal lebensbedrohliche Formen annimmt.

Im Erwachsenenalter fehlen oft konkrete Erinnerungen an die entsprechende Zeit. Es sei, wie wenn ein schwarzes Tuch darüber liege, meinte einmal eine Klientin. Gleichzeitig zeigen sich in bestimmten Bereichen verzerrte oder zwanghafte Reaktionen und Verhaltensweisen, die oft nicht dem realen Geschehen angemessen sind. Daher werden in einer Prozessarbeit im allgemeinen zuerst die Manifestationen und die sich daraus ergebenden Probleme in der «Hier- und Jetzt-Ebene» bearbeitet. Erst nach einiger Zeit tauchen die Erinnerungen aus dem Unbewussten wieder an die Oberfläche auf und können dann verarbeitet werden.

Weitaus häufiger sind Erfahrungen, die objektiv nicht wirklich bedrohlich waren, jedoch vom Kind als solche erlebt wurden. Dazu wäre zum Beispiel das Erleben eines Klienten zu zählen, der in einer Phantasie damit in Kontakt kam, wie er als Kleinkind von der Mutter mit dem Kinderwagen in den Garten gestellt und dort von einem «riesigen schwarzen Vogel» bedroht wurde. In der Wahrnehmung eines kleinen Kindes ist ein Rabe effektiv riesengross und dementsprechend sehr bedrohlich.

Weiter sind in diesem Zusammenhang auch viele Drohungen zu sehen, welche von den Eltern ausgesprochen werden, ohne dass diese sich der gravierenden Folgen für das Kind bewusst sind. Vor allem Kinder mit starken Pluto-Themen werden auf solche Drohungen besonders sensibel reagieren, da die Auseinandersetzung mit Macht und Gewalt für sie ein wichtiges Thema ist.

### Beispiel BEATRICE

Beatrice (Mars/Pluto-Konjunktion und Mond im achten Haus) hatte unter anderem Probleme mit dem Essen. Immer wieder wurde ihr übel und es gab Zeiten, zu welchen sie sich unfähig fühlte, überhaupt etwas hinunterzubringen. Sie fühle sich einfach blockiert, meinte sie dazu, wie wenn ihr der Hals zugeschnürt wäre. Auch in Situationen, in welchen von ihr etwas verlangt wurde, fühlte sie sich oft wie gelähmt und handlungsunfähig.

Aufgefordert, vor ihrem inneren Auge Situationen aus der Vergangenheit aufsteigen zu lassen, welche mit ähnlichen Gefühlen verbunden waren, sah sie sich plötzlich im Alter von etwa zwei bis drei Jahren auf dem Kindersitz in der Küche. Sie war allein und vor ihr stand ein gefüllter Teller. Beatrice wurde in ihrer Haltung ganz starr, als sie davon erzählte. Gefragt, was passiere, antwortete sie mit gepresster Stimme: «Ich sollte das essen, aber ich kann nicht, ich habe Angst.» Auf die Frage, wovor sie sich denn fürchte, erzählte sie: «Papa hat gesagt, dass er eine Bombe unter meinem Stuhl versteckt hat, die explodieren wird, wenn ich in fünf Minuten nicht fertig gegessen habe.» Für die Dreijährige war diese Bombe eine Realität. Beatrice kam während der Phantasie wieder mit der Panik, die sie damals empfunden hatte, in Kontakt. Sie fühlte sich wie gelähmt und sprach nur noch sehr leise.

Auf die Frage, was sie in dieser Situation zu tun brauchte, was sie damals nicht tun konnte, fing sie an zu weinen: «Papa muss die Bombe wieder wegnehmen, er darf das nicht machen, ich habe Angst.»

Die Möglichkeit, ihre Angst zum Ausdruck zu bringen, löste Beatrices Blockierung. In der Phantasie schuf sie sich eine erwachsene Beatrice, die dem Vater sagte, dass er seine kleine Tochter nicht in dieser Art bedrohen dürfe, und die der kleinen Beatrice versprach, sie von nun an zu beschützen.

Solche imaginierten Lösungen, welche in der Phantasie einen Ausweg aus der damaligen bedrohlichen Situation kreieren, können die wirkliche Vergangenheit nicht auslöschen. Sie schaffen aber eine Art zweiter Erfahrung der Vergangenheit. Gelingt es, diese neue Situation lebendig zu gestalten, gibt es von nun an eine Wahlmöglichkeit, mit analogen Situationen im «Hier und Jetzt» umzugehen. In einem gewissen Sinne hatte die erwachsene Beatrice in der Phantasie die Macht an sich genommen und sie dazu genutzt, die kleine zu beschützen. So wurde Pluto nicht mehr als nur von aussen (wie damals vom Vater) kommend (Yin-Pol) erlebt.

Eine andere Klientin lächelte immer, war sehr freundlich und versuchte, es allen recht zu machen. Ihr Problem war ihre Angst davor, etwas falsch zu machen. «Zufälligerweise» geriet sie immer wieder an tyrannische Vorgesetzte und fühlte sich im Beruf völlig überfordert. In der Prozessarbeit kam sie mit einer Situation in Kontakt, wo sie ihr Vater, nachdem sie seine Papiere zerrissen hatte, wütend packte, übers Fenstersims im zweiten Stock hielt und ihr drohte, sie beim nächsten Mal hinauszuwerfen.

Eine weitere, sehr subtile und auf den ersten Blick nicht offen erkennbare Existenzbedrohung besteht in Aussprüchen der Eltern, die besagen, dass das Kind nicht hätte zur Welt kommen sollen. Wenn Mutter oder Vater das Kind nicht wollten, kann dieses daraus ableiten, es habe eigentlich keine Existenzberechtigung, was entweder zu «Erst-recht»-Trotzreaktionen führen kann und damit zu einer Position als «schwarzes Schaf» oder zu einer übergrossen Anpassung, um sich die Existenzberechtigung zu verdienen.

Eine etwas abgeschwächte Form dieses *«Nicht-sein-dürfens»* besteht dann, wenn das Kind an sich schon sein darf, jedoch wichtige Persönlichkeitskomponenten nicht existieren dürfen oder bedroht sind. Dies ist etwa der Fall, wenn der Vater unbedingt einen Jungen wollte und ein Mädchen geboren wird; oder die Mutter sagte: «Wenn du deinem Vater ähnlich wirst, wird es dir wie ihm ergehen» (der Vater ist früh gestorben), etc.

## Blockierte Aggressionen

Die Thematik der blockierten Aggressionen ist oft bei Pluto/Mars-Themen, rückläufigem Mars oder allenfalls Pluto/Sonne-Themen zu finden.

Hauptsächlich bei Menschen, die überwiegend den Yin-Pol Plutos manifestieren, wurde häufig schon früh in der Kindheit (bis ca. 6jährig) jeglicher Ausdruck von Wut und Ärger unterbunden. Wichtig ist in diesem Zusammenhang die Trotzphase, in welcher das Kind übt, sich zu behaupten, den eigenen Kopf (Mars) durchzusetzen. In die gleiche Altersphase fällt meist auch die Sauberkeitserziehung, deren Thematik mit Pluto (Ausscheidungen) zu tun hat.

Auf die grosse Durchsetzungsenergie eines plutobetonten Kindes und die damit verbundenen Provokationen sowie recht massiven Wutausbrüchen und Jähzornanfällen antworten die Eltern oft hilflos mit Gegengewalt (siehe Kapitel «Bedrohung»), mit Liebesentzug oder durch Einsperren, was eine Kombination der ersten zwei Reaktionsweisen darstellt. Yang-betonte Kinder (wenn im Horoskop zusätzlich Mars, Uranus, Jupiter oder die Sonne betont sind) reagieren auf diese Erfahrung mit noch stärkerer Herausforderung. Sie geben die erlittene Gewalt an Spielkameraden, ev. auch an Tiere weiter oder warten ab, stauen ihre Wut und nehmen während der Pubertät und der Adoleszenz Rache an Eltern und Gesellschaft.

Erstaunlicherweise sind es vielfach dieselben Menschen, welche, wenn sie sich für die Gesellschaft entschieden haben, später in Führungs- und Managementpositionen wieder auftauchen, wo sie ihre Aggressionsenergie in einer von der Öffentlichkeit gebilligten Art zum Ausdruck bringen können. Auf diese Weise kann der Yang-Pol Plutos eine vorwiegend konstruktive Entsprechung finden. Die destruktive Manifestation desselben Pols wäre im Verharren in der Rache übenden, gewalttätigen Rolle zu sehen. Astrologisch und psychologisch ist es interessant, dass dieselben Konstellationen und Ursprungsprägungen sowohl im Bereich der kriminellen Unterwelt und Halbwelt (das Reich Hades!) wie auch auf der höchsten Führungsebene vorkommen. Ein amerikanischer Psychologe, der mit Schwerverbrechern arbeitete, meinte dazu einmal, es sei gut möglich, aus einem Kriminellen oder aus einem Terroristen einen Direktor zu machen, indem man ihre Energie quasi von *negativ* auf *positiv* umpolt, aber unmöglich, sie zu einem durchschnittlichen, bürgerlichen Leben zu bringen.

Yin-betonte Kinder (wenn Neptun, Venus oder Mond ebenfalls betont sind) reagieren auf solches Elternverhalten meist mit einer mehr oder weniger grossen Blockierung der Aggressionen. Am stärksten dürfte diese Hemmung dann sein, wenn das Kind in einer Familie aufwächst, in welcher der Ausdruck von Wut oder Ärger verpönt oder sogar tabuisiert ist. Diese Eltern reagierten auf die ersten Wutkundgebungen wahrscheinlich mit Liebesentzug («Wenn du so bist, habe ich dich nicht mehr gerne»; nicht mehr mit dem Kind sprechen) oder mit Einsperren («Du bleibst in deinem Zimmer, bis du wieder normal bist»). So kommt das Kind schon zeitig zu der Erfahrung, dass seine aggressive Persönlichkeitskomponente schlecht sei, und dass es die Liebe der andern verliert, wenn es sie zeigt.

Im Erwachsenenalter sind dies dann häufig diejenigen Menschen, welche von sich sagen, dass sie nie ärgerlich seien. Sie spüren denn auch effektiv keine Wut, sondern werden statt dessen traurig, fühlen sich ohnmächtig und ausgeliefert (Yin-Pol). Diese Haltung zieht den Yang-Pol an, also Menschen mit Machtansprüchen, Aggressionsausbrüchen oder sadistischen Tendenzen. Die in ihnen blockierte Energie erreicht sie so von aussen in Form einer Projektion, wie dies im Beispiel von Frau X (Kapitel «Die Masken des Plutos im Alltag») der Fall war.

Oft wurden Wut, Ärger und Aggression in der Kindheit abgelehnt und blok-kiert, sind aber nicht völlig aus der eigenen Wahrnehmung ausgeschaltet. Diesen Menschen ist es sehr wichtig, positiv und akzeptierend zu sein. Sie lehnen ihre eige-nen Aggressionen als schlecht und negativ ab und unterdrücken sie mit allen ihnen zur Verfügung stehenden Mitteln. Es ist ein psychologisches Gesetz, dass wir auf jene Eigenschaften und Anlagen anderer Menschen besonders empfindlich reagie-ren, die zum Ausdruck zu bringen wir uns untersagen. Vor allem, wenn wir keine andere Möglichkeit gefunden haben, die mit diesen Anlagen verbundenen Bedürf-nisse zu stillen, werden wir deren Manifestation bei andern sehr schlecht ertragen. Auf die hier besprochene Thematik bezogen wird dementsprechend jegliche Form von Aggression, Macht und Gewalt bei andern abgelehnt und gar «bekämpft» (!).

In der Folge sucht sich die eigene, angestaute Pluto-Energie ihren Weg auf zwei Kanälen:

Zum einen besitzen solche Menschen einen besonderen Spürsinn für Macht- und Gewaltthemen und geraten gemäss dem Polaritätsgesetz immer wieder in Si-tuationen, in welchen Pluto die Herrschaft hat. Sie führen einen aufreibenden Kampf gegen die Projektion der eigenen Energie in anderen «bösen» Menschen. Zum andern strahlen diese Yin-betonten Menschen ihre unterdrückte eigene Wut dennoch aus, wirken also auf andere oft aggressiv, vielleicht sogar bedrohlich, ohne sich dessen bewusst zu sein. Dementsprechend passiert ihnen das, was sie am mei-sten zu vermeiden suchen: Sie werden als gefährlich, feindlich oder machtbesessen eingestuft und immer wieder in Machtkämpfe verwickelt. Gleichzeitig brauchen sie viel Kraft, um die eigene Wut zu kontrollieren und zu beherrschen, die, da sie über Monate und Jahre angestaut wurde, oft ein wahrhaft mörderisches Ausmass an-nehmen kann.

So ist von plutobetonten Klienten, welche den Yin-Pol darstellen und vorder-gründig liebevoll und zurückhaltend wirken, oft die erstaunliche Aussage zu hören: «Ich könnte diesen oder jenen umbringen». Als Analogie zu dieser Thematik kann das Bild eines Vulkans (Pluto-Entsprechung) dienen, der Jahrzehnte oder Jahr-hunderte lang ruhig und untätig war, sodass die Menschen sich, im Glauben an die Harmlosigkeit dieses Berges, an dessen Abhängen niedergelassen haben. Ab und zu stösst er vielleicht eine kleine Rauchwolke aus, die signalisiert, dass in der Tiefe immer noch mächtige Energien schlummern.

Wenn dieser Vulkan nach einer langen Ruhephase ausbricht, ist seine Wucht in hohem Ausmass zerstörerisch. Nicht nur muss sich eine ungeheure Energie ange-sammelt haben, damit der Pfropfen von erkalteter Lava, der im «Kamin» steckt, herausgeschleudert werden kann, sondern seine bisherige, scheinbare Harmlosig-keit liess auch die in seiner Nähe wohnenden Menschen in ihrer Aufmerksamkeit nachlassen, sodass die grosse Gewalt sie unvorbereitet überrascht. Im Gegensatz dazu ist ein fortwährend tätiger Vulkan weniger gefährlich, da er laufend Lava aus-stösst und die Umwelt damit zu leben gelernt hat. Zudem ist die Wucht dieser Aus-brüche geringer, da die Energie sich nicht anstaut und zuerst ein Hindernis über-winden muss.

**Beispiel RITA**

Dieses Beispiel soll die soeben erwähnte Entsprechung illustrieren: Rita (Sonne/Mars-Konjunktion in Opposition zum Pluto) ist eine junge und schlanke, aber doch kräftig wirkende Frau, die eine grosse Intensität ausstrahlt und sehr temperamentvoll wirkt. Sie wuchs in einer Familie auf, in welcher der Ausdruck von Wut verpönt war; dies umso mehr, wenn es sich um ein Mädchen handelte. Den einzigen offenen Wutausbruch, an welchen sich Rita erinnerte, hatte sie, als sie im Alter von drei Jahren Schuhe anziehen sollte, die sie drückten. Sie warf damals in ihrer Wut mit dem Schuh nach der Mutter und wurde dafür bestraft. Den Schuh musste sie trotzdem anziehen. Später war Rita das brave, wohlerzogene Mädchen, das ihre Eltern gerne hatten. Allerdings litt sie schon in dieser Zeit an hartnäckiger Verstopfung.

Die blockierte Ausscheidung bildet dabei eine direkte Analogie zum blockierten Pluto. Probleme rund um die Sauberkeitserziehung stellen die erste Möglichkeit dar, wie ein Kind – wenn auch passiv – Macht über die Eltern ausüben kann.

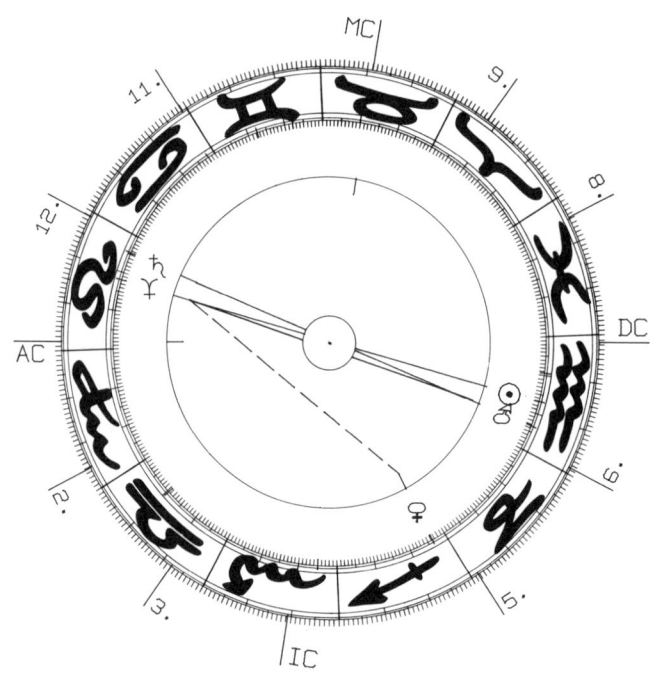

*Rita*

○ Opposition ♂ Opposition ♇

♀ Anderthalbquadrat ♇

112

Es kann nämlich nicht gezwungen werden, in den Topf zu machen. In Familien mit plutobetonten Kindern spielt sich daher oft ein recht intensiver Machtkampf um Topf und Windeln ab.

Auch als Erwachsene bemühte sich Rita, immer höflich, nett und zuvorkommend zu sein, auch wenn sie mehr und mehr spürte, dass sie in sich eine ungeheure Wut trug. Als der Transit-Pluto ein Quadrat zu ihrer Mars/Pluto-Spannung im Geburtshoroskop bildete, kam sie immer öfter in Situationen, in welchen sie sich von andern angegriffen, manipuliert oder unter Druck gesetzt fühlte. Auch ihre Verstopfung nahm ein Ausmass an, das medizinische Hilfe und sogar eine Operation wegen stark blutender Hämorrhoiden nötig machte. In den Sitzungen brachte Rita immer öfter zum Ausdruck, wie sie diesen oder jenen hasse und am liebsten umbringen würde, um sich gleich darauf zurückzunehmen und für ihren Ausbruch zu entschuldigen.

Am stärksten zeigte sich dieses Thema in der Auseinandersetzung mit ihren Eltern. Ritas Mutter kümmerte sich immer noch intensiv und rührend um ihre nunmehr vierzigjährige Tochter, indem sie ihr zum Beispiel die Wäsche erledigte oder während ihrer Abwesenheit (ohne gefragt zu werden) die Kleider in Ordnung brachte. Rita hatte einerseits den Eindruck, sie müsse dankbar sein, und fühlte sich schuldig, dass sie die Hilfe nicht besser annehmen konnte (die Mars/Sonne/Pluto-Oppositon liegt auf der Achse 6/12, was die Thematik Helfer und Hilfsbedürftiger sowie Schuld und Dankbarkeit aktiviert). Andererseits spürte Rita zunehmende Wut und Hassgefühle in sich, die sie mit den Worten: «Meine Eltern meinen es ja nur gut mit mir, ich kann doch nicht so böse sein», zu beschwichtigen und sich wieder auszureden versuchte. Ab und zu wurde Rita in den Sitzungen auch laut und schrie für einen kurzen Moment ihre Wut hinaus, um gleich darauf zu weinen oder mit einem Scherz sich über sich selbst lustig zu machen.

Als sie auch im Beruf und in der Partnerschaft zunehmend in Auseinandersetzungen und Konfrontationen hineingezogen wurde, aber um des Friedens willen meistens nachgab, verschlechterte sich ihr Befinden zusehends. Rita fühlte sich immer stärker blockiert und völlig energielos (die ganze vorhandene Energie wurde zur Kontrolle der angestauten Aggression eingesetzt). Sie hatte zum Teil wochenlang keinen Stuhlgang, was sehr schmerzhaft war.

Wenn sie zur Sitzung kam, wirkte sie angespannt, wie kurz vor einer Explosion. Auf meine Frage, ob sie schon jemals in ihrem Leben ihre Wut wirklich gezeigt und auch in Form von Bewegungen, Schlägen etc. herausgebracht habe, meinte Rita, sie würde dies schon gerne einmal tun, sie habe aber Angst, dabei die Kontrolle zu verlieren und jemanden umzubringen. Meinem Vorschlag, anstelle eines Menschen ein Kissen zu schlagen, stand sie recht unschlüssig gegenüber. Sie sagte: «Eigentlich würde ich schon gerne, aber ich fühle mich so lächerlich dabei, ich kann das nicht.»

In der nächsten Sitzung meinte Rita, sie fühle sich, als würde sie nächstens zerplatzen. Ich fragte sie, ob sie gewillt sei, sich auf ein Experiment einzulassen, sie könne aber auch jederzeit wieder aussteigen. Es war mir wichtig, dass Rita sich willentlich entschied, da bei der Arbeit an Pluto-Themen beim Klienten sehr schnell ein Gefühl des Manipuliertwerdens entsteht, was wiederum zu unfruchtbaren Machtkämpfen und damit zur Wiederholung alter Muster führen kann. Rita antwortete, eigentlich wolle sie schon, es komme aber darauf an, worum es gehe. Darauf legte ich am Boden eine Fläche mit Kissen aus und lud Rita ein, sich rücklings darauf zu legen. Dann schlug ich ihr vor, sich vorzustellen, sie sei drei Jahre alt und habe einen Wutanfall. Kinder können sich in diesem Alter auf den Boden legen und mit Händen und Füssen um sich schlagen. Die ausgelegten Kissen hatten dabei den Zweck, sie vor Verletzungen zu schützen. Rita begann zuerst zögernd mit den Beinen, dann auch mit den Händen um sich zu schlagen, fing dann an, laut zu schreien, und steigerte sich in einen richtigen Ausbruch hinein. Nach einer Weile wurde sie ruhiger, blieb dann liegen, atmete tief und schluchzte ein paarmal. Als sie die Augen aufschlug und mich ansah, fragte ich sie, wie es ihr gehe. «Erschöpft, aber gut», war die Antwort, und sie lächelte entspannt. Gleichzeitig wurden Darmgeräusche hörbar und als Rita sich etwas erholt hatte, musste sie als erstes zur Toilette, um den seit Tagen blockierten Stuhl loszuwerden.

Die Möglichkeit, ihre blockierten Aggressionen in dieser Art auch körperlich auszuagieren, gab Rita das Gefühl der Befreiung von einer lange angestauten Wut. Sie hatte sich ausserdem zum ersten Mal bewusst gestattet, ihren Zorn wirklich auszudrücken, und es war nichts Schlimmes passiert, weder ihr noch jemand anderem. Die Angst, es könne etwas Furchtbares passieren, wenn die Aggressionen nicht mehr völlig unter Kontrolle gehalten würden, kommt mit blockierten Pluto-Energien häufig vor. Die nun gemachte Erfahrung ermöglichte es Rita in der Folge, ihrem Ärger schneller Ausdruck zu verleihen und offenen, aktiven Widerstand zu leisten, wenn sie mit etwas nicht einverstanden war. Sie war auch stärker in Kontakt mit ihrer eigenen Energie und registrierte erstaunt, wieviel sie davon besass.

Neuentdeckte Persönlichkeitsaspekte und solche, die lange Zeit blockiert und verdrängt wurden, werden anfänglich nicht in der optimalsten Art manifestiert, sondern können auch ungeschickt oder übertrieben gehandhabt werden. Die weitere Arbeit in Ritas Prozess bestand also darin, mit ihr den Umgang mit Aggression, Durchsetzung und Wut zu üben, so, wie man lernt, ein scharfgeschliffenes Schwert zu handhaben.

Sie erlebte im Alltag, auf welche Weise ihre Mutter, ihr Partner oder andere auf ihr «ich will nicht» oder auf ihren Zorn reagierten, wie diese zum Teil ebenfalls ihren Ärger zeigten oder sich verletzt fühlten. Sie merkte jedoch auch, dass damit keine Katastrophe über sie hereinbrach und sie die «negativen» Gefühle der andern ertragen konnte. So nahm sie mehr und mehr ihre Macht wahr und setzte sie auch ein (Yang-Pol). Verdauungsbeschwerden und Verstopfungen zeigten ihr jeweils an, wenn sie ihre Aggressionen blockierte und zurückhielt.

Eine besondere für Pluto-Themen typische Form von blockierten Aggressionen bildet die Kombination eines starken, verzerrten Machtgefühls mit einer ebenso starken Hemmung, die eigene Energie wirklich zu zeigen und zum Ausdruck zu bringen. Dieses Muster geht meist auf eine Phase in der frühen Kindheit zurück. In jene Zeit nämlich, in welcher für Kinder neben der realen Welt noch weitere Dimensionen und Mächte wie Geister, Hexen und Zauberer in gleichem Masse wirklich sind. So berichten Klienten oft davon, wie sie erlebten, dass ihre «bösen» Wünsche wahr wurden und sie sich seitdem nicht mehr gestatteten, etwas «Schlechtes» zu denken oder gar zu sagen. Im Innersten sind sie davon überzeugt, grosse Macht zu besitzen, mit welcher sie andern schaden oder diese gar zerstören könnten. Viele Kinder sagen in einem Wutanfall: «Ich wünschte, du wärst tot». Gitte, welche grosse Mühe hatte, ihren Ärger zuzulassen, berichtete, wie ihr Vater, kurz nachdem sie als Dreijährige so etwas gesagt hatte, bei einem Schlaganfall zusammenbrach. Seitdem traute sie sich nicht mehr, über jemanden zornig zu sein, aus Angst vor der Macht ihrer Wünsche.

Eine andere Klientin reagierte sehr eifersüchtig auf die Geburt ihres Bruders und nahm ihm seine Spielsachen oder seine Schoppenflasche weg. Kurz darauf erkrankte der Vater schwer und musste ins Spital gebracht werden. Um das wilde Kind einigermassen ruhig zu halten, wurde dem Mädchen gesagt: «Nur wenn du ganz lieb bist und nichts Böses mehr tust, kommt dein Vater wieder zurück». Das Mädchen war in der Folge davon überzeugt, dass ihr geliebter Vater sterben müsse, wenn sie aggressiv und wütend werde. Aus diesem Grunde fühlte sich die betreffende Frau auch als längst Erwachsene nicht fähig, ihrer Wut Ausdruck zu verleihen. Die Angst vor den nicht absehbaren Folgen war zu gross. Sie beschrieb ihre Wahrnehmung, als würden Eisenklammern um ihr Herz und um ihre Arme sie daran hindern, zu schlagen oder zu wüten. Wenn sie ärgerlich war, atmete sie kaum. Als Analogie auf der Körperebene litt sie lange Jahre unter schwerem Asthma.

Besonders schwer zu durchbrechen sind auch Aggressionsblockierungen aufgrund von Drohungen mit einem machtvollen Wesen. Diese Form kommt oft in Familien vor, in welchen offenen Konfrontationen und Auseinandersetzungen aus dem Weg gegangen wird. Nicht die Eltern haben dann die Macht, das Kind zu strafen, sondern z.B. «der liebe Gott, der alles sieht und böse Menschen bestraft». Gegen diese absolute Macht ist das Kind auf jeden Fall wehrlos, es kann sich nur fügen oder in Kauf nehmen, «schlecht» und ausgestossen zu sein.

Einem Mann, der als Knabe zu Jähzornanfällen neigte, wurde gesagt, der Teufel werde ihn holen, worauf er tagelang in Angst lebte, sofort in die Hölle zu müssen. Auch als Erwachsener hatte dieser Mann immer wieder mit Angstzuständen zu kämpfen, wenn er seinem Ärger freien Lauf liess oder den Eindruck hatte, seine Macht als Vorgesetzter zu missbrauchen. Er versuchte dann, eine Art Selbstbestrafung zu inszenieren, indem er «Dominas» aufsuchte und sich von ihnen züchtigen liess oder sich auf andere Art kasteite.

In der heutigen Zeit nimmt auch bei den «vernünftigen Erwachsenen» das Bewusstsein von der Existenz überpersönlicher oder übersinnlicher Kräften zu, sodass diese Dimension nicht mehr nur, wie in der rein rationalen und «naturwissenschaftlichen» Zeit, einer frühkindlichen Entwicklungsstufe zugeordnet wird. Pluto als Entsprechung des Herrn der Unterwelt wird denn auch oft mit magischen Kräften, Zauber, Verfluchungen und ähnlichem in Zusammenhang gebracht. Es kommt daher immer öfter vor, dass Menschen mit starken Pluto-Themen Unterstützung und Hilfe suchen, weil sie sich von magischen Kräften oder einem Fluch bedroht fühlen (Yin-Pol) oder unter dem Eindruck stehen, ihre eigenen überpersönlichen Kräfte nicht richtig handhaben zu können (Yang-Pol).

Es würde den Rahmen dieses Buches sprengen, ausführlich über diese Dimensionen Plutos zu schreiben. Ausserdem möchte ich es dem Leser überlassen, ob er Phänomene dieser Art als Bestandteil einer anderen Dimension betrachtet, die ebenso wirklich und gültig ist, wie die Realität, oder ob er Erscheinungsformen dieser Art mehr als Ausdruck eigener, innerpsychischer Vorgänge sehen will. Die Arbeit von Stan Grof in seinem «Spirituel Emergency Network»* nimmt sich unter anderem dieser Thematik an. Sicher ist in diesen Fällen auch die Abgrenzung von effektiven psychischen Erkrankungen, welche tatsächlich in psychiatrische Behandlung gehören, von Bedeutung. Es scheint mir jedoch wichtig, Menschen, welche mit diesen Phänomenen Plutos Probleme haben, ernst zu nehmen und ihre Wahrnehmungen nicht abzuwerten oder gar als «nicht normal» zu klassieren. Gerade in der Arbeit mit Pluto-Themen ist es notwendig, zu akzeptieren, dass es Dimensionen und Ebenen jenseits der rationalen Vernunft gibt, welche in unserem Alltagsleben ebenfalls eine grosse Rolle spielen können. Es geht daher nicht darum, plutonische Kräfte dieser Art zu normalisieren und zu rationalisieren, sondern zu lernen, mit ihnen umzugehen, sie zu handhaben.

Wenn Menschen, welche nicht psychisch krank sind, sich von überpersönlichen Kräften bedroht fühlen, kann es wertvoll sein, diese Dimension als «ihre» Realität zu akzeptieren und auf dieser Ebene damit zu arbeiten.

### Beispiel LINDA

Im Falle von Linda, die sich davor fürchtete, in den Keller ihres Hauses zu gehen, «weil da ein Wesen sei, das sie nicht sehe», von dem sie sich jedoch belästigt fühlte, forderte ich sie auf, einmal herauszufinden, was dieses unsichtbare Wesen von ihr wolle. Dies taten wir, indem sich Linda in ihrer Phantasie vorstellte, sie gehe in den Keller und begegne dem Wesen. Das Wesen wollte sich nicht zeigen, sagte ihr aber, es gebe im Keller Gegenstände, die mit vergangenen, ungeklärten Ereignissen zu tun hätten und Linda müsse sich mit diesen beschäftigen. Linda schien genau zu wissen, wovon das Wesen in ihrer Phantasie sprach. Sie meinte: «Jetzt habe ich geglaubt, mit dieser Ecke des Kellers und den damit verbundenen, unangenehmen Gefühlen nichts mehr zu tun zu haben. Ich habe dort alle Dinge aufbewahrt, die mit meinen Familienstreitigkeiten, vor allem mit der mächtigen Grossmutter zu tun hatten. Die war sowieso fast wie eine Hexe. Aber wie weiss ich, dass mir nichts passiert, wenn ich diese Erinnerungsstücke im Keller sortiere?»

Linda hatte wirklich Angst vor der magischen Kraft der längst verstorbenen Grossmutter und dem offenbar zu ihr gehörenden Wesen. In der weiteren Arbeit suchte Linda in einer Imagination nach einem Symbol, das sie bei ihrer Arbeit im

*Kontaktadressen Schweiz: Sekretariat der Transpersonalen Gesellschaft Schweiz, Frau Pfisterer, Tannerstr. 66, 5000 Aarau; Marc Scottoni, Streulistr. 2, 8032 Zürich.

Keller beschützen könne. Sie fand ein goldenes Kreuz. Ich schlug Linda vor, sich entweder ein solches Kreuz zu beschaffen, oder es zu zeichnen und damit zu meditieren, damit sie in Kontakt mit der Qualität und der Kraft ihres Symbols komme. Linda tat dies und berichtete zwei Wochen später, sie habe nun einmal richtig geräumt im Keller, alte Dinge, die sie nicht mehr brauche, endlich fortgeworfen und die andern sortiert. Dann fügte sie fast beiläufig hinzu: «Ich glaube das Wesen ist nicht mehr da, oder vielleicht hat es sich auch verändert und ist jetzt zufrieden.» Noch etwas später setzte sich Linda dann auch mit ihren Erfahrungen mit der Grossmutter auseinander. Sie hatte diese immer als übermächtig und bedrohlich erlebt «wie eine Spinne, welche ein Netz gewoben hat, in dem wir alle zappelten». Linda war mit zehn Jahren von ihrer Mutter dazu gezwungen worden, die todkranke Grossmutter, vor der sie sich fürchtete, immer wieder alleine zu besuchen. Sie erlitt einen tiefen Schock, als die Grossmutter sie im Sterben an der Hand packte und nicht mehr loslassen wollte.

Neben den als von aussen kommend erlebten Geistern und magischen Geschehnissen tauchen während einer Prozessarbeit in Phantasiereisen und in Träumen auch oft Wesen aus der Unterwelt oder aus der Welt der Magie und des Zaubers auf. Eine Möglichkeit, mit diesen Manifestationen Plutos zu arbeiten, ergibt sich aus dem Teilpersönlichkeitsmodell der Psychosynthese. Die Geister, Dämonen, Hexen und anderen Erscheinungen werden als verzerrte Teile der Persönlichkeit gesehen, welche lange im unteren Unbewussten verdrängt waren. In der Arbeit mit diesen Teilen geht es dann darum, sie in mehreren Schritten kennenzulernen, ihre Existenz als Teil der eigenen Persönlichkeit anzuerkennen, sie im Leben zu integrieren und so dem darin enthaltenen positiven Potential die Möglichkeit zu verschaffen, sich zu entfalten und zu manifestieren.

In diesem Zusammenhang sei daran erinnert, dass Pluto grundsätzlich für eine aussergewöhnliche Energie steht, die sich sowohl auf der körperlichen wie auch auf der seelischen und der geistigen Ebene darstellen will und es auch tut. Wir haben die Wahl, diese Kraft konstruktiv oder destruktiv zum Ausdruck zu bringen; dies allerdings nur, wenn wir sie als zu uns gehörig anerkennen, sie nutzen und die Verantwortung dafür übernehmen. Ansonsten wird sie uns in ihrer vielgestaltigen Form von aussen begegnen, als Schicksal, gewalttätiger Partner, Dämon oder anderes, und wir werden ihr ohnmächtig ausgeliefert sein.

# Pluto-Transite: Der kreative Umgang mit Lebenskrisen

In der einen oder anderen Weise werden die meisten Menschen mit den bisher beschriebenen Pluto-Themen zu tun gehabt haben, da Pluto in jedem Horoskop vorkommt. Allerdings spielt er nicht in jedem Horoskop eine der Hauptrollen. Manchmal mag sein Auftreten eher einer Nebenrolle entsprechen, oder in einzelnen Fällen (z.B. wenn er in einem fixen Haus steht und keine Aspekte zu persönlichen Planeten oder der Mondknotenachse bildet) vielleicht sogar nur als Statist im grossen Lebenstheater eines Menschen vorkommen.

Wenn wir jedoch nicht das Grundmuster des Lebens eines Menschen im Radixhoroskop untersuchen, sondern den Lebenslauf, die Entwicklung und die Lebensphasen eines Individuums, werden wir in jedem Fall mit Plutos Energien und den Herausforderungen, die diese mit sich bringen, konfrontiert werden. Das Leben eines Menschen verläuft nicht wie eine gerade, stetig und gleichmässig verlaufende Linie, die einmal anfängt und einmal aufhört, es stellt vielmehr einen Wachstumsprozess dar, eine Aufgabe, die zu lösen ist. Es gibt immer wieder Momente im Leben eines jeden, in welchen er mehr oder weniger freiwillig feststellen muss, dass bisherige Formen und Muster nicht mehr funktionieren, überholt sind und durch etwas Neues abgelöst werden wollen. Da der Mensch eine gewisse Trägheit zu besitzen scheint, und sich im allgemeinen kaum nur aus eigenem Impuls vom Bekannten und vordergründig Sicheren trennt, sind es meist Lebenskrisen, die einen nächsten Wachstumsschritt einleiten. Diese Krisen können in einzelnen Teilbereichen des Lebens stattfinden z.B. in Form von Beziehungskrisen, geistigen Krisen, gesundheitlichen Krisen, Gefühlskrisen, Sinnkrisen, Glaubenskrisen, oder sie können eine eigentliche «Infragestellung» des bisherigen Lebens darstellen und dadurch eine grundsätzliche Neuorientierung und Wende bringen.

Viele dieser Krisen können, astrologisch gesehen, mit Transiten Plutos im Horoskop oder mit anderen zeitlichen Auslösungen (z.B. Alterspunktprogression, Sekundärprogressionen, Direktionen etc.), an welchen Pluto mitbeteiligt ist, in direkten Zusammenhang gebracht werden. Wenn Pluto einen bestimmten Punkt im Horoskop aktiviert, wird seine Energie in diesem Bereich die alten Strukturen zerstören und neue schaffen; er verlangt eine grundsätzlich neue Ausrichtung oder fundamentale Wandlung. Pluto als Herrscher über Tod und Geburt fordert uns in bestimmten Lebensphasen auf, für Teile unserer Persönlichkeit eine neue Form zu finden, eine Transformation des Bisherigen zuzulassen. Ganz schmerzlos und angstfrei gehen solche Prozesse kaum vonstatten, dies umsomehr, als wir zum Zeitpunkt, da die alte Form losgelassen werden muss, noch nicht wissen, wie die neue aussehen wird.

Ein Bild dieses Umwandlungsprozesses liefert uns die Natur in der Form der Metamorphose, die viele Insekten in ihrem Lebenszyklus durchlaufen. Am schönsten ist dieses Ereignis bei der Entstehung des Schmetterlings zu beobachten. Aus dem Ei schlüpft zuerst eine Raupe. Sie stellt die erste Lebensform des Schmetterlings dar, kriecht auf der Erde und auf Pflanzen und frisst die ihr entsprechenden Blätter. Zu einem gewissen Zeitpunkt ist dieser Lebensabschnitt beendet. Die Raupe scheint dies zu wissen und spinnt sich in einen Kokon ein. Von aussen ist nachher für längere Zeit nicht viel zu sehen. Innen aber spielt sich ein gleichzeitig geheimnisvolles wie gewaltiges Geschehen ab, dessen Resultat erst später sichtbar wird. Nach einiger Zeit wird der Kokon von innen geöffnet und ein neues Lebewesen sucht seinen Weg ans Licht: Der Schmetterling. Dieser hat scheinbar wenig mit der dicken Raupe zu tun, die sich zuvor verpuppt hat, und ist doch eine neue Form ein und desselben Wesens. Pluto-Auslösungen bewirken ähnliche Verwandlungen, welche meist einen längeren Zeitraum umfassen. Zu Beginn eines solchen Prozesses ist für den Betreffenden jedoch nicht absehbar, wo und wie dieser enden wird.

Ein weiteres Bild für den Ablauf von plutonischen Lebenskrisen finden wir im Vorgang der Schwangerschaft und der Geburt. Durch die Zeugung (auch ein plutonischer Akt) entsteht ein neues Lebewesen. Dieses ist jedoch vorerst von aussen nicht sichtbar und auch für die Mutter nicht ganz von Anfang an fühlbar. Je nach der Bereitschaft der Mutter, die Schwangerschaft wahrzunehmen, wird sie früher oder später feststellen, dass neues Leben in ihr wächst. Diese «Schwangerschaftsphase» stellt, ähnlich der Verpuppung der Raupe, den ersten Abschnitt der plutonischen Wandlung dar. Menschen, die bereit sind, die Aufforderung Plutos wahrzunehmen, neues zuzulassen, bzw. altes loszulassen, dürften dementsprechend recht früh (beispielsweise einige Grade vor dem genauen Transit Plutos zu einem Planeten oder einer Achse) wahrnehmen, dass etwas Neues sich in ihrem Leben manifestieren will, oder dass eine grössere Veränderung bevorsteht. Allerdings ist genau wie beim werdenden Kind oder dem Schmetterlingskokon zu diesem Zeitpunkt noch nicht genau auszumachen, WAS das Neue sein soll, WIE es sein wird. Je nachdem, wo wir in unserem Leben stehen, wie gross unser Vertrauen ins Leben, in die Welt oder ins göttliche Prinzip ist, werden wir dem, was in uns am Entstehen und Wachsen ist, mit freudiger Erwartung entgegensehen und damit auch in Kontakt mit grosser Intensität und Energie kommen, werden uns vor der bevorstehenden Geburt und ihren langfristigen Folgen fürchten und uns verkrampfen, oder werden uns vielleicht sogar weigern, wahrzunehmen, DASS sich in uns eine neue Form bildet.

Die erste Phase der Pluto-Auslösung kann also analog zum beschriebenen Bild recht unterschiedlich verlaufen, je nach der Bereitschaft, diese wahrzunehmen, und dem Umgang damit. Konkret kann man drei unterschiedliche Verhaltensweisen in diesem Zeitabschnitt beschreiben. Sie können durch die folgenden Aussagen von Menschen, die sich in der Phase kurz vor einer genauen Pluto-Auslösung befinden, illustriert werden:

a) «Ich merke, dass etwas Neues auf mich zukommt, mein Leben wird sich irgendwie verändern, ich weiss nur noch nicht wie. Ich fühle mich aufgeregt, gespannt, neugierig und habe auch ein bisschen Angst, weil ich nicht weiss, wo das, was ich spüre, mich hinführen wird.»

b) «Irgendwie stimmt etwas in meinem Leben nicht mehr. Ich sollte wahrscheinlich etwas ändern. Aber ich möchte eigentlich nichts Neues. Das, was ich kenne, ist mir vertraut, auch wenn es manchmal unangenehm und beschwerlich ist. Ich fühle mich unruhig, unter Druck, mir ist unwohl, ich habe Angst vor der Zukunft, vor dem, was kommen wird.»

c) «Ich merke gar nichts. Mein Leben ist gut so, wie es ist, ich will nichts ändern. Ich werde meine ganze Kraft darauf verwenden, das zu erhalten, was ich mir bis hierher geschafft und aufgebaut habe. Erzähl mir nichts von Erneuerung, für mich hat das keine Gültigkeit.»

Diese drei Manifestationsebenen kommen natürlich meist in einer Mischform vor. In der reinen Form finden wir eine Entsprechung zu den bereits beschriebenen drei «Reaktionsweisen auf Bedrohung»: Aktiv darauf zugehen, sich ausgeliefert fühlen und flüchten wollen, oder sich «totstellen», nicht merken.

Die eigentliche «Krise» oder «Wandlung» ist, gemäss dem Bild vom Schmetterling, mit dem Ausschlüpfen aus dem Kokon vergleichbar. Dies ist gleichzeitig ein spannender wie auch gefährlicher Vorgang. Zu keinem anderen Zeitpunkt ist der neu entstehende Schmetterling so gefährdet, da zum einen die Befreiung aus der Puppe einen höchst anstrengenden Vorgang darstellt, zum andern der frisch geschlüpfte Schmetterling völlig ungeschützt und der Umwelt ausgeliefert ist, bis seine Flügel ausgespannt und getrocknet sind, sodass er wegfliegen kann.

In der Analogie von Schwangerschaft und Geburt entspricht die Krise dem eigentlichen Geburtsvorgang. Nun zeigt sich die neugebildete Form, das in der vorhergegangenen Phase Gewachsene will oder muss ans Tageslicht. Die Geburt des Neuen und damit der Tod des Alten, Überholten erfolgt in ihrem konkreten Ablauf beim einzelnen Menschen sehr oft ganz direkt parallel zur effektiven, eigenen Geburt. Wie bereits im Kapitel «Bedrohung» kurz erwähnt, ist das Muster des realen Geburtsvorganges, inklusive der Länge der einzelnen Phasen im Verhältnis zueinander, der allfälligen Komplikationen und der Art des «auf die Welt kommens», häufig verblüffend mit dem Ablauf und dem Erleben einer plutonischen Krise verwandt. Drei Beispiele sollen dies illustrieren:

**Beispiel LYDIA**
Lydias Geburt hatte insgesamt recht lange gedauert. Bei Lydias Mutter fand der Blasensprung (Abgang des Fruchtwassers, der meist den Beginn der Geburt signalisiert) zwei Tage vor der eigentlichen Geburt statt. 48 Stunden lang hatte die Mutter unregelmässige Wehen, ohne dass viel geschah (zweite perinatale Matrix nach Grof). Danach setzten unvermittelt Presswehen ein (dritte perinatale Matrix) und Lydia wurde nach nur fünf Presswehen überraschend schnell geboren.

In Lydias späterem Leben folgten die Krisen demselben Muster. Wenn Lydia merkte, dass ein bisheriges Verhalten, eine gewohnte Lebensform oder ein Thema in ihrem Leben überholt war, fühlte sie sich zwar unter grossem Druck, litt und erlebte je nachdem grosse physische (in Form von Krankheiten) oder psychische (sie fühlte sich unglücklich oder depressiv) Schmerzen, ohne dass sie sich dazu aufraffen konnte, etwas wirklich zu verändern. Lange geschah also sehr wenig. Dann kam plötzlich ein Moment der Wende, den weder sie noch jemand Aussenstehendes genau vorherbestimmen konnte. Nach dem Erreichen dieses Punktes verlief die Wandlung jeweils sehr schnell. Lydia stellte sich ihrer Krise und fand rasch den Übergang zur neuen Form.

**Beispiel MADELEINE**

Madeleine kam mit der «Saugglocke» zur Welt. Die Presswehen der Mutter waren nicht stark genug, das Kind durch den Geburtskanal zu treiben, es blieb stecken und musste mit ärztlicher Hilfe befreit werden. Dementsprechend erlebte Madeleine grössere Veränderungen in ihrem Leben oft in der folgenden Form: Sie spürte grossen Druck, etwas zu unternehmen, gleichzeitig fühlte sie sich aber blockiert und festgefahren im alten Muster. Selbst etwas zu bewirken, wie z.B. die Stelle zu kündigen, oder die Beziehung zu beenden, schien ihr nicht möglich und ihre Kräfte zu übersteigen. Im allgemeinen war immer ein Anstoss von Aussen − beispielsweise durch eine Drittperson − nötig, damit Madeleine den Schritt zum Neuen wagte.

**Beispiel HANNE**

Hanne kam mit der Nabelschnur um den Hals zur Welt. Daher musste die letzte Phase beschleunigt werden, um ihr Leben zu retten. Im späteren Leben, berichtete Hanne, sei sie immer erst dann bereit gewesen, die nötigen Schritte zu unternehmen oder eine Wandlung zuzulassen, wenn sie sich aufs äusserste eingeengt gefühlt hätte, sie am Bisherigen beinahe erstickte, ihr also, bildlich gesprochen, die Luft zum Atmen fehlte (was eine direkte Beziehung zur damaligen Geburt herstellt). Erstickungserlebnisse während der Geburt haben astrologisch eine Entsprechung zur Neptun/Mond-Thematik, während das Geburtsgeschehen an sich immer analog zum Pluto steht und seine Prägungen daher im Zusammenhang mit plutonischen Lebenskrisen wieder aktiviert werden.

Menschen, die durch einen Kaiserschnitt zur Welt kamen, dürften, gemäss diesem Modell, in Krisen meist Hilfe und Unterstützung von andern erwarten und wahrscheinlich auch erhalten.

Die Analogie Plutos zur Geburt kann auch aus der Perspektive der gebärenden Mutter gesehen werden. Je weniger die schwangere Frau auf die Geburt vorbereitet ist, je mehr Angst vorhanden ist, umso verkrampfter wird sie auf die Wehen reagieren und umso schmerzhafter wird sie das Geschehen erleben. Vielleicht dauert auch die Geburt länger oder die Wahrnehmung muss künstlich gedämpft, bzw. blockiert werden (durch Narkose, Medikamente u.ä.).
Eine Frau andererseits, welche dem Prozess der Geburt Vertrauen schenkt, sich vorher zum Beispiel mit Übungen darauf vorbereitet hat und sich dementspre-

chend aktiv am Geschehen mitbeteiligt, dürfte die Geburt ihres Kindes vielmehr als gewaltige und intensive Erfahrung erleben, die neben den wohl kaum vermeidbaren schmerzvollen Momenten auch von einem starken Gefühl des Glücks und der Befreiung geprägt sein kann.

Umgesetzt auf das Erleben einer Pluto-Auslösung, zeigt dieses Bild auf, in welch unterschiedlicher Form und Haltung wir der Aufforderung, einen Lebensbereich grundlegend zu wandeln, loszulassen oder neu zuzulassen, begegnen können. Wenn es uns gelingt, dem Neuen Raum zu geben, können wir all seine Möglichkeiten und sein Potential begrüssen und es nutzen. Wenn wir der Aufforderung Folge leisten, eine vertraute, aber zu eng gewordene Form loszulassen, uns wie eine Schlange zu häuten, können wir in eine grössere hineinwachsen und uns weiterentwickeln. Dies wird zwar nicht ganz ohne Schmerz und Trauer und innwendigen Aufruhr geschehen, uns aber andererseits mit unserer grossen inneren Kraft, Lebendigkeit und Stärke in Kontakt bringen. Dabei wird, genau wie bei Pluto-Themen im allgemeinen, das Vertrauen in sich selbst und – im Falle einer zeitlichen Auslösung – in den Prozess, der abläuft, eine ganz wichtige Rolle spielen. Pluto-Auslösungen verlangen von uns, dass wir gleichzeitig bereit sind, zu handeln, in Bewegung zu sein **und** die Kontrolle über das Geschehen aufzugeben.

Sind wir dazu nicht bereit, suchen wir das scheinbar Sichere zu bewahren, die Kontrolle über das Geschehen um jeden Preis zu behalten, wird Pluto mit seiner grossen Energie unter Umständen unser bisheriges Lebensgebäude wie ein Erdbeben zum Einsturz bringen. Oder die Aufrechterhaltung des Bisherigen kostet uns soviel Energie, dass wir erstarren und in gewisser Weise leblos werden.

Ebenso unterschiedlich wie unser Verhalten werden auch die Erfahrungen mit solchen Auslösungen aussehen.

## Erfahrungen mit Pluto-Auslösungen

Genau wie bei den Pluto-Themen im Geburtshoroskop können Pluto-Auslösungen entweder vom Yang-, oder Yin-Pol, also von aktivem Handeln oder von passivem Erleben, bzw. Erleiden eines «Schicksalsschlages» bestimmt werden. Ebenso kann sich das Geschehen auf der geistig-intellektuellen, auf der seelisch-gefühlsmässigen oder auf der körperlichen Ebene abspielen. Manchmal sind auch verschiedene Ebenen gleichzeitig beteiligt und aktiv-passives Verhalten wechseln ab. Plutonische Veränderungen sind entsprechend den beschriebenen Bildern immer Prozesse, stellen also eine längere Lebensphase dar und nicht ein einzelnes «Ereignis». Ein «Ereignis» kann allerdings den Anfang oder den Schluss eines solchen Prozesses markieren.

Ein klassisches «Pluto-Ereignis» in mehrfacher Hinsicht kann die Geburt eines Kindes im Leben eines Menschen darstellen. Die Tatsache, dass ein neuer Erdenbürger mit seinen Ansprüchen und Bedürfnissen ins Leben tritt, verändert das Leben seiner direkten Umwelt oft ganz entscheidend. Davon sind meist nicht nur Mutter und Vater des Kindes, sondern auch allfällige Geschwister betroffen. Da Geburten auch unter anderen astrologischen Auslösungen stattfinden, dürfte eine Geburt im Zusammenhang mit Pluto-Themen ein besonders einschneidendes und langfristig bedeutsames Ereignis darstellen, was vor allem auch dann, wenn z.B. ein Geschwister des Neugeborenen von einem Pluto-Transit betroffen ist, nicht unterschätzt werden sollte.

Manchmal stellt die Begegnung mit einem Menschen oder mit einer anderen Lebensart, die in irgendeiner Form einen tiefen Eindruck hinterlässt, den Anfang eines Pluto-Prozesses dar. Die Bedeutung eines derartigen Geschehens wird bei Pluto-Auslösungen oft erst im Rückblick ersichtlich.

## Beispiel RENATE

Renate besuchte vor einigen Jahren aus Neugier (während eines Transits Plutos im Quadrat zur Sonne) einen Workshop über Schamanismus. Die Erfahrungen, die sie in diesem Zusammenhang machte, beeindruckten sie tief und brachten eine bisher verborgene Saite in ihr zum Klingen. In der Folge suchte Renate, mehr über diese Welt zu erfahren, belegte weitere Kurse, und reiste schliesslich ins Ausland, um einen alten Schamanen zu besuchen und von ihm zu lernen. Heute hat Renate ihren alten Beruf – sie war Lehrerin – und ihre Wohnung in der Stadt aufgegeben und lebt mit einer Gruppe von Gleichgesinnten in einem Haus auf dem Land. Dort sucht sie ihre eigenen schamanistischen Fähigkeiten weiterzuentwickeln und will sie auch anderen Menschen zukommen lassen.

## Beispiel PETER

Peter war ein Wissenschaftler, der vorwiegend für seine Forschungen und für sein Bedürfnis, mit seiner Arbeit zur Weiterentwicklung der Menschheit beizutragen, lebte. An einem Fachkongress lernte er eine junge Kollegin (mit einem Transit Plutos über die Venus) kennen. Er war von ihr fasziniert und merkte, dass in seinem Leben mitmenschliche Kontakte, Zuneigung und Erotik bisher fast keinen Raum hatten. Peter begann eine sehr intensive Beziehung zu dieser Frau, fühlte sich gleichzeitig sehr lebendig, aber auch etwas bedroht, da sie ihn mit ihrem Temperament aus seiner wohlgeordneten Welt herausriss. Nach einer gewissen Zeit beendete Peter diese Beziehung wieder, weil sie doch zu viel Unruhe in sein Leben brachte und er feststellte, dass sie, ausser der grossen gegenseitigen Faszination, wenig verband. Dennoch hatte diese Erfahrung weitreichende Konsequenzen für die Lebensform Peters und auch für seine Arbeit. Peter ist heute viel offener für seine Mitmenschen und hat auch einen neuen Bezug zum Thema Liebe und Erotik gefunden. Gleichzeitig entschied er sich, den eher theoretischen Weg und damit auch etwas einsamen Weg, den er bisher verfolgt hatte, aufzugeben und zusammen mit andern nach der praktischen Umsetzung seiner Theorien zu suchen.

In verschiedenen Fällen steht auch die Annahme einer grossen Aufgabe, der erste Schritt in ein risikoreiches Abenteuer am Anfang eines Pluto-Prozesses. Es wird sich dabei im Zusammenhang mit Pluto immer um etwas Neues handeln, das mit einem Machtzuwachs verbunden ist und den Verzicht auf etwas Bisheriges und die Bereitschaft, ein Risiko einzugehen, beinhaltet. So entschied sich Werner im

Alter von 64 Jahren, als Pluto im Quadrat zu seiner Sonne stand, nach langem Ringen mit sich selbst, seinen bisherigen Posten als Direktor der Tochterfirma eines grösseren Unternehmens zu kündigen und sich selbständig zu machen. Das betreffende Unternehmen wurde («zufälligerweise?») kurz danach in unklare Machenschaften verwickelt und machte Konkurs.

John F. Kennedy wurde mit einem genauen Quadrat des Transit-Plutos zu seiner Radix-Sonne zum Präsident der Vereinigten Staaten gewählt. Willy Brandts Wahl zum Bundeskanzler fand ebenfalls bei einem genauen Quadrat des Transit-Plutos zur Sonne statt. Veränderungen dieser Art bringen immer auch eine grosse Veränderung der Lebensumstände mit sich und haben weitreichende, auch private Konsequenzen. Da eine Aufgabe, die unter plutonischen Vorzeichen angegangen wird, mit überpersönlichen Energien und kollektiven Elementen verbunden ist,

*Erfahrung eines Klienten: «Pluto sprengt die Grenze»*

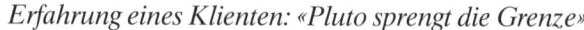

bedingt ein solcher Entscheid auch die Bereitschaft, die eigenen Bedürfnisse jenen der Allgemeinheit oder der Sache zu unterordnen. Bei unkorrektem oder eigennützigem Handeln bringt Pluto sonst langfristig auch den Absturz, bzw. den Verlust von Macht und Prestige mit sich (bei Willy Brandts Rücktritt stand der Transit-Pluto im Quadrat zu seiner MC/IC-Achse).

Von den meisten Menschen schmerzhaft erlebt wird eine andere Entsprechungsebene bei Pluto-Auslösungen: Der Verlust eines Menschen oder einer Sache, bzw. das sich Loslösen davon oder das Ende von etwas Bestehendem. Häufig spüren die Betreffenden dabei schon seit längerer Zeit (Schwangerschaft!), dass eine Situation in der bestehenden Form nicht mehr stimmig ist. Diese Wahrnehmung kann in Form eines inneren Drucks erfolgen, eines immer stärkeren und dringerenden Bedürfnisses, etwas Statisches in Bewegung zu bringen, zu «sprengen», oder durch das Gefühl, etwas nicht mehr länger ertragen, aushalten zu können. Die oft gehörte Quintessenz dieser Wahrnehmungen lautet: «Es **muss** etwas geschehen! So kann es nicht mehr weitergehen!»

Dem Yang-Pol Plutos entsprechend folgt auf diese Feststellung meist der Entscheid, zu handeln, Bisheriges aufzugeben. In besonders krasser, deutlicher Form hat dies Remo getan:

### Beispiel REMO

Remo ist ein vermögender Mann, der aufgrund seines Familienerbes, auch ohne konkret für Geld zu «arbeiten», gut leben kann. Umso intensiver widmete sich Remo seinen der Stiersonne entsprechenden Hobbys, schöne Dinge zu sammeln und seine Pflanzen zu pflegen. Im Laufe der Jahre hatte er sich so viele ihm lieb und teuer gewordene Schätze erworben und einen von seinen Freunden und Bekannten viel bewunderten Garten angelegt.

Als Pluto ins Zeichen Skorpion trat, fing Remo an, davon zu sprechen, er wolle sein Haus verkaufen und auswandern. Seine Freunde wollten ihm dies anfänglich nicht glauben und fanden ihre Annahme auch in der Tatsache bestätigt, dass Remo vorerst keine konkreten Schritte unternahm, um diesen Entschluss in die Tat umzusetzen. Remo fühlte sich jedoch in seinem selbstgeschaffenen Paradies immer gefangener. Er getraute sich kaum noch, einen Tag oder auch nur einen Abend lang ausser Hauses zu sein, aus Angst, Einbrecher könnten seine vielen schönen Sachen entwenden oder – noch schlimmer – zerstören. (Diese Vorstellung entspricht der destruktiven «Schicksalsebene» Plutos!).

Als die Einschränkungen seiner Bewegungsfreiheit für ihn unerträglich wurden, handelte Remo. Er schrieb kurz entschlossen sein schönes Haus und seinen liebevoll gehegten Garten zum Verkauf aus, aber nicht nur dies. Er verkaufte auch all seine gesammelten Kostbarkeiten bis hin zu seinem Bett, in welchem er lange Jahre geschlafen hatte.

Die Trennung von all den ihm so wichtigen Gegenständen dürfte für Remo mit seiner Stier und Venus-Betonung sicher schmerzhaft und schwierig gewesen sein, umso mehr, als er zum Zeitpunkt, zu welchem er seinen Wohnsitz aufgab, noch

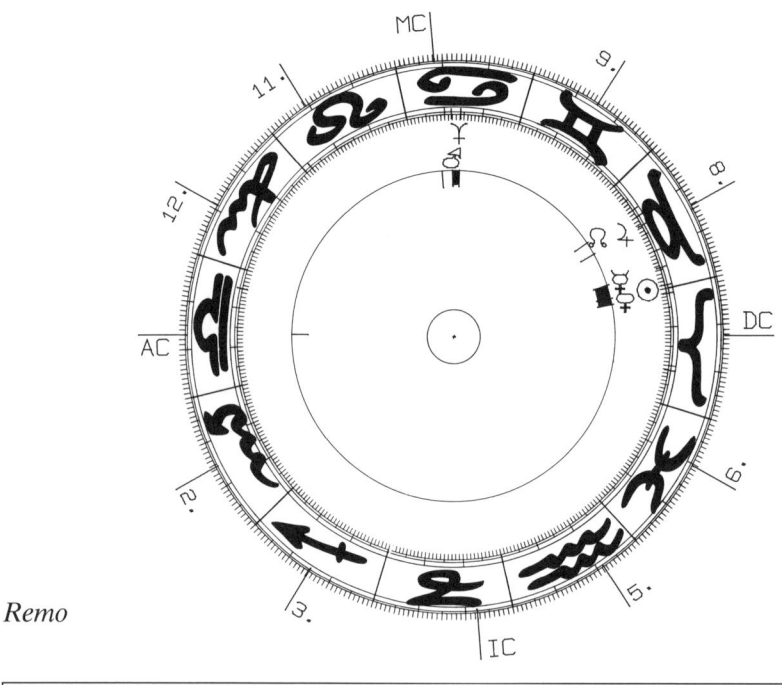

*Remo*

---

♂ Konjunktion ♈

☊ im 8. Haus                    ♃ im 8. Haus

---

nicht wusste, wohin ihn sein weiterer Weg führte, da er noch keine neue Heimat gefunden hatte. Erst als Remo sich wirklich von allem gelöst hatte – er wohnte zu diesem Zeitpunkt in einer kleinen, fast leeren Wohnung – fand er «zufälligerweise» in einem fremden Land das, wonach er suchte: Ein Haus mit Garten, etwas vernachlässigt, das nur darauf zu warten schien, dass er sich seiner annehme. Heute lebt Remo voller Energie und Elan in seiner neuen Umgebung.

Einer Mischform von Yin und Yang entspricht die Erfahrung einer Mutter bei der Trennung von ihrem einzigen Sohn.

**Beispiel FRAU H.**
Frau H.'s Mann war gestorben, als ihr Sohn noch ein kleines Kind war. In der Folge hatte sie sich ganz auf die Erziehungsaufgabe und ihren Sohn konzentriert, der so zu ihrem wichtigsten Lebensinhalt wurde. Als der Transit-Pluto sich auf das Quadrat zu ihrem Mars zubewegte, war der Sohn 18 Jahre alt. Frau H. wurde sich immer mehr bewusst, wie stark ihr Einsatz für den Sohn ihre Handlungsfreiheit einschränkte. So erlebte sie es nun in ihrem beruflichen Tagesablauf als störend, wenn

sie jeden Mittag nach Hause eilen «musste», um zu kochen, damit der Sohn etwas Rechtes esse. Auch im Urlaub, den sie mit ihm verbrachte, fühlte sie sich daran gehindert, das zu tun, was ihr wirklich Spass machte. Gleichzeitig fürchtete sie sich aber vor dem Moment, an welchem sie sich von ihm trennen musste, und wurde, auch wenn er nur für kurze Zeit weg war, von Ängsten geplagt, es könnte ihm etwas zustossen (destruktive Schicksalsebene der Thematik).

Als der Sohn der Mutter erklärte, er wolle für ein halbes Jahr nach Amerika, musste sich Frau H. entscheiden (Pluto stand zu dieser Zeit im genauen Quadrat zu ihrem Geburts-Mars): Erlaubte sie ihm diesen Aufenthalt, bedeutete dies wohl das Ende der engen Mutter/Sohn-Beziehung. Ihr Sohn würde viele neue Erfahrungen ohne sie und ihren Schutz machen, und es bestand das Risiko, dass ihm etwas passierte. Sie müsste dann auch lernen, allein zu leben, ohne jemand, der sie brauchte und um den sie sich kümmern konnte. Verbot sie ihm die Reise (was möglich war, da der Sohn noch nicht volljährig war), würde er zwar zu Hause und unter ihrem Schutz bleiben, ihr aber die Einschränkung übelnehmen und später vielleicht trotzdem gehen.

Frau H. entschied sich, ihren Sohn ziehen zu lassen. Anfänglich, so berichtete sie, habe sie sich leer gefühlt und sich immer wieder gefragt, wie es ihm wohl gehe. Dann jedoch habe sie gemerkt, wieviel Freiraum sie nun für sich gewinne, und habe ein neues Hobby angefangen. Zudem plane sie jetzt selbst eine Abenteuerreise, sie wolle sich ihren lang gehegten Wunsch erfüllen und endlich einmal Südamerika kennenlernen.

Menschen, die den Yin-Pol wählen, werden versuchen, trotz ihrem Wissen, dass eine Beziehung, eine Lebensphase oder eine Haltung überholt ist und ein Ende finden sollte, das Bestehende um jeden Preis zu bewahren. In solchen Fällen wird das «Schicksal» die aktive Rolle Plutos übernehmen und dafür sorgen, dass wir uns vom Alten, Gewohnten lösen. Diese Form der Pluto-Erfahrung ist meist sehr hart und schmerzhaft, da die nicht zur Kenntnis genommene Aufforderung ihre Energien auf verzerrte oder destruktive Art manifestiert.

So kann, wie im Fall von Jacqueline Kennedy, das Ende einer Lebensphase und die Aufforderung, sich zu wandeln, sogar durch den Tod des Lebenspartners manifestiert werden. Jacky Kennedy's Mars im 10. Haus stand zum Zeitpunkt der Ermordung ihres Mannes in Konjunktion mit dem Transit-Pluto, was der Aufforderung entspricht, im Bereich der Durchsetzung und der eigenen Aktivität eine eigene Ausdrucksform zu finden. Es ist anzunehmen, dass Jacqueline Kennedy ihre eigene aggressive, aktive Komponente (Mars) auf John F. Kennedy projiziert hat. Plutos Transit verlangte die Rücknahme dieser Projektion, was auf eine sehr schmerzliche und radikale Weise geschah.

Vor allem im Zusammenhang mit gegengeschlechtlichen Planeten (Mars, Sonne bei der Frau, Mond, Venus beim Mann), die nicht integriert, sondern auf den Lebenspartner übertragen wurden, kann der Transit Plutos den Verlust des Partners, in welcher Form auch immer, bedeuten. Es liegt mir dabei fern, eine solche Erfahrung als zwingendes Schicksal zu sehen oder Schuldzuweisungen vorzunehmen. Vielmehr geht es darum, dass bei einem Pluto-Transit das Thema Wandlung, Transformation, Ende und Neubeginn zum Ausdruck kommen will und wird. Auf welcher Ebene sich diese Symbolik zeigt, bleibt dabei offen – je nach Anschauung, dem Willen Gottes, dem Kosmos und bis zu einem gewissen Mass der – bewussten oder unbewussten – Wahl des Einzelnen überlassen.

Pluto zwingt uns bei seinen Auslösungen, einerseits zu wachsen und uns zu wandeln und andererseits die dunklen, verborgenen Seiten unserer Persönlichkeit wahrzunehmen. Insofern haben wir also keine Wahl. Wir können uns jedoch entscheiden, ob wir mit dem Strom, der Richtung unseres Lebensflusses folgen wollen, oder ob wir alle unsere Energien in den Versuch, dagegen zu schwimmen, stecken. Im zweiten Fall werden wir letztendlich doch vom Strom mitgerissen und haben zudem keine Kraft mehr, Stromschnellen und Felsen auszuweichen. Im ersten Fall können wir offenen Auges unsere Energie dazu verwenden, auf unserer Lebensreise viele Erfahrungen zu sammeln und das Ziel unserer Reise, die Mündung ins Meer zu erreichen.

Die von Pluto verlangte Wandlung wird jedoch nicht in jedem Fall auch äusserlich sichtbar, indem sich, wie bei unseren bisherigen Beispielen, äussere Umstände verändern. Es ist auch möglich, dass eine plutonische Krise ganz als innerpsychischer Prozess erlebt wird. Dieser ist auf seine Art genau so intensiv und auch meist mit ähnlichen Gefühlen verbunden, wie bei offensichtlichen Krisen. Die sichtbaren Lebensumstände können dabei absolut gleich bleiben. Allerdings wird die Lebenshaltung, die Persönlichkeit nach einer solchen *inneren* Krise und Wandlung nicht mehr dieselbe sein wie vorher, sondern in gewisser Weise gestorben und neugeboren sein.

Das folgende Beispiel soll einen solchen Prozess illustrieren:

**Beispiel SIBYLLE**
Sibylle hatte vor einiger Zeit im Zusammenhang mit einer Beziehungskrise eine Beratung gesucht und sich anschliessend in einer Prozessarbeit intensiv mit ihren Gedanken, ihren Gefühlen und ihrem Körper beschäftigt. Diese Begleitung fand ein Ende, als Sibylle in ein fernöstliches Land auswanderte. Ihr Geburtshoroskop, berechnet für jenes Land, zeigte eine starke Betonung des 8. Hauses (Pluto-Entsprechung). Nach 9 Monaten (!) schrieb mir Sibylle einen Brief. Daraus möchte ich auszugsweise einige Abschnitte wiedergeben:

> «. . . Ein Traum sagte mir, ich *laufe aus*. Mein ganzes Blut verliess mich. Meine Interpretation: Mein Leben verlässt mich, ich werde *sterben*, ich bin *tot* . . . . . . In vielen Träumen sehe ich Ruinen, zerfallene Häuser, verkohlte, verbrannte Hausmauern. Da weiss ich nicht genau, was die Träume sagen wollen. Kein *festes Haus* mehr, kein Zuhause mehr, keine Wurzeln mehr? . . . Ein-, zweimal träumte ich, entweder einen Zahn zu verlieren, oder einen total zerbröckelten Zahn im Mund zu spüren . . .»

«Eine weitere Feststellung: Ich bin äusserst sensibel, reagiere auch schnell aggressiv. Gottseidank hat Peter (Ihr Partner) für mich Verständnis!.... Und immer die Frage nach dem Sinn des Ganzen. Es muss doch einen Sinn haben. Ich vertröste mich oft; vielleicht zeigt sich der Sinn erst später....... Was auch immer wieder auftaucht, sind Gedanken in bezug auf berufliche Veränderungen. Was will ich?... Soviele Fragen, alle unbeantwortet....Wie Du siehst, mein tägliches Brot ist zur Zeit nicht das einfachste. Und doch, irgend etwas in mir sagt mir immer noch, dass ich es verdienen will!»

In einem weiteren Brief kündigte Sibylle einen Besuch in der Schweiz an und fragte, ob sie in dieser Zeit einen Termin bei mir haben könne. Sie schrieb weiter, dass sie von undefinierbaren Ängsten geplagt werde und Mühe habe zu schlafen. Es sei, wie wenn Geister oder Dämonen um sie herum seien, die ihr keine Ruhe liessen. In ihrem letzten Traum sei ihr der Tod erschienen und habe ihr eine rote Rose geschenkt.

In Sibylles Horoskop bewegte sich der Transit-Pluto zu dieser Zeit immer näher auf den Aszendenten zu, und mit Hilfe der Ephemeriden stellte ich fest, dass ihr Besuch in der Schweiz einige Wochen später mit dem genauen Transit über den AC zusammenfallen werde.

Ich war recht gespannt auf unser Wiedersehen und auch darauf, wie ich Sibylle erleben werde. Als Sibylle schliesslich zur Sitzung kam, war sie sehr angespannt. Sie sah aus, wie wenn sie alle Energie dafür verwenden würde, die Kontrolle über sich nicht zu verlieren, nicht zu explodieren und in Stücke zu zerspringen. Sie erzählte, wie sie sich unter grossem innerem Druck befinde, innerlich schreie, Angst habe, auch ohne äusseren konkreten Grund. Aufgrund unserer früheren gemeinsamen Arbeit und dem dabei entstandenen Vertrauen, war Sibylle schnell bereit, ihre Gefühle ganz zuzulassen und auch den körperlichen Empfindungen nachzugeben. Sie legte sich auf den Teppich, zusammengezogen wie ein Embryo, und rief immer wieder: «Ich muss heraus, ich will heraus!» Sehr rasch befand sie sich in einem eigentlichen Geburtsprozess. Sie wollte aus der Enge heraus, kämpfte um die Befreiung ins neue Leben.

Danach lag sie erschöpft und entspannt auf dem Boden und sagte mit einem kleinen Lächeln: «Ich fühle mich wie befreit und glücklich, aber ganz schwach, zitterig und empfindsam.» Im darauf folgenden Gespräch erzählte Sibylle, wie es ihr immer schwerer gefallen sei, ihre Gedanken auf etwas anderes als ihre Unruhe und Ängste zu lenken, wie sie «gewusst» habe, dass «etwas geschehen müsse», aber nicht «WAS». Nun fühle sie sich bedeutend besser, wenn auch noch ein wenig wie ein rohes Ei oder eben ein neugeborener Säugling. Es war für mich auch erstaunlich, die körperliche, sichtbare Veränderung zu sehen, die in der kurzen Zeit stattgefunden hatte. Sibylle war mit einem fast maskenhaften Gesicht gekommen. Nun war es ganz weich und gelöst. Sie sass entspannt in den Kissen des Sofas und sprach mit einer ruhigen Stimme, die sich markant von der Hektik und dem etwas schrillen Unterton zuvor unterschied.

Ein paar Tage später kam Sibylle nochmals vorbei, bevor sie wieder in ihr Land zurückreiste. Sie habe endlich wieder tief und gut geschlafen und auch keine Alpträume mehr gehabt, berichtete sie.

Obwohl sie sich noch etwas unsicher fühle, fahre sie jetzt mit ganz anderen Gefühlen, als sie vor zehn Tagen hergekommen sei. Auch freue sie sich, ihren Partner wieder zu sehen, der sich doch etwas hilflos gegenüber dem Geschehen gefühlt haben müsse.

Einige Monate später schrieb Sibylle nochmals. Es gehe ihr gut; sie überlege sich jedoch ernsthaft, ob sie nicht vielleicht doch noch einen anderen Beruf ergreifen wolle. Es fragt sich, ob dieser fast nur auf der psychischen Ebene abgelaufene Pluto-Prozess den Anfang für eine langfristig auch äussere, in diesem Fall, berufliche Veränderung darstellt.

Aus all diesen Beispielen wird ersichtlich, dass plutonische Prozesse meist viele verschiedene Ebenen miteinbeziehen und dies über einen längeren Zeitraum hinweg. Es kann und sollte daher bei Pluto-Auslösungen nie nur die momentane Manifestation oder das «Ereignis» betrachtet werden, da diese, entsprechend Plutos vielen Masken, auch leicht in die Irre führen und zu falschen Interpretationen verleiten könnten. WAS die Pluto-Krise «wirklich» veränderte, kann meist erst einige Zeit später im Rückblick festgestellt werden. Manchmal ist es nur ein kleines, unscheinbares Geschehen, das die Wurzeln bildet für eine spätere, umfassende Wandlung.

# 3. Teil

# PLUTO IM WELTGESCHEHEN

## Von J. Claude Weiss

# Pluto in den Zeichen

Als ganzheitlicher Yin-Yang-Planet verändert Pluto bei seinem Durchgang durch die verschiedenen Zeichen die Gesellschaft als ganzes sowie die Einstellung der Masse zu den verschiedensten Lebensthemen. Mit dem Eintritt in ein neues Zeichen werden plötzlich andere Dinge wichtig, als in der vorübergehenden Periode. Dies geschieht in erheblichem Ausmass über eine Veränderung der als verbindlich geltenden Werte. Neue Betrachtungsweisen werden aktuell, was in der ersten Phase nicht ohne beachtlichen Widerstand grosser Teile der Bevölkerung geschieht. Viele möchten ihre bisherige Einstellung zum Leben erhalten und sträuben sich gegen das Neue. Sehr oft führt die entstandene Unsicherheit dazu, dass man sein Heil in alten Rezepten sucht und zurück möchte zu dem, was sich früher bewährte. Dies geht aber nicht – der Zeitgeist ist stärker – sodass es meist im zweiten Teil des Pluto-Durchlaufs durch ein Zeichen zu einer Synthese zwischen den bisherigen und den neuen Denk- und Verhaltensnormen kommt. Die neuen Werte werden oft von der Jugend zum Ausdruck gebracht, manchmal allerdings extrem und begreiflicherweise unverdaut. Nicht nur die Gesellschaft als Ganzes wird dann mit den Forderungen der Studenten konfrontiert, auch die Eltern spüren über ihre Kinder, wie der Zeitgeist auf neue Bewusstseinsformen drängt. Dieser manifestiert sich jedoch auch bei den Erwachsenen, vor allem über das Unbewusste, sodass der Einzelne mit ihm bisher verborgenen Seiten der Realität und seiner Psyche in Berührung kommt.

Der Pluto-Zyklus beträgt im astrologischen Tierkreis 246 Jahre (dieser ist zu unterscheiden von Plutos Umlaufzeit um die Sonne, die sich auf 248 Jahre beläuft), sodass wir weit in die Geschichte zurückgehen müssen, wenn wir eine Verbindung zu den Konstellationen dieses Jahrhunderts herstellen wollen. Am zuverlässigsten ist der Zusammenhang dann, wenn wir nicht nur einen Zyklus, sondern zwei Zyklen zurückgehen, weil dann der zweite Langsamläufer – Neptun – sich ebenfalls im selben Zeichen befindet.

Aus Platzgründen werden wir dies nicht für jedes Zeichen unternehmen, sondern lediglich für die uns wohl am meisten interessierende Pluto-Stellung: Die jetzige Stellung von Pluto im Skorpion.

Der Durchlauf von Pluto durch die verschiedenen Zeichen manifestiert sich naturgemäss nicht nur in der Form eines veränderten Weltbildes, sondern auch über wichtige Ereignisse und Epochen der menschlichen Geschichte. Dabei ist zu bedenken, dass Pluto als Planet von Licht und Schatten nicht nur das Zeichen, in welchem er sich gerade befindet, aktiviert, sondern auch das Gegenzeichen. Es handelt sich also jeweils um eine ganze Polaritätsachse, welche ins Bewusstsein tritt. In der ersten Hälfte des Pluto-Transits erlebt man vorwiegend Themen, welche mit dem Zeichen, in welchem sich Pluto gerade befindet, in Beziehung stehen. Die zweite Hälfte des Durchgangs durch ein Zeichen verlangt dann immer nach einer Synthese mit dem Gegenpol.

Im folgenden ist der letzte Durchgang von Pluto durch die verschiedenen astrologischen Zeichen – angefangen beim Widderzeichen – anhand von geschichtlichen Ereignissen sowie psychologischen, soziologischen sowie kulturellen Veränderungen beschrieben. Auch wenn Pluto als langsamster Planet eine bestimmte Zeit am stärksten prägt, so sind natürlich zur gleichen Zeit andere astrologische Einflüsse am Werk, insbesondere die Stellung Neptuns im betreffenden Tierkreiszeichen, oder zyklische Begegnungen langsamer Planeten, wovon diejenigen am wichtigsten sind, die einen sehr langen Zyklus haben und somit nur relativ selten auftreten. Diese anderslautenden Einwirkungen sind im Anschluss an die Besprechung von Pluto im Zeichen als «andere astrologische Einflüsse» aufgeführt.

# Pluto im Widder

Juni 1821 – April 1853
Übergangszeit Fische-Widder: 1821 – 22
Übergangszeit Widder-Stier: 1850 – 1853

*Astrologische Symbolik*

Unter Pluto im Widder können wir Pionierleistungen einzelner Individuen, Neuerungen und Umwälzungen erwarten. Sind Grundrechte des Individuums (Widderzeichen) verletzt, so wird dies zu Erhebungen führen, welche die Beziehungen zwischen den Einzelnen und der Gesellschaft (Waagepolarität) neu gestalten; die sozialen Verträge werden neu definiert. Es ist zu erwarten, dass während solcher Zeiten diejenigen, die an der Macht sind, diese besonders egozentrisch zum Ausdruck bringen, was bei den Unterdrückten Widerstand erzeugt. Das Willensprinzip ist herausgefordert sowohl in Form von Eroberung als auch einer Durchsetzung von Individualität. Es ist eine Zeit des Heldenideals, aber der Held muss überpersönliche Ziele verfolgen, mit denen sich andere identifizieren können, sonst wird er infrage gestellt und vielleicht auch gestürzt. Im Feuerzeichen Widder hat Pluto Parallelen mit der jeweils 120 Jahre später auftretenden Konstellation von Pluto im Löwen.

*Revolution und Nationalhelden*

Die Zeit von 1821-1853 ist geprägt von Revolutionen. Die spanischen Kolonien machen sich selbständig (Simon Bolivar), Brasilien wird gegründet, die revolutionäre Bewegung des Jahres 1848 erschüttert Frankreich, Deutschland, Österreich, Ungarn und Italien. Dies führt zu sozialen Reformen. Solchen gilt das ebenfalls 1848 erschienene «Kommunistische Manifest» von Karl Marx und Friedrich Engels.

Zahlreiche Pionier- und Entdeckungsreisen finden statt. Die Pole werden erforscht.

Die Erfindung der Dampfmaschine bringt eine Umwälzung im Transport zu Lande (erste Eisenbahn 1830 Liverpool-Manchester; 1835 Nürnberg-Fürth; 1838 Berlin-Potsdam etc.) und zu Wasser (1825 Dampfschiffahrt auf dem Rhein, 1840 Schiffsverbindung England-Nordamerika durch Samuel Cunard etc.) und ermöglicht die Industrialisierung, welche längerfristig wiederum zur Auflehnung benachteiligter Gruppen und zu sozialen Reformen führt.

*Die industrielle Revolution – Kapital und Proletariat*

Der Mensch erlebt zu dieser Zeit einen Aufbruch zu neuen Dimensionen. Er entdeckt die Maschine, die für ihn Arbeiten ausführen kann und die damit sein Potential vergrössert. Damit wird auch die Basis gelegt für den Kapitalismus, der sich vor allem in der nächsten Phase (Stierphase) manifestieren wird. Die Industrialisierung bedeutet neben den zahlreichen sozialen Problemen, die sie schafft, aber auch die Möglichkeit für Fortbewegung und beim Ausführen von Arbeiten auf die Energie des Tieres – und in zunehmendem Masse auch des Menschen – zu verzichten. Es stellt sich zum ersten Mal die Frage, ob der Mensch Werkzeug der Technik wird, oder die Technik sich zu seinem Werkzeug entfaltet. Durch Eisenbahn und Dampfschiffahrt rückt das Ferne näher. Im Bereich des individuellen Transports erleben die ersten Fahrräder eine kurze Popularitätswelle.

Während dieser Zeit erhält der Mensch auch die Möglichkeit, das, was ausserhalb von ihm ist, was ihm als Objekt entgegentritt, abzubilden, indem er die Photographie entdeckt (Waage-Entsprechung).

Mit dem Widderzeichen wird jedoch vor allem ein Potential entdeckt. Viele der Entdeckungen, welche zu dieser Zeit ans Licht treten, werden erst in der Stierphase ihren adäquaten Niederschlag finden. Dies betrifft neben der Industrialisierung nicht nur die Eisenbahn, sondern auch die Telegraphie, welche zu dieser Zeit entdeckt (1837 Schreibtelegraph von Marx in New York, 1840 Morseschrift, 1844 erste Telegraphenlinie Baltimore-Washington), aber erst später ausgebaut wird.

### Die Generation mit Pluto im Widder

Bei diesen Menschen, die sich in ihrer Kindheit an die Erfordernisse der sozialen Strukturen anpassen mussten, lebt eine starke Sehnsucht nach einem Heldenepos. Mit ihrem Glauben an die Kraft des Willens und ihrem Bedürfnis nach heroischen Taten werden sie als starke Persönlichkeiten die Zeit von Pluto im Stier und Pluto in Zwillinge prägen. Das Bedürfnis nach Grösse führt, wenn es zuhause nicht gelebt werden kann, oft zur Auswanderung, mit der Idee, im Ausland reich zu werden und sich ausleben zu können (Kolonien und am Ende der Widderphase: gold rush).

### Andere astrologische Einflüsse zur Zeit von Pluto im Widder

Die Uebergangszeit, wo Pluto sich teils im Widder, teils noch in den Fischen bewegt (1821-22), wird begleitet von einer Uranus/Neptun-Konjunktion (im Steinbockzeichen) im Quadrat dazu. Diese sehr seltene Konjunktion von Uranus und Neptun, welche sich erst 1991-94 wiederholen wird, entspricht im allgemeinen dem Beginn einer neuen wesentlichen Etappe in der Geschichte der Menschheit. In den 20er Jahren des 19. Jahrhunderts bedeutet diese Etappe die industrielle Revolution. Auch die Befreiungskämpfe der lateinamerikanischen Länder in den 20er Jahren sind neben dem Einfluss von Pluto im Widder massgeblich durch diese Konjunktion geprägt.

Danach ist Neptun bis 1834 im Steinbockzeichen. Diese Stellung steht zunächst symbolisch für das Erdulden oder Erleiden von Klassenunterschieden durch die Massen (die Situation des Proletariats zu Beginn der industriellen Revolution). Anschliessend kommt jedoch ab 1834 mit dem Eintritt Neptuns ins Wassermannzeichen eine gewisse Bewegung ins Spiel, die an die Konjunktion von Neptun und Uranus erinnert (Uranus als Herrscher des Wassermannzeichens). Damit werden soziale Forderungen laut, die dann, als Neptun in Konjunktion mit Saturn zu stehen kommt, konkretere Form annehmen und in der Gründung des «Bundes der Kommunisten» (1847) sowie im «Kommunistischen Manifest» (1848) von Marx und Engels gipfeln. 1848 erschüttern Bürgerunruhen und Revolutionen ganz Europa.

Teilweise schon in der zweiten Hälfte des Jahres 1848, ansonsten in der Periode bis 1851 – an der Schwelle des Uebergangs von Pluto ins Stierzeichen und bei gleichzeitiger Konjunktion mit Uranus – siegt dann in den meisten Ländern die Reaktion und es kehren wieder stabile Verhältnisse ein. Zahlreiche Länder erhalten zu dieser Zeit eine neue Verfassung.

In der nächsten Zeitperiode (Pluto im Stier) werden Experimente nicht mehr gefragt sein, man wird eher das Erreichte auskosten und stabilisieren wollen. Viele derjenigen, die sich mit der neuen Ordnung nicht abfinden können, wandern nach Amerika aus, wo der Goldrausch 1849 über 100 000 Menschen nach Kalifornien bringt. Gemäss der Uebergangsphase des Pluto zwischen Widder und Stier verbinden sich dabei pionierhaftes Abenteuertum (Widder) mit Bereicherungsabsichten (Stier).

*Tabelle 1*

## Astrologische Konstellationen während der Zeit von Pluto im Widder (1821–53)

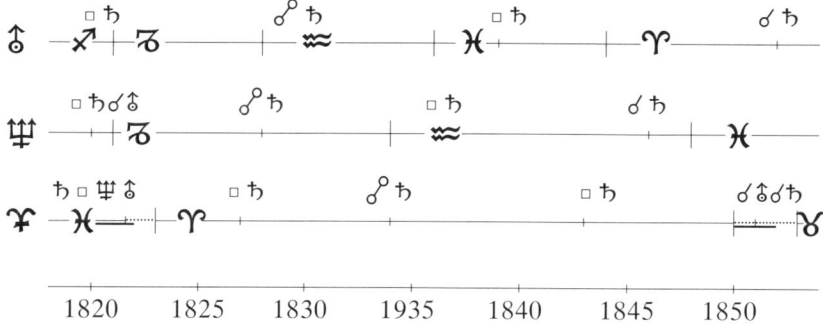

# Pluto im Stier

Juli 1850 – April 1884
Übergangszeit Stier-Widder: 1850 – 1853
Übergangszeit Stier-Zwilling: 1882 – 1884

*Astrologische Symbolik*

Im Zusammenhang mit Pluto im Stier geht es um die Absicherung des Erreichten. Das Bewusstsein ist auf Besitz, Kapital und Stabilität gerichtet. Dazu werden die Dinge strukturiert und Klassen, vielleicht auch Kasten gebildet. Derjenige, der etwas hat, verteidigt es, und diejenigen, die nichts haben, bleiben arm, es sei denn, sie eignen sich durch Arbeit Besitz an. In Bezug auf die Besitzthematik wird die Aufmerksamkeit auch dem Boden und den Bodenschätzen gelten sowie den Produkten, welche über Arbeit aus Rohmaterialien hergestellt werden können (einerseits Landwirtschaft, andererseits Industrie). Krasse Ueberbetonung des Kapitals kann eine Neubetrachtung des Wertes der Arbeit nach sich ziehen. Dabei kann sich die Frage stellen, ob die Produkte eher demjenigen, der den Boden oder das Kapital besitzt, gehören, oder demjenigen, der die Arbeit erbringt. Pluto im Stier kann hier einiges in Bewegung bringen.

Da Pluto im Stier sich im Bereich seiner eigenen Achse befindet (Pluto als Herrscher des Skorpionzeichens, welches dem Stierzeichen gegenüberliegt), wird nicht nur die Polarität Landwirtschaft (Stier) – Industrie (Skorpion) zutagetreten, sondern auch jene zwischen hell und dunkel, was im übertragenen Sinn auch den Konflikt zwischen Weissen und Schwarzen symbolisiert.

*Restauration, Reaktion und Rückgriff auf eine konservative Politik*

Kurz vor dem Eintritt Plutos ins Stierzeichen veröffentlichten Marx und Engels das «Kommunistische Manifest» (1848) und in ganz West- und Mitteleuropa entlud sich eine angesammelte Gärung in Form von Volkserhebungen. Am ausgeprägtesten waren die Konfrontationen in Frankreich, wo es ebenfalls im Jahre 1848 der Bourgeoisie mit Hilfe des Militärs gelang, den Aufstand in furchtbaren Strassenkämpfen niederzuwerfen.

Das Resultat davon ist eine Besinnung auf konservative Werte, wird doch im November 1852 Napoleon III. von einer überwältigenden Mehrheit des Volkes zum Kaiser der Franzosen «durch Gottes Gnaden und des Volkes Willen» gewählt. Wie weit liegen doch die Zeiten zurück, wo unter Pluto im Wassermann die französische Revolution ausgerufen wurde!

In vielen Ländern werden Börsen errichtet, man interessiert sich dafür, reich zu werden, und ganze Bevölkerungsschichten werden von einem Spekulationsfieber erfasst. Aehnliches gilt auch für die Goldgräber, deren Sturm auf die kalifornischen (ab 1848) und australischen Goldreserven (ab 1851) an der Wende zwischen Pluto im Widder und Pluto im Stier einsetzte.

*Nutzung der Bodenschätze – Ausbeutung der Kolonialvölker – Hypothekar- und Kreditwesen*

Wir beobachten während der Anwesenheit von Pluto im Stier eine intensive Nutzung der Bodenschätze (Erdöl, Kohlenerze, Mineralien), welche mit einer systematischen Ausbeutung der Kolonialvölker verknüpft ist. Am meisten haben die Schwarzen darunter zu leiden (Gegenzeichen Skorpion). Gleichzeitig werden Besitz und Bodenständigkeit wichtig. Dies ist eine Periode, wo viel gebaut wird und man Eisen einsetzt, um Konstruktionen zu stabilisieren. Ein grosser Teil der Stahlproduktion geht überdies in ein umfassendes Eisenbahnsystem. Wir finden hier das für das Stierzeichen typische Prinzip der Landnahme, verbunden mit dem Gefühl der Macht des Menschen über die Natur. Es entstehen zu dieser Zeit viele der Vorstellungen hinsichtlich der Beherrschung der Natur durch den Menschen, welche im 20. Jahrhundert mit Pluto im Skorpion aufs deutlichste in Frage gestellt werden müssen. Zu dieser Zeit wird auch das Hypothekar- und Kreditwesen entwickelt, ebenfalls ein Prinzip, welches mit Pluto im Skorpion im Zusammenhang mit dem Thema der Ueberschuldung revidiert werden muss. Zur Zeit von Pluto im Stier wird auch die Industrie massiv ausgebaut, was zu einem kapitalistischen Grossbürgertum führt. Auch dieses Prinzip einer grenzenlosen industriellen Entfaltung wird später einer kritischen Prüfung unterzogen werden.

*Die Gegensätze zwischen Landwirtschaft und Industrie – Der amerikanische Bürgerkrieg – Die ersten Millionäre*

Die Spaltung der Welt in reiche Industrieländer und arme Agrarländer beginnt zu dieser Zeit. Die Rationalisierungen in den Industrieländern machen Demokratisierungsprozesse möglich, während in den Agrarländern die besitzende Schicht, weil sie auf menschliche Arbeitskräfte angewiesen ist, danach strebt, die Arbeiter ohne Rechte zu belassen.

Diese Gegensätze stossen im amerikanischen Bürgerkrieg (1861-1865) am deutlichsten aufeinander. Der weitgehend industrialisierte Norden kann wegen freier Landreserven auch im Bereich der Landwirtschaft die Entwicklung unter das Prinzip der Gleichheit stellen. Jeder Tüchtige soll das Recht haben, sich durch harte Arbeit eigenes Land anzueignen, dieses zu bebauen und sich damit eine Existenz zu schaffen. Dieser Philosophie stehen jedoch die billigen Produktionskosten der Südstaaten entgegen, welche als Arbeiter Sklaven beschäftigen, die als Besitz gehalten werden (negative Stierentsprechung) und denen jegliche Bürgerrechte abgehen. So kommt es, weil es der Norden hinsichtlich landwirtschaftlicher Produktionskosten nicht mit dem Süden aufnehmen kann, weitgehend aus wirtschaftlichen Gründen, zum Bürgerkrieg. Dabei setzt sich das demokratische System schliesslich durch, mit dem Resultat, dass bis Ende der Periode von Pluto im Stier in den USA die industrielle Produktion bedeutsamer wird als die landwirtschaftliche und Amerika gar zum Hauptindustrieland der Welt. Die starke Industrialisierung schlägt sich dabei auch in der landwirtschaftlichen Arbeitsproduktivität nieder, welche innerhalb einer kurzen Zeitspanne eine Steigerung um das Zehnfache erfährt. Während sich in den USA auf der einen Seite der Typus des Geschäftsmannes und des self-made Millionärs immer mehr profiliert (z.B. Andrew Carnegie, John D. Rockefeller, J. P. Morgan etc.), werden die Indianer dezimiert und in Reservate umgesiedelt.

### Die grosse Zeit der Kaiser – Stacheldraht und allgemeine Wehrpflicht

Überhaupt siegt in Kriegen nun immer mehr diejenige Nation, welche die moderneren Waffen und die grösseren industriellen Reserven besitzt. Dies tritt besonders im deutsch-französischen Krieg von 1870 in Erscheinung. Das etwas später, im Jahre 1873 stattfindende Drei-Kaiser-Abkommen zwischen Kaiser Wilhelm I., Kaiser Franz Joseph von Oesterreich und dem russischen Zaren Alexander II. soll dann helfen, den territorialen Frieden zu sichern, indem damit Frankreich isoliert wird. Auf typisch stierhafte Art wird hier Macht durch Bündnisse gefestigt und erweitert. Der Sicherheit soll auch das etwa zur gleichen Zeit an Joseph F. Glidden erteilte Patent für die Erfindung des Stacheldrahtes (USA, 1874) dienen.

In den USA setzen sich, nach blutigen Weidekriegen, die Siedler gegenüber den Viehzüchtern, welche das Prinzip der offenen Weide vertreten, durch. Damit beginnen allerdings im Westen der Vereinigten Staaten bürgerkriegsähnliche Auseinandersetzungen um den Landbesitz.

Der Stier/Skorpion-Polarität entspricht sicher auch die Tatsache, dass die Zeit von Pluto im Stier die grosse Zeit Preussens ist und damit der preussischen Militär-Monarchie. Dabei nötigt der preussische Militarismus durch seine grossen Erfolge andere Staaten zur Nachahmung. So wird die allgemeine Wehrpflicht und das preussische System des Rahmenheeres mit mehrjähriger aktiver Dienstzeit 1868 in Oesterreich-Ungarn, 1872 in Frankreich und 1874 in Russland sowie den übrigen festländischen Staaten eingeführt, mit Ausnahme der Schweiz, die beim Miliz-System bleibt.

Diese Entwicklung, die mit Pluto im Stier ihren Anfang nimmt, wird im 20. Jahrhundert mit Pluto im Gegenzeichen Skorpion überprüft und eine aufgeblähte Militärmaschinerie wieder abgebaut werden.

### Das viktorianische Zeitalter – Positivismus und historischer Materialismus – Darwinismus

Dem nach Arbeit, Besitz und Sicherheit Suchenden sind sämtliche Faktoren, welche bestehende Strukturen durcheinanderbringen könnten, unerwünscht. Dazu gehört auch die dem Gegenzeichen (Skorpion) zuzuschreibende Sexualität. So ist verständlich, dass die Wanderung des Pluto durch das Stierzeichen weitgehend mit dem als streng und puritanisch geltenden viktorianischen Zeitalter zusammenfällt. Alles Unkontrollierbare im Menschen wird bekämpft, was sich bereits in der Erziehung manifestiert, wo der Drill eine grosse Rolle spielt. So wird bereits 1852 in Preussen ein Disziplinargesetz erlassen, das die Polizeibehörden verpflichtet, Beamte auf ihre «richtige Gesinnung» hin zu überprüfen.

Charakteristisch für diese Zeit ist auch die Tatsache, dass man sich vermehrt mit den Schwarzen (Skorpion-Entsprechung) auseinandersetzt. Entweder man unterdrückt sie (Kolonialpolitik), oder man befreit sie (Abschaffung des Sklavenhan-

142

dels). Letztere Entsprechung wird jedoch von gemischten Gefühlen begleitet. So ist bezeichnend, dass in dieser Zeitperiode (1866) in den USA als Gegenreaktion der Ku-Klux-Klan gegründet wird.*

In den verschiedensten Bereichen macht sich eine materialistische Einstellung breit. Die «Wirklichkeit» wird ein zentrales Thema von Philosophie, Politik, Wirtschaft, Literatur und Kunst. So entwickelt sich im Bereich der Philosophie der Positivismus von August Comte, welcher jegliche metaphysischen Ueberlegungen ablehnt. Nur die Erkenntnisse, welche sich aus der Erfahrung und der Beobachtung ergeben, das «Positive», hat für die Erarbeitung von Theorien Gültigkeit. Karl Marx[1] vertritt die Theorie des historischen Materialismus, wobei er davon ausgeht, dass sich der geschichtliche Ablauf nach präzisen Gesetzen vollzieht. Der erste Band seines Lebenswerkes, «Das Kapital», wird 1867 veröffentlicht, zum Zeitpunkt, wo Pluto eine Konjunktion und Saturn eine Opposition zu seiner Sonne/Mond-Konjunktion im Stierzeichen bilden (siehe Figur 5). Einige Jahre zuvor (1859) veröffentlichte Darwin in England die Schrift «Ueber die Entstehung der Arten durch natürliche Auslese oder das Erhaltenbleiben der begünstigten Rassen im Ringen um die Existenz». Es handelt sich bei dieser Evolutionstheorie um ein ebenfalls sehr materialistisches Konzept, welches von Gegnern als «Affentheorie» und als Atheismus verunglimpft wird. Darwins Konzepte beeinflussen in der Folge jedoch nicht nur die Biologie, sondern auch die Geistes- und Sozialwissenschaften, sodass nun auf allen Bereichen Erklärungsmodelle nach dem Prinzip der Selektion und des Ueberlebens des Stärksten, Nützlichsten und Angepasstesten entwickelt werden.

### Die Generation mit Pluto im Stier

Wir können die mit Pluto im Stier Geborenen im zwei Gruppen einteilen: Einerseits diejenigen, welche fest in der Materie verankert sind und sich durch die Hochhaltung traditioneller und materieller Werte hervorheben; die Erbauer solider Strukturen und Begründer des kapitalistischen Systems, welche den Wert des Menschen in seinem Arbeitswillen und Durchhaltevermögen erblicken. Andererseits haben wir in der Endphase von Pluto im Stier vorübergehend seit 1874 und permanenter seit 1875 eine Zeit, wo auch Neptun im Stier ist. Aus dieser Periode gehen viele der Persönlichkeiten hervor, welche die Struktur der Materie und der konkreten Form in Frage stellen und mit ihrem philosophischen, wissenschaftlichen oder künstlerischen Ansätzen das 20. Jahrhundert massgeblich prägen werden. Dies betrifft Persönlichkeiten wie Albert Einstein, C. G. Jung und Pablo Picasso, um nur einige der wichtigsten zu nennen. Für diese Vorläufer ist die allmächtige Materie oder Form dazu da, um transzendiert zu werden, damit die unsichtbare dahinterliegende Ebene sichtbar wird. Bei Einstein geht es um das Sichtbarmachen der in der Materie enthaltenen Energie, bei Jung um die hinter der vordergründigen Erscheinung vorhandene psychische Energetik und bei Picasso um die hinter dem Dreidimensionalen liegende Mehrdimensionalität (Auflösung der

---

* Eine Parallele zu dieser Entwicklung erleben wir gegenwärtig mit Pluto in Skorpion in Südafrika.

143

Form). Dabei handelt es sich um Pioniere, um Erbauer von neuen Systemen. Ihre Ueberzeugungen werden erst von der nächsten Generation mit Pluto/Neptun-Konjunktion im Zwillingezeichen aufgegriffen und unter die Leute gebracht werden.

### Andere astrologische Einflüsse zur Zeit von Pluto im Stier

Die Zeit von Pluto im Stier wird von zwei Konjunktionen von Pluto mit Saturn umrahmt (1851 und 1883). Die Konjunktion von 1851 ist jedoch gleichzeitig eine

Figur 5:

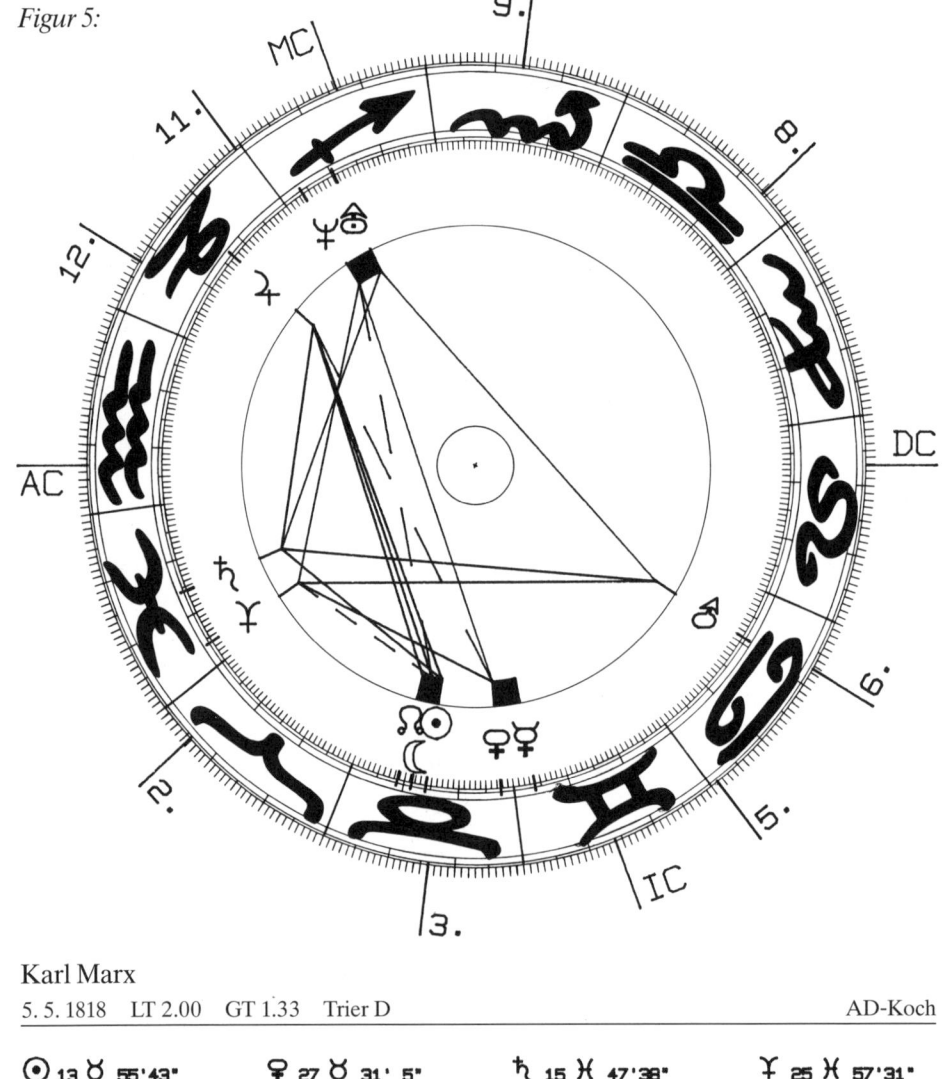

Karl Marx
5. 5. 1818   LT 2.00   GT 1.33   Trier D                                    AD-Koch

| ☉ 13 ♉ 55'43" | ♀ 27 ♉ 31' 5" | ♄ 15 ♓ 47'38" | ♅ 25 ♓ 57'31" |
| ☾ 11 ♉ 15'53" | ♂ 20 ♋ 46'36" | ⚷ 19 ♐ 30'40" R | ☊ 8 ♉ 33'30" R |
| ☿ 3 ♊ 38'20" | ♃ 12 ♉ 56'37" R | ♆ 26 ♐ 8'52" R | ⚳ 8 ♉ 50'18" |

144

Konjunktion des Pluto mit Uranus, was ihr eine besondere Bedeutung verleiht (Uranus/Pluto-Konjunktionen sind recht selten; die nächste wird erst 1965 stattfinden). Der Anfang der 50er Jahre des 19. Jahrhunders ist, wie wir schon darauf hingewiesen haben, eine Zeit, in welcher sich eine bürgerliche Ordnung institutionalisiert. Hätte sich Pluto in einem anderen Element als dem der Erde befunden, so hätten die kurz zuvor (1848) stattgefundenen Unruhen sicher einen unterschiedlichen Ausgang genommen. Mit Pluto im Stier ist aber das Bedürfnis nach stabilen Verhältnissen stärker als der Wunsch nach einem Umbruch. Gleichzeitig befand sich ja auch Neptun im eher weichen Fischezeichen, während die Saturn/Pluto-Konjunktion für wichtige wissenschaftliche und industrielle Durchbrüche sorgte.

Sicher ist auch von Bedeutung, dass die Periode von Pluto im Stier ebenfalls von zwei Saturn/Neptun-Konjunktionen umrahmt ist. Die intensive Verbindung zwischen Saturn und Neptun, welche 1846 in einer Konjunktion ihren Anfang nahm, ist nämlich bis 1849 wirksam, indem der Dialog zwischen Saturn und Neptun durch die Stellung von Saturn im Fischezeichen bis zu diesem Jahr verlängert wird. So können wir in den verschiedenen sozialistisch geprägten Aufständen im Jahre 1848 ein erwachendes Bewusstsein der Arbeiterklasse sehen, welches dann während der Zeit von Pluto im Stier weiterschlummert, um anlässlich der nächsten Saturn/Neptun-Konjunktion von 1882/83 in verschiedensten Formen sozialer Gesetzgebungen zum Ausdruck zu kommen. Entsprechend finden wir beispielsweise in Deutschland 1881 einen ersten Vorstoss zur Sozialgesetzgebung, welche 1883 in einem Gesetz zur Krankenversicherung, dem ersten Bismarck'schen Sozialgesetz, zur Gestaltung gelangt, während in der Schweiz 1881 verfügt wird, dass Fabrikbesitzer bei Unfällen ihrer Arbeiter haftbar sind.

Auch das Wirken Karl Marx's, der astrologisch gesehen ein doppelter Stier ist (Sonne und Mond im Stierzeichen), umspannt diese Zeitperiode. 1848 gab er zusammen mit Engels das Kommunistische Manifest heraus. 1883 stirbt er im Londoner Exil. Damit ist er ein typischer Kritiker der Schattenqualitäten der Pluto-Stierzeit. Er kümmert sich um die Ausbeutung der Arbeiter zu einer Zeit, wo seines Erachtens das Kapital die Macht ausübt, andererseits ist er mit dem von ihm geprägten Begriff des Historischen Materialismus ebenfalls Ausdruck des Schattens des Stierprinzips.

Wie wichtig diese Umrahmung der Pluto-Stierzeit durch die beiden Saturn/Neptun-Konjunktionen ist, zeigt sich an den Vorkommnissen zur Zeit des Quadrats von Saturn und Neptun, welches 1872/73 der Konjunktion von 1882 um 9 Jahre vorausgeht (der Saturn/Neptun Zyklus beträgt 36 Jahre). Unter dem gleichzeitigen Einfluss einer Opposition zwischen Saturn und Uranus bricht die Weltwirtschaft zusammen: Die zu starke Ausdehnung der staatlichen und privaten Investitionen führten zu einer Ueberproduktion, mit der die Nachfrage nicht Schritt halten konnte. Gleichzeitig gerieten zahlreiche Kapitalanleger in ein derartiges Spekulationsfieber, das die Aktienkurse so sehr in die Höhe trieb, dass nur der Sturz folgen konnte. In Deutschland waren die rund 4 Milliarden Mark Kriegsentschädigung, die das Deutsche Reich nach 1871 von Frankreich erhielt, in erheblichem Umfang daran beteiligt. Dadurch wurde viel Kapital freigesetzt, welches die Spekulation anheizte, womit sich die materialistische Gier von Pluto im Stier selbst ihr Grab schaufelte.

Die Zeit von Pluto im Stier fällt mit drei verschiedenen Neptun-Stellungen zusammen: Zunächst Neptun in Fische (bis 1862), dann im Widder (bis 1875) und schliesslich Neptun im Stier, bis über das Ende von Pluto im Stier hinaus (1889). Die letzte Periode ist durch die gleichzeitige Anwesenheit von Neptun und Pluto im Stierzeichen vielleicht die interessanteste. Ab 1882/83 können wir aufgrund der gleichzeitigen Konjunktion mit Saturn, der zwischen Neptun und Pluto eine Brücke schlägt, von einer weiten Konjunktion zwischen diesen beiden Langsamläufern sprechen, welche thematisch noch dem Stierzeichen anzurechnen ist. Ab 1884 bereitet sich dann die erst 1891/92 genau werdende Konjunktion im Zwillingezeichen vor. Diese wird dann Anlass für die Entstehung eines neuen Weltbildes sein.

*Tabelle 2*

## Astrologische Konstellationen während der Zeit von Pluto im Stier (1850–84)

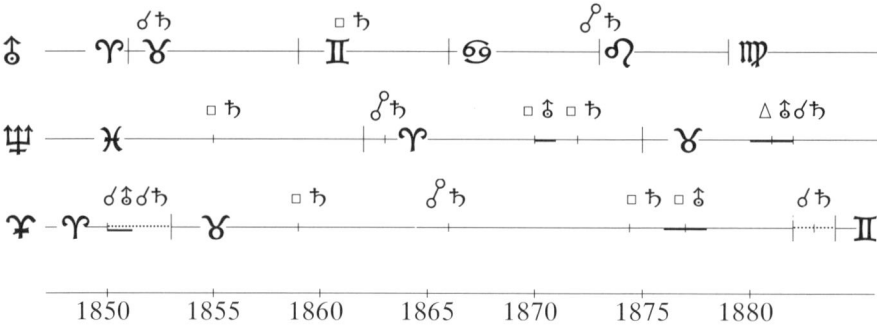

# Pluto in Zwillinge

Juli 1882 – Mai 1914
Übergangszeit Stier-Zwillinge: 1882 – 1884
Übergangszeit Zwillinge-Krebs: 1912 – 1914

*Astrologische Symbolik*

Was ist mit Pluto im Zwillingezeichen zu erwarten? Wir können uns vorstellen, dass der Bereich Kommunikation, Fortbewegung und Handel eine wichtige Entwicklung durchmacht. Auch dürften neue Denksysteme aufkommen, welche vielleicht eine gänzlich andere Weltsicht eröffnen. Dies ist insbesondere deshalb anzunehmen, weil zwischen 1887 und 1902 Neptun die meiste Zeit ebenfalls im Zwillingezeichen ist und während der 90er Jahre des 19. Jahrhunderts eine Konjunktion mit Pluto bildet. Neptun als Planet der Transzendenz zusammen mit Pluto, dem Symbol der Transformation, hat somit gute Chancen, das bisherige Weltbild auf den Kopf zu stellen und den Menschen mit einer neuen Sicht der Dinge zu konfrontieren. Dies dürfte nicht nur die Funktion des Intellekts im wissenschaftlichen Bereich tangieren, sondern zu neuen Erkenntnissen hinsichtlich menschlichen Denkens und Verhaltens führen.

*Umwälzende Veränderungen – Sichtbarwerden der Schützepolarität*

Die Zeit von Pluto im Zwillingezeichen ist geprägt von einer grenzenlosen Faszination für Wissenschaft und Technik. Während dieser kurzen Periode werden mehr Entdeckungen gemacht als während der letzten 2000 Jahre. Im Hinblick auf das Leben des Einzelnen sind diese Entdeckungen sogar bedeutsamer als jene, welche während späteren Perioden hervorgehen werden. Sämtliche Errungenschaften drehen sich um die Bereiche Fortbewegung (Auto, Flugzeug, Brücken- und Tunnelbau, Strassenbahn und Untergrundbahn), Kommunikation (Zeitungswesen, Film, Telegraphie) und Handel (Ausbau des Welthandels, erste Warenhäuser). Daneben werden im Bereich des Denkens und des Wissens Entdeckungen hervorgebracht, welche längerfristig das Weltbild des Menschen verändern werden. Es handelt sich dabei insbesondere um die Ueberwindung der euklidischen Dreidimensionalität, welche von einem räumlichen Koordinatensystem ausgeht, und ihren Ersatz durch ein vierdimensionales Raum/Zeit-Kontinuum. Damit werden die Grundpfeiler der bisherigen Wirklichkeitsauffassung erschüttert. Gleichzeitig vollzieht sich in der Psychologie eine wichtige Wende. Die Spaltung der Psyche in ein Bewusstes und Unbewusstes wird aufgedeckt und die nicht-kausale Verknüpfung von Phänomenen im Traumgeschehen aufgezeigt. Allerdings wird der grössere Teil der Masse die aus der Relativierung des Wirklichkeitsbildes hervorgehenden Erkenntnisse erst in späteren Jahrzehnten verstehen.

Im politisch-wirtschaftlichen Bereich wird die Zeit von Pluto in Zwillinge ganz allgemein als die «Zeit des Imperialismus» bezeichnet. Darunter versteht man den

Kampf um die Aufteilung der Welt und das wirtschaftliche Hervortreten der USA. Die USA als Zwillinge-Land entwickeln sich in dieser Periode zur stärksten Wirtschaftsmacht der Welt und zwar nicht nur in absoluten Zahlen, sondern auch im Pro-Kopf-Industrialisierungsgrad und verdrängen dabei bereits circa 1890 England aus der Position der führenden Wirtschaftsmacht. 1913 entspricht die industrielle Produktion der USA bereits in etwa der summierten Produktion von England, Deutschland und Frankreich. Damit verschiebt sich in dieser Zeit der Schwerpunkt der Weltwirtschaft von Europa nach USA, eine Entwicklung, welche dann durch den ersten Weltkrieg endgültig besiegelt wird. Durch den Bau des Panama-Kanals öffnen sich die USA sowohl nach dem Atlantik als auch nach dem Pazifik. Ihre «Dollar-Diplomatie», das heisst, ihre Zielsetzung, mit finanziellen Mitteln politischen Einfluss auf fremde Regierungen zu nehmen, ist insbesondere in Mittelamerika sehr erfolgreich.

Der Historiker J. Hartmann[2] beschreibt die Zeit von 1890-1914 folgendermassen:

> «Die nationalen Triebkräfte, die die europäische Geschichte des 19. Jahrhunderts bestimmten, münden in den Imperialismus, als zu Ausgang des Jahrhunderts der Raum der ganzen Erde in die Politik und Volkswirtschaft der Mächte einbezogen wurde ... In der über die ganze Erde sich erstreckenden Verflechtungen von Erzeugung und Verbrauch entstand eine Weltwirtschaft − im Streben nach Rohstoff und Absatzgebieten, in der zunehmendem Abkehr vom Freihandel suchten die Mächte noch eine gewisse Unabhängigkeit der eigenen ins Riesenhafte anwachsenden Volkswirtschaften zu bewahren. Wirtschaftliche und politische Gründe verknüpften sich so bei dem Wettlauf um die Aufteilung der noch herrenlosen Gebiete der Erde.»

### Veränderungen im Bereich der Fortbewegung und des Transports

Während dieser Zeit erlebt der Mensch ein neues Gefühl von Beweglichkeit. Die Bedeutung der Eisenbahn nimmt rapide zu. Auch wenn die meisten Züge noch durch Dampf angetrieben sind, so werden während dieser Periode die ersten elektrischen Lokomotiven entwickelt. In den 90er Jahren des 19. Jahrhunderts werden auch in zahlreichen Städten elektrische Strassenbahnen eingeführt (erste elektrische Strassenbahn 1881, Berlin). Zur Fortbewegung gehören auch Brücken sowie Tunnels und Kanäle. 1883 wird die Brooklyn Bridge fertiggestellt, ein Wunderwerk der Ingenieurkunst des 19. Jahrhunderts. Man beginnt sogar mit einem Tunnel unter dem Ärmelkanal und baut den Panamakanal. Nach New York, London und Paris erhält auch Berlin 1902 eine Hoch- und Untergrundbahn, während die erste elektrische Untergrundbahn schon 1890 in London eingeweiht wurde. Auch individuelle Beweglichkeit wird geschätzt. Das Fahrrad erlebt einen gewaltigen Aufschwung. Für die Vermögenderen gibt es bereits Autos (1886: erstes Benzinauto von Daimler). Das erste internationale Autorennen findet 1894 auf der Strecke Paris-Rouen statt. 1903 vollbringen die Gebrüder Wright den ersten Motorflug.

Die zu dieser Zeit entstehende grosse Beweglichkeit zieht die Menschen in die Städte und nach den USA, in das Land der neuen Möglichkeiten, welches astrologisch als Zwillinge-Krebs-Land bezeichnet wird. Die USA registrieren 1907 ihre höchste Immigrationsrate, aber auch die in Paris 1900 stattfindende Weltausstellung überbietet mit 50 Millionen Eintritten die Zahl der gesamten französischen Bevölkerung. Bei diesem Anlass werden nicht nur elektrische Hochbahnen, sondern auch rollende Trottoirs vorgezeigt. Auch geographische Karten im Relief (z.B. der Schweiz) gehören – als Mittel, um sich topographisch zu orientieren – dazu.

Zu dieser Zeit gehen mit Auto und Eisenbahn wesentliche Entwicklungen vor sich, welche das Pferd (Symbol des gegenüberliegenden Schützezeichens) allmählich verdrängen. Gleichzeitig erfreuen sich um 1900 herum Pferderennen grösster Beliebtheit. Im Jahre 1900 kauft ein französischer Züchter einen berühmten englischen Hengst für die astronomische Summe von einer Million Francs. Das Geschäft hat sich aber gelohnt, er verkauft in den folgenden Jahren Nachkommen dieses Wunderpferdes im Werte von zwei Millionen Francs.

Neue Transportmöglichkeiten gibt es nicht nur für Menschen, sondern auch im Bereich der Bilder. Eastman bringt den ersten Rollenfilm hervor und der von Marconi entwickelte Empfang von Morsezeichen über Kontinente hinweg macht bereits 1906 Fortschritte zur Bildtelegraphie. Damit stossen wir jedoch bereits zum nächsten Thema, jenem der raschen Entwicklung der Kommunikationsmittel vor.

### *Sprunghafte Entwicklung der Kommunikationsmittel*

Einige Daten mögen die rasante Entwicklung in diesem Bereich aufzeigen: 1884 patentiert Eastman den Rollenfilm, im gleichen Jahr bringt Waterman die Füllfeder zur Marktreife, 1885 wird das erste Diktiergerät erfunden, 1887 konstruiert Berliner das Grammophon. 1888 können bewegte Bilder projiziert werden, 1895 entwickelt Marconi die drahtlose Telegraphie. 1900 entsteht die erste Photokopiermaschine, während 1901 drahtlose Telephonübertragungen möglich werden. 1906 ermöglicht dann die Bildtelegraphie nicht nur die augenblickliche Übertragung von Nachrichten, sondern von Bildreportagen aus entlegensten Gebieten.

Dies kommt dem Nachrichtenwesen und den Zeitungen zugute, welche seit den 90er Jahren zu einem beherrschenden Medieninstrument werden. Dem war die Erfindung von Setzmaschinen ab 1884 durch Mergenthaler und Lanceton vorausgegangen (Linotype-Setzmaschine). Wir erkennen typische Zwillinge-Eigenschaften, nicht nur in der schnellen Übertragung von Informationen, sondern auch im Konkurrenzkampf um die Attraktivität von Sensationsmeldungen. Das Merkurzeichen Zwillinge kennt keine moralischen Bedenken und so wird kunterbunt das übermittelt, was aufreizend genug ist, um gelesen zu werden. Darin können wir den Beginn einer Entwicklung erblicken, welche das ganze 20. Jahrhundert prägen wird. So wird beispielsweise der spanisch-amerikanische Krieg von 1898 ganz massgeblich durch provokative Meldungen über die Untaten des Feindes aufgeheizt, bis die Bereitschaft da ist, in einen unnötigen Krieg zu ziehen. Die Mächtigkeit des Zeitungswesens zu dieser Zeit wird auch aus dem kleinen Detail ersichtlich, dass das 1904 fertiggestellte derzeitig höchste Gebäude, der Wolkenkratzer der amerikanischen Zeitung «The New York Times» ist. Ein Kommentator schreibt dazu:

> «Es scheint in solchen Hochhäusern ein ähnlicher Machtanspruch, ein ähnliches Repräsentationsbedürfnis zum Ausdruck zu kommen, wie in den Adelstürmen mittelalterlicher Städte.»

Die Macht gehört nun eindeutig denjenigen, welche über die Verbreitung des Wortes verfügen. Es ist erwähnenswert, dass ebenfalls während der Zeit von Pluto in Zwillinge zwecks besserer Kommunikation die früher übliche Lokalzeit aufgegeben wird und Standardzeiten sowie Zeitzonen eingeführt werden.

Im übrigen nehmen kulturelle Aktivitäten stark zu. Verschiedene literarische Cafes kommen auf und das literarisch-politische Cabaret erfreut sich grosser Beliebtheit. Flammende Reden werden gehalten, extreme Meinungen vertreten. Es ist auch eine Zeit, wo Sport und Spiel an Licht, Luft und Sonne allmählich aufkommen (gegenüberliegendes Schützezeichens). Dabei wird der Wettbewerb in der Bewegung gesucht: Radrennen, Pferderennen, Automobilrennen und Wettschwimmen werden gross geschätzt. Auch der Skisport feiert seine Anfänge.

### Handel, Politik und Kriegsführung

Insbesondere durch die Eisenbahn, die Seeschiffahrt und die Telegraphie erhält der Handel eine weltumspannende Bedeutung. Räumliche Entfernungen sind kein Problem mehr, wenn man mit Gleichzeitigkeit von einem Kontinent zum anderen kommunizieren kann. Der rege Warenaustausch lässt die ersten Warenhäuser entstehen, nicht nur in den USA, sondern auch in Europa. Beispielsweise wird 1892 das Kaufhaus «Harrods» in London eingeweiht.

Dementsprechend erzeugt aber das raum-zeitliche Zusammenrücken der verschiedenen Länder auch Ängste im Zusammenhang mit Staaten, welche vorher durch ihre Inselstellung geschützt waren. So fürchtet sich England nun nicht nur vor dem Aufbau der deutschen Flotte, sondern vor Entwicklungen im Flugzeugbau. Es werden angsterregende Szenarien ausgemalt, welche sich jedoch erst viel später bewahrheiten werden. Für die Hellsichtigen wird jedoch jetzt schon klar, dass Kriege in Zukunft durch den technologischen Stand der kriegführenden Nation entschieden werden. Gerade die Rückständigkeit der militärischen Einrichtungen der zaristischen Armee im Krieg mit Japan beschleunigen durch die Niederlagen der Russen revolutionäre Tendenzen. 1905 sind bereits die Voraussetzungen für die russische Revolution gegeben (Meuterei auf der Potemkin). Gemäss der Thematik von Pluto im Zwillingezeichen spielen dabei die Intellektuellen eine grosse Rolle. Es ist eine Zeit, wo neue Denksysteme die alten ersetzen.

### Wissenschaftliche Errungenschaften – Veränderungen im Bereich des Denkens und Verhaltens

Wie wir bereits erwähnt haben, ist die Zeit von Pluto in Zwillinge im Bereich wissenschaftlicher Entdeckungen die reichste Zeit der bisherigen Geschichte der Menschheit. Zwischen 1886, der Konstruktion des ersten Benzinautos, und 1903, dem ersten Flug der Gebrüder Wright, erlangt der Mensch durch Fahrrad, Auto und Flugzeug ein ungeheures Gefühl individueller Beweglichkeit. Sein Traum, die räumlichen Bedingtheiten der Materie zurücklassen zu können, wird wahr. Dies entspricht einem Sieg über die statische Raumdimension.

Dazu gehört auch die 1895 gemachte Entdeckung der Röntgenstrahlen, welche einen bisher nicht denkbaren Zerfall der Materie symbolisieren; eine Entdeckung, welche durch den von Becquerel ein Jahr später beobachteten Uranzerfall bestätigt wird. Materie ist damit nicht mehr konstant, sondern sie kann zerfallen, sodass man mit Hilfe der Halbwertszeit eine die Zeit beinhaltende Formel benutzen muss, um ihren Zustand zu definieren. Dieses Einbrechen der Zeitkomponente zeigt sich im gleichen Jahr bei der ersten Vorführung von «lebenden Bildern», einem Filmprogramm der Gebrüder Lumière in Paris und der Darstellung von bewegten Strassenszenen durch die Gebrüder Skladanowsky im Berliner «Wintergarten». Auch hier ändert sich die Abbildung einer räumlichen Struktur durch den Einfluss des Zeitfaktors: Man kann plötzlich ganze Abläufe abbilden.

Die Entdeckung der Radioaktivität und der Röntgenstrahlen führt dann zu Anfang des 20. Jahrhunderts zur Quantentheorie (1900) und zur Relativitätstheorie (1905), die Auflösung der statischen Form zur abstrakten Malerei; später wird dies zum Fernsehen führen und, noch verquickter, nicht nur zur reproduktiven Darstellungen ganzer Abläufe, sondern zur Neukonstruktion ganzer Ablaufkomplexe durch den Computer. Dies bedeutet jedoch nichts anderes, als dass zur Jahrhundertwende die Qualität des zeitlichen Faktors gegenüber dem Raumfaktor an Bedeutung gewinnt. Dazu gehört auch, dass mittels der Röntgenstrahlen bereits 1903 umstrittene Funde aus dem Neandertal, welche hinsichtlich ihres Alters und damit ihrer Bedeutung äusserst umstritten waren, nun mit Sicherheit als Überreste einer vorgeschichtlichen Menschenrasse datiert werden können.

Das, was sich zur Zeit um 1900 im Bereich des Denkens und der Wissenschaft abspielt, reicht thematisch weit über die blosse Periode von Pluto im Zwillingezeichen hinaus. Hören wir uns an, was der Kulturhistoriker Jean Gebser[3] zu dieser Zeit meint:

> «Vordergründig gesehen, liegt der Keim zu all den positiven und negativen Folgen der Anbetung von Wissenschaft und Technik in jenen ersten Jahren unseres Jahrhunderts. Dabei handelt es sich vornehmlich um den naturwissenschaftlichen Bereich. Auf den geistesgeschichtlichen, der selber weitgehend einer zunehmenden Übergewichtung der materiellen Denkart zum Opfer fiel (Marxismus, Psychoanalyse, Neopositivismus, Faschismus und andere mehr), hier einzugehen, würde vom Thema ablenken. Aber auf eine erst spät erkannte und erst später sich auswirkende Leistung, die zwar auch zivilisatorisch-technische Folgen negativer Art hatte, und die die zivilisatorische Revolution begleitete, muss jetzt hingewiesen werden. Sie betrifft die Revolutionierung der bisherigen Denkweise und Denkform, die durch die drei grossen Physiker Planck, Rutherford und Einstein ausgelöst wurde. Der Tragweite dieser Revolutionierung ist sich selbst heute die Welt noch nicht restlos bewusst geworden.»

Wir erkennen auch hier die Polarität Zwillinge/Schütze. In beiden Zeichen geht es um das Denken und das Erkennen, letztlich auf dieser Achse somit um das Wissen. Das bisherige Wissen wird zu dieser Zeit, auch wenn die meisten Zeitgenossen dies nicht wahrnehmen und auch spätere Generationen dies auch weiterhin nicht erfassen werden, gänzlich umgekrempelt. Wichtige Pfeiler des bisherigen Denkens, die Logik des Aristoteles, die materialistische Atomlehre des Demokrit und die Geometrie des Euklid werden umgestossen. Die Konsequenzen dieser Erkenntnisse werden erst im späten 20. Jahrhundert ins allgemeine Bewusstsein dringen. Wir können mit Recht behaupten, dass die Schütze-Komponente dieser denkerischen Vorstösse erst in den 80er Jahren des zwanzigsten Jahrhunderts erkennbar sein wird, während die Zwillingskomponente durch ihre unmittelbaren Anwendungsmöglichkeiten die ersten sieben Jahrzehnte dieses Jahrhunderts beherrscht. Vielleicht wird die Brücke zu den geistigen Interessen dieser reichhaltigen Zeit erst mit Pluto im Schützezeichen in der zweiten Hälfte der 90er Jahre des zwanzigsten Jahrhunderts wirklich geschlagen werden. So kann es möglich sein, dass wir zu jener Zeit damit beschäftigt sein werden, die materialistischen Konstruktionen der Zwillingezeit abzubauen.

### Die Geburt der modernen Psychologie

Eine ähnliche Dualität erleben wir im Zusammenhang mit der Psychoanalyse. Auch wenn die Psychoanalyse das «Bewusstsein» als ausschlaggebende Instanz für das Verhalten des Menschen entthront und damit darauf hinweist, wie assoziative, irrationale Prozesse von mindestens ebensogrosser Bedeutung sind wie logische Abläufe, so verfällt sie doch der Tendenz der Epoche, das Irrationale als Gegenpol zum Rationalen mit einem negativen Vorzeichen zu versehen. Die Suche nach kausalen Abläufen erschwert es, den ausgleichenden Pol des Seelischen in seiner ganzen Tragweite zu verstehen. So wird auch hier die mehr nach Ganzheit drängende Schützekomponente ungenügend gewürdigt, sodass die Integration dieses Pols späteren Generationen vorbehalten bleiben wird. Treffend wird jedoch die Polarität des Menschen aufgedeckt in Form seiner Spaltung zwischen einem bewussten und einem unbewussten Pol. Auch hier werden damit Ansätze geschaffen, welche das Menschenbild des 20. Jahrhunderts massgeblich beeinflussen werden.

Ausdruck der zwillingebetonten Haltung dieser Zeit ist auch die Tatsache, dass 1904 von Pavlov an Hunden der «bedingte Reflex» entdeckt wird, während im darauffolgenden Jahr die ersten IQ-Tests entwickelt werden.

### Die Generation mit Pluto im Zwillingezeichen

Bei der Beschreibung der Repräsentanten dieser Periode ist wohl zu unterscheiden zwischen den Geburtsstellungen, wo Pluto sich allein im Zwillingezeichen befindet, jenen mit Neptun ebenfalls im Zwillingezeichen (ca. 1888-1901), oder der dritten Gruppe mit Neptun im Krebszeichen (1901-1916).

Bei ersteren besteht die Tendenz, davon auszugehen, dass die Wissenschaft all unsere Fragen über das Leben beantworten kann. Hier ist ein Willens- und Unsterblichkeitsideal wach, ein Bedürfnis, über den Intellekt nach dem Raum und der

Zeit zu greifen. Wir finden hier die uns später meist naiv erscheinenden Forderungen an die Wissenschaft, das Leben zu verlängern und alles unter Kontrolle zu bekommen. Es handelt sich um eine Generation, welche quasi mit der Muttermilch einen Glauben an die Möglichkeiten des Menschen, die Natur zu beherrschen, mitbekommen hat. So ist es wohl auch bezeichnend, dass diese Generation Heil oder Unheil mit dem richtigen oder falschen politischen System identifiziert und davon ausgeht, dass man mit dem Wechsel des Systems sich das Glück erkaufen könne.

Die während dieser Zeit Geborenen haben auch eine starke Tendenz, zu glauben, dass Probleme durch Diskussionen und saubere Argumentation bereinigt werden können. Sie gehen davon aus, dass durch wissenschaftliches Vorgehen eine Antwort zu sämtlichen Fragen gefunden werden kann, und wenn dies jetzt noch nicht möglich ist, so doch in der Zukunft. Diese Menschen sind sehr beeindruckt vom schriftlichen Wort und neigen dazu, prinzipiell anzunehmen, dass grundlegende Wahrheiten in Worten definiert werden können. Für sie ist Wissen von vorrangiger Bedeutung und sie bewundern Menschen, welche sich durch ihr Wissen, sowie durch Wortgewandtheit auszeichnen.

Für die während der 90er Jahre des 19. Jahrhunders Geborenen (mit Neptun ebenfalls in Zwillinge) ist das Thema etwas komplexer. Auch sie wissen um die Macht des Wortes, haben jedoch ein starkes Gespür für subtile Beeinflussungen suggestiver Art, von denen sie wissen, dass sich diese auf einer anderen Ebene abspielen. Einerseits sind sie somit äusserst hellhörig, wenn sie solche Tendenzen bei anderen verspüren, und können gute Fähigkeiten entwickeln, um diese abzuwehren, andererseits besteht in vielen Fällen die Neigung, solche Möglichkeiten auszunützen. Dann wird das Wort eingesetzt, um andere auf subtile Art zu beeinflussen (z.B. Hitler, Goebbels, Himmler, Goering). Die gleiche Komponente kann auf der anderen Seite im Falle soliderer moralischer Verankerung dazu befähigen, Manipulatoren zu entlarven oder zu bekämpfen (Chaplin, De Gaulle, Eisenhower), oder auch zum Sprachrohr des Unsichtbaren zu werden (Louis de Broglie, J. Krishnamurti). Bei Neptun im Krebs (1901-1916) können wir andererseits eine von Neptun ausgehende Ausgleichsfunktion des Gefühls erwarten.

### *Andere astrologischen Einflüsse zur Zeit von Pluto in Zwillinge*

Die Periode von Pluto in Zwillinge beginnt mit der Konjunktion von Saturn und Neptun (1882) und Saturn/Pluto (1883). Damit setzen sich zu Beginn der Periode soziale Tendenzen durch (siehe entsprechendes Kapitel unter Pluto im Stier). Die 80er Jahre des 19. Jahrhunderts sind somit von der gleichzeitigen Stellung von Neptun im Stier geprägt.

Im Gegensatz dazu beherrscht dann in den 90er Jahren die Konjunktion von Neptun und Pluto, welche 1892 genau wird, das Geschehen. Damit beginnt ein neuer Zyklus von 492 Jahren, welcher der Menschheit ein neues Bewusstsein bringen wird. Die letzte Konjunktion von Neptun und Pluto fand 1399, ebenfalls im Zwillingezeichen, statt. Während jene Konjunktion innerhalb des darauffolgenden Jahrhunderts ein Bewusstsein für räumliche Ausdehnung auslöste (Renaissance, die Entdeckung von Amerika, Kopernikanisches Weltbild), weist die Pluto/Neptun-Konjunktion von 1892 auf die Entwicklung des Konzeptes eines Raum/Zeit-Kontinuums hin.

Entdeckung der Radioaktivität der Materie, Quantentheorie, Mutationslehre, Relativitätstheorie sowie abstrakte Materie sind bloss einige der Entsprechungen, welche durch diese Konjunktion sehr bald als Erweiterung des bisherigen Bewusstseins erlebt werden. Damit kommt den 90er Jahren des 19. Jahrhunderts bahnbrechende Bedeutung zu.

1901/02 wechselt dann Neptun ins Krebszeichen. Als Entsprechung dazu könnte man die Wichtigkeit rechnen, welche von verschiedensten Nationen, insbesondere von Amerika und Deutschland, der Marine geschenkt wird. So entwickeln sich zwischen 1904 und 1907 die USA innert kurzer Zeit von der fünftstärksten zur zweitstärksten Seemacht der Welt, während die Deutschen an der Fertigstellung von Unterseebooten arbeiten (ab 1906). Gerade diese deutschen Unterseeboote werden später, wenn Pluto im Krebszeichen stehen wird, zum Auslöser für die amerikanische Intervention im Ersten Weltkrieg. Zuvor brauchen die Amerikaner ihre Flotte, um in Anwendung und Erweiterung der Monroe-Doktrin nichtgenehme lateinamerikanische Staaten zum Einlenken zu zwingen. Mit der Krebs/Steinbock-Achse besteht oft die Tendenz, andern gegenüber eine Elternrolle einzunehmen, und das ist genau das, was die USA gegenüber ihren lateinamerikanischen Nachbarn tun. Dazu gehört auch die Kontrolle des Panamakanals, der in diesen Jahren erbaut wird und den USA ab 1914, dem Zeitpunkt des definitiven Eintritts Plutos in das Krebszeichen, als wichtiges weltpolitisches Instrument dienen soll.

*Tabelle 3*

# Astrologische Konstellationen während der Zeit von Pluto in Zwillinge (1882–1914)

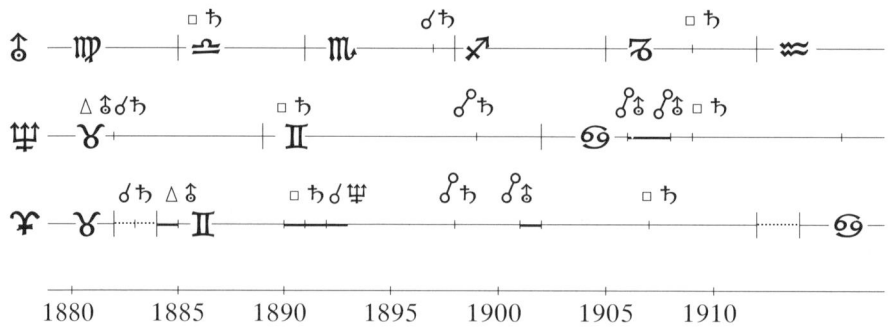

# Pluto im Krebs

September 1912 – Juli 1939
Übergangszeit Zwillinge-Krebs: 1912 – 1914
Übergangszeit Krebs-Löwe: 1937 – 1939

### *Astrologische Symbolik*

Mit Pluto im Krebs dürfen wir starke patriotische Gefühle erwarten. Zu einer solchen Zeit zählt die Verbundenheit aufgrund eines gemeinsamen Vaterlandes oder einer gemeinsamen Muttersprache sehr viel, wobei in diesem Zusammenhang auch zwanghafte Verhaltensweisen auftreten können. Eng damit verbunden kann eine Tendenz bestehen, seine Verantwortung als Individuum an eine Elternfigur abzugeben, insbesondere, wenn diese an nationalistische Gefühle appelliert.

Die naive Hinnahme paternalistischer Ordnungen trägt jedoch die grosse Gefahr in sich, dass damit erst recht dem begegnet wird, was man zu vermeiden versuchte: Entwurzelung, Chaos und Enteignung. Vielleicht könnten wir sogar das Ziel des Durchlaufs Plutos durch das Krebszeichen darin erblicken, dass es darum geht, von einem sippenhaften Verflochtensein in der Grossfamilie zu einer individuellen Verwirklichung vorzudringen. Dass auf diesem Weg falsche Vaterfiguren überwunden werden müssen, ist naheliegend.

Wie kaum zu einer anderen Zeit dürften andererseits die Eigenarten der «Volksseelen» verschiedener Länder recht deutlich zum Ausdruck kommen. Auf einer unentwickelten Stufe kann dies bedeuten, dass andere Völker zum «dunklen Prinzip» gemacht werden und damit Hass geschürt wird.

Da Pluto im Krebs auch die «Macht des Volkes» symbolisiert, ist die Erhebung ganzer Volksmassen gegen die herrschende Oberschicht ebenfalls eine Thematik, die nicht weit entfernt liegt. In anderen Fällen kann eine archaische Destruktionswut zutagetreten und viel Zerstörung bringen.

Im Bereich der Psychologie ist zu erwarten, dass man sich vermehrt mit dem Tabu der Sexualität und mit den profundesten Schichten des Unbewussten auseinandersetzt.

### *Das Ende der europäischen Herrschaft – Der Niedergang der Kaiserreiche – Der Diktator als Mann des Volkes und als neue Vaterfigur – Die neue Ordnung*

Die Zeit von Pluto im Krebszeichen wird als Periode ungeheurer Verwüstungen durch den Krieg in Erinnerung bleiben. Damit wird der eigentliche Abstieg Europas eingeleitet. Gerade bei den Völkern, die sie einst kolonisierten, dürften sich die Europäer als «Vaterfiguren» weitgehend diskreditiert haben. So charakterisiert der indische Historiker Panikkar[4] in seinem Buch «Asien und die Herrschaft des Westens» den ersten Weltkrieg bezeichnenderweise als den europäischen Bürgerkrieg. Die bestehende Staatenordnung wird gänzlich durcheinandergebracht, sodass die beherrschende Stellung, die Europa auf dem Erdkreis einnimmt, in Frage gestellt wird. Unter Schürung zerstörerischer Hassgefühle werden alte Rechnungen zwischen den Staaten beglichen und die Vernunft weicht irrationalen Rachegelüsten. Die beiden miteinander im Kampf verstrickten Seiten kämpfen bis zu ihrem Bankrott, welcher gleichzeitig zum Bankrott Europas ausartet, das von einem Gläubiger- zu einem Schuldner-Kontinent wird.

Gegen Ende des Ersten Weltkrieges wütet im Jahre 1917 in Russland die Revolution, ein Bürgerkrieg, wo sich ebenfalls zwei Systeme gegenüber stehen. Das Resultat von Krieg und Revolution ist der Zusammenbruch dreier Kaiserreiche, des deutschen, des russischen und des österreichisch-ungarischen, welche zur Zeit von Pluto im Stier (Dreikaiser-Abkommen vom Jahr 1873) noch in voller Blüte standen und eine einheitliche Front bildeten. Paternalistische Formen von Herrschaft werden damit beendet. Nun zählt das Volk (Krebszeichen); dieses verfügt aber in den meisten Fällen noch nicht über die notwendige Reife für eine dauerhafte Demokratie, sodass über kurz oder lang in Schlüsselstaaten der Weg zur Diktatur vorgezeichnet ist. Das Volk ruft nach dem starken Manne aus den eigenen Reihen, der es dann auch prompt verraten wird.

So werden unter dem gleichzeitigen Einfluss von Neptun im Löwezeichen und Pluto Quadrat Saturn und Trigon Uranus in den Jahren 1922-24 eine ganze Reihe von Diktaturen errichtet. 1922 setzt Mussolini seinen Marsch auf Rom durch, während der spanische Diktator Primo de Rivera 1923 an die Macht kommt, die er bis 1930 innehaben wird – ein Erbe, welches, nach einem republikanischen Unterbruch anfangs der 30er Jahre, 1936 durch General Franco weitergeführt wird.

Unter diesen Saturn/Pluto/Uranus-Konstellationen des Jahres 1923 scheint auch Adolf Hitler Morgenluft zu wittern. Sein Putschversuch scheitert jedoch. Erfolgreich ist Stalin, der sich nach dem Tode Lenins im Jahre 1924 in kurzer Zeit als alleiniger Herrscher durchsetzt.

Erwähnen könnten wir in diesem Zusammenhang noch die Geburt der modernen Türkei unter einem neuen starken Mann, Kemal Atatürk, der, obwohl er seine Energien zweifellos weitgehend zum Wohle seines Landes einsetzt, ebenfalls in quasi despotischer Form regiert.

Von 1931-35 konstellieren sich Uranus und Pluto erneut zum wichtigen Quadrataspekt, was dieses Mal im Jahre 1933 zur erfolgreichen Machtergreifung Hitlers führt. In allen diesen Fällen diktatorialer Machtübernahme sind die astrologischen Konstellationen sehr sprechend: Das Volk (Krebs) projiziert nicht selbst gelebte Macht (Pluto) und Eigenwilligkeit (Uranus) auf einen machthungrigen Diktator (Uranus/Pluto).

Bei der Suche nach der starken Vaterfigur kommt die noch nicht bewältigte Steinbock-Polarität zum Zuge, welche sich darin äussert, dass man, statt die Verantwortung für sich selbst zu übernehmen, diese an eine übermächtige Vaterfigur delegiert, im Sinne von «er wird schon wissen, was für uns richtig ist». Bezeichnend ist dabei, dass alle diese Figuren von einer «neuen Ordnung» und einem «neuen Zeitalter» sprechen. Erst dadurch können sie die Massen, welche nach Erneuerung drängen, für sich einnehmen. Dies soll für die ganze Welt zur Gelegenheit werden, zu verstehen, wie eine neue Ordnung ganz sicher nicht aussehen kann und darf.

156

Interessant ist, dass im gleichen Jahr, wo in Deutschland Hitler die Macht ergreift, Franklin D. Roosevelt in den USA ebenfalls eine neue Ordnung als «New Deal» bezeichnet, die aus dem Schlamassel der Depression der frühen 30er Jahre herausführen soll. Auch er tritt als ausgesprochene Vaterfigur auf, aber in diesem Falle in einem positiven und demokratischen Sinne. Er führt in einem Staat, der bisher in  erster Linie von kapitalistischen Maximen regiert war, soziale Einrichtungen ein.

Was geschieht aber in den USA in all den Jahren, wo in Europa zunächst der Krieg wütet und später im Zusammenhang mit einer sozialen Verunsicherung und Angst vor dem Kommunismus sich immer mehr faschistische Regimes durchsetzen werden? Während Europa ausgeblutet darniederliegt, gehen die USA als grosse Gläubiger-Nation und im neuen Kräfte-Gleichgewicht als ausgesprochene Wirtschaftsmacht aus dem esten Weltkrieg hervor. So ist die industrielle Produktion der USA 1920 22 % höher als 1913, jene Frankreichs sinkt jedoch um 30 %, jene Deutschlands gar um 41 %.

### Prohibition, Mafia und Grosse Depression in den USA

Erleben die USA als Land mit einer starken Krebsbetonung im Horoskop den Plutoübergang durch dieses Zeichen nur positiv? Dies kann nicht behauptet werden. Die Manifestationsebene ist einfach eine ganz andere. So wird 1919 in den USA eine eigentümliche Neuerung eingeführt, welche in der Folge eine verheerende Wirkung zeitigen wird: Die Prohibition. Bekanntlich hat das Krebszeichen auch mit Gastwirtschaft, Getränken, Nahrung und Verdauung zu tun. Unter der Prohibition wird dieser Bereich nun mit einem Tabu (Pluto) belegt. So werden Herstellung, Transport und Verkauf aller alkoholischen Getränke in den USA verboten. (Zu den Alkoholika zählen alle Getränke mit mehr als 0,5 % Alkoholgehalt.) Das Resultat ist erschreckend: Der Konsum an alkoholischen Getränken nimmt nicht ab, manche behaupten, er nehme gar zu. Alkohol wird für viele zu einer Obsession, sodass grösste Energien entwickelt werden, um zum «Stoff» zu kommen. Verbotene Kneipen und Heimdestillationen entstehen und für die Verteilung sorgt die Mafia. Verbrechersyndikate (am bekanntesten: Al Capone) bauen auf dem illegalen Alkoholhandel Wirtschaftsimperien auf; die Übertretung von Gesetzen wird zum Kavaliersdelikt. 1925 kontrolliert Al Capone in Chicago bereits 10 000 Kneipen und besitzt dazu eine «Armee» von 700 Mann. Gangstergangs mit starker Familientradition (ein Thema des Krebszeichens) breiten sich aus und begründen eine Macht der Unterwelt, welche sich der offiziellen gesellschaftlichen Macht (Steinbock-Polarität) entgegenstellt. Der Schmuggel blüht, ganze Schiffsflotten kommen vor die Dreimeilengrenze der USA, wo die Ware nachts auf Schmuggelboote umgeladen wird. Bezeichnenderweise lautet der amerikanische Slang-Ausdruck für geschmuggelten oder schwarz gebrannten Alkohol auch «moonshine» (Mondschein), eine direkte Anlehnung an die Krebssymbolik.

Überhaupt entsprechen die 20er Jahre in den USA nicht nur im Zusammenhang mit Alkohol einer Spaltung der Bevölkerung in zwei Lager, die «Trockenen» (dry) und die «Nassen» (wet). Infolge einer wilden Spekulationsfolge weitet sich der Graben zwischen Armen und Reichen immer mehr aus. So besitzen gemäss Ravi Batra[5] 1929 1 % der amerikanischen Erwachsenen oder Familien 36 % des Volksvermögens, ein absoluter Höchststand in der Geschichte der Vereinigten Staaten. Dies führt gegen Ende der 20er Jahre zu immer unrealistischeren Börsenkursen, sodass ein dramatischer Fall Ende 1929 unvermeidbar wird. So sinkt der Dow Jones Industrial Index von Ende 1928 bis Ende 1932 auf einen Fünftel seines Wertes. Ausgehend von den USA, breitet sich die Weltwirtschaftskrise dann auf sämtliche anderen Länder der Erde aus, um 1932 den Höhepunkt zu erreichen. Viele Leute werden in den Selbstmord getrieben.

Während in den Kriegsjahren die Soldaten an der Front in Europa in den Schützengräben mit dem Dreck und dem Schlamm direkt in Berührung kamen, gibt es 1932 in Chicago kaum einen Abfallhaufen, der nicht von Hungernden durchwühlt wird. Das Krebszeichen ist ein Symbol für Erde und Nahrung: Bezeichnenderweise ist nicht nur die Industrie, sondern auch die Landwirtschaft in den meisten Ländern der Erde massiv betroffen. Während die Einkünfte aus der Landwirtschaft von 1929 bis 1932 in Deutschland um einen Drittel sinken, nehmen sie in den USA gar von 12 auf 5 Milliarden Dollar ab. Um die Preise stabil zu halten, beginnt man Teile der landwirtschaftlichen Produktion zu vernichten. Während Millionen von Menschen hungern, werden Kartoffeln untergepflügt, Weizen und Kaffee verbrannt oder ins Meer geworfen. Wer kann es in dieser Situation den Massen verübeln, dass sie nach einer starken Hand rufen? Der Ruf nach Ordnung wird immer lauter (Polarität des Steinbockzeichens).

### Die merkwürdige Psychologie des Ersten Weltkrieges – Wie vaterländisches Pflicht- und Ehrgefühl zur Farce werden – Weihnachten in den Schützengräben

Am 27. Mai 1914 tritt Pluto definitiv ins Krebszeichen ein. Knapp einen Monat später wird das österreichisch-ungarische Thronfolgerpaar in Sarajevo von einem serbischen Studenten ermordet. Am 28. Juli erfolgt die Kriegserklärung Österreich-Ungarns an Serbien. Am 30. Juli und am 1. August folgen dann Mobilmachungen in Russland, Frankreich und Deutschland. Anschliessend erklärt Deutschland Russland den Krieg. Ohne im einzelnen hier auf die Schuldfrage eingehen zu wollen, müssen wir feststellen, dass, ungeachtet einzelner Appelle (z.B. Sozialistenführer Jean Jaurès, der wegen seiner Aufrufe zur Mässigung ermordet wird), der Jubel in den Hauptstädten kaum Grenzen kennt. Jeder will dabei sein. So kann man in der «Chronik der Menschheit»[6] im Zusammenhang mit dem Kriegsausbruch folgendes lesen:

> «In Berlin stimmt die wartende Menschenmenge, als sie die Nachricht vom Kriegsausbruch hört, spontan den Choral 'Nun danket alle Gott' an. Der Rausch der Kriegsbegeisterung erfasst auch die anderen Hauptstädte Europas. Einrückende Soldaten und Feldgrau beherrschen das Strassenbild. Hurra-Rufe auf Kaiser, Volk und Vaterland sowie patriotische Gesänge erfüllen Europa, begleitet von chauvinistische Hasstiraden auf den Gegner. Man spricht von einem kurzen

Krieg, bis Weihnachten, so ist überall zu hören, sei man wieder zuhause. In diesen Stunden nationalistischer Aufwallung gelten nur noch vaterländisches Pflicht- und Ehrgefühl. Intellektuelle verfassen flammende Aufrufe und ziehen begeistert mit in die Schützengräben.»

Wir erkennen in diesen Worten sehr viele Themen der Krebs/Steinbock-Achse, beispielsweise «Kaiser, Volk und Vaterland», sowie «Pflicht- und Ehrgefühl» und bezeichnenderweise auch die Erwartung, zu Weihnachten (Steinbockzeit) wieder zuhause zu sein.

Mit Pluto kommt jedoch alles anders heraus, als man es sich vorgestellt hatte. So werden die meisten, statt Weihnachten zuhause, diese Zeit in den Schützengräben verbringen müssen. J. R. von Salis[7] zu «Gründe und Hintergründe des Ersten Weltkrieges»:

«Viel war auch von der Ehre die Rede und Ehre ist zweifellos ein wertvolles menschliches Gut. Doch auch unter der Ehre verstand man so etwas wie ein Duell, das denjenigen, der sich beleidigt fühlte, verpflichtete, den Beleidiger zum Zweikampf herauszufordern: Auf Säbel oder Pistole ... Alles Äusserliche – die vorgeschriebene Kleidung, die prächtige Uniform, die höfliche Sprache, die Beachtung diplomatischer Formen und militärischer Gepflogenheiten – war Relikt einer alten höfischen Kultur. Diesem schönen Schein zum Trotz enthüllte sehr bald der moderne Krieg sein wahres Gesicht, seine verschlammten und stinkenden Schützengräben, seine fürchterlichen Verwundungen, seine zerrissenen Menschenleiber, seine Übermacht technischer Waffen über die Tapferkeit des einzelnen Soldaten.»

Die Enttäuschung ist vorprogrammiert. Die Kaiser und die politischen Führer erfüllen ihre Versprechungen nicht. Zur Scheusslichkeit der Schützengräben kommt dann noch der Giftgaseinsatz. So wächst im Jahre 1917 die Kriegsmüdigkeit insbesondere der Zivilbevölkerung in den am Krieg beteiligten Ländern.

Astrologisch gesehen, ist diese Müdigkeit wohl im Zusammenhang mit der Konjunktion von Saturn/Neptun im Jahre 1917 zu sehen. Dieser Konjunktion entsprechen auch zwei andere wichtige Vorgänge in diesem Jahre: Einerseits die russische Revolution, welche die Ostfront beruhigt, andererseits ein durch die Ausrufung des unbeschränkten Unterseebootkrieges vonseiten Deutschlands verursachten Eintritt der USA in den Krieg. Wir erkennen in diesen Vorgängen einerseits die Signatur von Pluto im Krebs (Volksaufstand, bzw. nicht sichtbare, mörderische Seewaffen), andererseits die Signatur von Saturn und Neptun. Sowohl die Geschichte des Sozialismus als auch jene der Schiffahrt sind nämlich eng mit den Saturn/Neptun-Stationen verbunden. Für die Amerikaner ist in diesem Zusammenhang besonders wichtig, ihre Verkehrswege frei zu halten, und sie können sich auch nicht damit abfinden, dass Deutschland über seine Unterseeboote die Kontrolle über die Meere haben soll (Saturn = Kontrolle, Neptun = Meer).

*Auch nach dem Krieg grosse wirtschaftliche Unsicherheit – Galoppierende Inflation in Deutschland – Der Aufbau von Feindbildern*

Die Situation nach dem Ersten Weltkrieg ist von einer mangelnden Kooperationsbereitschaft zwischen den Völkern gekennzeichnet. So lassen sich die Wunden des Krieges nicht ausheilen. Amerika verlangt von seinen Verbündeten für ihre Kriegsschulden eine buchhalterische Abrechnung der Hilfeleistungen; Beträge, welche dann von den europäischen Mächten der Entente von Deutschland gefordert werden, anstatt, dass eine gemeinsame Wirtschaftspolitik der Gläubiger und der Schuldner im Sinne eines Wiederaufbauprogramms entworfen und durchgeführt worden wäre. Wie schon bei Ausbruch des Krieges vermisst man jegliche Vernunft, was Groll und nationale Ressentiments schürt. So wird, nachdem die Reichsregierung ihre Zahlungsunfähigkeit erklärt hat, der Londoner Zahlungsplan von 1921 nie verwirklicht. Die Besetzung des Ruhrgebiets durch Frankreich im Jahre 1923 führt dann zu einem passiven Widerstand der Bevölkerung, welcher eine an sich schon bedenkliche Wirtschaftslage zur Katastrophe eskalieren lässt. Auf dem Höhepunkt der Inflation im Jahre 1923 erreicht der Dollarkurs den astronomischen Gegenwert von 4,2 Billionen Mark. Die Preise für Grundnahrungsmittel steigen in unvorstellbare Höhen. Löhne und Gehälter werden wöchentlich ausgezahlt, um gleich in Waren umgetauscht zu werden, bevor die nächste Preiserhöhung kommt. Dabei müssen Arbeiter und Angestellte ihren Lohn an den Zahltagen mit Waschkörben zum nächsten Geschäft tragen. Inzwischen ist das deutsche Währungssystem nicht mehr funktionsfähig und eine neue Währung, die sogenannte Rentenmark, muss ausgegeben werden. Ausser einigen Spekulanten sind nun viele Menschen arm, indem sich ihre Ersparnisse total entwertet haben.

Pluto im Krebs drückt sich in den verschiedensten Ländern Europas bis zur Mitte der Zwanzigerjahre in einer grossen wirtschaftlichen Unsicherheit aus. Die USA, welche die eigentlichen wirtschaftlichen Probleme in dieser Form noch nicht kennen, erleben eine Verunsicherung durch die sprunghafte Verbreitung der Gangstersyndikate der Mafia. Dies sind alles typische Entsprechungen für Pluto im Krebs. Wir können diese Stellung beim Bewusstseinsstand dieser Zeit nicht anders deuten, als ein inneres Aufgewühltsein, welches dazu geneigt macht, intolerant zu werden und Feindbilder zu schaffen, die man dann im Äusseren bekämpfen kann, ohne sich dabei selbst so sehr in Frage stellen zu müssen. Während es in Europa an Feindbildern nicht mangelt (für die Deutschen die Franzosen, für die Franzosen die Deutschen, für die russischen Kommunisten die Adligen und, umgekehrt, für die Italienischen Faschisten die Sozialisten etc.), ist es interessant, dass, wo von Haus aus keine grundsätzlichen Gegensätze bestehen, solche geschaffen werden, wie in den USA durch die Prohibition eine Aufteilung der Bevölkerung in die disziplinierten «Trockenen» und die den Genüssen des Lebens fröhnenden «Nassen». Genau diese Polarisierung der Gesellschaft führt dann zu einem anderen Gegensatz: Jenem, zwischen den in der Legalität Lebenden und den anderen, die sich in der Illegalität des Gangstertums bewegen. Dies bewirkt wiederum, dass Ruhe und Sicherheit gestört werden. Ohne die Zeitqualität in Betracht zu ziehen, sind diese Entwicklungen im Rückblick schwer zu verstehen.

*Die goldenen Zwanziger Jahre – Spekulationsfieber und Zusammenbruch – Der Nationalsozialismus*

Etwa um die Mitte der 20er Jahre stabilisiert sich die wirtschaftliche Situation in Europa und man erlebt das, was man als «die goldenen Zwanziger Jahre» kennt. Viele Menschen scheinen den Lebensgenuss nachholen zu wollen, der ihnen so viele Jahre vorenthalten wurde. Es greift eine wilde Spekulation um sich, welche am 25.10.1929 mit dem «Schwarzen Freitag», dem grossen Börsenkrach, ein jähes Ende nimmt. Zahlreiche Spekulanten verlieren ihr Vermögen und viele Firmen müssen den Konkurs anmelden. Durch den darauf folgenden Rückzug amerikanischer Kredite aus Europa greift die Krise auch auf die alte Welt über. Die Lage ist prekär und es setzt eine langfristige Depressionsphase ein, welche die Menschen überall auf der Welt aus ihrer Euphorie herausholt und mit ausgesprochen existentiellen Ängsten konfrontiert. Dies alles geschieht übrigens recht genau um den Zeitpunkt herum, wo Pluto entdeckt wird (18. Februar 1930). Diese nochmalige Verunsicherung des Volkes bewirkt, dass bereits 1930 die Nationalsozialisten in Deutschland zur zweitstärksten Fraktion werden (über 18 % der Stimmen). Damit hat Hitler, der der Welt eine neue Form plutonischer Zerstörung bringen wird, seinen Siegeszug angetreten. Die Rahmenbedingungen sind für ihn wie geschaffen: Von 1928/29 an nimmt die deutsche Industrieproduktion innert 3 Jahren um 40 % ab, die Zahl der Arbeitslosen steigt auf 6 Millionen. Die Tatsache, dass immer mehr Staaten und deren Volkswirtschaften dazu übergehen, sich abzuriegeln, statt sich zu verbinden, und sich einem nationalen Egoismus wie auch protektionistischen Massnahmen verschreiben, macht die Lage nur noch schlimmer. Die als ungerecht empfundenen Konsequenzen des Versailler Vertrages führen Deutschland immer mehr in die Isolation, und unter dem Einfluss des Quadrates zwischen Pluto und Uranus wird der Ruf nach einer neuen Ordnung, die aus der Krise führen soll, immer lauter.

In der sehr raschen Entfaltung der nationalsozialistischen Macht erleben wir Pluto im Krebs in Form seiner zynischsten, aber symbolisch durchaus kohärenten Entsprechung im Sinne einer Fixierung auf einer negativen Ebene. So etabliert sich das Regime über die Bildung eines «Reichsnährstandes», eines «Gesetzes zur Ordnung der Nationalen Arbeit», welches praktisch die Institution der Betriebsräte ausser Kraft setzt. Eine friedlichen Zwecken dienende Wirtschaft wird unter der Parole «Kanonen statt Butter» in eine Rüstungs- und Kriegswirtschaft umgewandelt. Das Volk (Krebs) soll sich dem Bedürfnis nach Macht (Pluto) unterwerfen. Diese Konzentration der Energien braucht die Projektion der zersetzenden Kräfte, welche sonst das System unterminieren würden, auf einen «Sündenbock», der mit Pluto im Krebs in anderen Rassen nicht-arischen Ursprungs erblickt wird, was 1935 zu den Nürnberger Gesetzen und zum «Gesetz zum Schutz der Erbgesundheit des Deutschen Volkes» führt, das dem Euthanasieprogramm zur Begründung schamloser Verbrechen dienen soll. Diese Symbolik drückt sich auch in der Errichtung von «Konzentrationslagern» aus, die man richtigerweise besser «Ausrottungs»- oder «Todeslager» nennen würde (Pluto als Symbol für den Tod, das Krebszeichen als Symbol für das Lager).

In der zweiten Hälfte der 30er Jahre zeigt der spanische Bürgerkrieg als erster die für die Zivilbevölkerung verheerenden Folgen zerstörerischer Luftangriffe (1936-39). Bezeichnenderweise ist die faschistische Achse Berlin-Rom an den schlimmsten Zerstörungen massiv beteiligt. Die als «Condor» bezeichnete deutsche Legion (Condor = Aasgeier) bringt weiten Teilen der Zivilbevölkerung den sicheren Tod. Am Schluss der Bürgerkrieges verlassen Hunderttausende von Flüchtlingen Spanien und gehen ins Exil. Fast alle in Gefangenschaft geratenen republikanischen Offiziere werden von Franco hingerichtet. Bis 1942 werden rund zwei Millionen Franco-Gegner in Gefängnissen und Lagern verschwinden.

Der Weltzeiger steht auf Gewalt und Unterwerfung der Zivilbevölkerung. Diejenigen, die nicht mitmachen wollen, werden gezwungen. Hitler annektiert Österreich und marschiert ins Sudetengebiet ein, kaum jemand regt sich, und seine Erfolge scheinen ihm recht zu geben. Die republikanisch regierten Ländern schauen wie gebannt zu und hoffen, indem sie den Diktator nicht reizen, mindestens vorübergehend noch heil davonzukommen. Der Vertreter zerstörerischer Mächte (Pluto) saugt sich an den Energien seines sowie annektierter Völker immer mehr voll, bis sich sein Traum, in grossem Rahmen zuschlagen zu können, der Realisierung nähert. Zu diesem Zeitpunkt ist Pluto jedoch bereits ins machthungrige Löwezeichen getreten.

### Passiver Widerstand in Indien – Pest-Epidemie in China

Ohne hier auf die Geschichte Asiens im einzelnen eingehen zu wollen, ist sicher erwähnenswert, dass Gandhis gewaltloser Kampf durch passiven Widerstand, über welchen er ganze Volksmassen in Bewegung setzt, 1920 anfängt. Man könnte dies als eine positive Entsprechung von Pluto im Krebs bezeichnen: Durch Nicht-Kooperation und Nicht-Einhalten von Anweisungen der Besetzermacht besiegt ein Volk die ihm überlegene Kolonialmacht. Aufwühlender und in seiner negativen Entsprechung erlebt andererseits China zur selben Zeit Pluto im Krebs, nämlich in Form einer lang anhaltenden Pest-Epidemie, welche bis 1920 10 Millionen Menschen dahinrafft. Das Ausgestossensein wird dabei in seiner ganzen Grausamkeit erlebt: Sobald sich die ersten Symptome zeigen, werden die Patienten von ihren verängstigten Hausgenossen auf die Strasse gesetzt, wo sie von Militär und Polizei verhaftet und abgesondert werden.

### Fliessband und Massenproduktion – Rundfunk und Massenbeeinflussung – Die Profilierung der Frau in Familie und Gesellschaft

Während der Periode von Pluto in Krebs erleben wir in starkem Ausmass die Zunutzemachung der während Pluto im Zwillingezeichen gemachten Entdeckungen für eine breitere Anzahl von Bürgern. So kommt das Fliessband auf, womit die USA durch ihre Massenproduktion als Autoland die Europäer sehr bald in den Schatten stellen. 1924 hat Ford bereits 10 Millionen Autos hergestellt. Die Kleinwagen kommen auf und bereits in den 20er Jahren erlebt man die ersten Verkehrsstaus in den Städten. Überhaupt sind die 20er Jahre das Jahrzehnt der Städte (Berlin, Paris, New York). Mit dem Sog in die Städte löst sich auch die Grossfamilie auf.

Über das Radio, welches insbesondere seit 1923 Einzug hält, entsteht eine Vermassung, indem dieses wie eine fremde Macht in den Schoss der Familie eindringt und die einzelnen Familienmitglieder direkt beeinflusst und bestimmt. Damit erhalten willkürliche Vaterfiguren (Diktatoren) ganz neue Mittel der Massensuggestion an die Hand. Nicht mehr der Vater, der auswärts arbeitet, bringt die Informationen über die Welt ins Haus, diese dringen über den Rundfunk vielmehr direkt in die Stube ein. Damit bahnt sich nun eine Entwicklung an, welche später in noch ausgeprägterem Ausmass über das Fernsehen die traditionellen Familien- und Generationsstrukturen erschüttern wird und das Bild des Vaters als Familienoberhaupt unterminieren wird.

Überhaupt gewinnen die Frauen nun an Bedeutung. In Russland nehmen sie nach der Revolution stärker Anteil am Staatsgeschehen. In der grössten Demokratie der Welt, den USA, erhalten sie 1920 das Wahlrecht. Gerade der Erste Weltkrieg zeigte vielen Frauen, dass sie in der Lage sind, am öffentlichen Leben teilzunehmen und selbständige Entscheidungen zu treffen. In vielen Ländern geht diese Entwicklung nach dem Ende des Ersten Weltkriegs voran. Auch die Mode der 20er Jahre drückt dieses neue weibliche Bewusstsein aus. Der sogenannte «Bubikopf» kommt auf. Konservative Kritiker sehen darin einen endgültigen Verfall der Sitten. Tatsache ist jedoch, dass die Rolle des Weiblichen (Krebs) unter dem Einfluss des Pluto total umgewandelt wird.

### *Kultur, Kunst und Filmschaffen: Einbruch des Unbewussten – Geschichtsforschung und Archäologie – Darstellung von Massenszenen im Film*

Nach dem ersten Weltkrieg entsteht die Kunstrichtung des Surrealismus («surréel» = über-wirklich). Die Surrealisten versuchen, aus dem Unbewussten, dem Irrationalen und der Traumsphäre, die sie als Wege des Zugangs zu einer «zweiten Wirklichkeit» ansehen, neue Erkenntnisse zu gewinnen, um damit zu bisher unzugänglichen Wahrheiten vorzustossen. Um zu neuen Erfahrungen vorzudringen und mit dem Unbewussten in Berührung zu kommen, wird dabei die psychoanalytische Methode der «freien Assoziation» gewählt.

In der Literatur werden die Syntax und Logik der Sprache aufgelöst; wichtige Autoren dieser Richtung sind André Breton, Louis Aragon, Paul Eluard, u.a. Über diese Autoren und Maler wie Max Ernst, Salvador Dali, Joan Miró und Giorgio de Chirico, äussert sich das aufgewühlte Unbewusste einer ganzen Generation. Leider interessieren sich die Massen weniger für die dichterische, malerische oder psychologische Aufarbeitung des Themas. Sie suchen nach Führern, welche ihnen den Weg aus der Dunkelheit zeigen können. Dabei arbeitet C.G. Jung bereits am Herausschälen der Archetypen des Kollektiven Unbewussten[8].

Zur Aufarbeitung der Vergangenheit der Menschheit gehören auch wichtige archäologische Funde. So werden 1923 die Grabkammern des Pharao Tutanchamun im «Tal der Könige» bei Theben entdeckt. Dazu folgender Bericht[9]:

> «Den 16. Februar 1923 bezeichneten die britischen Ägyptologen Howard Carter und Lord Carnarvon als den glücklichsten Tag ihres For-

scherlebens. Sie hatten ein Grab im Tal der Könige entdeckt, und mit einer Eisenstange durchbrachen sie eine Mörtelwand, welche fast 3300 Jahre früher fromme Hände gebaut und versiegelt hatten. Als das Loch gross genug war, leuchtete Carter mit einer Kerze ins Innere der Gruft – und verstummte. Sekunden muteten die Umstehenden wie eine Ewigkeit an, die Nerven waren aufs Äusserste angespannt, schliesslich hielt es Lord Carnavon nicht mehr aus und fragte: ‹Können Sie etwas sehen?› und Carter antwortete ergriffen: ‹Ja, ich sehe wundersame Dinge.› Was die Forscher nun sahen, übertraf die kühnsten Erwartungen, übertraf die verwegensten Träume, seit sie 1908 auf einem altägyptischen Fayence-Becher das Siegel eines bis dahin unbekannten Königs Tutanchamun entzifferten und nach der Grabstätte zu suchen begannen.»

1923 ist ein an Entdeckungen reiches Jahr. In der Wüste Gobi entdeckt man tonnenweise Reste verschiedenster Tiere aus der Zeit des Mesozoicums (aus der Zeit vor etwa 230 – 70 Mio Jahren). Wichtige Aufschlüsse über die Entwicklung höherer Tierarten werden gewonnen.

Bekanntlich ist die Beschäftigung mit der Vergangenheit und mit der Geschichte eine wichtige Entsprechung des Krebszeichens. Damit befasst sich auch der Film. So erfreuen sich die monumentalen historischen Panoramen eines C. B. de Mille grosser Beliebtheit. Daneben gewinnt die Darstellung von Massenszenen im Film immer mehr an Bedeutung, wozu insbesondere Eisensteins unübertroffenes Meisterwerk «Panzerkreuzer Potemkin» (1925) zählt. Wie sehr man sich mit der Masse, der Stadt, der Vergangenheit und der Kindheit beschäftigt, zeigen die Titel einiger der markantesten Filme aus den 20er Jahren: Chaplins ‹The Kid›, Fritz Langs «Metropolis» und etwas später, nach Erfindung des Tonfilms im Jahre 1927, das Meisterwerk von Fritz Lang aus dem Jahre 1931 «M – eine Stadt sucht einen Mörder». In dieser Zeit kommt auch die Verehrung einzelner Erfolgsschauspieler durch die Massen auf. Als 1926 Rudolph Valentino, erst 31 Jahre alt, an den Folgen einer Blinddarm-Entzündung stirbt, trauern Millionen von Frauen in aller Welt.

Das Krebszeichen hat bekanntlich auch mit Architektur und Innenarchitektur zu tun. So erstaunt es nicht, dass wir nicht nur im Film «Metropolis» von Fritz Lang, der früher Architekt war, monumentale Bauten vorfinden – die nicht unwesentlich zum Erfolg des Films beitragen – sondern dass sich zu dieser Zeit im Bereich der Architektur die Bauhaus-Stilrichtung profiliert. Der «Arbeitsrat für Kunst» um W. Gropius fordert in seinem Programm: «Die Kunst soll nicht mehr Genuss weniger, sondern Glück und Leben der Masse sein.» Dazu gehört auch die Anpassung der Möbel und Geräte an die Bedingungen des modernen Lebens. Sie werden damit nicht mehr handwerklich hergestellt, sondern mit grossem Anspruch an die Form in Serie produziert. Dabei geht es darum, Kunst, Handwerk und industrielle Möglichkeiten in eine der modernen Zeit angemessene Synthese zu bringen. Der «Industrial design» erstreckt sich auf die verschiedensten Dinge des täglichen Gebrauchs, die zweckmässig und zugleich æsthetisch ansprechend sein sollen: Möbel, Geschirr, Lampen.

Überhaupt sollte von nun an Dichtung, Kunst und Kultur auch nicht einigen wenigen vorbehalten bleiben, sondern für die Masse zugänglich sein. So erscheinen in den 20er Jahren Bestseller in Millionenauflage, die mit ihren klebrig-süssen Liebesgeschichten schnell in Vergessenheit geraten werden. Eine Ausnahme dazu bildet Erich Maria Remarques Buch «Im Westen nichts Neues», welches, in 28 Sprachen übersetzt, 1930 bereits von 3 1/2 Millionen Menschen gelesen wurde. Dabei wird die Verbreitung des Buches durch eine ausgeklügelte Werbestrategie des Ullstein-Verlags unterstützt. Eine subtil gesteuerte Buchpropaganda über verlagseigene Zeitungen und Zeitschriften wird dabei eingesetzt. Bezeichnend für die Paradoxie dieser Zeit ist, dass dieses «Buch des Dezenniums», welches an persönlichen Beispielen die widerwärtigsten und schrecklichsten Seiten des ersten Weltkrieges darstellt, kurz nach den grossen Erfolgen der Nationalsozialistischen Partei, welche die Welt in einen neuerlichen Krieg führen wird, erscheint.

Damit sie bei einem breiten Publikum ankommen, müssen die zum Ausdruck gebrachten Elemente einer inneren Gärung allerdings in die Plüsch-Atmosphäre des gesellschaftlichen Konformismus oder in entsprechende bildhafte Darstellungen eingebettet sein. So wird die Bedrohung der Grossstadt, die aus Fritz Langs «Metropolis» oder Chaplins « The Kid» spricht, verstanden, was man vom Werk «Der Prozess» von Kafka, welches 1925 erscheint, nicht behaupten kann.

Einige der Ende der 20er Jahre erschienen Werke mögen die herrschende apokalyptische Stimmung verdeutlichen. So beispielsweise Spenglers «Untergang des Abendlandes», oder Ortega y Gassets «Aufstand der Massen», weiter Brechts «Im Dickicht der Städte». Der Durchschnittsbürger kümmert sich jedoch wenig um solche teilweise sehr tiefgründigen Analysen. Er liebt Genüsse ganz anderer Art. So gefällt es ihm besser, Charleston zu tanzen, sich an der Mode der kurzen Röcke zu erfreuen (man zeigt zum ersten Mal in der Geschichte der Damenmode das Bein) und in seichten Operetten und Revuen zu schwelgen.

Insgesamt finden wir in den 20er Jahren also einen ausgesprochenen Widerspruch zwischen einer kultureller Avantgarde, die sich vor mutigen Experimenten nicht scheut, und einer wesentlich grösseren Bevölkerungsschicht, die sich wohl aus einem Nachholbedürfnis heraus nach Genuss und Ablenkung sehnt und dabei nicht immer sehr wählerisch ist. Gerade diese Gruppe hat kein grosses Bedürfnis, unangenehmen Nachrichten ins Antlitz zu schauen, und zieht es vor, darauf zu vertrauen, dass trotz einiger düsterer Anzeichen schon alles gut kommen werde.

### Die Generation mit Pluto im Krebs

Charakteristisch ist für die Zeit von Pluto im Krebs das Hervortreten der Frau in der Gesellschaft. In den meisten Ländern wird in dieser Zeit das Frauenstimmrecht eingeführt und es ist auch die Zeit, wo viele Frauen werktätig werden. So müssen während dieser Periode auch viele Ehefrauen und Mütter im Zusammenhang mit der Depression der frühen 30er Jahre erleben, dass ihre Männer ihnen letztlich keine bleibende Sicherheit bieten können; vielleicht verlieren diese ihre Stelle und fallen psychologisch in eine tiefe Depression. So können wir auch von einer Zeit sprechen, wo das nicht-integrierte Mondprinzip oder der mangelnde Kontakt zu den eigenen seelischen Qualitäten häufig zu einem Erlebnis von Wertlosigkeit führt. Oft zeigen sich in dieser Zeit die Frauen, die ihren seelischen Qualitäten von Haus aus näher stehen, den Männern überlegen.

Was geschieht jedoch mit den vielen Frauen, die aufgrund ihrer Situation als Mutter keinen direkten Zugang zu gesellschaftlicher Macht und Bedeutung haben – zu einer Zeit, wo die Projektion auf den Mann versagt, wo dieser seine Rolle als Ernährer und Beschützer nicht aufrechterhalten kann? Sie delegieren ihr nicht gelebtes Potential an ihre Kinder. Gemäss ihrem nach wie vor konservativen Weltbild soll die Tochter den wohlsituierten Mann heiraten, der Sohn Karriere machen und als verlängerter Arm der Mutter, als «Muttersohn» dem Vater zeigen, wozu ein Mann fähig ist. So geht vonseiten der Generation der Mütter mit Pluto im Krebs ein schwer zu fassender, untergründiger Einfluss aus, der sich beispielsweise wie folgt manifestieren kann:

«Schau, was wir alles für Dich tun. Wir opfern uns auf, sodass Du all das haben kannst, was wir nicht gehabt haben.»

Da im Rahmen dieses Weltbildes Bescheidenheit eine Tugend ist, drückt die Mutter vielleicht gleichzeitig aus, dass es sich dabei weniger um ihr eigenes Opfer handelt, sondern vor allem um jenes des Vaters, wie hart er arbeitet, sich keine Vergnügen gönnt – jedoch dabei gleichzeitig ihr Bedauern zum Ausdruck bringt, dass er es nicht weitergebracht hat. Besessen von einem Gefühl der Unsicherheit ist es auch wichtig, was die Nachbarn dazu sagen könnten, wie man ihnen gegenüber dasteht. In ihrem Buch «The female Eunuch» drückt sich Germaine Greer[10] über ihre Kindheit folgendermassen aus:

> «Wir konnten sehen, dass unsere Mütter uns durch Selbstaufopferung erpressten, auch wenn wir nicht wussten, ob sie grosse Opernstars geworden wären, wenn sie uns nicht geboren hätten. In Momenten, wo wir explodierten, wiesen wir darauf hin, dass wir nicht darum gebeten hatten, geboren oder in eine teure Schule geschickt zu werden. Wir wussten, dass sie im Zusammenhang mit dem, was sie taten oder uns antaten, ihre eigenen Motive hatten. Ihr Begriff von Aufopferung erfüllte uns nicht mit Dankbarkeit, es vermittelte uns vieleher ein Gefühl von Verwirrung und Schuld. Wir hätten uns gewünscht, dass unsere Eltern glücklich sind, und dabei waren sie traurig und entmutigt, was unsere Schuld sein sollte.»

Schwer zu durchschauende Verbindungen von vordergründigem Lob mit Kritik können sich auch darin äussern, dass die Mutter den Sohn oder die Tochter für eine Leistung lobt, um diesem Lob gleich einen viertelstündigen Vortrag folgen zu lassen, was sie in einer solchen Situation selbst anders – und natürlich besser – gemacht hätte.

Viele Eltern mit Pluto im Krebs zeigen eine grosse Angst vor der Zukunft. Sie möchten ihren Kindern schwere Zeiten ersparen, diese sollen es besser haben, als sie selbst. Gleichzeitig erschweren sie durch ihre zu grossen Erwartungen die Selbstentfaltung ihrer Kinder. Deren eigene Ziele zählen nicht, sie sollen diese übergeordneten, gesellschaftlichen Zielsetzungen unterwerfen, welche jedoch aus einer Zeit stammen, wo das Thema des «Überlebens» das vordergründigste war. So werden viele Kinder von Eltern mit Pluto im Krebs sich später von übermässigen und zugleich sabotierenden Forderungen ihres Eltern-Ichs (nach der Terminologie der Transaktionsanalyse) oder ihres Über-Ichs (nach der Freud'schen Terminologie) befreien müssen. Möglicherweise wird dies dann dazu führen, dass gerade die Generation von Müttern mit Pluto im Krebs, die ja schon soviele Entbehrungen auf sich nehmen mussten, später auch noch häufig die Ablehnung ihrer Kinder erleben werden, die im Zuge einer Psychotherapie (z.B. Psychoanalyse) die Erfahrung machen, dass ihre Mütter an ihren Problemen «schuld» sind.

Bezeichnend ist, dass diese Wandlung in den 70er Jahren einsetzen wird, wenn Pluto in der Waage die Thematik der Selbstverwirklichung (Gegenzeichen Widder) aktiviert und dabei gleichzeitig zu den Stellungen von Pluto im Krebs im Quadrat zu stehen kommt. Diese Entwicklung kann sich beispielsweise auf folgende Art und Weise äussern:

Die Tochter (Venus-Entsprechung gemäss dem Waagezeichen) enttäuscht durch ihre Scheidung die Vorstellung ihrer Mutter (Mondprinzip gemäss dem Krebszeichen) hinsichtlich eines harmonischen Familienlebens aufs schwerste. «Waren all unsere Opfer umsonst, haben wir irgendetwas fasch gemacht?» ist dann die Reaktion. Die Mutter kommt dabei in Berührung mit ihrer eigenen, nicht gelebten Selbstverwirklichung und müsste sich in Frage stellen, wozu sie (altersmässig) vielleicht nicht mehr bereit ist. Dabei wäre dies eine Chance, in einem zweiten Anlauf eigene emotionale Geborgenheit zu integrieren, statt Sicherheit aus dem Gefühl zu beziehen, für andere wichtig zu sein. Natürlich kommt bei Eltern, die mit solchen Themen konfrontiert werden, auch die Angst auf, dass die Kinder, die aus dem Netz gegenseitiger Abhängigkeiten ausbrechen, dann auch nicht mehr bereit sein werden, für sie aufzukommen, wenn sie deren Hilfe brauchen.

Auf der positiven Seite besitzen Menschen mit Pluto im Krebs eine grosse Fähigkeit, dauerhafte Bande aufrechtzuerhalten und in partnerschaftlichen Beziehungen in grosser Treue zueinander auch schwierige Zeiten durchzustehen. Mütter mit diesen Stellungen vermögen, ihren Kindern das Gefühl zu vermitteln, sie seien bei ihnen immer willkommen, sodass sie für deren Verankerung im Leben eine wichtige Stütze darstellen können. Sie wissen auch, dass das Leben nicht nur aus Sonnenschein besteht, dass eine Konjunktur nicht ewig fortdauert, sondern Krisen ganz automatisch zum Geschehen gehören, und dass es wichtig ist, sich im voraus dagegen zu rüsten. Damit werden deren Qualitäten zu der Zeit von Pluto im Skorpion, dem nächsten Durchgang von Pluto in einem Wasserzeichen im Trigon zu Pluto im Krebs, wieder sehr wichtig und geschätzt sein, wenn Werte wie Häuslichkeit, Gefühlsausdruck und seelische Verwandlungsprozesse wieder an Bedeutung gewinnen werden.

### Andere astrologische Einflüsse zur Zeit von Pluto im Krebs

Kurz nachdem 1914 Pluto definitiv ins Krebszeichen tritt, unter gleichzeitiger Konjunktion mit Saturn, bricht der erste Weltkrieg aus. Die Konjunktion des Pluto mit dem die konkrete Wirklichkeit symbolisierenden Saturn lässt ihn in seiner zerstörenden Form zum Ausdruck kommen. Uranus ist zur Zeit in einer weiten Konjunktion mit Jupiter im Wassermannzeichen, was, zusammen mit Neptun im Krebszeichen, die Kriegseuphorie der Massen erklären könnte. 1916 tritt dann Neptun definitiv ins Löwezeichen. Dort holt ihn dann Saturn 1917 ein, was zu dessen Sichtbarwerden führt. Die Konjunktion von Saturn und Neptun im Jahre 1917 löst so unterschiedliche Dinge aus wie die Russische Revolution, den unbeschränkten Unterseebootskrieg Deutschlands, der die Vereinigten Staaten dazu veranlasst, in den Krieg einzugreifen, eine allgemeine Kriegsmüdigkeit, was sowohl in Frankreich wie auch in Deutschland zu vereinzelten Streiks unter Soldaten oder Matrosen führt, und den Einsatz von Senfgas durch Deutschland, wogegen die bisherigen Gasmasken keinen Schutz bieten.

Die 20er Jahre werden dann bis 1929 von Neptun im Löwezeichen geprägt. Dies fördert ganz neuen Strömungen im Bereich von Kunst, Dichtung und Mode zu Tage, indem das «Ausgeflippte», Phantasievolle überwiegt, und zusammen mit Pluto im Krebs zum Aufkommen der schwarzen Jazz-Musik führt, zum Charleston, zu den kurzen Röcken und überhaupt zu dem, was man die Goldenen 20er Jahre nennt. In einzelnen Ländern sind jedoch die Einflüsse von Pluto Trigon Uranus und Quadrat Saturn in den Jahren 1922/23 so stark, dass sie bereits zu einer neuen, restriktiven, faschistischen Ordnung führen, welche die restlichen 20er Jahre überschattet (Beispiel Italien). In diesen Fällen manifestiert sich Neptun im Löwen in einem übersetzten Bedürfnis nach Grösse (Mussolini). Auch in den USA führte die Furcht vor möglichen Ausschweifungen zu restriktiven Gesetzen, allerdings ganz anderer Art: Die Prohibition wurde eingeführt, was die geheime Macht der Mafia aufkommen liess, welche nicht nur Schwarzbrennerei, sondern intensiven Schmuggel betrieb. Darin verbindet sich die dem Neptun inhärente Tendenz zur Illegalität und dessen symbolische Entsprechung des Alkohols mit der heimlichen Macht, welche vor Ermordungen nicht zurückschreckt (Pluto im Krebs).

Kurz nachdem Neptun definitiv ins Jungfrauzeichen getreten ist, zerfällt die Illusion der goldenen Jahre. Die Weltwirtschaftskrise bricht aus. Eine Arbeit zu finden (symbolisch für das Jungfrauzeichen), wird nun für viele Menschen zur Hauptsorge und für diejenigen, die eine Arbeit haben, diese zu verlieren, nun zum Schreckgespenst (Neptun). Mit Neptun im Jungfrauzeichen ist man mit der Realität, und zwar jener der Existenzbewältigung, konfrontiert. Neptun in der Jungfrau erzeugt aber auch ein Gefühl von Schuld und von dieser Schuld glaubt man sich durch Arbeit befreien zu können. Und dies ist der Weg, den insbesondere ab 1933, als Uranus ein Quadrat zu Pluto bildet, Deutschland geht, im Zusammenhang mit dem Dritten Reich allerdings unter erheblicher Aufrüstung, wie wenn es immer noch darum ginge die eigene Sicherheit und das neu erlangte Selbstvertrauen gegen einen gefährlichen Feind durchzusetzen – einen Feind, der vernichtet werden muss, damit man sich sicher wähnen kann. Im Gegensatz dazu scheint Frankreich unter diesem selben Aspekt zu keiner konstruktiven Haltung fähig, sondern es schaut gebannt auf die Entwicklungen in Deutschland und geht unaufhaltsam auf seine eigene Niederlage zu. Astrologisch gesprochen, kann man sagen, dass Frankreich das Uranus/Pluto-Quadrat als Unfähigkeit erlebt, eine eigene konsequente Linie zu finden, und die in diesem Zusammenhang erforderliche Erneuerung auf Deutschland projiziert, fasziniert und beängstigt zugleich. Diese Erstarrung Frankreichs drückt sich im Konzept der Maginot-Linie aus, wie wenn ein neuer Krieg nach genau denselben Gesetzmässigkeiten ablaufen müsste wie der letzte.

*Tabelle 4*

## Astrologische Konstellationen während der Zeit von Pluto im Krebs (1912–1939)

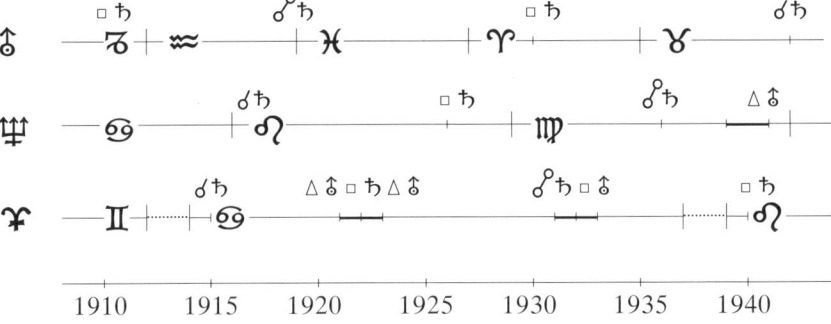

# Pluto im Löwen

Oktober 1937 – Juni 1958
Übergangszeit Krebs-Löwe: 1937 – 1939
Übergangszeit Löwe-Jungfrau: 1956 – 1958

*Astrologische Symbolik*

Gemäss dem Anspruch auf Grösse, Autorität und Überlegenheit, welcher das Löwezeichen symbolisiert, können wir mit Pluto im Löwen das Aufeinanderprallen
verschiedener Machtansprüche erwarten. Diese Stellung kann dazu beitragen, dass
moralische Grenzen verwischt werden und das Bedürfnis nach «Lebensraum» einzelner Staaten, oder auch einzelner Individuen zulasten anderer ausgetragen wird.
So kann dieses Zeichen in seiner negativen Entsprechung auch Grössenwahn bedeuten. In diesem Falle werden andere Menschen oder Gruppen, um die eigene
Grossartigkeit zu rechtfertigen, in die Rolle des Minderwertigen getrieben.

Auf der positiven Seite bedeutet Pluto im Löwen das Streben nach mehr Freiheit und nach individuellen Entfaltungsmöglichkeiten. Hier knüpft es an das Bild
des Menschen als Abbild seines Schöpfers. Dabei wird die Möglichkeit sichtbar,
sich über die Zwänge der materiellen und biologischen Bedingtheit zu erheben,
um sein Potential zu verwirklichen. Damit wird jedoch auch ein Drang nach Fortschritt und Beherrschung der Natur erkennbar.

Im Bereich der Künste, der Musik und der Unterhaltungsbranche ist zu erwarten, dass Grosszügigkeit, schillerndem Auftreten und heldenhaften Gebärden der
Vorrang gegeben wird.

*Der Zweite Weltkrieg – Die Teilung der Welt in zwei Lager – Die Dynamik der*
*«Neuen Ordnung» und ihr Zusammenbruch*

Kurz nach dem definitiven Eintritt Plutos ins Löwezeichen im Juni 1939 bricht anfangs September mit dem Einmarsch deutscher Truppen in Polen und der anschliessenden Kriegserklärung Englands und Frankreichs an Deutschland der
Zweite Weltkrieg aus. Mit Pluto im Löwen und seinem Gegenpol Wassermann ist
zu erwarten, dass die Ideologie in diesem Krieg eine grosse Rolle spielen wird.

Tatsächlich sind anfänglich drei Lager mit sehr unterschiedlichen politischen
und ideologischen Ausrichtungen im Spiel: Die Achse Deutschland-Italien, zu der
sich bald Japan gesellt, als der faschistische Block einerseits, andererseits die westlichen Republiken, insbesondere Frankreich und England, welche ein demokrati-
sches System vertreten, dem sich auch die später in den Kampf eintretenden USA
verpflichtet fühlen und als dritter Pol Russland mit seiner kommunistischen Ideologie.

Zunächst entsteht der Eindruck, dass die dynamische faschistische Ideologie die
veralteten Strukturen der westeuropäischen Republiken überrennen wird. Frankreich ist unfähig, den Deutschen mit einem geordneten Widerstand entge-

genzutreten. Bereits 1940 erlebt jedoch England durch seinen neugewählten Premierminister Winston Churchill eine ungeahnte Dynamik und setzt den deutschen Luftangriffen hartnäckigsten Widerstand entgegen. Als dann im Jahre 1941 Hitler Russland angreift und die USA in den Krieg eintreten, verteilen sich die Fronten auf noch lediglich zwei Lager, welche sich nun gegenüberstehen: Die Alliierten auf der einen Seite und die faschistischen Mächte (Deutschland, Italien und Japan), welche eine «Neue Ordnung» in Europa und Ostasien einführen wollen, auf der anderen. Nun besteht bei den Alliierten kein Defizit an Ideologie mehr. Das Bewusstsein, für die eigene Souveränität und teilweise auch für die «Freie Welt» zu kämpfen, vermittelt die nötige Kraft, um sich dem Faschismus zu widersetzen.

Ab 1942 erleben wir also eine Zweiteilung der Welt, aus welcher dann die alliierten Kräfte siegreich hervorgehen, um jedoch nach dem Krieg zu einer neuerlichen Zweiteilung, in eine sogenannte «Freie Welt» und eine kommunistische Welt, zu führen. Von diesem Moment an stehen sich die USA und Russland als unvereinbare Gegensätze gegenüber.

Diese Polarisierung in zwei Lager ist jedoch ein allgemeines Charakteristikum der Zeit von Pluto im Löwezeichen. Wir finden sie wieder in der geteilten Stadt Berlin (ab 1948), in der Teilung Deutschlands in die Bundesrepublik und in die DDR (1949), nach der Gründung Israels (1948) in der geteilten Stadt Jerusalem, in der der Unabhängigkeit folgenden Teilung Indiens in das muslimische Pakistan und das vorwiegend hinduistische Indien, in der Teilung Koreas in zwei Staaten im Jahre 1948 sowie in der Teilung Vietnams in Nord und Süd (1954).

### Die Atomspaltung und die Spaltung der Welt in zwei Blöcke – Der Zwang, mit seinem Schatten zu leben

Gibt es eine Bewandtnis zwischen der während des Zweiten Weltkriegs erfolgreich entwickelten Atomspaltung und der Spaltung der Welt in zwei Blöcke nach dem Zweiten Weltkrieg? Von der Symbolik her kann man dies sicher bejahen. Zum ersten Mal gelingt es nämlich dem Menschen, mit der Atomenergie eine Art «Gegensonne» zu schaffen, das heisst, eine Energieintensität, welche mit jener der Sonne vergleichbar ist. Denken wir in diesem Zusammenhang an den Titel des Buches aus den 50er Jahren von Robert Jungk[11] «Heller als tausend Sonnen», in welchem sich der Autor mit der Atomenergie kritisch auseinandersetzt. Es ist bezeichnend, dass diese Thematik aktuell wird, während Pluto sich im von der Sonne regierten Zeichen Löwe befindet, und diese Gegensonne dadurch zustandekommt, dass der Kern (Sonne) der Materie, das Atom, gespalten wird. So ist es auch naheliegend, dass die im Kleinen vollzogene Spaltung sich im Weltgefüge widerspiegelt. Dabei ist typisch, dass die beiden Blöcke im andern den Inbegriff des Bösen, den eigenen «Schatten» erblicken. Nun ist es ja so, dass mit der Tatsache, dass schon ab 1949 beide Blöcke die Atombombe besitzen, das Vorgehen, das bisher in einer solchen Situation üblich war, nämlich zu versuchen, den Feind auszuschalten, unmöglich wird. Man kann den Gegner nicht mehr zerstören, ohne sich selbst zu zerstören. Damit wird etwas de facto Realität, was zu diesem Zeitpunkt wohl noch nicht verstanden wird, unter Pluto im Skorpion im Quadrat zu dessen Stellung im Löwen (ab 1984) jedoch stärker ins Bewusstsein dringen und auf eine Auflösung zustreben wird (Abrüstungsverhandlungen Reagan-Gorbatschow): Zu lernen, dass wahre Grösse nicht bedeutet, dass man seinen Feind mit Gewalt vernichtet, sondern ihn, auch wenn er anders ist, achtet, oder mindestens toleriert.

Dies ist mit Pluto im Löwezeichen ein wichtiger Lernprozess, der über verschiedene Etappen gehend die Welt fast an den Rand einer globalen Zerstörung bringt. Zu erwähnen wäre in diesem Zusammenhang die Blockade von Berlin im Jahre 1948, wo, statt eines harten Durchgreifens, von seiten der Alliierten die sanftere, aber ebenfalls effiziente Lösung einer Luftbrücke gewählt wird; insbesondere aber die Abberufung von General Douglas MacArthur aus seiner leitenden Funktion im Koreakrieg im Jahre 1951, der, um die chinesischen Nachschubwege für die Nordvietnamesen zu unterbinden, die Ausweitung des Krieges nach China befürwortete und notfalls auch die atomare Bombardierung chinesischer Basen forderte.

Für solche Machtdemonstrationen ist die Zeit nicht mehr reif. Die Existenz der Atombombe macht einen anderen Umgang zwischen Grossmächten notwendig. In diesem Zusammenhang fällt auf, dass, mit Ausnahme Stalins, sämtliche am Zweiten Weltkrieg massgeblich beteiligten Staatsmänner oder Diktatoren gegen Ende des Krieges entweder sterben, oder zurücktreten müssen: 1945 wird Mussolini umgebracht, Hitler begeht Selbstmord, Roosevelt stirbt eines natürlichen Todes, während Churchill 1945 nicht wiedergewählt wird. Der japanische Kaiser Hirohito muss andererseits kurz nach Kriegsende am 1. Januar 1946 auf amerikanischen Druck hin erklären, der japanische Herrscher sei nicht mehr von göttlicher Natur, was für viele Japaner einem Zusammenbruch ihres bisherigen Weltbildes gleichkommt. Viele Menschen sehen keinen Sinn mehr im Leben und eine Welle von Selbstmorden ist die Folge.

Pluto im Löwen stellt solche absolutistischen Ansprüche in Frage und es ist wohl der Sinn dieser Zeit, dass dies auf dramatische, nicht mehr umkehrbare Art geschehen muss. Astrologisch gesehen, ist ausserdem interessant festzustellen, dass sämtliche Exponenten des faschistischen Dreierbundes den fixen Zeichen angehören (Hitler und Hirohito als Stiere, Mussolini als Löwe), während ihr wohl wichtigster gemeinsamer Kontrahent, Frankin D. Roosevelt, die Sonne im Wassermannzeichen hat. Ähnlich wie mit dem Ende des Ersten Weltkrieges stirbt mit dem Ende des Zweiten eine alte Ordnung, denn Pluto im Löwezeichen verbietet auf die Dauer die Beherrschung eines Volkes durch ein anderes, mindestens immer dann, wenn nicht gemeinsame wassermännische Ideale geltend gemacht werden können, wie zumindest in der Theorie im Ostblock.

Diese Infragestellung paternalistischer Beherrschung eines Volkes durch ein anderes führt auch zu einem massiven Abbau der Kolonien nach dem Zweiten Weltkrieg. So erlangt Indien 1947 seine Unabhängigkeit, was zur Teilung in zwei Staaten, Indien und Pakistan, führt. Auf dem Territorium von Palästina entsteht Israel als unabhängiger Staat. In Südamerika verschwinden nach dem Krieg die meisten Diktaturen. Während 1950 nur ein Zehntel der afrikanischen Staaten frei sind, werden es anfangs der 60er Jahre über die Hälfte sein. Während Ende der 40er

Jahre China kommunistisch wird, werden Birma und Indonesien unabhängig. Diejenigen Kolonialmächte, die sich nicht freiwillig zurückziehen, werden dazu gezwungen (1954 verlieren die Franzosen ihre Kolonie Indochina). Deren Widerstand, alte Positionen aufzugeben, führt dazu, dass die nach dem Fall von Dien Bien Phu frei gewordenen Soldaten innert weniger Monate nach Algerien übergeführt werden, um die Revolte der «Nationalen Befreiungsfront» zu zerschlagen. Zeitweilig sind dann 500 000 Mann in Algerien, was sich Frankreich sehr bald nicht mehr leisten kann. Unter dem sich verändernden Klima wird es einfach zu kostspielig, Kolonien unterhalten zu wollen.

Vielversprechender sind die Ansätze zu gemeinsamen Organisationen. So werden nach dem Krieg die Vereinigten Nationen gegründet, ein Zusammenschluss, der dem neuen Geist des Gegenzeichens Wassermann entspricht, auch wenn die Verpflichtungen der einzelnen Mitgliedstaaten sehr lose und wenig verbindlich sind. Ein Vorläufer davon, der nach dem ersten Weltkrieg gegründete Völkerbund, war wegen Nicht-Beitritts der Vereinigten Staaten kaum aus den Kinderschuhen herausgekommen. Auch die Montan-Union und der 1957 geschaffene Gemeinsame Markt könnten in diesem Zusammenhang angeführt werden, während Nato und Warschauer Pakt als Bündnisse vor allem die militärische Zusammenarbeit in den verschiedenen Blöcken zementieren.

### Der grosse Glaube an den Fortschritt – Freiheit für alle: Die «Wunderkinder» – Der Sieg über die Natur: Atomenergie, Kunststoffe, Penicillin und DDT

Vom Tierkreis her gesehen auf der halben Strecke zwischen der Stellung im Stier, wo sich die Menschheit auf die Rohstoffe der Erde stürzte und diese in beschleunigtem Tempo abbaute, und der Zeit von Pluto im Skorpion, wo es darum gehen wird, mit den aus der Verwendung von Rohstoffen resultierenden Abfällen umzugehen, symbolisiert die Zeit von Puto im Löwen ein Bedürfnis nach Auskundschaftung noch ungeahnter Möglichkeiten und nach Eroberung von mehr Lebensraum. Wir haben gesehen, zu welchen Exzessen dies in Zusammenhang mit dem Zweiten Weltkrieg geführt hat. In den 50er Jahren erleben wir diese Entwicklung jedoch nicht mehr primär militärisch, sondern vor allem im Bereich der Wirtschaft. Dem Menschen scheinen sich beständig neue Möglichkeiten zu öffnen und er hat den Eindruck, in der Unterwerfung der Natur einen Sieg nach dem andern zu feiern. Nach dem Krieg steht plötzlich das Penicillin zur Verfügung, um Krankheiten sehr schnell und wirksam Einhalt zu bieten. In den kühnsten Träumen dieser Tage glaubt man, dass es nur eine Frage der Zeit ist, bis man alle Krankheiten im Griff haben wird. Mit Pluto im Skorpion wird man dann feststellen müssen, dass dies eine Illusion ist, indem sich Krankheitserreger durch Veränderung ihrer Gestalt dem Zugriff chemischer Mittel entziehen werden (Beispiel AIDS). Die Erfindung des DDT's, für die der Schweizer Paul H. Müller 1948 den Nobelpreis erhielt, verspricht, die schädlichen Insekten, welche höheren Ernten bisher im Wege standen, endgültig vernichten zu können. Auch die Nutzung der Atomenergie lässt ganz neue Möglichkeiten aufleuchten: Machte man sich bisher Sorgen über das bevorstehende Ende der Erdöl- und Kohlevorkommen, so hofft man nun, Energieprobleme auf immer gelöst zu haben. Das Bewusstsein von radioaktiven Schäden aktiven Schäden ist noch so wenig entwickelt, dass bis 1957 die Atomversuche oberirdisch erfolgen. Wiederum wird erst die Zeit von Pluto im Skorpion der Menschheit vor Augen führen, dass auch in der friedlichen Nutzung der Atomenergie erhebliche Gefahren liegen (z.B. Tschernobyl).

Nach dem Zweiten Weltkrieg stehen nun auch die Kunststoffe zur Verfügung. Diese Entwicklung, welche später zur «Wegwerfgesellschaft» führen wird, manifestiert sich zunächst, neben verschiedensten «Gadgets», die nun produziert werden können, in einem Boom im Bereich der Haushaltsgeräte. Das Aufkommen der verschiedensten Apparate erlaubt es andererseits insbesondere für Hausfrauen, mehr Freizeit zur Verfügung zu haben. In Verbindung mit der Automation, welche ganz wesentlich auf Fortschritten der Elektronik beruht, wird die herkömmliche Struktur der Wirtschaft umgestaltet und der Lebensstandard verbessert sich teilweise erheblich.

1955 spricht man in der BRD von einem eigentlichen Wirtschaftswunder, es ist das bisher erfolgreichste Jahr der Nachkriegszeit. Der Film «Wir Wunderkinder» erscheint dann drei Jahre später, am Ende der Periode von Pluto im Löwen. Viele Menschen erleben eine erhöhte Mobilität, vom Fahrrad sind sie auf das Moped (Vespa, Lambretta, Solex) umgestiegen und schielen bereits nach dem Gogomobil oder vielleicht gar nach dem Kleinwagen. In den USA leistet man sich bereits das grosse «Flaggschiff» und Jugendliche fahren teilweise schon mit dem Auto zur Schule.

Allerdings wirft die Automation und die zunehmende Industrialisierung ihre Schatten voraus. Durch Vermehrung der Investitionen und fixen Kosten wird eine Stabilisierung der Nachfrage durch dauernde Marktbearbeitung nötig. Damit Massen- und Serienfabrikationen Absatz finden, muss durch Werbung für eine Uniformierung des Geschmacks und der Ansichten gesorgt werden. Damit entsteht eine Vermassung und eine Überbewertung der materiellen zum Schaden der ideellen Güter, was zehn Jahre später in den 60er Jahren, zur Zeit von Pluto in der Jungfrau, von den Vertretern der Hippykultur dem Establishment vorgeworfen werden wird.

### Heldenkult, «Playboy» und «Club Mediterranée» – Das Fernsehen – Die Jugend kreiert ihre Helden – Erotische Provokationen

Das Löwezeichen hat bekanntlich viel Sinn für Unterhaltung und Spiel. So feiert in den 50er Jahren die Unterhaltungsindustrie ihre grossen Erfolge: Filme aus Hollywood, welche in aller Naivität den Helden zeigen, der sich dem «Bösen» entgegenstellt. Männer müssen stark, Frauen schön und verführerisch sein. Während Marilyn Monroe ihre ersten Triumphe feiert, wird 1953 von Hugh Hefner das Playboy-Magazin gegründet. Natürlich gehören zum Lebensgenuss auch Ferien und wir erblicken in den 50er Jahren den Beginn dessen, was man später als Massentourismus kennenlernen wird. In visionärer Voraussicht eines zunehmenden Bedürfnisses nach totaler Befreiung vom Alltag gründet der Franzose Trigano 1950 den Club Mediterranée, dem heute noch grössten Betreiber von Feriendörfern. Mit

Pluto im Skorpion sollen dann 30 Jahre später, im Zusammenhang mit verstopften Lufträumen, die Grenzen einer bis dahin über alle Massen gewachsenen Urlaubsmobilität sichtbar werden.

Ab 1952 (BRD), bzw. 1953 (CH) muss man nicht einmal mehr seine Stube verlassen, um etwas zu erleben. Zur gleichen Zeit, wo in den USA wegen der starken Konkurrenz des Fernsehens Filme neu im Cinemascope-Verfahren dreidimensional projiziert werden, nimmt in Deutschland und der Schweiz das Fernsehen den Betrieb auf. Dass diese Neuerung zur Zeit einer Neptun/Saturn-Konjunktion eingeführt wird, könnte ahnen lassen, dass es sich dabei um eine neue Droge handelt.

Das Löwezeichen symbolisiert auch die Jugend, deren Spontaneität und spielerische Tendenzen. So erleben wir während der 50er Jahre ein wachsendes Interesse für Jugendlichkeit und jugendliches Aussehen. Insbesondere in den USA erringen Jugendliche immer mehr Unabhängigkeit und fangen an, ihre eigene Jugendkultur zu entwickeln. Diese Kultur findet ihre Helden in James Dean, der in seiner Abenteuerlust den Bogen so überspannt, dass er 1955 als 24-Jähriger einem Autounfall zum Opfer fällt. Elvis Presley feiert bereits seit 1954 grösste Erfolge. Als er dann 1956 für einen Grossauftritt am Fernsehen eingeladen wird – eine Darbietung, die sich über 80 % der Fernsehzuschauer anschauen – sind die amerikanischen Eltern schockiert. Er wird als Gefahr für die Jugend und als Sexbesessener bezeichnet. Ein scharfer Bruch zwischen den Generationen wird sichtbar. Pluto steht zur Zeit auch im Quadrat zu Saturn, wie auch Neptun im Quadrat zu Uranus. Überhaupt schaut man fasziniert und zugleich beängstigt auf die provokante Erotik, welche von jungen Frauen wie Brigitte Bardot im Film «Und immer lockt das Weib» (1956) oder Carol Baker im Film «Babydoll» (1956) von Elia Kazan, dem gleichen Regisseur, der 1955 mit James Dean den Film «East of Eden» (1955) drehte, dargestellt wird. Je mehr Pluto auf den Übergang ins Jungfrauzeichen zusteuert, umso differenzierter und vielfältiger gestalten sich die Filme, insbesondere jene europäischer Produktion; das Heldenideal der frühen 50er Jahre wird durch die starke erotisch-magnetische Ausstrahlung der Schauspieler ersetzt (zwei verschiedene Entsprechungen des Löwezeichens).

### Die Generation mit Pluto im Löwezeichen

Es handelt sich bei dieser Periode im wesentlichen um die Geburten zwischen 1939 und 1957. Diese Generation will sich mit dem Bedürfnis, etwas Besonderes zu verkörpern und sich eigene Freiräume zu schaffen, in der Welt integieren. Dabei macht es einen Unterschied, ob jemand in den Kriegsjahren, unmittelbar danach, oder in den wirtschaftlich erfolgreichen 50er Jahren geboren wird.

Bei den während Zeiten der Entbehrung Geborenen löst diese Stellung ein sehr starkes Nachholbedürfnis aus, während Individuen, die zu besseren Zeiten auf die Welt kamen, und entspechend von ihren Eltern beachtet und gehegt wurden, im Anmelden ihrer Ansprüche von Anfang an eine grosse Natürlichkeit zeigen können. So haftet den Geburten der 40er Jahre oft eine grössere Verbissenheit und ein stärkeres Bedürfnis zur materiellen Verwirklichung an, als jenen der 50er Jahre, die es auch mit ihrer beruflichen Verwirklichung etwas spielerischer nehmen.

Beiden Gruppen gemeinsam ist jedoch eine grosse Sensibilität für irgendwelche Formen von Manipulation und Beeinflussungsversuchen durch ihre Eltern, insbesondere hinsichtlich Lebensstil und beruflicher Ziele. Dadurch, dass diese Generation in Berührung mit einer eigenen Jugendkultur kam, die dem Zeitgeist entsprang, hat sie schon früh gelernt, die Normen ihrer Eltern nicht automatisch zu übernehmen. Vieleher ist es diesen Menschen nun ein Bedürfnis, für neue Werte zu kämpfen, auch wenn ihnen diese vielleicht nicht von Anfang an klar sind. So ist gerade bei Frauen mit Pluto im Löwezeichen die Mutterrolle nicht so automatisch beliebt, wie noch bei ihren eigenen Müttern, insbesondere wenn diese in Konflikt mit den eigenen Selbstverwirklichungstendenzen gerät. Dieses Potential zur Ich-Entfaltung wird, je nach Geburtsjahr, in der zweiten Hälfte der 60er Jahre mit Pluto Konjunktion Uranus (1964-68) oder in den 70er Jahren aktiviert, wenn Pluto im Waagezeichen (ab 1971) steht. Gerade zur Zeit von Pluto in der Waage sind es häufig partnerschaftliche Situationen, die dazu beitragen, sich im Spiegel des Du's besser zu erkennen.

Die Erfahrung der eigenen Grenzen und damit verbunden häufig eine Umbesinnung wird für das Quadrat von Pluto im Skorpion zur eigenen Stellung im Löwezeichen zu erwarten sein, was eine «Midlife crisis» bereits im Alter von 37 – 45 Jahren auslösen wird und damit im Vergleich zu Geburtsstellungen von Pluto im Krebszeichen eine sehr frühe Aktivierung darstellt (zum Vergleich: Eine Person mit Pluto im Krebszeichen, welche beispielsweise 1920 geboren wurde, erlebt das Quadrat des Transitplutos zum Radixpluto erst im Alter von 55 Jahren).

### Andere astrologische Einflüsse zur Zeit von Pluto im Löwezeichen

Während der Zeit von Pluto im Löwen steht Neptun bis Oktober 1942 im Jungfrauzeichen, wo er sich bereits seit 1929 befindet. Tatsächlich ist bloss 3 Monate nach dem Eintritt von Neptun ins Jungfrauzeichen die Börse zusammengebrochen (Schwarzer Freitag). Dies ist eine sehr sinngemässe Entsprechung, denn wirtschaftliche Krisen stellen sich oft dann ein, wenn Neptun in ein Erdzeichen tritt. Bekanntlich förderten die Folgen der Wirtschaftskrise den Aufstieg des Nationalsozialismus enorm und leisteten damit den tragischen Entwicklungen, die zum Ausbruch des Zweiten Weltkriegs führten, Vorschub. Nun ist es interessant festzustellen, dass im selben Monat (Oktober 1942), wo Neptun das Jungfrauzeichen verlässt, die für die Niederlage Deutschlands entscheidenden zwei Schlachten eingeleitet werden: Am 17. Oktober beginnt der letzte deutsche Angriff auf Stalingrad, der zur Einkesselung der 6. Armee und zu deren Kapitulation führen wird; praktisch gleichzeitig, am 23. Oktober, beginnt die aliierte Nordafrika-Offensive bei El-Alamein, welche zum Rückzug des deutschen Afrikakorps führen wird.

Der Zeichenwechsel des Neptun genügt wohl kaum, um die Wende im zweiten Weltkrieg zu erklären. Sicher muss man ebenso die Konjunktion von Saturn/Uranus, die im Mai 1942 genau wurde, aber das ganze Jahr 1942 beeinflusste, heranziehen, um zu verstehen, dass das Jahr 1942 eine Wende bringen konnte. Dennoch sind die Korrelationen recht markant und es besteht kein Zweifel, dass die Devise «Kanonen statt Butter» besser zu Neptun im Jungfrauzeichen passt – einer Stellung, mit der man häufig gegen Schuldgefühle und Gefühle von Unsicherheit anzukämpfen hat, welche man durch Arbeit und Leistung wettzumachen sucht – als zu Neptun in der Waage, wo die Befreiung nicht primär in der Arbeit gesucht wird.

Die Stellung von Neptun in der Waage (bis 1956/57) dauert dann mit kurzen Unterbrüchen etwa bis zum Ende der Periode von Pluto im Löwezeichen. Markant ist in dieser Zeit noch die Konjunktion von Neptun mit Saturn in den Jahren 1952-53, einer Zeit, die ganz verschiedene Neptun-Entsprechungen aufweist (das Schwarz-Weiss-Fernsehen kommt in Mitteleuropa auf, während in den USA zu diesem Zeitpunkt das Farbfernsehen eingeführt wird; extreme Überschwemmungen finden in Holland statt; die Explosion der ersten Wasserstoffbombe lässt die Insel Elugaleb von der Landkarte verschwinden etc.). Im weiteren ist sicher das von 1954 bis 1958 andauernde Quadrat zwischen Uranus und Neptun mit gleichzeitigem Quadrat Saturn/Pluto im Jahre 1956 erwähnenswert. Dies entspricht einer Zeit, wo sich die Jugendlichen ihre eigenen Helden aufbauen, die sie der verunsicherten Elternwelt entgegenhalten (James Dean, Elvis Presley).

*Tabelle 5*

# Astrologische Konstellationen während der Zeit von Pluto in Löwe und Jungfrau (1937–1972)

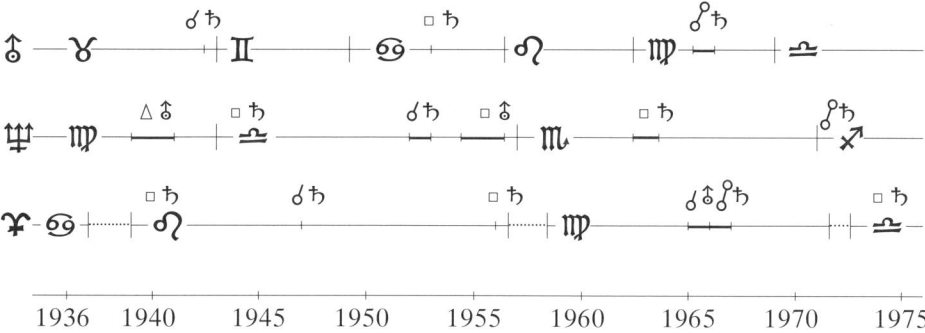

# Pluto in Jungfrau

Oktober 1956 – Juli 1972
Übergangszeit Löwe-Jungfrau: 1956 – 1958
Übergangszeit Jungfrau-Waage: 1971– 1972

*Astrologische Symbolik*

Das Jungfrauzeichen symbolisiert den Alltag, den Umgang mit den kleinen Details unserer Existenz, und bringt uns immer wieder zurück auf unsere Grenzen, welche mit unserer Körperlichkeit und der Notwendigkeit, für unsere Existenz aufzukommen, im Zusammenhang stehen. Im übrigen regiert es die hierarchischen Ordnungen, die der Mensch als soziales Wesen aufbaut, um sich zu organisieren und zu strukturieren sowie auch abzugrenzen. Im Gegensatz dazu verkörpert das gegenüberliegende Fischezeichen eine kosmische Ordnung, die sich nicht an menschengeschaffene, logische und kausale Gesichtspunkte hält, sondern sich vieleher nach analogischen Gesetzen richtet.

Da die Jungfrau/Fische-Achse auch repräsentativ ist für das sogenannte Fischezeitalter, kann der Durchgang von Pluto durch dieses Tierkreiszeichen auch bewirken, dass die Beschränktheiten des Weltbildes, welche im Fische/Jungfrau-Zeitalter der letzten 2000 Jahren entwickelt wurden (Fischephase bis circa 1400, Jungfrauphase ab 1600 n. Chr.), sichtbar werden und eine Öffnung in Richtung alternativer Ideen stattfindet.

Aufgrund des Bezugs des Jungfrauzeichens zur Körperlichkeit können wir mit der Entwicklung neuer Medikamente und Mittel rechnen, die dem Menschen helfen sollen, im Alltag besser zu «funktionieren». Im Bereich der Arbeitswelt könnten neue Techniken, welche mehr Effizienz versprechen, eingeführt werden. Hinsichtlich des Staatengefüges sind dort, wo hierarchische Unterordnungsverhältnisse zwischen Staaten existieren, Neuregelungen zu erwarten, sodass in den kolonisierten Ländern Umsturzversuche und Revolten (Pluto) von den Einheimischen, welche sich zu «Dienstboten» (Jungfrauzeichen) degradiert fühlen, möglich sind. Das gleiche kann für Staaten mit unterschiedlichen Bevölkerungsgruppen oder -schichten gelten, wo der eine Teil sich durch den andern unterdrückt fühlt. Der Gegenpol des Fischezeichens dürfte andererseits eine Aktivierung von mystischen Idealen hervorrufen, aber auch den bisherigen Einfluss der Kirche stark tangieren.

*Aufstand und Niederwerfung der «Satelliten» – Berliner Mauer – Kommunistische Erfolge in der Dritten Welt – Volkskommunen in China – Der Vietnamkrieg*

Am genauen Tag des ersten Eintritts von Pluto in das Jungfrauzeichen, dem 21. Oktober 1956, beginnt der Ungarnaufstand, der nach zwei Wochen von den Russen blutig niedergeschlagen wird. Ähnlich ergeht es dem Prager-Frühling 12 Jahre später, der ebenfalls durch den Aufmarsch von sowjetischen Panzern beendet wird. Dazwischen liegt im Jahre 1961 die Errichtung der Berliner Mauer, die das reichere und freie Westberlin vom sich immer mehr entvölkernden, ärmeren Ostberlin trennen soll. Zuvor erreichte mit beinahe 2000 Menschen an einem einzelnen Tag der Flüchtlingsstrom in den Westen einen Höchststand.

Nur den Oststaaten gelingt es, dank totaler Abriegelung ihrer Grenzen, Revolten und Aufstände unterdrückter Volksmassen unter Kontrolle zu behalten. Dabei ist das Symbol der «Mauer» eine naheliegende «Jungfrau»-Entsprechung. Darin kommt das Bedürfnis nach Abgrenzung zum Ausdruck – bezeichnenderweise um einen Flüchtlingsstrom (Fische-Entsprechung) zu unterbinden.

Überhaupt scheint der Kommunismus mit seiner Mobilisierung grosser Volksmassen in entsprechenden Kommunen oder «Arbeitszellen» sehr vom Durchlauf von Pluto durch das Jungfrauzeichen zu profitieren.

Weniger als drei Monate nach dem definitiven Eintritt von Pluto ins Jungfrauzeichen ordnet die Chinesische Parteiführung, die unter der Leitung von Mao Tse Tung steht, im Rahmen des «Grossen Sprungs nach vorn» eine völlige Neuordnung der chinesischen Landwirtschaft an: Volkskommunen sollen an die Stelle der bäuerlichen Familien wie auch der nach sowjetischem Vorbild gebildeten Kolchosen treten. Jegliches Privateigentum wird abgeschafft; es sollen sogar die privaten Häuser abgerissen und durch Gemeinschaftssiedlungen ersetzt werden. Dieses Ereignis spielt sich Ende August 1958 ab.

Lediglich vier Monate später, am 1. Januar 1959, kommt in Kuba Fidel Castro an die Macht. 1960 finden die ersten Angriffe des Vietkongs im Kampf gegen die Führung von Südvietnam statt, was einige Jahre später zum eigentlichen Vietnamkrieg führen wird. Die Amerikaner, welche durch Berater sehr bald der südvietnamesischen Führung zu Hilfe eilen, werden allerdings erst 1964 offiziell am Vietnamkrieg beteiligt sein und 1967 zeitweilig beinahe 500 000 Mann in Vietnam stationiert haben.

Es ist bei diesem Krieg viel die Rede von Pflicht, Engagement und Kampf für die «Freie Welt», aber gerade an diesen Motiven entbrennen in den USA heftige Diskussionen, die zu einer Teilung der amerikanischen Gesellschaft in pro und contra führen. In den unübersichtlichen Sümpfen von Südvietnam durch den Dreck geschleust, erleben sich die meisten Soldaten auch nicht gerade als die Helden der «Freien Welt» und viele sind froh, auf Drogen (Gegenpol Fische) zurückgreifen zu können, um ihre Situation erträglicher zu machen. Oft heisst es, wenn ein Kamerad gefallen ist: «At least he was high» (zum Glück war er «verladen»), was die ganze Stumpfsinnigkeit dieses Krieges sehr deutlich zum Ausdruck bringt.

Auch wenn die Zielsetzung ursprünglich sicher nicht eine solche war, so können wir den Vietnamkrieg als letzten grossen westlichen Kolonialkrieg bezeichnen. Die Amerikaner schlittelten, aus einem falsch verstandenen Bedürfnis zu helfen (Fische-Entsprechung), unmerklich und undurchsichtig (es ist schwer, festzustellen, wann das amerikanische Engagement überhaupt angefangen hat) in etwas hinein, was sie nicht beabsichtigt hatten und was ihnen nicht zum Vorteil gereichen konnte. Es handelt sich hier um ein gutes Beispiel von dem, was auf der Jungfrau/Fische-Achse passieren kann: Vom Helfer wird man zum Verfolger und schliesslich zum Opfer; dabei weiss man gar nicht so genau, wie dies alles vor sich gegangen ist.

*Bürgerrechtsbewegung in den USA – Rassenkrawalle – Studentenunruhen –*
*Soziale Forderungen*

Die Zwiespältigkeit des Vietnamkrieges führt in den USA zu zahlreichen Demonstrationen, wobei sich der Führer der Schwarzen, Martin Luther King, 1967 durch eine Demonstration, an der mehr als 350 000 Menschen teilnehmen, profiliert. Ein Jahr später wird dieser gemässigte Führer der Schwarzen von einem weissen Fanatiker umgebracht. Damit ist keine ernst zu nehmende schwarze Persönlichkeit mehr vorhanden, um der «Black Power»-Bewegung entgegenzutreten.

Überhaupt sind die 60er Jahre ein Jahrzehnt zahlreicher Auseinandersetzungen zwischen Schwarzen und Weissen. Besonders erwähnenswert ist in diesem Zusammenhang der Marsch auf Washington, an dem 200 000 Demonstranten unter der Führung von Dr. Martin Luther King im August 1963 teilnehmen. Die Bürgerrechtsbewegung kämpft für die Gleichberechtigung der Schwarzen. Weniger harmonisch verläuft die Revolte der Schwarzen vom Jahre 1965 in Los Angeles, die zu den grössten und blutigsten Rassenkrawallen der amerikanischen Geschichte ausartet. Der Aufstand wird erst nach fünftägiger Dauer unter Einsatz aller verfügbaren Polizeikräfte und der kalifornischen Nationalgarde niedergeschlagen.

Das Jahr 1968, mit Jupiter, Uranus, und Pluto im Jungfrauzeichen, ist durch diese dreifache Präsenz von Langsamläufern das im Sinne von Gegensätzen zwischen jung und alt, arm und reich, weiss und schwarz, «etabliert» und «ausgeflippt» wohl markanteste Jahr. Nicht nur Martin Luther King, sondern auch Senator Robert Kennedy, der Präsidentschaftskandidat der demokratischen Partei, werden umgebracht. Riesige Studentendemonstrationen, welche mit dem Prager-Frühling koinzidieren, finden in Europa statt, was in Frankreich infolge Streiks zu einem totalen Chaos führt. Es handelt sich um eine Protestbewegung gegen die bürgerliche Ordnung, die wegen des teilweise brutalen Vorgehens der Regierung bürgerkriegsähnliche Ausmasse annimmt. Während die studentische Opposition vor allem eine revolutionäre Zielsetzung verfolgt, nutzen die Gewerkschaften die Situation, um in ihrem Arbeitskampf soziale Forderungen durchzusetzen. Auf Rudi Dutschke, den Führer des Sozialistischen Deutschen Studentenbundes, wird ein Attentat verübt, was wiederum zu Demonstrationen und blutigen Zusammenstössen mit der Polizei führt. Im gleichen Jahr beobachtet man eine Wende im Vietnamkrieg. Nach der TET-Offensive übernimmt der Vietkong die Führung und Präsident Lyndon B. Johnson steht vor der Alternative, die USA entweder in einen totalen Krieg mit Vietnam zu engagieren, oder Verhandlungen zu suchen. Er entscheidet sich für die zweite Alternative. Der Vietnamkrieg soll jedoch erst mit Pluto in der Waage am 27.1.1973 durch Präsident Nixon beendet werden.

*Frankreich verliert seine Kolonien – Amnesty International im Kampf gegen die*
*Folter – Das «afrikanische Jahr»*

Wir haben mit dem Ungarischen Aufstand am Tage des ersten Eintritts Plutos in das Jungfrauzeichen darauf hingewiesen, wie sehr Pluto in der Jungfrau mit der Auflehnung unterdrückter Völker oder Gesellschaftsgruppen gegen die herrschende Ordnung in Verbindung steht. Bloss acht Tage nach dem Ausbruch der

Unruhen in Ungarn erleben wir als Gegenpol dazu den wohl letzten kolonialistischen Versuch gemeinsamer europäischer Mächte, die alte Ordnung wiederherzustellen. Am 29. Oktober 1956 greifen Paris und London zusammen mit Israel Ägypten an. Zuvor hatte Gamal Abd el Nasser den Suezkanal nationalisiert. Mitten in der Ungarnkrise zwingen jedoch die USA und Russland Frankreich und England dazu, ihre Operationen zu beenden. Das Ansehen von Frankreich und England sinkt in der Dritten Welt auf einen Tiefpunkt, während Nasser als Held gefeiert wird.

Seine Diskreditierung bei der arabischen Welt wird Frankreich teuer zu stehen kommen. Bloss zwei Monate nach der Suez-Intervention bricht der Algerienkrieg aus. Sehr bald müssen sich die Franzosen damit auseinandersetzen, dass ihre Soldaten in Algerien Gefangene misshandeln und zu Tode foltern. Wie während des Vietnamkrieges in den Vereinigten Staaten, spaltet sich die Bevölkerung in zwei Lager: Diejenigen, die meinen, jedes Mittel sei recht, um zum Ziel zu gelangen, und die andern, die beklagen, dass humanitäre Errungenschaften des 20. Jahrhunderts mit Füssen getreten werden. Da das Jungfrauzeichen unter anderem mit dem Körper zu tun hat, ist es bezeichnend, dass unter Pluto in der Jungfrau auf Gefangene ausgeübte körperliche Gewalt zum Gegenstand heftiger Diskussionen wird. So wird auch gerade um diese Zeit (1961) Amnesty International geboren. Nach einer Zeit blutiger Kämpfe soll dann 1962, mehr als fünf Jahre nach dem Ausbruch der ersten Unruhen, der Algerienkrieg schliesslich zu Ende gehen. Algerien erlangt damit seine Unabhängigkeit.

Glücklicherweise geht mit Pluto in der Jungfrau die Entkolonialisierung nicht immer so harzig voran: Im Jahre 1960, zur gleichen Zeit, wo in Algerien Kämpfe toben, werden im sogenannten «Afrikanischen Jahr» zahlreiche schwarzafrikanische Kolonialgebiete in die Unabhängigkeit entlassen. So entstehen aus den französischen Gebieten in Ost-, West- und Äquatorialafrika die selbständigen Staaten Mauretanien, Senegal, Elfenbeinküste, Togo, Benin, Mali, Obervolta, Niger, Tschaad, Zentralafrikanische Republik, Kamerun, Gabun, Volksrepublik Kongo und Madagaskar.

*Medizinische Fortschritte – Pillen als Konsumgüter – Besinnung auf den Körper –*
*Die Antibabypille – Drogen und bewusstseinsverändernde Mittel – Hippie- und*
*Popkultur*

Um die wichtigen Veränderungen zu verstehen, die während der Zeit von Pluto in der Jungfrau beobachtet werden, ist es wichtig, zu berücksichtigen, dass während fast der ganzen Periode Neptun im Skorpionzeichen ist. Während Pluto sich gegenüber dem Neptunzeichen Fische befindet, ist Neptun also im Plutozeichen. Dies lässt uns verstehen, warum bei aller Körperbezogenheit der Forschungen (Jungfrauzeichen) auch Grenzen überschritten werden, die bisher tabuisiert waren. Dazu gehört einerseits die Sexualität, die sich nun durch das Aufkommen der Antibabypille in den 60er Jahren wesentlich verändert und liberalisiert, aber auch das Aufsuchen von alternativen Bewusstseinszuständen, was ein Sprengen der üblichen Raum/Zeit-Wahrnehmungskategorien bedeutet. Zu einer Kultur, die viel

Wert auf Effizienz und Rationalisierung legt, gesellt sich als Reaktion auf die sich daraus ergebende Oberflächlichkeit und Sinnesleere eine Gegenkultur, welche über Drogen, LSD, Meskalin, Haschisch etc. einen Durchbruch zur Transzendenz sucht.

Gleich zu Anfang der Periode von Pluto im Jungfrauzeichen kommen die Beruhigungsmittel auf, welche für viele Menschen immer nötiger werden, um dem Stress der Arbeitswelt zu begegnen. Wichtige Durchbrüche sind dabei Librium und Valium, welche anfangs der 60er Jahre kommerzialisiert werden. Etwa zur gleichen Zeit, im Jahre 1960, wird in den USA zum ersten Mal eine Antibabypille zum Verkauf freigegeben. Dadurch kommt die Vorstellung auf, dass man sich von Hindernissen, welche der eigenen freien Entfaltung im Wege stehen, seien dies nun physische, durch die Natur gegebene Barrieren (wie beispielsweise die Gefahr einer Befruchtung) oder psychische Angstzustände, durch ein entsprechendes Mittel befreien kann. Heisst dies, dass nun alles machbar werden soll? Wenn man berücksichtigt, dass zu dieser Zeit auch die ersten Herz- und Nierentransplantationen möglich werden und Herzschrittmacher zur Anwendung kommen, könnte diese Hoffnung bei einigen tatsächlich aufgekommen sein.

Allerdings stehen andererseits die ersten Beobachtungen hinsichtlich Luft- und Umweltverschmutzung einer solchen Sicht im Wege. Man wird auf die Vergiftung der Nahrung durch Insektizide und Pestizide aufmerksam. In stark belasteten Städten der USA werden Luftverschmutzungswerte laufend gemessen und veröffentlicht. Hellhörige Menschen realisieren, dass der Fortschritt seine Grenzen haben wird und man sich vielleicht bereits an einem Punkt befindet, wo es nicht mehr allzulange so weitergehen kann. Man wird auch auf die Gefahr des Rauchens aufmerksam, und die ersten warnenden Aufdrucke auf Zigarettenpäckchen entstehen in dieser Zeit.

Viele Leute fangen damit an, sich vermehrt auf ihren Körper zu besinnen, mit Yoga zu beginnen oder alternative Ernährungsweisen auszuprobieren. Reformhäuser und Angebote von biologischen Produkten kommen auf. Den Hippies ist das zuwenig. Ihnen geht es um nichts Minderes, als aus einer Gesellschaft, die nur auf Leistung und Konkurrenzdenken beruht – einem Verhalten, welches aus ihrer Sicht zu Kriegen führt – auszusteigen («make love, not war!»). Die Befreiung wird dabei oft weit weg vom Alltag (dieser entspricht dem Jungfrauzeichen) zum Beispiel in Indien gesucht. Der Satz: «Traue niemandem über 30», der Ende der 60er Jahre unter den Hippies die Runde macht, weist darauf hin, dass die erlebte Entgrenzung vor allem die mit Pluto im Löwen geborene Generation betrifft. Ob begründet oder nicht, werden Leute mit Pluto im Krebs als zum Establishment gehörend angesehen.

Zweifellos muss man die Hippie-Subkultur, deren Beginn man wohl Mitte der 60er Jahre ansetzen kann, auch auf dem Hintergrund der im Jahre 1965 genau gewordenen Uranus/Pluto-Konjunktion ansehen, eine Konstellation, welche eine grosse Ungeduld und ein Auflehnungsbedürfnis gegenüber überlieferten Werten erzeugt. Diese Konjunktion trägt dazu bei, nach noch nicht genutzten Möglichkeiten des Menschen Ausschau zu halten und das «Irrationale» interessanter zu finden als das logisch Erklärbare. So findet 1966 das erste «Love-In» in San Francisco statt, ein grosses Volksfest zur Förderung der Qualitäten von Liebe und Frieden. Später erfährt dann die Hippie-Bewegung eine zunehmende Kommerzialisierung und im Woodstock-Festival von 1969 kommen bereits 300 000 Rockfans zusammen. Von den drei auftretenden Superstars Jimmy Hendrix, Janis Joplin und Joe Cocker wird ein Jahr später nur noch Joe Cocker am Leben sein. Die beiden andern sterben an Drogenmissbrauch.

### *Wissenschaftliche Fortschritte – Die Eroberung des Weltalls – Der Beginn des Wassermann-Zeitalters*

Kurz nach dem zweiten Eintritt von Pluto ins Jungfrauzeichen überrascht am 4. Oktober 1957 die Sowjetunion die ganze Welt mit dem Start eines künstlichen Erdsatelliten, Sputnik I, in den Weltraum. Die Meldung wird einerseits mit Bewunderung aufgenommen, andererseits löst sie im Westen auch einen eigentlichen Schock aus: Die Sowjetunion ist im Bereich der Raumfahrt dem Westen technologisch überlegen. Diese Überlegenheit bestätigt sich auch im Zusammenhang mit Sputnik II, welcher von den Sowjets mit einer Hündin an Bord einen Monat später lanciert wird, während der zwei Monate danach versuchte Abschuss eines künstlichen Satelliten durch die Amerikaner durch Explosion der Trägerrakete zum Fehlschlag wird. Auch anfangs der 60er Jahre sind die Sowjets in der Weltraumforschung den USA noch überlegen. Im April 1961 wird Juri Gagarin als erster Mensch, der das All betreten hat, gefeiert, während ein bemannter Weltraumflug der Amerikanern wiederum erst ein Jahr später zustande kommt (mit Kosmonaut John H. Glenn an Bord). 1966 glückt dann beiden Nationen in kurzem Abstand eine weiche Mondlandung, wobei die Sowjets den Amerikanern immer noch um vier Monate zuvorkommen (Februar 1966). 1969 gelingt dann den Amerikanern das Aufholen durch die erste Landung eines Menschen auf dem Mond. Am 21. Juli 1969 betritt um 3.56 Uhr MEZ Neil Armstrong, kurz danach gefolgt von Edwin Aldrin, den Mond. Die beiden Astronauten halten sich 22 Stunden auf dem Mond auf. Man schätzt, dass 500 Millionen Fernsehzuschauer dieses Ereignis mitverfolgen.

Zusammen mit der Computertechnologie, welche zur Zeit von Pluto in der Jungfrau zur weitverbreiteten praktischen Anwendung gelangt, symbolisiert der Ausbruch des Menschen aus dem Gravitationsfeld der Erde in den Kosmos den Eintritt ins Wassermann-Zeitalter. Damit löst er sich von der saturnischen Schwere des Gebundenseins an die Erde und ein Ausblick auf eine uranische Befreiung von der Verhaftung an die Materie und ihrer zwingenden Kausalität wird sichtbar. Insbesondere mit der ersten Landung des Menschen auf dem Mond im Jahre 1969 wird im wissenschaftlichen Bereich etwas vollzogen, was die Hippiekultur zur gleichen Zeit mit Hilfe bewusstseinsverändernder Drogen versucht: Das Transzendieren der Wahrnehmungskategorien von Raum und Zeit. So ist bezeichnend, dass einige der ins Weltall gestarteten Kosmonauten später Weltanschauungen entwickeln, die teilweise mystisch gefärbt sind. Dabei ist es wohl insbesondere die von 1963 bis 1968 wirksame Konjunktion von Pluto mit Uranus, welche ein neues Bewusstsein einläutet. So wird sich die Generation, welche ab diesem Zeitpunkt geboren wird, durch mehr Lockerheit bezüglich materieller Dinge, vermehrtes Interesse für Veränderungsprozesse und ein ganz natürliches Verhältnis zu Computern und derartigen nicht-materiellen Hilfsmitteln auszeichnen.

Dies gilt zweifellos für alle entwickelten Länder und insbesondere für Japan, welches im Zusammenhang mit der 1965 gemachten Erfindung der Silizium Chips in der Computertechnik einen Weg einschlagen wird, über welchen es sämtliche anderen Industrienationen wirtschaftlich übertreffen wird. Während nämlich die Uranus/Pluto-Konjunktion vom Jahre 1965 in den westlichen Ländern zum grossen Teil über individuelle Forderungen gelebt wird, ergiesst sich hier aufgrund beibehaltener säkulärer Strukturen die ganze Energie in die technisch-elektronische Entwicklung.

### Der Wettkampf zwischen Ärzten und Agronomen – Von der Fruchtbarkeit der Böden und der Menschen

Inwieweit profitieren jedoch andere Entwicklungsländer, die den Zugang zu neuesten Technologien nicht besitzen, von den 60er Jahren? In den meisten Fällen haben sie vor wenigen Jahren ihre Unabhängigkeit erlangt. Die verbesserte medizinische Versorgung hat ihnen geholfen, die Sterberate herabzusetzen. Nun droht der dadurch erreichte massive Geburtenüberschuss voll durchzuschlagen. Um dem Hungerproblem zu entgehen, müssten sie in grossen Mengen Dünger produzieren oder vom Ausland zukaufen. Die Mittel dazu besitzen sie jedoch nicht, sodass sie in erheblichem Ausmasse von ausländischen Krediten (Pluto) für die Landwirtschaft (Jungfrau) abhängig werden.

Es wird klar, dass das Problem nur durch eine Reglementierung der Geburten in den Griff zu bekommen ist. Dies steht jedoch in den meisten Ländern im Widerspruch zur Auffassung, dass eine möglichst zahlreiche Familie ein erstrebenswertes Ziel sei. Die Dorfbewohner der ländlichen Gegenden verstehen nicht, was man ihnen aufzwingen will, und von vielen Entwicklungsländern werden die gut gemeinten Ratschläge westlicher Nationen als Einmischung und als eine neue Form kolonialistischer Bevormundung betrachtet.

Während das bevölkerungsreichste Land der Welt, China, im Zusammenhang mit der ausgeprägten Disziplin der Bevölkerung dabei beachtliche Erfolge erzielt, versagt das bevölkerungsmässig zweitgrösste Land der Welt, Indien, in dieser Hinsicht. Seine Bevölkerung nimmt jährlich im Rhythmus von circa 2 Prozent zu. Wie der französische Agrarexperte, Professor L. Dumont, erläutert, müsste man, um Hungersnöten und zunehmender Verarmung entgegenzuwirken, statt Ärzten zuerst Agronomen und insbesondere Düngerfachleute in diese Länder schicken (beides Entsprechungen von Pluto im Jungfrauzeichen). Die Erhöhung der Fruchtbarkeit des Bodens müsste der Erhöhung der Fruchtbarkeit der Menschen (Bevölkerungsexplosion) vorangehen, ausser man wäre bereit, die Fortpflanzungsrate durch die Sterilisation von Müttern, die bereits zwei Kinder besitzen, unter Kontrolle zu behalten. Wer soll jedoch so etwas bestimmen, ohne dabei den Eindruck zu erwecken, noch schlimmer als die früheren Kolonisatoren zu sein?

Als Farce muss man das ansehen, was sich in Indien ab Mitte der 60er Jahre (Uranus/Pluto-Konjunktion) abspielt: Um das Plansoll an Sterilisationen zu erfüllen, wird unwissenden Bauern als Belohnung für den operativen Eingriff, von dem sie oft nicht wissen, was er bedeutet, ein Transistorradio geschenkt. Astrologisch gedeutet: Eine Manipulation (Uranus) im Bereich des Sexualapparates (Pluto) wird durch ein Erzeugnis der elektronischen Revolution (Uranus/Pluto) kompensiert.

### Rationelle Büroorganisation – Aufkommen der Computer – Postleitzahlen

Das Büro macht in den 60er Jahren wichtige Entwicklungen durch. So bringt 1960 die Firma Haloid Xerox den «914 Xerox Kopierer» auf den Markt. Es handelt sich dabei um das erste Gerät, welches auf weisses, unbeschichtetes Normalpapier kopieren kann. Das Produkt hat einen solchen Erfolg, dass die Firma grosse Anstrengungen unternehmen muss, um zu verhindern, dass *Xerox* zu einer Sachbezeichnung wird und damit seinen Markencharakter verliert.* Das Aufkommen der Xerox-Kopien revolutioniert den Büroalltag ebensosehr wie die 1961 kommerzialisierte Kugelkopf-Schreibmaschine von IBM.

Ab 1965 beginnt nach der Erfindung der Silizium Chips die Einführung des Computers im Büroalltag. In grösseren Serien hergestellte Minicomputer übernehmen bald Buchhaltung, Auftragsabwicklung und Verkaufsstatistik in Industriefirmen. Auf den Flughäfen geht man dazu über, Flugbuchungen über Computer abzuwickeln. Marktbeherrschend ist in den meisten Ländern IBM mit seinem System 360.

Im übrigen werden Märkte und Distribution aufmerksam studiert und das Marketingwissen macht in den 60er Jahren grosse Fortschritte. Zu einer guten Verteilung gehört in vielen Fällen auch das Postsystem, und um dieses zu rationalisieren und speditiver abzuwickeln, werden die Postleitzahlen eingeführt (BRD: 1961, CH: 1964, A: 1966). Zur Post gehört auch das Telephon und 1963 wird zwischen Washington und Moskau eine direkte Verbindung, das sogenannte «Rote Telephon» eingeführt. Zur gleichen Zeit macht die Post auch in anderer Hinsicht von sich reden: Im August 1963 spricht die ganze Welt von einem mit grösster Präzision geplanten und sorgfältig durchgeführten Überfall auf den Postzug Glasgow-London, der zu einer Beute von 2,5 Mio. Pfund (circa Fr./DM 30 Mio.) führt. Damit handelt es sich um den bisher grössten Geldraub aller Zeiten.

Alles, was mit Verteilung, Terminierung und entsprechenden Dienstleistungen zu tun hat, untersteht dem Jungfrauzeichen. Mit der gleichzeitigen Anwesenheit von Uranus und Pluto im Jungfrauzeichen von 1962 bis 1968 war zu erwarten, dass im Zusammenhang mit diesem Bereich wichtige Neuerungen auftreten würden. Natürlich reicht die 1965 genau gewordene Konjunktion zwischen Pluto und Uranus als Beginn der Zeit der Informatik in ihrer Bedeutung weit über die 60er Jahre hinaus.

*Tatsächlich spricht man heute noch von Xerox-Kopien, auch wenn diese schon längst auf Geräten anderer Marken hergestellt werden.

### Neuer Durchbruch in der Psychologie: Transaktionsanalyse, Gestalttherapie und Bioenergetik

Im Bereich der Psychologie ist wohl bezeichnend, dass 1957, im Zusammenhang mit dem Eintritt von Pluto ins Jungfrauzeichen, die Kommunikation des Menschen über die sogenannte «Transaktionsanalyse» studiert wird. Dazu wird das Ich in drei Zustandsformen eingeteilt: Das Eltern-Ich, das Erwachsenen-Ich und das Kind-Ich. (Das Jungfrauzeichen als Prinzip der Einteilung und Klassifizierung). Das Ich wird dabei aus einer Beobachterhaltung heraus angeschaut und es werden dessen Spiele nüchtern analysiert. Das Buch von Eric Berne[12], dem Begründer der Transaktionsanalyse, «Spiele der Erwachsenen» (englisch: Games people play), wird Mitte der 60er Jahre in den USA zu einem Bestseller. Das Studium der Ränkespiele (englisch: games) führt zum Begriff des «Skripts», dem Lebensplan, für den wir uns aufgrund erster Erfahrungen mit unseren Eltern schon in der Kindheit entscheiden. Zu jenem Zeitpunkt kristallisiert sich auch heraus, ob wir dem Leben gegenüber eine «o.k.-» oder «nicht-o.k.-Haltung» einnehmen. Bleiben wir in der «nicht-o.k.-Haltung» so fühlen wir uns ständig schuldig, weil wir übernommenen Perfektionsidealen nicht entsprechen können, während wir durch Bewusstmachung unseres Skripts uns in Richtung von mehr Freiheit und Autonomie entwicken können. Wir werden dann vom «Frosch» zum «Prinzen» oder zur «Prinzessin». Berne rechnet dabei mit den sich aus dem christlichen Erbe heraus ergebenden Verhaltensweisen ab. Ob wir uns von Haus aus und auch weiterhin «schuldig» fühlen wollen, liegt gemäss ihm in unserer eigenen Entscheidung.

Sind wir in Spielen verhaftet, so neigen wir dazu, uns oder andere abzuwerten oder klein zu machen. Dies kommt zum Ausdruck in den von ihm als «Lebensspiele» bezeichneten Interaktionsformen. Wir finden in seinem Buch «Spiele der Erwachsenen» unter diesem Titel folgende Auflistung von Spielen:

1. «Alkoholiker»
2. «Schuldner»
3. «Mach mich nicht fertig»
4. «Jetzt hab ich Dich endlich, Du Schweinehund»
5. «Sieh bloss, was Du angerichtet hast»

Es fällt nicht schwer, hinter diesen Titeln mehr oder weniger verdeckt überall die Thematik der Jungfrau/Fische-Achse mit der auf diesen Polen so häufig in Erscheinung tretenden Verteilung der Rollen in Retter, Opfer und Verfolger zu erkennen. Dementsprechend ist es auch ein wichtiges Anliegen der Transaktionsanalyse, sich nicht nur von Opfer- oder Verfolgerrollen zu befreien, sondern auch auf unaufgefordertes «Helfen» oder «Retten» anderer zu verzichten, weil eine solche Haltung sehr leicht und unmerklich in die Verfolger- oder Opferrolle überleitet. Es ist bezeichnend, dass die ganze Periode von Pluto in der Jungfrau von der Entwicklung der Transaktionsanalyse durch Eric Berne umspannt wird. 1957 schrieb er zum ersten Mal über Ich-Zustände, sodass man den Beginn der Transaktionsanalyse in diesem Jahr ansiedelt. 1970 stirbt er und sein letztes Buch «Was sagen Sie, nachdem Sie Guten Tag gesagt haben?» erscheint 1972, als Pluto das Jungfrauzeichen verlässt.

Die Leistung von Eric Berne als Wegbereiter, um sich von den Zwängen des Fi-sche/Jungfrau-Zeichens zu befreien, ist sehr zu würdigen, indem er dem westli-chen Menschen ein Instrument an die Hand gegeben hat, einerseits, um die Geset-ze des Wiederholungszwangs zu verstehen, und andererseits, um sich davon zu be-freien.

Aber auch der Begründer der Gestalttherapie, Fritz Perls, der vor allem in den 60er Jahren in den USA lehrt, ist im Zusammenhang mit seiner wohltuenden, ent-mystifizierenden Haltung gegenüber Gefühlsprozessen zu erwähnen. Ihm scheint der dauernde Kampf zwischen «Topdog» und «Underdog», der sich in unserer Psyche abspielt, besonders wichtig. In diesem Zusammenhang weist auch er darauf hin, wie wir uns durch Perfektionsideale selbst lähmen. Im folgenden Zitat erken-nen wir unschwer die Signatur der Jungfrau/Fische-Achse[13]:

> «Normalerweise nehmen wir selbstverständlich an, dass der Topdog im Recht ist, und in vielen Fällen stellt der Topdog unerfüllbare per-fektionistische Forderungen. Wer also mit Perfektionismus gestraft ist, der ist absolut unten durch. Dieses Ideal setzt einen Massstab, der ei-nem dauernd Gelegenheit gibt, sich selbst einzuschüchtern, sich selbst und andere zu bekritteln. Da dieses Ideal unerfüllbar ist, kann man es nie im Leben verwirklichen. Der Perfektionist liebt seine Frau nicht. Er ist in sein Ideal verliebt und er verlangt von seiner Frau, dass sie in dieses Prokrustesbett seiner Erwartungen hineinpasst; und er tadelt sie, wenn sie es nicht tut. Was sein Ideal genau ist, das wird er nicht preisgeben. Hier und da wird er vielleicht einige Züge äussern, aber das Wesen des Ideals ist, dass es jenseits des Möglichen liegt, uner-reichbar, so recht eine gute Gelegenheit zum Beherrschen und Mit-der-Peitsche-Knallen. Neulich hatte ich ein Gespräch mit einer Freun-din. Ich sagte zu ihr: «Bittschön, bring das in Deinen Schädel hinein: Fehler sind keine Sünden», und sie war nicht halb so erleichtert, wie ich gedacht hatte. Dann sah ich es ein: Wenn Fehler keine Sünden mehr sind, wie kann sie dann noch andere züchtigen, die Fehler ma-chen? Das hat also immer zwei Seiten; wenn einer dieses Ideal, dieses perfektionistische Ideal mit sich herumträgt, hat er ein wunderbares Werkzeug, um das beliebte Spielchen des Neurotikers zu spielen, das Selbstquälerei-Spielchen. Die Selbstquälerei, das An-sich-Herumnör-geln, die Selbstkasteiung hören nie auf. Sie verstecken sich hinter der Maske der «Besserung», der «Selbstvervollkommung». Das geht nie und nimmer. Wenn jemand versucht, den Forderungen des Topdogs nach Perfektion nachzukommen, so ist das Ergebnis ein Nervenzu-sammenbruch oder aber die Flucht in den Wahnsinn.»

Während der wichtige Vorläufer sämtlicher späterer Körpertherapien, Wilhelm Reich, zur Zeit von Pluto im Löwen mit den amerikanischen Behörden in Konflikt geriet und 1957, in der Übergangsperiode Löwe/Jungfrau, im Gefängnis stirbt, be-gründen Alexander Lowen und John Pierrakos zu Beginn der Pluto/Jungfrau-

Periode die Methode der Bioenergetik. Diese geht davon aus, dass seelische Spannungen sich durch Verkrampfungen des Körpers manifestieren und dementsprechend auch körperlich angegangen werden können. Durch Entspannungs- und Entkrampfungsübungen soll dem Klient ermöglicht werden, sich angstfrei mit seiner Vergangenheit, seinem Alltag und seiner Zukunft auseinanderzusetzen. Dabei wird von einer funktionalen Identität des Muskelpanzers, des Charakterpanzers und der Ichstruktur des Einzelnen ausgegangen.

### Kultur, Film und der neue Umgang mit Erotik und Sexualität

In der zweiten Hälfte der 50er Jahre, während der Übergangzeit des Pluto zwischen Löwe und Jungfrau, erleben wir ein Zerbröckeln des ursprünglichen Heldenkultes. Differenziertere Filme entstehen, wie Stanley Kubricks «Paths of Glory» (Wege zum Ruhm), in welchem ein französischer General aus Renommiersucht einen Angriffsbefehl ausgibt, dem jeder tieferer Sinn fehlt. Mehrere Einheiten verweigern den Befehl. Als Vergeltung werden drei Soldaten vor Gericht gestellt, verurteilt und erschossen. Wie auch in anderen Filmen werden nun vermehrt Unstimmigkeiten im menschlichen Verhalten aufgedeckt. Eine andere Reihe von Filmen, wie beispielsweise jene von Roger Vadim mit Brigitte Bardot, oder Billy Wilders «Some like it hot» («Manche mögen's heiss») mit Marilyn Monroe, im weiteren Elia Kazans «Babydoll», zeigen unter Einsatz von für damalige Begriffe höchst erotischen Szenen die Verführungskraft des weiblichen Prinzips. Dies führt dann Ende der 50er Jahre zu den Filmen der Nouvelle Vague mit «Hiroshima – mon amour» von Alain Resnais oder «A bout de souffle» (1959) von Jean Luc Godard mit J.P. Belmondo. Auch mit «La dolce vita» von Federico Fellini wird die Spannung zwischen Grenzsituationen und Alltag, zwischen Exstase und Ernüchterung dargestellt. Die Helden und Heldinnen der neuen Filme sind vielschichtige Persönlichkeiten, die wenig gemeinsam haben mit den eindeutigen, aus einem Block geschaffenen Figuren der frühen 50er Jahre. Die Zeit von Pluto in der Jungfrau ist auch die grosse Zeit der Filme Ingmar Bergmanns mit seinen Rückblenden und seiner Darstellung der Abgründe sowohl der menschlichen Psyche wie auch des Schicksals. In der Kunst finden wir zur gleichen Zeit das Aufkommen des Popart mit Roy Lichtenstein und Andy Warhol als dessen Exponenten.

Mitte der 60er Jahre kommt mit den Beatles im Bereich der Musik eine stark nostalgische Note zum Tragen, die allerdings weniger mit Pluto in der Jungfrau, als vielmehr mit Neptun im Skorpion zu tun hat. In diese Zeit (1966) fällt auch der Minirock, der zusammen mit der Beatlekultur der Jugend und dem Jungsein einen ungeheuren Auftrieb gibt. Neue Wege werden gegangen und viele erleben diese Zeit als einen Frühling, der einen Aufbruch nach neuen Horizonten verheisst. Vielleicht mehr als die Stellung im Jungfrauzeichen kommt dabei die Konjunktion von Pluto mit Uranus zum Tragen.

An dieser mit Erotik geschwängerten Zeit möchten auch ältere Jahrgänge teilhaben und vielleicht ist die Profilierung der skandinavischen Länder und insbesondere Dänemarks im Bereich der offenen Zurschaustellung sexueller Themen ein Ausdruck davon. 1969 findet jedenfalls im Anschluss an eine Liberalisierung der

Pornographie in Kopenhagen eine sechstägige internationale Sex-Messe statt. Wie Pilze spriessen spezialisierte Firmen aus dem Boden, die ihre Produkte in neutraler Verpackung auch an die verschiedensten ausländischen Destinationen verschicken. Damit ist eine Entwicklung eingeleitet, welche dann in den 70er Jahren die meisten Länder erfassen wird. Wurde anfangs der 60er Jahre durch die Antibabypille die Sexualität von der Gefahr unbeabsichtigter Befruchtungen befreit, so wird sie von nun an immer mehr offen dargestellt und als Konsumgut angeboten.

### *Die Generation mit Pluto im Jungfrauzeichen*

Während Pluto im Löwezeichen ein Bedürfnis nach Grösse und persönlicher Strahlkraft verkörpert, ist bei Pluto im Jungfrauzeichen das Interesse stärker auf die Beobachtung von äusseren und inneren Vorgängen gerichtet. Direktheit und Spontaneität nehmen damit ab, aber es bestehen bessere Fähigkeiten, um sich selbst mit einem kritischen Auge zu betrachten und sich damit auseinanderzusetzen, wie man ist und wie man andererseits sein möchte. Damit können wichtige Veränderungsprozesse stattfinden, welche mit einer veränderten Haltung zu sich selbst, zu seinem Körper, zu seiner Ernährung wie auch zum Leben überhaupt einhergehen. Es ist wahrscheinlich, dass diese Generation viel dazu beitragen wird, den bisherigen Wissenschaftsbegriff in Frage zu stellen und sich für alternative Betrachtungsweisen, insbesondere in der Medizin, interessieren wird.

Dies gilt natürlich ganz besonders für die Jahrgänge zwischen 1962 und 1968, welche zusätzlich zu Pluto auch Uranus im Jungfrauzeichen, meist in einer weiten Konjunktion miteinander, aufweisen. Diese Konjunktion, die 1965 und 1966 exakt war, aktiviert ein starkes Bedürfnis, sich höchstens vordergründig anzupassen, in seinem Innersten jedoch sich seine eigene Meinung vorzubehalten. Es handelt sich um Jahrgänge, die das Spiel der Gesellschaft zwar durchaus mitmachen können, dabei jedoch in erster Linie an einer Weiterentwicklung und an der Möglichkeit, neue Gesetzmässigkeiten kennenzulernen, interessiert sind. Damit lassen sie ihre Person gewissermassen aus dem Spiel und engagieren sich nicht auf dieselbe Art und Weise, wie dies von früheren Generationen üblich war. Auf der Suche nach Vorbildern erleben sie immer wieder, wie diese sich in ihren Augen selbst diskreditieren, womit sie mit ihrem Bedürfnis nach Perfektion wieder allein gelassen sind und sich auf der Suche nach Leitfiguren erneut auf den Weg machen müssen.

Diese Generation, welche die Thematik des Computerzeitalters in sich trägt, wächst in einer von Computern stark beeinflussten Gesellschaft auf und wird in vielen Fällen die Tendenz haben, starre Mechanismen bei andern Menschen, und vielleicht auch bei sich selbst, als Programme zu erkennen, gemäss welchen jemand agiert und reagiert.

Damit handelt es sich um Menschen, welche im Zusammenhang mit dem Übergang vom Fische- ins Wassermann-Zeitalter dadurch, dass sie nicht so leicht von Gefühlen überschwemmt werden und zeitweilig sehr kühle Analytiker mit intuitiven Fähigkeiten verkörpern, eine wichtige Rolle spielen dürften. Das Hauptproblem wird dabei darin bestehen, die eigenen, oft lähmenden Perfektionsansprüche zu relativieren, um auch selbst offener zu werden und aus der Beobachterposition hervorzutreten. Statt dass ungelebte Perfektionsideale auf andere projiziert werden, wird es auch wichtig sein, an der eigenen Veränderung zu arbeiten, um diese nicht über Manipulation und Kritik von andern zu erwarten.

### Andere astrologische Einflüsse zur Zeit von Pluto im Jungfrauzeichen

Die Zeit von Pluto im Jungfrauzeichen fällt weitgehend zusammen mit Neptun im Skorpionzeichen. Bis zum Ende des 20. Jahrhunderts werden Pluto und Neptun ungefähr die gleiche Geschwindigkeit haben, sodass sie etwa zur gleichen Zeit das Zeichen wechseln. Neptuns Eintritt ins sexuelle Zeichen Skorpion (erstmals 1955) fällt zusammen mit den grossen Erfolgen, welche Elvis Presley mit seiner «Rock'n Roll Music» feiert. Sowohl in der Musik (z.B. Elvis Presley), als auch im Film (Marilyn Monroe) oder in der Politik (John und Robert Kennedy) werden – insbesondere in Amerika – Menschen mit «sex appeal» zu charismatischen Figuren. Um in der Politik erfolgreich zu sein, wird ein neues Kriterium wichtig: Gutes Aussehen.

Der Qualität der Zeit entsprechend feiern die James Bond Romane als Mischung von Spionage und Erotik grosse Erfolge. Entsprechende Filme mit Sean Connery folgen. Im Bereich der Musik werden die Beatles und die Rolling Stones zum Symbol für eine Verbindung von Nostalgie und erotisch-sexueller Ausstrahlung. In diesem Klima und unter der gleichzeitigen Konjunktion von Pluto und Uranus, welche von 1963-1968 andauert, kommen dann die Hippies auf, welche mit Drogen und freier Liebe eine Sprengung bisheriger Grenzen verkörpern. Damit bereitet Neptun als Planet entgrenzender Liebe im sexuellen Zeichen Skorpion die 1972 einsetzende Phase von Pluto in der Waage vor. Auch Pluto (Sexualität) in der Waage (Beziehungen und Liebe) wird viele Tabus durchbrechen und Erotik und Sexualität weiter liberalisieren.

*(Tabelle «Pluto in Löwe und Jungfrau» siehe Seite 177.)*

# Pluto in Waage

Oktober 1971– August 1984
Übergangszeit Jungfrau – Waage: 1971 – 72
Übergangszeit Waage-Skorpion: 1983 – 84

*Astrologische Symbolik*
Mit Pluto in der Waage dürfen wir eine Veränderung der partnerschaftlichen Beziehungen erwarten. Pluto verlangt nach einer Intensität, welche, wenn sie nicht mehr da ist, in vielen Fällen zum Ausbruch aus der Beziehung oder zu deren Auflösung führen kann. Dadurch, dass auf der Zeichenachse auch der Gegenpol Widder angesprochen ist, werden viele Menschen in Beziehungen einen vermehrten Anspruch spüren, sich selbst zu sein und sich als Individuum zu erleben. Somit könnte inbesondere von Frauen, die eine starre Rollenverteilung nicht mehr akzeptieren, wichtige Herausforderungen ausgehen.

Da das Waagezeichen auch mit Verträgen und Gesetzen in Zusammenhang steht, wird von vielen die Institution des Ehevertrags in Frage gestellt werden, sodass vermehrt unkonventionelle Formen von Verbindungen auftreten. Dasselbe gilt natürlich auch für andere Bereiche, sodass Vorschriften und Gesetze, wenn sie nicht mehr dem Volksempfinden entsprechen, ohne weiteres übergangen werden dürften. Vielleicht definieren einzelne Gruppen auch ihre eigenen Gesetzmässigkeiten, welche sie der etablierten Gesellschaft entgegenstellen. Dies wird umso mehr der Fall sein, als sich während der ganzen Periode Neptun im Schützezeichen befindet. Damit dürften einzelne Konflikte auch eine religiöse Färbung erhalten. Auch Staatsverträgen wird vermehrte Bedeutung zukommen, wobei mit Pluto auch der Vertragsbruch aufgrund eigenwilliger Überzeugungen und damit auch der Abbruch diplomatischer Gepflogenheiten die Welt beschäftigen könnte.

*Wie die USA zu einem Waage-Präsidenten kommen – Der schwache Mann und die*
*«eiserne Lady» – Der Rollentausch*
Zweifellos war der im Zeichen des Steinbocks geborene Richard Nixon im Bereich der internationalen Diplomatie einer der erfolgreichsten amerikanischen Präsidenten überhaupt: Zwei Monate vor dem definitiven Eintritt Plutos ins Waagezeichen besucht er als erster Präsident der Vereinigten Staaten von Amerika die Sowjetunion. Neben vielen anderen Abkommen unterschreibt er bei diesem Anlass mit Nikolai Podgorny die Salt-I-Vereinbarung zur Beschränkung der strategischen Waffen (Salt: Strategic Arms Limitation Talks). Präsident Nixon geht davon aus, dass die beiden Supermächte USA und Sowjetunion durch konkrete gemeinsame Interessen in begrenzter Weise zur Zusammenarbeit motiviert werden können. Mit dieser Haltung sorgt er für eine spürbare Entspannung. Kurz zuvor, im Februar 1972, als Pluto sich bereits zum ersten Mal im Waagezeichen befand, ist er nach China gereist, um mit der chinesischen Führung übereinzukommen, dass die künf-

tigen Beziehungen auf der Basis der «friedlichen Koexistenz» zu führen seien. In einem gemeinsamen Communiqué wurde verkündet, dass damit die «20jährige Feindschaft» zwischen den beiden Ländern beendet sei. Astrologisch bezeichnend: Bei China handelt es sich um ein Waage-Land.

Kurz danach, im Januar 1973 beendet Henry Kissinger im Auftrag von Präsident Nixon den Vietnam Krieg durch Verhandlungen mit der vietnamesischen Führung. Zusammen mit Le Duc Tho erhält er dafür Ende 1983 den Friedensnobelpreis.

*Figur 6:*

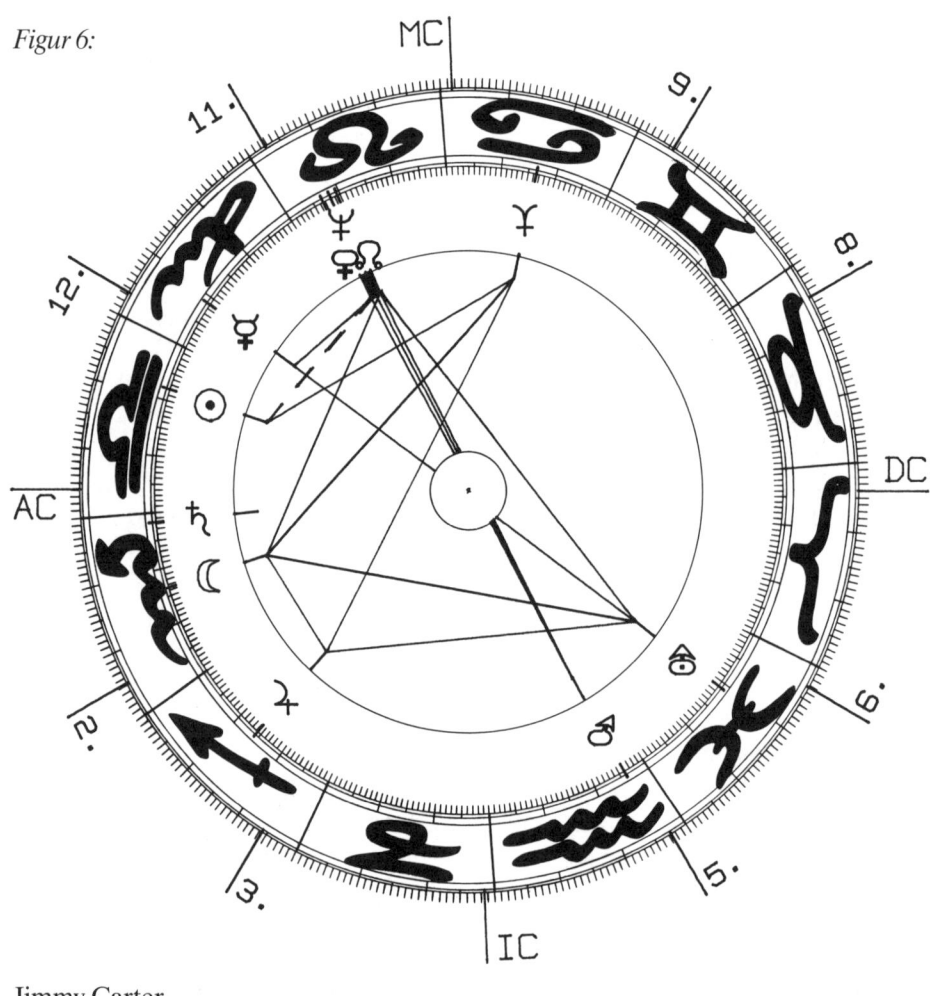

Jimmy Carter
1. 10. 1924   LT 7.00   GT 13.00   Plains USA                                      AD-Koch

| ⊙ | 8 ♎ 3'42" | ♀ | 23 ♌ 19'51" | ♄ | 1 ♏ 54'52" | ♅ | 13 ♋ 31'32" |
| ☾ | 13 ♏ 47'48" | ♂ | 25 ♒ 53'15" | ☋ | 18 ♓ 47'24" R | ☊ | 20 ♌ 28'40" R |
| ☿ | 21 ♍ 11'19" | ♃ | 14 ♐ 25'51" | ♆ | 21 ♌ 47'18" | ⚷ | 22 ♌ 3'31" R |

Sehr bald lernt die Welt Richard Nixon, der Ende 1972 triumphal wiedergewählt worden war, allerdings von einer weit weniger positiven Seite kennen, nämlich als jemand, der Gesetz und Recht sehr willkürlich handhabt: Im April 1973 bricht der Watergate-Skandal aus. Ein Jahr später muss er wegen dieser Affäre zurücktreten.

Die schwere Enttäuschung der Amerikaner im Zusammenhang mit Watergate führt dann dazu, dass bei den nächsten Wahlen im Jahre 1976 ein «Saubermann» gewählt wird, jemand, der sich durch seine Religiosität und Moralität auszeichnet: Jimmy Carter. Carter besitzt ausgesprochene Waage-Qualitäten. Er sucht den Konsens und ist bestrebt, niemandem weh zu tun, was allerdings bewirkt, dass er oft Mühe hat, sich durchzusetzen. Sein Horoskop (Figur 6) drückt dies übrigens sehr deutlich aus, indem wir auf der AC/DC-Achse die Zeichen Waage und Widder vorfinden, deren Herrscher sich auf der Mondknoten-Achse in Opposition befinden. Im übrigen bedeutet Mars am absteigenden Mondknoten oft eine Angst vor Aggressionen. Das, was Carter nun bei sich verdrängt, das marsische Prinzip, wird er aussen anziehen.

Da bei einem Politiker nicht nur einzelne Personen, sondern auch ganze Staaten als Kontrahenten auftreten können, ist es interessant, zu schauen, in welchen Ländern der Erde der Planet Mars für den Geburtsmoment Jimmy Carters auf oder in die Nähe einer Hauptachse zu liegen kommt. Dies ermitteln wir mit Hilfe der Methode der Astro*Carto*Graphy (Figur 7).

Bei Betrachtung der Astro*Carto*Graphy von Jimmy Carter beobachten wir, dass Iran von einer Mars-Aszendent-, einer Uranus-Aszendent- und einer Jupiter-

*Figur 7:*

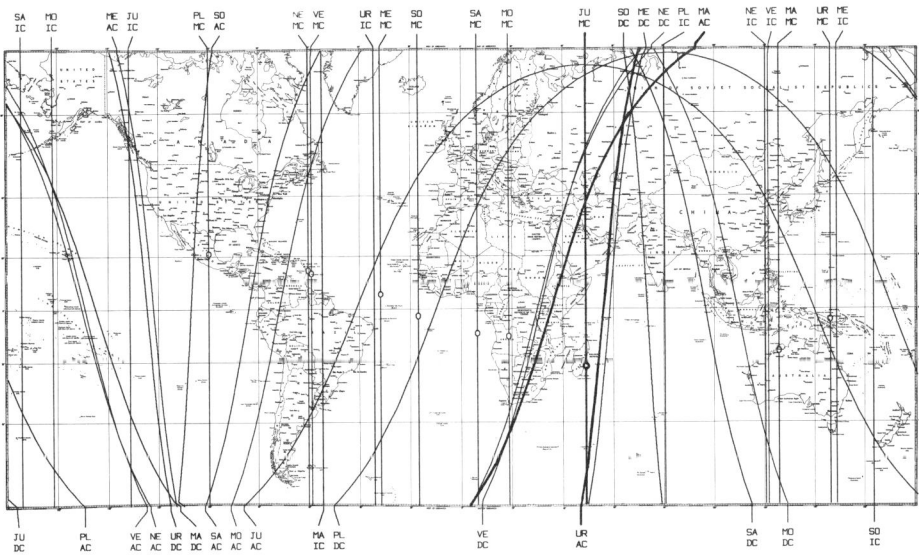

Astro*Carto*Graphy                                                      Jimmy Carter

MC-Linie umschlossen wird. Genau im Zusammenhang mit diesem Land kommt nun Jimmy Carter mit seiner nicht selbst gelebten, sondern nach aussen projizierten Marsenergie in Berührung. Das Ereignis, welches ihn die Wiederwahl kostet, trägt, neben der Symbolik des Mars, die Züge des unvermittelten und unerwarteten Uranus-Prinzips wie auch jene des sich über Fanatismus und Glaubensfragen manifestierenden Jupiters:

Am 4. November 1979 stürmen ca. 400 Iraner, vorwiegend Studenten, die amerikanische Botschaft in Teheran und nehmen etwa 70 Geiseln in ihre Gewalt. Für deren Freilassung fordern sie die Auslieferung des früheren Schahs von Persien, der sich in einer New Yorker Klinik befindet. Schiitenführer Ayatollah Khomeini billigt die Aktion öffentlich. Damit werden nicht nur elementarste diplomatische Gepflogenheiten (Waage-Entsprechung) aufs Gröbste verletzt, sondern es wird auch ein Staatsterrorismus begründet. Carter zaudert. Er möchte das Leben der Geiseln auf keinen Fall aufs Spiel setzen. In den folgenden Monaten wird die Situation immer unhaltbarer; die amerikanische Öffentlichkeit erwartet, dass irgend etwas geschieht. Unter erheblichem äusserem Druck fühlt sich dann Carter verpflichtet, eine Geiselbefreiungsaktion zu unternehmen. Diese scheitert jedoch kläglich und Carter wie auch die Vereinigten Staaten werden zum Gespött der Welt. Die Aktion wurde so dilettantisch durchgeführt, dass bereits vor einem Anflug auf Teheran von acht eingesetzten Hubschraubern drei wegen technischer Schwierigkeiten ausfallen und ein vierter mit einem ebenfalls aufgebotenen Transportflugzeug zusammenstösst, sodass acht amerikanische Soldaten ums Leben kommen, ohne jemals Feindberührung gehabt zu haben.

Dabei handelt es sich in klassischster Weise um ein Beispiel von nicht nach aussen zum Ausdruck gebrachter Marsenergie: Diese richtet sich in einem solchen Falle gegen den Urheber selbst (Autoaggression). Nach diesem Ereignis ist das politische Schicksal des Waage-betonten Jimmy Carters mehr oder weniger besiegelt, sodass am 4. November 1980 (auf den Tag genau ein Jahr nach der Geiselnahme) Ronald Reagan gegen ihn einen «Erdrutsch-Sieg» erleben wird. Dass die Geiseln genau am Tag der Amtsübernahme von Präsident Reagan (20. Januar 1981) befreit werden, wird im Zusammenhang mit der später auffliegenden Iran-Contra-Affäre noch einiges zu reden geben und Vermutungen über einen problematischen «Kuhhandel» nicht zum Erstummen bringen.

Nichtsdestotrotz wird Ronald Reagan als der Präsident in die Geschichte eingehen, der den Amerikanern nach schweren Demütigungen ihren Nationalstolz zurückgegeben hat. So ist es auch nicht erstaunlich, dass die später von Ronald Reagan veranlassten Strafaktionen gegen Granada (1983) und Libyen (1986) innenpolitisch breite Zustimmung finden. Der «Softy» Carter wird durch den «Macho» Reagan abgelöst und damit gibt es wieder eine Vaterfigur, mit der sich die amerikanischen Männer identifizieren können.

Wie sehr Pluto in der Waage klassische Rollenverteilungen Mann/Frau aufzulösen vermochte, zeigt sich daran, dass zur gleichen Zeit, wo der als schwach taxierte Jimmy Carter die Geschicke Amerikas regiert, in England eine Frau an die Macht kommt, welche bald die Bezeichnung «eiserne Lady» erhalten wird: Am 3. Mai

1979 wird Margaret Thatcher erste weibliche Premierministerin in der Geschichte Grossbritanniens. Auf eine ähnliche Herausforderung wie jene, der Jimmy Carter im Zusammenhang mit Iran ausgesetzt war, reagiert sie 1982, als 5000 argentinische Soldaten die Falkland Inseln erobern, ganz anders. Nachdem Grossbritanniens Forderungen nach Rückzug der argentinischen Truppen erfolglos bleiben, entsendet die britische Regierung unter Leitung Margaret Thatchers einen Flottenverband von 36 Kriegsschiffen mit 5000 Mann Besatzung in den Südatlantik. Nach zwei Monaten sind die Falkland Inseln zurückerobert, was Margaret That-

*Figur 8:*

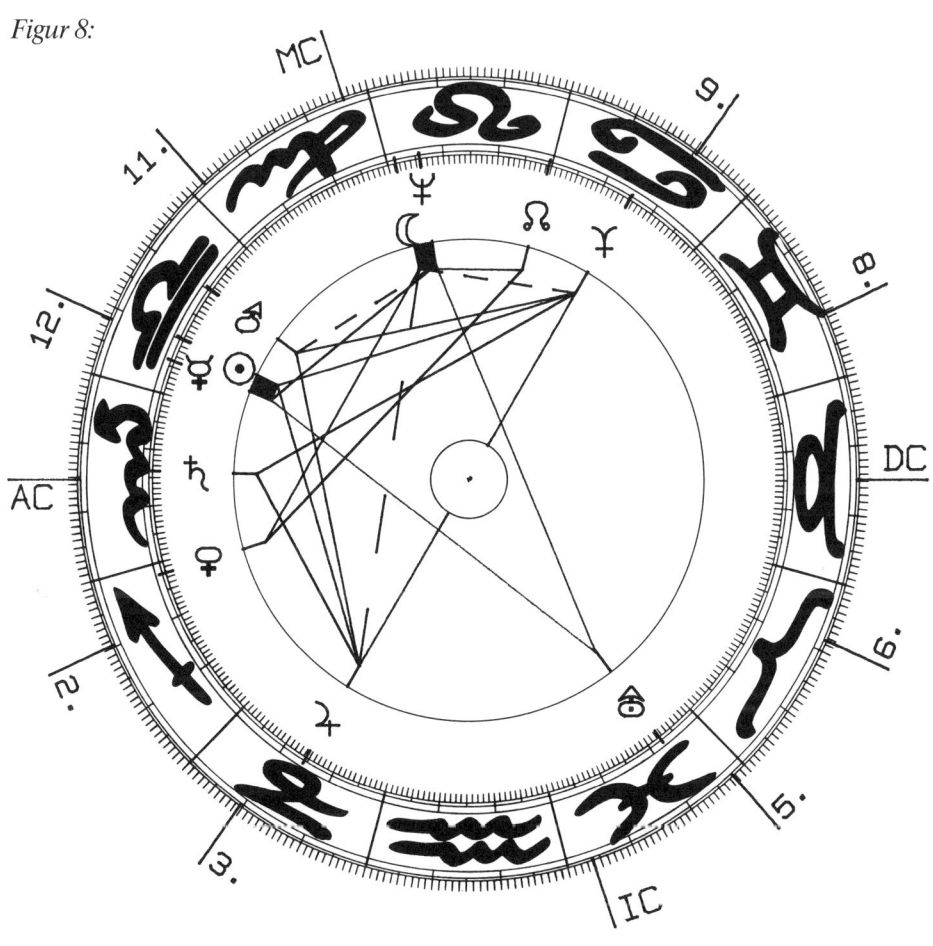

Margaret Thatcher
13. 10. 1925   LT 9.00   GT 9.00   Grantham GB                                    AD-Koch

| | | | |
|---|---|---|---|
| ☉ 19 ♎ 30' 6" | ♀ 2 ♐ 4'18" | ♄ 13 ♏ 46'23" | ♅ 14 ♉ 44'37" |
| ☽ 28 ♌ 37'56" | ♂ 9 ♎ 27'45" | ⊕ 22 ♓ 28'54" R | ☊ 0 ♌ 31'23" R |
| ☿ 23 ♎ 46'56" | ♃ 14 ♉ 29'16" | ♆ 24 ♌ 13'49" | ⚷ 1 ♌ 33' 5" R |

cher einen erheblichen Prestigegewinn bringt. Dabei sind vom Horoskop her Parallelen zu Jimmy Carter durchaus gegeben (Figur 8). Auch Margaret Thatcher besitzt wie Jimmy Carter eine Sonne in der Waage im 12. Haus im Quadrat zu Pluto, andererseits Saturn am Aszendenten. Auch aus ihrem Horoskop spricht mit Mond/Neptun am MC und der Sonne im 12. Haus eine starke Neptun-Thematik. Der wichtigste Unterschied liegt wohl darin, dass Mars mit einem Quadrat zu Pluto und Jupiter unternehmungslustigere Aspekte erhält als bei Carter am absteigenden Mondknoten in Opposition zu Neptun.

Interessant ist nun auch hier – wie bei Jimmy Carter für Iran – die enge Verknüpfung zwischen den Falkland Inseln und der Marsauslösung der sonst Waagebetonten Margaret Thatcher (Figur 9). Für die Falkland Inseln liegt Mars genau am Aszendenten von Margret Thatcher, während Argentinien zwischen Mars-AC-, Uranus-DC- und Jupiter-IC-Linien zu stehen kommt. Auch hier also der überraschende unvermittelte (Uranus) argentinische Angriff (Mars) zwecks territorialer Expansion (Jupiter), welchem Margret Thatcher jedoch ebenso marsisch im Pochen auf das eigene Recht (Jupiter) begegnet. Uranus kommt dabei andererseits in der überlegenen Technologie der britischen Armee zum Ausdruck.

### *Extremisten und Terroristen*

Es entspricht der Thematik von Pluto in der Waage, dass nicht alle das geltende Recht und die geltenden gesellschaftlichen Normen akzeptieren, sondern Splittergruppen ein anders lautendes Konzept auch undemokratisch mit Gewalt durchset-

*Figur 9:*

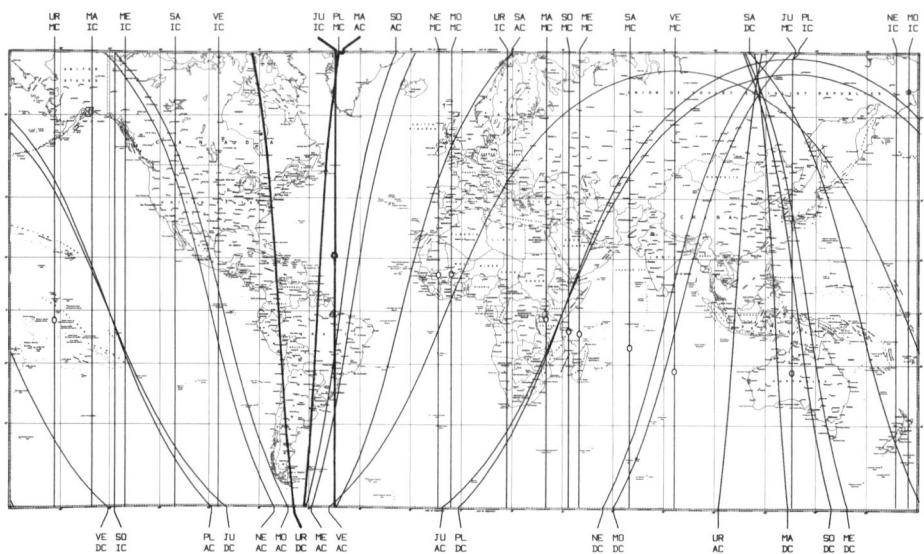

Astro*Carto*Graphy                                                    Margaret Thatcher

zen wollen. So werden in den Jahren des Eintritts Plutos ins Waage-Zeichen in Mitteleuropa massivste Anstrengungen unternommen, um dem in Banden und Fraktionen organisierten Terrorismus das Handwerk zu legen. Im Juni 1972 gelingt der deutschen Polizei ein entscheidender Schlag gegen die Baader-Meinhof-Bande: Andreas Baader, Holger Meins, Gudrun Ensslin und Jan-Carl Raspe werden nach Schiessereien verhaftet. Damit sind die führenden Köpfe der Baader-Meinhof Gruppe festgenommen. Eine Hysterie greift um sich: Einzelne CDU-Kreise bezichtigen den Schriftsteller Heinrich Böll der «terroristischen Wegbereitung» und «geistigen Mittäterschaft».

Neben einem einheimischen gibt es jedoch auch weiterhin einen internationalen Terrorismus, der seinen Ursprung im Nahen Osten hat. Solche Kreise sind am Werk, als im September 1972 anlässlich der Olympiaden in München das Quartier der israelischen Olympiamannschaft überfallen wird.

Als weitere markante terroristische Anschläge wären Flugzeugentführungen zwecks Freipressung von Inhaftierten zu nennen. Teils enden diese durch Einsatz von antiterroristischen Spezialkommandos einigermassen glimpflich (Befreiungsaktion der Israelis in Entebe, Juli 1976; Geiselbefreiung in Mogadischu durch eine Spezialabteilung des Bundesgrenzschutzes, Oktober 1977). Kein Glück haben Arbeitgeberpräsident Hans Martin Schleyer (Oktober 1977) und Democrazia Cristiana Präsident Aldo Moro (Mai 1978). Sie werden tot aufgefunden.

Der internationale Terrorismus endet nicht mit dem Austritt von Pluto aus der Waage. Er wird – vermehrt in Form von Staatsterrorismus – auch noch die späten 80er Jahre prägen.

### *Friedensabkommen – Afghanistan und die Farce der «brüderlichen Hilfe» – Bürgerkriege*

Die Zeit von Pluto in der Waage ist eher eine Zeit von Friedensbemühungen als von dauerhaften Friedensverträgen. Oft gleicht der Friedensschluss einem offiziellen Akt, um sich den Eindruck zu geben, alles sei in Ordnung, wobei es letztlich an der ernsthaften Absicht und Gesinnung fehlt. Dies betrifft sowohl das 1973 abgeschlossene Vietnamabkommen, welches das weitere Vordringen des Vietcongs nach Südvietnam nicht hindern wird, oder das vielgelobte Camp David Abkommen zwischen Israel und Ägypten, welches zwar aufgrund massiver amerikanischer Entschädigungen das Verhältnis zwischen Ägypten und Israel entschärft, aber nicht für einen dauerhaften Frieden in Nahost ausreichen wird. Ähnlich fragwürdig wird sich später die Person des Berufsdiplomaten Kurt Waldheim erweisen, der als UNO-Generalsekretär von 1972 – 1982 oberster Friedensbeauftragter ist. (Waldheim ist bezeichnenderweise Bürger des Waage-Landes Österreich).

Gar häufiger finden wir offene kriegs- oder bürgerkriegsähnliche Situationen wie beispielsweise in Nordirland, wo ab 1971 die Gewalttaten so sehr zunehmen, dass die Stärke der britischen Truppen im Lande auf 12'500 Mann erhöht wird, oder im Afghanistankonflikt, wo nach Einmarsch der Russen der neue Ministerpräsident Karmal erklärt, er habe Moskau um «brüderliche Hilfe» gebeten (Dezember 1979). Die ebenfalls 1979 stattfindende Entmachtung des nicaraguanischen Diktators Somoza wird den Bürgerkrieg in Nicaragua nicht etwa beenden, sondern sehr bald zu nicht enden wollenden Kämpfen zwischen der neuen Sandinistenregierung und den von den Amerikanern unterstützten Contras führen. Auch der im September 1980 zwischen Iran und Irak ausbrechende Krieg wird bis gegen Ende der 80er Jahre andauern. Erst 1988 und 1989 werden diese Konfliktherde halbwegs zur Ruhe kommen.

*Erdölkrise – «Club of Rome» und qualitatives Wachstum – Währungskrise – Wie «Untertanen» zu «Herren» werden*

1973 wird der Welt bewusst, dass Wohlstand und wirtschaftliches Wachstum keine definitiven Errungenschaften sind, sondern sehr plötzlich in Frage gestellt werden können. Ein Kommentator schreibt dazu[14]:

> «In diesem Jahr schien sich zu bestätigen, was Zukunftsforscher vorausgesagt hatten: Dass der Ost-West-Konflikt durch ein Spannungsverhältnis zwischen den unterentwickelten und den Konsum-Gesellschaften abgelöst werden würde. Wie seltsam wirkt doch diese Prognose am Ende des Jahres 1973: Kaum mehr als eine Dekade ist verflossen, seit das Zeitalter der Kolonisation und damit der politischen Domination der «Dritten Welt» zu Ende ging. Damals, als die meisten Staaten in Afrika ihre Selbständigkeit erhalten hatten (Asien war in diesem Prozess zeitlich im Vorteil), glaubte der Westen an die Möglichkeit eines partnerschaftlichen Verhältnisses. Dieser Glaube ist zerronnen: Die Gesellschaften, die sich dem Überkonsum verschrieben haben (oder waren sie einfach in diesen Zustand hineingeschlittert?), fanden sich nun in einem als unerträglich empfundenen Abhängigkeitsverhältnis von einem Teil der einstigen Untertanen, von jenen, die über die Rohstoffe verfügen. Die Energiekrise, heraufbeschworen durch das arabische Erdölembargo, entwickelte sich zur Bedrohung eines Lebensstils: Der Konsumverzicht wurde in Europa zur bitteren Notwendigkeit. Ernüchtert (und frierend) konstatierte man, dass das persönliche Wohlergehen vom Goodwill arabischer Erdölpotentaten abhängt.»

Was war geschehen? Um ihrer Forderung nach dem Abzug Israels aus den besetzten arabischen Gebieten Nachdruck zu verleihen, senkten die arabischen Erdölländer die Ölförderung um 25 % und verfügten gegen die USA und die Niederlande wegen deren israelfreundlichen Haltung einen Lieferboykott. Dazu kamen enorme Preiserhöhungen. Diese drückten sich in den Einnahmen der OPEC-Staaten aus. Betrugen diese 1972 lediglich 14 Milliarden Dollars, so stieg diese Summe im Jahre 1974 auf 90 Milliarden Dollars.

Um dieser neuen Situation beizukommen, werden überall umfassende Sparprogramme verhängt. Dazu gehören Geschwindigkeitsbeschränkungen, Treibstoffrationierungen – auch im Flugverkehr – und Sonntagsfahrverbote. Von 12 Pfennig je Liter im Jahre 1972 steigt der Preis für leichtes Heizöl 1973 bis auf 70 Pfennig (ähnliche Werte gelten für die Schweiz). An vielen Orten wird diese Entwicklung als Anlass für ein Umdenken genommen. Quantitatives Wachstum hat seine Grenzen und kann nicht unaufhörlich weiterverfolgt werden. Firmen und ganze Industriezweige müssen sich Gedanken machen über die Möglichkeit, qualitativ zu wachsen. Ansonsten droht Arbeitslosigkeit in grossem Ausmasse.

Seit dem Beginn der 70er Jahre ist das internationale Währungssystem durch starke Dollarzuflüsse aus den USA ins Ungleichgewicht geraten. 1973 wird nun der gemeinschaftliche feste Wechselkurs der EG-Währungen zum Dollar aufgehoben. Der Dollar, der 1961 noch DM 4.00 wert war, sinkt nach Aufhebung der festen Wechselkurse im Jahre 1973 von DM 2.90 auf DM 2.28 , um im Januar 1980 mit DM 1.70 seinen Tiefstand zu erreichen.

Damit kann die Zeit von Pluto in der Waage als Periode grösster Währungsschwankungen angesehen werden. Von einem Wert von DM 3.25 und über SFr. 3.50 am Anfang der Periode sinkt der Dollar 1980 auf einen Tiefstand von DM 1.70 und unter SFr. 1.50, um dann 1984 wieder einen Wert von weit über DM 3.00 und SFr. 2.90 zu erreichen. In der gleichen Zeit macht das Gold Sprünge von rund US Dollar 50.00 auf über US Dollar 800.00 pro Unze.

Dieser Destabilisierung der westlichen Leitwährung steht eine gewaltige Kaufkrafterhöhung der erdölproduzierenden arabischen Länder gegenüber. So bringen die 70er Jahre vielen Europäern die Überraschung, dass ihre teuersten Lagen und angesehensten Hotels von arabischen Geschäftsleuten oder Mitgliedern von Herrscherfamilien aufgekauft werden. Die Balance hat umgeschlagen: Die früheren Untertanen werden die neuen Herrscher, die sich mit ihrem Geldüberfluss nicht nur Dinge, sondern auch Menschen kaufen können. Insbesondere die hochkultivierte und in Klassen eingeteilte englische Gesellschaft (Waage- und Steinbock-Prinzip) erlebt in Form der den Energie- und damit auch Geldhahnen betätigenden Araber den Einbruch nackter plutonischer Macht. Was sich an der Währungsfront (Venus/Pluto-Entsprechung) abspielt, betrifft auch den erotisch-sexuellen Bereich und insbesondere jenen der käuflichen Liebe. So sieht sich manche europäische Nachtclubtänzerin vor die Frage gestellt, ob sie für Summen, die den ihr bisher vertrauten Rahmen um ein Vielfaches sprengen, bereit ist, sämtliche ausgefallendsten und auf die sexuelle Unterwerfung der Frau gerichteten Wünsche eines arabischen Erdölmagnaten zu erfüllen. Während einige die in diesem Zusammenhang erfahrene Verknüpfung urtümlicher Sinnlichkeit mit der Macht des Geldes als faszinierend erleben, empfinden es andere als unerträglich, dass ein Machtkampf zwischen unterschiedlichen Zivilisationen über ihren Körper ausgetragen werden soll. Ähnlich ergeht es dem europäischen Kader-Angestellten, wenn er sich eine Wohnung in der Londoner City nicht mehr leisten kann, weil die Preise durch den Zufluss der Petro-Dollars in die Höhe geschnellt sind, oder wenn er aus einem Nachtlokal verdrängt wird, weil ein arabischer Scheich kurzentschlossen die ganze weibliche Belegschaft des Etablissements für einen Abend gemietet hat, um sich damit ad hoc ein Harem zusammenzustellen.

### Erforschung des Planeten Mars

Unmittelbar nach dem ersten Eintritt von Pluto ins Waagezeichen (Oktober 1971) richtet sich die Aufmerksamkeit sowohl der Russen wie auch der Amerikaner auf den Planeten Mars. So gelingt den Sowjets mit Mars 3 am 2. Dezember 1971 die weiche Landung einer mit Instrumenten bestückten Sonde auf dem Planeten Mars. Noch wichtiger ist wohl der von den Amerikanern in die Marsumlaufbahn plazierte Mariner 9 (November 1971), welcher bis Oktober 1972 über 7000 Bilder der Marsoberfläche aussendet. 1975 untersuchen dann die Viking-Raumschiffe, ob eine Evidenz für Lebensvorgänge auf dem Planeten Mars gefunden werden kann. Dies ist nicht der Fall, aber eine reiche Fülle von zusätzlichen Details über Geologie und Meteorologie des Planeten Mars wird dabei gewonnen.

### Die nicht mehr beachteten Gesetze – Hausbesetzungen und Konkubinat – Offene Ehe und hohe Scheidungsraten – Gleiche Rechte für Mann und Frau

Während der Zeit von Pluto in der Waage (im wesentlichen die 70er Jahre bis anfangs der 80er) stellen sich nicht nur die Terroristen über die von der Gesellschaft definierten Gesetze. Zahlreiche Individuen wollen an den Möglichkeiten teilhaben, die ihnen das Leben bietet, und sich nicht durch die bisher gültigen bürgerlichen Normen eingeschränkt fühlen. So verspüren viele einen neuen Frühling, einen Aufbruch zu mehr Freiheit. Sie gehen davon aus, dass die Welt von morgen ganz anders aussehen wird als jene von gestern. Dies hat verschiedene äusserliche Konsequenzen:

Das bisher unumstössliche Eigentumsrecht wird plötzlich in Frage gestellt. Leer stehende Häuser werden von jungen Leuten, welche keine Bleibe haben, besetzt. Für sie geht es nicht an, dass Häuser zu Spekulationszwecken leer gehalten werden, während sie selbst vergeblich auf eine Wohnung warten. Sie stellen ihr eigenes Rechtsempfinden oder das Rechtsempfinden ihrer Gruppe jenem der etablierten Gesellschaft entgegen. Etwas ähnliches geschieht auf der Beziehungsebene. So wird die Institution der Ehe durchlöchert und immer mehr Paare leben in sogenannter «wilder Ehe», im Konkubinat zusammen – auch in der Schweiz, wo dies, zu Anfang von Pluto in der Waage, in verschiedenen Kantonen offiziell noch verboten ist.

Wie weit bisherige Normen und Volksempfinden auseinanderklaffen, ergibt eine Umfrage, welche 1974 vom Zürcher Tages-Anzeiger durchgeführt wird. Von den Befragten erklären 59 %, sie fänden nichts dabei, wenn «ein Mädchen und ein junger Mann zusammenleben, ohne verheiratet zu sein.» Ein Fünftel der Befragten meinen allerdings, ihnen gingen solche Freiheiten zu weit. Dabei macht sich ein Unterschied zwischen den grösseren Städten und den Landgemeinden bemerkbar: In den Städten geben ca. 70 % ihre Zustimmung, während diese in Gemeinden zwischen 2000 und 10'000 Einwohnern nur bei 48 % liegt.

Wenn man heiratet, dann oft in jüngeren Jahren und man lässt sich auch leichter wieder scheiden. So verdoppelt sich in der Schweiz von 1970 bis 1981 die Scheidungsrate. Aber auch die Single-Haushalte nehmen zu. In den USA ist deren Anteil von 1960 bis 1980 um 150 % Prozent gestiegen, ein Phänomen, welches sich auch in Europa beobachten lässt, wo, beispielsweise in der Schweiz, 1980 bereits 22 Prozent der Haushalte Single-Haushalte sind.

Was liegt diesem Verhalten zugrunde? Gemäss einer Studie des Stanford Research Institutes aus dem Jahre 1973 haben immer mehr Menschen das Bedürfnis, einerseits am neuen Wohlstand teilzuhaben, andererseits ihre Individualität (gegenüberliegendes Widderzeichen) zum Ausdruck zu bringen. Damit distanzieren sie sich von konformistischen Werten und zeigen wesentlich mehr Experimentierfreudigkeit als früher. Das Leben soll eine Gelegenheit darstellen, sich auf der persönlichen Ebene zu erfahren. Häufig gehört dazu auch ein Du, aber kaum auf Lebzeiten. Die Philosophie jener Zeit kommt wohl am deutlichsten im «Zukunftsschock» von Alvin Toffler[15] zum Ausdruck:

> «Da zwischenmenschliche Beziehungen austauschbar und immer kurzlebiger werden, wird man mit immer grösserer Hast dem Phänomen der Liebe nachjagen. Die zeitlichen Erwartungen, die man an solche Verbindungen knüpft, ändern sich ganz gewiss. Die konventionelle Ehe erweist sich immer weniger als fähig, ihre Versprechungen von lebenslanger Liebe zu erhalten, und deshalb können wir ohne weiteres annehmen, dass Ehen auf Zeit in der nächsten Zukunft ganz allgemein akzeptiert und praktiziert werden. Anstatt zu heiraten, «bis dass der Tod euch scheidet», werden Menschen, die eine Ehe schliessen, von Anfang an wissen, dass die Beziehung höchst wahrscheinlich von beschränkter Dauer sein wird. Sie werden ausserdem wissen, dass sie ihre Verbindung ohne viel Aufhebens, ohne Streit, vielleicht völlig unbefangen und ohne das Leid, das noch heute mit Scheidungen verbunden ist, lösen können, wenn sich ihre Wege trennen, d. h., wenn die Diskrepanz zwischen den Stadien der persönlichen Entwicklung zu gross wird. Bei nächster Gelegenheit werden sie wieder heiraten … und wieder heiraten … und wieder heiraten.»

Toffler spricht auch von «Versuchsehen», bis man sich entscheiden kann, ob man sich «richtig verheiraten» will.

Wir haben diese Zeilen zitiert, weil sie typisch sind für eine in den 70er Jahren verbreiteten Mentalität hinsichtlich des Möglichen und Machbaren. Insbesondere werden zu dieser Zeit aufgrund einer Forderung nach ungezügelter Freiheit Modelle entworfen, welche schliesslich an der Realität der menschlichen Psyche zerbrechen müssen.*

Um dem neuen Bedürfnis nach individueller Entfaltung und dem gewandelten Beziehungsverhalten Rechnung zu tragen, werden unter Pluto im Waagezeichen in verschiedenen Ländern die Scheidungsgesetze revidiert. So tritt am 1. Juli 1977 in Deutschland eine Reform des Ehe- und Familienrechts in Kraft, durch die bei

---

*Dies war jedoch damals noch nicht einsehbar, sodass auch viele aus dem Anfang der 80er Jahre stammenden Formeln für eine New-Age-Gesellschaft aus heutiger Sicht (Pluto im Skorpion) reichlich naiv erscheinen.

Scheidungen das Schuldprinzip durch das Zerrüttungsprinzip ersetzt wird. Von nun an können Ehen ohne Nachweis des Verschuldens eines Partners und auch gegen den Willen eines Ehepartners geschieden werden. «Wenn die Fortsetzung der Ehe für den Antragsteller aus Gründen, die in der Person des andern Ehegatten liegen, eine unzumutbare Härte darstellen würde, ist von nun an eine sofortige Scheidung möglich».

Immer mehr wird im Bereich der Ehe oder auch der Arbeit das Prinzip «gleiche Rechte für Mann und Frau» durchgesetzt. Die Schweizer Bürger, in solchen Fragen sehr konservativ, hatten knapp vor dem Eintritt von Pluto ins Waagezeichen am 7. Februar 1971 das Frauenstimmrecht gutgeheissen, sodass mit dem Eintritt Plutos in die Waage im Oktober 1971 elf Frauen in den Nationalrat einziehen. Damit sind zum ersten Mal in der Schweizer Geschichte Frauen auf Bundesebene in der Politik tätig. 1976 wird dann eine Volksinitiative mit dem Postulat «gleicher Lohn für gleiche Arbeit» eingereicht. Im Juni 1981 wird im weiteren vom Volk ein Verfassungsartikel über die Gleichstellung von Mann und Frau angenommen. Dieser Artikel lautet: «Mann und Frau sind gleichberechtigt. Das Gesetz sorgt für ihre Gleichstellung, vor allem in Familie, Ausbildung und Arbeit. Mann und Frau haben Anspruch auf gleichen Lohn für gleichwertige Arbeit.» Überhaupt ändert sich in der schweizerischen Eidgenossenschaft, deren Horoskop eine Mars/Venus-Konjunktion im Waagezeichen aufweist, unter Pluto in der Waage einiges im Umgang zwischen Volk und Politikern: Behördliche Anordnungen werden vom Volk nicht mehr einfach hingenommen, sondern notfalls auch durch illegale Aktionen in Frage gestellt. So halten im Jahre 1976 mehrere hundert Personen den Bauplatz für das vorgesehene Kernkraftwerk Kaiseraugst AG während 75 Tagen besetzt. Auf den Bau des Kernkraftwerks muss dann in den späten 80er Jahren wegen anhaltenden Widerstands vonseiten des Volkes definitiv verzichtet werden.

Auch das Thema eines partnerschaftlichen Umgangs in der Arbeitssphäre wird mit Pluto in der Waage Gegenstand von Diskussionen. Während der Deutsche Bundestag im Jahre 1976 das Gesetz über die Mitbestimmung der Arbeitnehmer verabschiedet, werden die Mitbestimmungsvorlagen der Gewerkschaften in der Schweiz wuchtig verworfen.

### *Die sexuelle Befreiung – Die «neue Frau» – Pornographie und Retortenbabys – Die narzisstische Persönlichkeit*
Die 70er Jahre mit Pluto in der Waage können wohl mit Recht als die grosse Zeit der sexuellen Befreiung angesehen werden. Funktionalität oder Status genügen nicht mehr, um eine Beziehung zusammenzuhalten, viel eher wird erwartet, dass diese individuelle Erfüllung und Lustbefriedigung ermöglicht. Tut sie das nicht, so wird sie wesentlich schneller aufgelöst als früher, oder in eine sogenannte «offene Ehe» umgewandelt, wo einer oder beide Partner sich die Freiheit nehmen, das, was sie in der Beziehung nicht finden, ausserhalb der Beziehung zu suchen. Immer mehr Menschen gehen davon aus, dass sie da sind, um das Leben aus vollen Zügen zu geniessen, und viele Tabus aus der Vergangenheit alte Zöpfe sind, die zurückgelassen werden müssen. In den Medien wird Erotisches immer offener dargestellt

und die Titelblätter der Illustrierten (insbesondere in Deutschland) gehen dazu über, durch Darstellung von Nacktheit und Erotik zusätzliche Leser zu werben. So wird kurz nach dem Eintritt von Pluto ins Waagezeichen in den meisten westlichen Ländern auch die Pornographie freigegeben und das Sexualstrafrecht liberalisiert.

Im Deutschen Bundestag wird ein entsprechend abgeändertes Sexualstrafrecht im Juni 1973 verabschiedet: Die Verbreitung der Pornographie wird begrenzt frei gegeben, sofern sie sich an Erwachsene richtet und nur für diese erhältlich ist. Aber auch die Haltung zur Homosexualität und Kuppelei wird grosszügiger gehandhabt. Gleichzeitig aufkommende feministische Organisationen versuchen – meist erfolglos – der Vermarktung des weiblichen Körpers durch die Medien entgegenzuwirken.

Beispielsweise strengt die Herausgeberin der Frauenzeitschrift «Emma» im Jahre 1978 ein Verfahren gegen das Magazin «Stern» wegen der Diskriminierung des weiblichen Geschlechts an, da, so die Argumentation, «auf seinen Titelseiten Frauen als blosses Sexualobjekt dargestellt werden».

Die Vorgänge und verschiedenen Phasen in einer partnerschaftlichen Beziehung werden unter die Lupe genommen wie im Film von Ingmar Bergmann «Szenen einer Ehe» (1975), der zu einem seiner grössten internationalen Erfolge wird. Die «Neue Zürcher Zeitung» schreibt über diesen Film: «Der wohl ehrlichste Film, in dem wohl je eine Ehe beschrieben worden ist».

Zahlreiche Beziehungen können jedoch die neue Infragestellung nicht verkraften und so steigt die Scheidungsrate. Immer häufiger sind es nun – im Gegensatz zu früher – die Frauen, welche die Scheidung verlangen. Viele Männer sind verunsichert und wagen nicht mehr, sich verpflichtend einzulassen. Sie befürchten, sich damit eine Partnerin einzuhandeln, welche nur an ihre eigene Entwicklung denkt und die Beziehung oder die Familie als Last betrachtet. Durch die neue Entwicklung wird der Mann aufgefordert, vieles von dem aufzugeben, was bisher seine Sicherheit bedeutete: Das Gefühl, gebraucht zu werden und als Gegenleistung für seine materielle Schutzfunktion emotionalen Schutz zurückzuerhalten. Nun wird ihm bedeutet, dass man auch ohne ihn auskomme und seine bisherige Rolle nicht mehr gefragt sei.

So vermeiden es viele Männer, sich zu engagieren, und die Geschichten von gescheiten, charmanten und attraktiven Männern, welche jede sexuelle Lust verlieren, sobald die Beziehung eng zu werden droht, werden in den Paartherapien der 70er Jahre zu einem wichtigen Thema.

So ergibt sich die paradoxe Situation, dass, während die «neue Frau» freizügig lebt aber insgeheim eine stabile, verbindende und auf Gleichberechtigung basierende Beziehung sucht, der freizügige «neue Mann» sich vor zuviel Nähe scheut, weil er eine gute, enge Beziehung mit einer geliebten Partnerin will, diese jedoch zur gleichen Zeit ebensosehr fürchtet. So ist auch für viele Frauen diese neue «Befreiung» oft schwer zu verkraften, denn auch die Gesellschaft fängt an, Egozentrik und Zurückweisung von bindenden Verpflichtungen zur gesunden Norm zu erklären. Statt dem Masochismus ihrer traditionellen Rolle zu entgehen, erleben sich viele Frauen nun in einer doppelt masochistischen Rolle: Ausgebeutet durch Männer, die sie benutzen und dann wieder verschwinden, erleben sie zusätzliches Leid durch den oft zum Scheitern verurteilten Versuch, den von der Gesellschaft als «attraktiv» oder «wertvoll» taxierten Partner für sich einnehmen zu können.

Im Zusammenhang mit konfektionierten Idealen weiblicher Schönheit und Attraktivität, wie diese in den Medien verherrlicht werden (die 70er Jahre bedeuten für «Playboy» und ähnliche Magazine eine Blütezeit), spielt sich bei den Männern etwas Aehnliches ab. Das Resultat ist häufig ein verschärfter Konkurrenzkampf, um die beschränkte Auswahl der als attraktiv geltenden Repräsentantinnen des andern Geschlechts.

Hinter der Fassade eines lockeren Umgangs mit intimen Beziehungen verbirgt sich in den 70er Jahren bei beiden Geschlechtern ein Gefühl von Einsamkeit und die Angst, nicht zu genügen. In einer Welt, die soviel Wert auf Aeusserlichkeiten legt, beherrscht der Lebensstil der «narzisstischen Persönlichkeit» häufig die Szene. Deren sexuelles Verhalten beschreibt der Psychologe Otto F. Kernberg[16] folgendermassen:

> «Die sexuelle Promiskuität narzisstischer Persönlichkeiten beruht auf der sexuellen Anziehung für einen Körper, der sich «zurücknimmt», oder für eine Person, welche von andern als attraktiv oder «wertvoll» eingestuft wird. Ein solcher Körper oder eine solche Person ruft bei narzisstischen Patienten unbewusste Gefühle von Neid und Gier hervor und damit das Bedürfnis, das begehrte Objekt zu besitzen, um es anschliessend abzuwerten und zu beschmutzen ... Während dann im weiteren Verlauf sexuelle Erfüllung die Eroberung belohnt, setzt sehr bald auch die Abwertung des begehrten Objekts ein, was nach kurzer Zeit zum Verlust von Erregung und Interesse führt ... Die eigene unbewusste Gier wird dabei auf das begehrte Objekt projiziert, sodass schliesslich die von ihm vermeintlich ausgehende Possessivität zum Anlass für die «Flucht in die Freiheit» wird. Für den narzisstischen Patienten spielen sich alle Beziehungen zwischen «Ausbeuter» und «Ausgebeutetem» ab, so dass «Freiheit» lediglich eine Flucht vor phantasierter verschlingender Possessivität ist.»

Sicher hat es den narzisstischen Persönlichkeitstyp immer gegeben und es wird ihn immer geben. In den 70er Jahren wird er jedoch, teilweise auch aufgrund von Vorbildern aus der Musik- und Kunstszene, zu einem sehr verbreiteten Lebensstil. Mit seinen Entsprechungen – intensive körperliche Erlebnisse unter gleichzeitiger Abriegelung seelischer Veränderungen – ist seine Bewandtnis mit Pluto im Beziehungszeichen Waage unverkennbar: Schliesslich überfiel und entführte Pluto seine Braut Persephone als sie Narzissen pflückte.

### Die Generation mit Pluto in Waage

Es ist sicher noch zu früh, um die zwischen 1972 und 1983 geborene Generation mit Pluto in der Waage im Verhalten zu beurteilen. Wir können hier höchstens Mutmassungen anstellen, wie sie sich aus der Planetensymbolik und den im Zusammenhang mit der Zeitqualität gemachten Erfahrungen in Kindheit und Jugendjahren ergeben. Aufgrund der vielen Trennungen, welche die in diese Zeit hineingeborenen Kinder im Zusammenhang mit ihren Eltern erleben mussten, können wir davon ausgehen, dass sie gegenüber Beziehungen eine kritische und vielleicht auch ängstliche Haltung einnehmen werden. Viele haben erlebt, wie ihre Eltern zugunsten persönlicher Verwirklichung die Beziehung aufs Spiel setzten, sodass vielleicht gar die Ehe aufgelöst wurde und der Vater während bloss eines Teils der Kindheit anwesend war. Damit könnte für Mädchen in vermehrtem Masse die Erfahrung prägend sein, dass auf Männer kein Verlass ist. Dies alles, möglicherweise verbunden mit der Vorstellung, im Bemühen, die Beziehung zusammenzuhalten versagt zu haben. Ein daraus resultierendes Muster könnten wir in der Entwicklung grosser Verführungsgaben mit gleichzeitigem Zweifel an der Dauerhaftigkeit und Verlässlichkeit einer Beziehung erblicken. Daraus könnte ein «Lolita-Verhalten» entstehen, welches darauf ausgerichtet ist, in einem zweiten Anlauf die nicht-gelebte Erfahrung mit dem Vater nachzuholen, ohne sich jedoch dabei – aus Angst vor Enttäuschung – ganz einzubringen (Venus/Pluto-Motiv). Über verschiedene, teilweise schmerzliche Erfahrungen im Zusammenhang mit zwanghaften Anziehungsmustern könnte mit der Zeit die Erkenntnis wach werden, dass Harmonie und Ergänzung nicht in einer Beziehung fertig vorgefunden werden können, sondern erst dann möglich werden, wenn ein eigenes inneres Gleichgewicht gefunden wird. Dabei könnte ein entwickelter Sinn für Kunst und Schönheit wichtige Sublimierungsmöglichkeiten bieten.

Bei Knaben, welche ohne – oder lediglich mit einem schwachen – Vater aufgewachsen sind, dürfte zunächst einmal das weibliche Prinzip in Form der Mutter als übermächtig erlebt worden sein. Übernahm der Sohn jedoch die Rolle eines Partnerersatzes, so wurde ihm bald bewusst, welche Macht auch er gegenüber der Mutter ausspielen konnte. Ähnlich wie beim Mädchen mit dem abwesenden Vater kann dies zu einer starken Fixierung, – in diesem Fall an den übermässig präsenten gegengeschlechtlichen Elternteil – führen, womit die Ablösung nicht immer leicht wird. In beiden Fällen können wir deshalb von einer Tendenz zu symbiotischen Beziehungen ausgehen, die von starken Forderungen an Partner oder Partnerinnen geprägt sind, sodass es schwierig sein wird, zwischen possessiven Ausschliesslichkeitsansprüchen und einer distanzierten Haltung ein gesundes Mittelmass zu finden.

Natürlich ist nur ein Teil der Kinder mit Pluto in der Waage ohne Vater oder mit einem schwachen Vater aufgewachsen. Dennoch dürfte diese Generation als Ganzes erlebt haben, dass Ergänzung durch Rollenverteilung in einer Beziehung nicht die Sicherheit bietet, welche eigene Verwirklichung und innere Harmonie durch «Ruhen im eigenen Zentrum» ermöglicht. Diese Generation dürfte auch für Umweltfragen hochgradig sensibilisiert sein und dazu beitragen, dass durch Berücksichtigung ökologischer Gesichtspunkte vermehrt ein qualitatives, statt ein quantitatives Wachstum angestrebt wird. Schliesslich erlebten diese Jahrgänge in der Kindheit oder Jugend nicht nur Einseitigkeiten im Sexualverhalten und, damit verbunden, die Existenz der Krankheit AIDS als Ausdruck eines gestörten zwischengeschlechtlichen Gleichgewichts aufgezogen, sondern auch das Drogenproblem und eine zunehmende Umweltverschmutzung als Entsprechung einer Welt, die durch einseitige Technisierung ihren Bezug zur Seele und zur Mutter Natur verloren hat.

Es ist anzunehmen, dass Schönheit, Gleichgewicht und Ausgewogenheit für Menschen, die unter Pluto in der Waage geboren wurden, wesentlich wichtiger sein werden als irgendwelche Maximierungsfragen. Daraus wird sich auch die Suche nach einer Lebensqualität entwickeln, die nicht gleichzusetzen ist mit einer sich in der Maximierung des Wohlstandes ausdrückenden Lebensquantität.

### Andere astrologische Einflüsse zur Zeit von Pluto in Waage

Schon zwei Jahre vor dem Eintritt von Pluto ins Waagezeichen trat Neptun zum ersten Mal im Jahre 1970 ins Schützezeichen. 1971 war Neptun gar in Konjunktion mit Jupiter im Schützezeichen. Die Entsprechung des Schützen mit weiten Reisen finden wir darin bestätigt, dass in diesen Jahren eine grosse Anzahl von Reisen zum Mond durchgeführt werden. Um sich bequem auf dem Mond fortbewegen zu können, wird 1971 sogar ein «Mond-Jeep» eingesetzt. Aber auch die Hippie-Welle, welche in der zweiten Hälfte der 60er Jahre aufgekommen war, zieht weite Kreise, sodass Gammler und Hippies zu einem vertrauten Bild in den europäischen Städten werden. Bis 1974 ist neben Pluto auch Uranus in der Waage, sodass insbesondere zu Anfang der 70er Jahre ein grosses Bedürfnis nach sexueller Freiheit entsteht, welches auch zu einer Liberalisierung der Pornographie führt. Ab 1975 ist dann Uranus im Skorpionzeichen, was eine Reaktivierung der Mitte der 60er Jahre (Konjunktion von Uranus und Pluto) von der Jugend erlebten Befreiung von alten Tabus bedeutet.

Tabelle 6

## Astrologische Konstellationen während der Zeit von Pluto in Waage und Skorpion (1971–95)

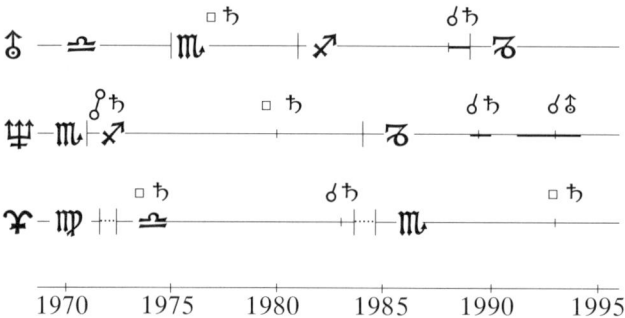

Mit dem Beginn der 80er Jahre sorgt dann das Quadrat zwischen Saturn und Neptun (1979/80) und anschliessend die Konjunktion von Saturn mit Pluto (1982) für eine gewisse Ernüchterung im Zusammenhang mit den Möglichkeiten egozentrischen Ausdrucks. Im individuellen Bereich werden Grenzen erlebt und wirtschaftliche Probleme sowie Machtdemonstrationen absolutistischer politischer Systeme (Afghanistan-Invasion und Khomeini-Regime) weisen den Menschen darauf hin, dass die Vorstellung von mehr Freiheit und Selbstentfaltung nicht auf die Welt als ganzes applizierbar ist. Gleichzeitig tritt jedoch Uranus ins Schützezeichen (1981), womit die Befreiung nun in einer geistigen Entfaltung erblickt wird. Insbesondere im Zusammenhang mit dem Erscheinen des Buches «Die sanfte Verschwörung» – auf englisch treffender als «Aquarian Conspiracy» (zu deutsch «die wassermännische Verschwörung» betitelt) – beginnt eine neue Philosophie als jene des «New Age» bekannt zu werden. Mit dem Eintritt von Pluto ins Skorpionzeichen wird dann sichtbar werden, dass die Konzepte dieser denkmässigen Ausrichtung wohl etwas zu optimistisch waren, um gleich für bare Münze genommen zu werden.

# Pluto in Skorpion

November 1983 – November 1995
Übergangszeit Waage–Skorpion: 1983–1984
Übergangszeit Skorpion–Schütze: 1995

### Astrologische Symbolik

Mit Pluto in seinem eigenen Zeichen Skorpion können wir erwarten, dass plutonische Prozesse der Verunsicherung, aber auch der Transformation in der Aussenwelt und über innere Prozesse zum Ausdruck kommen. Dabei sind folgende, typisch plutonische Entsprechungen naheliegend:

1. Plutos Verbindung mit den Ausscheidungs- und Sexualorganen führt zu einer intensiven Beschäftigung mit dem Thema der Sexualität. Es werden dabei auch Aspekte beleuchtet, über die man bisher nicht sprach, weil sie tabuisiert waren. Da Pluto auch ein Symbol für totale Bedrohung und Grenzerfahrungen darstellt, kann die Symbolik bedeuten, dass Sexualität als gefährlich erlebt wird. Dies ist mit dem Aufkommen von AIDS tatsächlich der Fall, und es muss eine adäquate sexuelle Aufklärung stattfinden, damit die Gefahr einer Ansteckung reduziert werden kann.

2. Pluto hat zu tun mit Macht, und insbesondere jener, die Eltern oder Erwachsene über Kinder, Therapeuten gegenüber Patienten und Vorgesetzte über Mitarbeiter und sozial Höhergestellte gegenüber Abhängigen haben. So ist es naheliegend, dass in dieser Zeit Machtmissbrauch und sexueller Missbrauch diskutiert und thematisiert werden.

3. Reichtum und Macht sind eng miteinander verknüpft, und sie stehen mit der Polarität Eigenwert/Fremdwert, welche die Stier/Skorpion-Achse symbolisiert, in Verbindung. Dabei stellt man immer wieder fest, dass Pluto wie auch das Skorpionzeichen stark zum Festhalten neigen, was auch Beschäftigungen mit der Abwehr von Risiken (Versicherungen) oder Geldanlagen (Bankwesen) nahelegt. So kann man erwarten, dass eine materialistische Entsprechung von Pluto in Skorpion einerseits materielle Unterschiede zwischen armen und reichen Ländern wie auch zwischen mittellosen und begüterten Individuen verstärkt. Extreme Übertreibungen, zum Beispiel wenn einzelne auf Pump ganze Finanzimperien aufbauen, die dann mit verheerenden Folgen für die Anleger zusammenbrechen, können zu einer solchen Zeit gehören. Dies gilt auch für Politiker, die ihre Macht zur persönlichen Bereicherung missbrauchen und der Bestechung und der Korruption angeklagt werden. Eine positive Entsprechung desselben Prinzips würde darin bestehen, die anvertrauten Mittel oder Gaben, die uns von der Natur, der Erde oder anderen Menschen zur Verfügung gestellt

werden, verantwortungsvoll und treuhänderisch zu verwalten. Dies gilt auch für Fremdmittel im Sinne von Krediten, geschäftlichen Aufgaben (Verwaltung des Besitzes der Aktionäre) oder politischen Ämtern, über welche letztlich die Stimmen der Wähler vertreten und verwaltet werden.

4. Pluto steht in Verbindung mit der Atomkraft, nicht erneuerbaren Bodenschätzen und dem Recycling von Abfällen. So kann man annehmen, dass unter dem Transit von Pluto durch das Skorpionzeichen in diesen Bereichen Grenzen spürbar werden.

5. Dem Skorpion und dem Plutoprinzip entsprechen nicht nur Atomwaffen, sondern Waffen und Militär überhaupt. Positiv gesehen geht es dabei um Abwehr und Verteidigung. Das durch die atomare Aufrüstung gegebene «Gleichgewicht des Schreckens» verändert die Kriegsführung, indem man nicht mehr daran denken kann, den Feind endgültig zu schlagen, ohne sich dabei selbst zu vernichten. So wird es wichtig zu verstehen, inwiefern der Gegner lediglich eine Projektion der eigenen ungelebten Anteile und damit des eigenen «Schattens» darstellt. Damit wird man gezwungen, die Existenzberechtigung des Gegners anzuerkennen, sich mit ihm zu vertragen oder vielleicht gar anzufreunden.

### *Die Sexualität als Gefahr: AIDS*

Die Verbindung zu Pluto und Skorpion muss man bei der Krankheit AIDS nicht lange suchen. Sie wird durch Sexualkontakte oder andere penetrative Praktiken wie Spritzen (falls diese mit AIDS-Viren verunreinigt sind) oder Bluttransfusionen (falls das Blut kontaminiert ist) übertragen. Daneben drückt die Bezeichnung, die für AIDS gewählt wurde, dessen Herkunft sehr genau aus: So trug der Gott der Unterwelt bei den Griechen neben seinem Namen «Pluto», was so viel wie «der Reiche» heisst, auch den Namen «Hades», «Haides» oder «Aides», was «der Unsichtbare» bedeutet. Letztere Bezeichnung für Pluto führt uns direkt auf das Wort AIDS, welches ja in einem gänzlich anderen Zusammenhang zustande gekommen ist (AIDS: Acquired Immune Deficiency Syndrome). Bezeichnenderweise ist auch AIDS unsichtbar und führt meist zum Tode, eine Symbolik, die wir von Pluto her kennen.

Vielleicht hilft es, um die Krankheit AIDS zu verstehen, uns zu fragen, wie Pluto oder «Aides» es mit der Liebe hielt. Aufgrund seiner wenig entwickelten Geselligkeit und seiner im Bereich der Unterwelt eher düsteren Aufgaben war Pluto bei den griechischen Göttinnen kein begehrter Bräutigam. So war er gezwungen, seine Braut Persephone zu rauben. Die Entführung fand statt, als das junge Mädchen ihre Lieblingsblumen pflückte: Narzissen. Narzissen sind ein Symbol der Verliebtheit in sich selbst, und wenn man in sich selbst verliebt ist, so kann das Du wohl nur durch einen gewaltsamen Einbruch in die eigene Sphäre zum Zuge kommen, was eben Pluto – ein in der griechischen Welt Ausgestossener – seinerseits tun musste, um Zugang zu einer Frau zu finden. Man könnte sagen, dass über diese Verbindung zwei unfruchtbare und in ihrem jeweiligen Zustand wenig liebesfähige Individuen eine Verbindung eingingen. Auch Form und Symbol der Narzissenblüte drücken in einem gewissen Sinne diese Unfruchtbarkeit aus: Die Blüte ist gekrümmt – vielleicht Ausdruck einer Liebe, die sich nicht frei entfalten kann, sondern irgendwie eingekerkert ist. Entsprechend diesem Sinnbild zog die Entführung von Persephone eine Unfruchtbarkeit des Bodens nach sich, indem deren Mutter Demeter, die Göttin der Erde, über den Raub so erzürnt war, dass sie Hungersnöte ausbrechen liess. Ein Kompromiss wurde schliesslich darin gefunden, dass Persephone von nun an einen Teil des Jahres auf der Erde und einen Teil in der Unterwelt verbringen sollte.

Was können wir aus diesen Entsprechungen schliessen? Dass AIDS vielleicht eine Krankheit des Narzissmus, der Sexualität ohne Liebe und der gewalttätigen Sexualität ist? Dessen Gegenteil wäre die Öffnung dem Du gegenüber in einer verbindenden Liebe. Diese Dualität ist dem plutonischen Prinzip nicht fremd. Während die eigentliche Qualität des Pluto in einer Wandlungs- und Erneuerungsbereitschaft zu erblicken ist, wird er heute noch in den meisten Fällen über das Bedürfnis nach Kontrolle und starrem Rollenverhalten gelebt. Vollständige Kontrolle über seine Partnerin Persephone war auch das, was Pluto mit seiner Entführung bezweckte. In der Unterwelt hätte er Persephone ganz für sich gehabt, jedoch musste er den besagten Kompromiss schliessen. Im Mythos wird somit eine Balance erzwungen zwischen Animalischem, Instinkthaftem (Skorpion, Unterwelt) und dem Aufenthalt in den lichten Bereichen der Erdoberfläche (Stierprinzip). Vielleicht ist damit das Gleichgewicht gemeint, welches im Zusammenhang mit dem Auftreten von AIDS nicht mehr vorhanden war. In diesem Falle wäre die Botschaft von AIDS, zwischen Liebe und Sexualität wieder eine Verbindung herzustellen.

Wenn wir nämlich betrachten, in welchen Gruppen AIDS in den westlichen Ländern zuerst aufgetreten ist, so handelt es sich in erster Linie um Homosexuelle und Drogensüchtige. Was ist diesen Gruppen gemeinsam? Wohl in erster Linie die Abkoppelung des Lusterlebnisses von einem Prozess, welcher mit Fruchtbarkeit, Fortpflanzung und Erneuerung durch das Andersartige, Gegengeschlechtliche zu tun hätte. So traf AIDS die homosexuelle Szene in einer Phase, in welcher dem sexuellen Aspekt der Begegnung eine besondere Bedeutung zukam. Die Suche nach der höchstmöglichen Luststeigerung und der grössten körperlichen Intensität führte zu immer aggressiveren und damit gefährlicheren Praktiken. Die Sexualität stand dabei im Vordergrund, und Liebe oder seelische Beteiligung spielte im Vergleich zum Bedürfnis nach dem «Kick» höchstens eine zweitrangige Rolle. Gleichzeitig war es möglich, die Illusion aufrechtzuerhalten, man hätte die Intensität des Genusses ganz in der Hand. Wie für den Drogensüchtigen der Stoff wurde die Sexualität zur Droge. In Saunas konnte man sich wie an einem Drogenumschlagplatz Lust besorgen. Die Parallelen zur zweiten Gruppe, den Drogensüchtigen, ist auffallend. Hier ist nicht primär die Sexualität Lustspenderin, sondern die Spritze. In beiden Fällen soll einem die Lust jederzeit greifbar zur Verfügung stehen, ohne dass man sich selbst seelisch berühren oder verändern lassen muss. Die Suche nach der verwandelnden Begegnung wird ersetzt durch die Sucht nach dem Sexualobjekt oder dem begehrten Stoff.

Für die westliche Welt bedeutete die Krankheit AIDS, neben einer Entmutigung des Umgangs mit der Sexualität wie mit einem Konsumgut – ein Thema der siebziger Jahre – und damit einer Aufforderung zur Vertiefung intimer Beziehungen, auch eine Offenlegung bisher tabuisierter Formen der Sexualität. So wird ab den achtziger Jahren auch am Fernsehen ganz offen über Oral- und Analverkehr gesprochen und die Verwendung von Präservativen demonstriert.

Inzwischen hat sich gezeigt, dass sich AIDS unter Kontrolle behalten lässt, wenn eine entsprechende Aufklärung stattfindet und die Wissenschaft sowie die wirtschaftliche Situation die Durchsetzung von Präventionsmassnahmen unterstützen. Dies ist allerdings für viele Länder der Welt nicht der Fall, so dass AIDS inzwischen vor allem eine Krankheit armer und ausgebeuteter Länder und Bevölkerungsgruppen oder von Süchtigen ist. Ende 2001 präsentiert sich das Bild folgendermassen: Weltweit sind 40 Millionen Menschen infiziert, was etwas mehr als einem Prozent der Erwachsenenbevölkerung der Welt entspricht. Dies ist gegenüber 1980, als die ersten Fälle bekannt wurden, eine Vervielfachung der Opferzahl um den Faktor 160 (damals wurde über 250 000 Fälle berichtet). Im Jahre 2001 haben sich weltweit zirka fünf Millionen Menschen neu infiziert und drei Millionen sind an AIDS gestorben.

Zirka 70 % der Neuinfektionen und der existierenden Fälle sind auf afrikanische Staaten südlich der Sahara konzentriert, was die Lebenserwartung im Durchschnitt um 15 Jahre heruntersetzt. Obwohl in diesen Gebieten nur ein Zehntel der Weltbevölkerung lebt, werden dort 70 % aller AIDS-Fälle und 80 % aller AIDS-Toten gezählt. Dies zerstört die afrikanische Demographie. So sinkt damit in Sambia die Lebenserwartung von 60 auf 30 Jahre, in Botswana, Swaziland und Teilen Südafrikas waren Ende 2001 bis zu 40 % der Menschen infiziert, und jede dritte Schwangere trägt in Botswana bereits das Virus in sich. Weitere gefährdete Gebiete sind Ostasien (man schätzt die Anzahl Fälle in China auf über eine Million) und insbesondere Osteuropa, welches 2001 mit 250 000 neuen Fällen das stärkste Wachstum zeigt. Dass das Problem auch im Westen nicht ad acta gelegt werden kann, zeigt die Tatsache, dass die Zahl der Neuinfektionen 2001 in Europa und Amerika besonders unter Homosexuellen wieder zugenommen hat.

Nichts täuscht jedoch darüber hinweg, dass 95 % der AIDS-Fälle auf arme Länder konzentriert sind, in welchen es an Bildung und Information fehlt und häufig Gewalt gepaart mit Geschlechtskrankheiten in den sexuellen Kontakten eine markante Rolle spielen. So sind in Afrika zwei Drittel der Opfer Frauen, wobei durch Polygamie, Vergewaltigung, Sex mit Minderjährigen oder ausgefallene Sexualpraktiken die Seuche schneller verbreitet wird als in anderen Teilen der Welt, wie die weiblichen Teilnehmerinnen der 12. AIDS-Konferenz (Dezember 2001) aus Afrika rügten. Immer noch weigern sich viele afrikanische Männer, Kondome zu benutzen, und manche Frauen wissen nicht um die Gefahr Bescheid. Die Versäumnisse sind zuweilen an höchster Stelle angesiedelt, wie beispielsweise bei der unverständlichen Haltung des südafrikanischen Präsidenten Thabo Mbeki, der noch Anfang 2002 Zweifel daran hegt, dass das HIV-Virus AIDS verursacht. Dementsprechend wurden südafrikanische Ärzte entmutigt, Anti-AIDS-

Mittel einzusetzen (dies bei einer Infektionsrate, die je nach Provinz über 30 % der Erwachsenenbevölkerung beträgt).

In dieser Entsprechung verkörpert AIDS viele Züge des Machtmissbrauchs und der Gewaltanwendung, die dem Plutoprinzip eigen sind. Eine besonders perverse Form davon ist der sich unter afrikanischen Männern hartnäckig haltende Mythos, dass Geschlechtskrankheiten – unter anderem auch AIDS – durch Geschlechtsverkehr mit einer Jungfrau geheilt werden können, was Mädchen vermehrt zu Opfern von Vergewaltigungen macht. Man wird an den Raub der Persephone erinnert!

### Tschernobyl und die vergiftete Nahrung

Pluto kommt nicht nur über bestimmte Ereignisse, sondern auch über entsprechende Bezeichnungen und Namen, die plötzlich ihre symbolische Bedeutung enthüllen, zum Ausdruck. So konnten wir bei der Bezeichnung AIDS die Symbolik des Unterweltgottes Hades oder Aides direkt erkennen. Andererseits führt die Umkehrung des Wortes AIDS direkt auf SDI A – der Name für eine von Ronald Reagan geplante, im Weltall angesiedelte amerikanische nukleare Abschreckung (eine Verwandtschaft mit SDI weist auch die französische Bezeichnung für AIDS: SIDA, auf).

Der Begriff «Star Wars» (Krieg der Sterne), den der amerikanische Präsident Ronald Reagan für SDI so gerne verwendete, weist auf die Aggressivität des ganzen Vorhabens hin. Allerdings gab es unter einem Quadrat der laufenden Sonne zum laufenden Pluto am 28. Januar 1986 eine Explosion der für das SDI-Projekt wichtigen Challenger-Rakete (Challenger gleich Herausforderer), die mehreren Astronauten den Tod brachte, und das ambitiöse Projekt um Jahre zurückwarf. Es wurde dann wegen unüberwindlicher Schwierigkeiten in der Realisierung aufs Eis gelegt, bis der übernächste republikanische Präsident George W. Bush 18 Jahre später die Absicht bekundete, das Vorhaben wieder aufzugreifen.

Die Explosion der Challenger-Rakete unter einem Sonne/Pluto-Quadrat war die amerikanische Katastrophe des Jahres 1986. Drei Monate später wurde unter einer Sonne/Pluto-Opposition auf der Mondknotenachse die Sowjetunion mit der Explosion des Kernkraftwerks von Tschernobyl ihrerseits heimgesucht. Man meint, dass diese beiden Ereignisse massgeblich dazu beitrugen, die beiden Supermächte USA und Sowjetunion, deren Leader sich Ende 1985 zu einem Gipfeltreffen in Genf zusammengefunden hatten, näherzubringen. Beide mussten erleben, dass moderne Technologie, seien dies Weltraumraketen oder Atomkraftwerke, heikel und gefährlich ist.

Nun ist auch Tschernobyl ein vielsagender Name für einen Ort, denn es bedeutet auf ukrainisch soviel wie «schwarzes Gras». Hatte der Mensch wie bei der Challenger-Herausforderung wieder einmal seine Grenzen überschritten, so dass der Kosmos reagierte? Für viele Menschen in ganz Europa war Tschernobyl jedenfalls ein totaler Schock. Bereits durch das Herumgeistern der Krankheit AIDS in ihrer sexuellen Aktivität verunsichert, mussten sich viele mit intensiven Ängsten im Zusammenhang mit der Nahrung auseinandersetzen. Brüstete sich bis vor

kurzem die Sowjetunion, keine AIDS-Fälle zu haben, und tat sie die Immun-
schwäche als degenerierte, kapitalistische Seuche ab, so wurde sie nun von einer
anderen, ebenso unsichtbaren Krankheit befallen: Jener Schwäche und körperlichen Degeneration, welche aus den Folgen der Radioaktivität hervorgeht. Dabei
haben Radioaktivität und AIDS nicht nur ihre Unsichtbarkeit gemeinsam, sie sie-
deln sich auch an den zwei Polen der Stier/Skorpion-Achse an, indem das Stierzeichen das orale Prinzip der Nahrungsaufnahme verkörpert, während das Skorpionzeichen das anale und genitale Prinzip, jenes der Ausscheidung und Sexualität
symbolisiert. Im Zusammenhang mit der Radioaktivität kann die Nahrungsaufnahme mit Risiken verbunden sein, und mit AIDS die Sexualität. Während wir
sonst über unsere Sinne (visuelle Wahrnehmung, Geruch und Geschmack) das
Gesunde vom Kranken unterscheiden können, versagen diese in Verbindung mit
plutonischen Themen: Der schöne, herrlich mundende Apfel kann vergiftet sein,
wir merken es erst später. Dies gilt auch für die Verführung durch einen schönen
und attraktiven Menschen. Das Objekt unserer Begierde kann verdorben sein,
ohne dass wir die Möglichkeit hätten, dies zu merken.

«Wie soll man sich in einer solchen Welt noch orientieren?» fragten sich viele.
Eingefleischte Verhaltens- und Konsumregeln sowohl im Bereich der Nahrung
wie auch der Sexualität schien man über Bord werfen zu müssen. Was bisher als
gesund galt, wie zum Beispiel Rohkost und Milch, mutierte plötzlich zum Gefah-
renherd. Ängstliche Naturen verkrochen sich in ihre vier Wände und konsumier-
ten Milchpulver und Konserven, das, was bisher als eher ungesund galt. Bezeichnenderweise war in Sachen Radioaktivität bei den Behörden auch keine Klärung
zu holen, denn sogar bei einer Beschränkung auf offizielle Quellen konnten die
Angaben für eine schädliche Strahlendosis ohne weiteres im Verhältnis 1:10 voneinander abweichen. Verglich man gar die Angaben verschiedener Länder, so
musste man zum Eindruck kommen, dass die radioaktive Gefahr an der französischen Grenze plötzlich aufhörte. Es gab in Frankreich keine Warnungen betreffend erforderlicher Vorsichtsmassnahmen.

Die Explosion von Tschernobyl hat im Bereich der Machbarkeit vieles in Frage gestellt. Manchem fing es an zu dämmern, dass der moderne Mensch sich auf
gefährliche Abwege begeben hatte, und er den Kräften, die er rief, als Zauber-
lehrling ausgesetzt war. So entschieden sich viele, der weiteren Entwicklung von
Atomkraftwerken Einhalt zu gebieten und sich auf traditionellere Formen der
Energiegewinnung zurückzubesinnen. Dabei konnte im Zusammenhang mit
Tschernobyl eine auf der Stier/Skorpion-Achse mögliche Herausforderung noch
unbeachtet bleiben: Wir wissen alle, dass das Stierprinzip unter anderem Sicherheit durch Besitz symbolisiert. Zu Friedenszeiten kennen wir nur die Beeinträchtigung des Besitzes durch menschliche Einwirkungen im Zusammenhang mit Einbruch, Raub oder Brandstiftung. Gegen dieses Risiko schliessen wir Versicherungen ab, so dass Güter zumindest in ihrer monetären Entsprechung erhalten bleiben. In bezug auf atomare Katastrophen droht jedoch eine irreversible
Beeinträchtigung des Besitzes, gegen die wir uns nicht absichern können: Die Tatsache, dass radioaktiv verseuchtes Land unter Umständen während Jahrzehnten

nicht mehr bewohnt werden kann, wie dies in einem weiten Umkreis um das Kraftwerk von Tschernobyl der Fall ist. Hätte die Tschernobyl-Katastrophe statt in der Sowjetunion in einem westlichen Land stattgefunden, so wären wir mit dieser massivsten Infragestellung unserer bisherigen Werte konfrontiert worden. Das Erlebnis, dass Grundbesitz, auf welchem wir unsere Sicherheit aufbauen, von einem Tag zum anderen wertlos wird, blieb uns erspart.

### Überwindung des Gegensatzes Kommunismus–Kapitalismus

Die politisch wichtigste Entwicklung während der Zeit mit Pluto in Skorpion ist zweifellos die Überwindung des Gegensatzes zwischen Kommunismus und Kapitalismus. Der erste Eintritt des Pluto ins Skorpionzeichen bringt auf den Monat genau mit der Billigung der Stationierung neuer US-Mittelstrecken-Raketen in der Bundesrepublik (beides im November 1983) noch die extremste Zuspitzung der militärischen Spannungen zwischen dem Westen und der Sowjetunion. Obwohl von seiten der Bevölkerung massive Proteste gegen die Stationierung amerikanischer Atom-Raketen stattfinden, werden diese von den Regierungen der meisten NATO-Staaten bewilligt. Dies führt dazu, dass die Sowjetunion die Verhandlungen über die Begrenzung der Mittelstreckenraketen über Europa abbricht. Weltuntergangs- und Krisenstimmung sind die Folge.

1983 ist auch das Jahr, während welchem der amerikanische Präsident Ronald Reagan die Sowjetunion als das «Reich des Bösen» charakterisiert. In Europa schüttelt man den Kopf, denn wenn die Sowjetunion viel Misstrauen auslöst, so sah man die USA bisher als rationalen Pol, und eine solche Äusserung erweckt den Eindruck, man sei auch jenseits des Atlantiks unheilbar dem Fieber der Feindbilder erlegen. Glücklicherweise bleibt es nicht bei dieser Haltung, und verschiedene Entwicklungen tragen dazu bei, dass sich die verfeindeten Lager im Lauf der Zeit dann doch annähern. 1983 ist man allerdings noch weit davon entfernt. Der Abschuss eines südkoreanischen Jumbos am 1. September, was zu 269 Toten führt, lässt die Sowjetunion in einem noch negativeren Lichte erscheinen, und im Westen stimmen die meisten Ronald Reagan zu, als er von einem «Akt der Barbarei» spricht. Dabei handelt es sich offenbar um ein Missverständnis, welches den Sowjets sichtlich unangenehm war. Saturn in Konjunktion mit Pluto ist soeben ins Skorpionzeichen getreten.

Überhaupt macht die Sowjetunion, die mit ihrer Afghanistan-Invasion um den Jahreswechsel 1979/80 noch das Bild einer forschen und aggressiven Nation abgegeben hatte, in zunehmendem Masse den Eindruck eines vor sich hin siechenden Kolosses. Ausdruck davon ist die Folge von kranken Regierungschefs, die sich in schnellem Rhythmus ablösen: Im November 1982 stirbt der kranke Breschnew, welcher seit 18 Jahren an der Spitze der kommunistischen Partei stand, deren Leitung er nach dem Sturz Chruschtschows im Oktober 1964 übernommen hatte. Ihm folgt der frühere Geheimdienstchef Jurij Andropow, welcher jedoch bereits im Februar 1984 zu Grabe getragen werden muss. Nun ist Tschernenko dran, aber auch er stirbt bereits im März 1985, wonach es mit Michael Gorbatschow zu einem Generationswechsel im Kreml kommt.

214

Bereits bei den Todesfeierlichkeiten für Tschernenko wird ein Gipfelgespräch zwischen Gorbatschow und Reagan in Betracht gezogen. Gorbatschow vertritt die Auffassung, dass ein Atomkrieg nicht gewonnen werden kann, und es deshalb Sinn macht, sich mit dem Gegner zu arrangieren. So kommt es im November 1985 zu einem Gipfeltreffen in Genf. Zu dieser Zeit wird Ronald Reagan über seine Frau Nancy regelmässig von einer Astrologin – Joan Quigley – beraten. Nicht nur legt Quigley geeignete Termine fest, sie findet auch einen Weg, Ronald Reagan von seiner Rhetorik des «Reiches des Bösen» abzubringen und mit einem gut vorbereiteten Plan nach Genf zu gehen, um Gorbatschow zu treffen.

Wir kennen die Folge. Die erste Begegnung zwischen den Supermächten auf höchster Ebene seit sechs Jahren verläuft erstaunlich harmonisch. Die beiden Gesprächspartner sprechen sich für eine 50 %ige Reduzierung der nuklearen Waffen aus. Unter einer Saturn/Uranus-Konjunktion kommt es dann 1987/88 in Russland zu Perestroika und Glasnost, womit eine wesentliche Entspannung zwischen den Supermächten eingeleitet ist. Berühmt ist folgender Auszug aus Gorbatschows Rede vom 7. Dezember 1988 vor der UNO-Generalversammlung in New York: «Die internationale Entwicklung und Kommunikation wurde durch das Wettrüsten und die Militarisierung des Denkens deformiert. Die Sowjetunion hat am 15. Ja-

*Fig. 10*

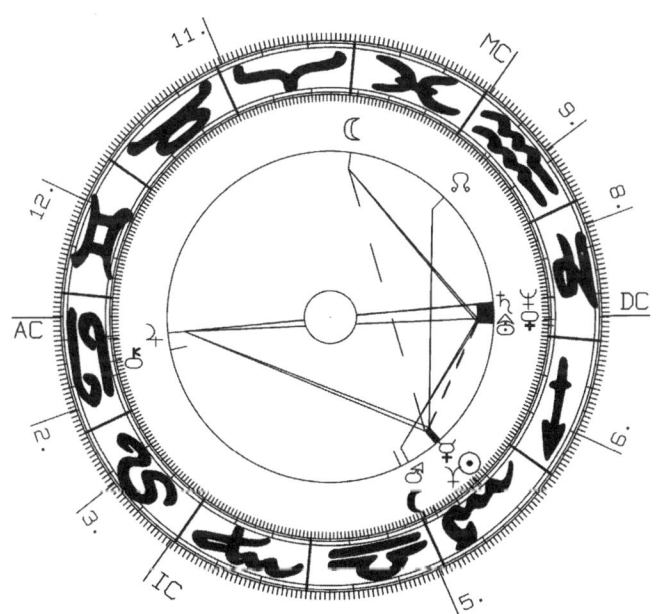

DDR: Grenzöffnung 1989
9. 11. 1989   LT 18.57   GT 17.57   Berlin DDR                                      AD-Koch

| | | | |
|---|---|---|---|
| ☉ 17 ♏ 19' 2" | ♀ 4 ♉ 21'58" | ♄ 10 ♉ 2' 5" | ♅ 15 ♏ 11'58" |
| ☽ 28 ♓ 3'41" | ♂ 3 ♏ 42'12" | ⊕ 2 ♉ 50' 2" | ☊ 21 ♒ 13'27" R |
| ☿ 16 ♏ 41'27" | ♃ 10 ♋ 38'47" R | ♆ 10 ♉ 15'58" | ⚷ 21 ♒ 48'22" R |

215

nuar 1986 bekanntlich ein Programm zur Errichtung einer Welt ohne Kernwaffen unterbreitet. Seine Umsetzung in reale Verhandlungspositionen hat bereits materielle Früchte getragen. Morgen ist der erste Jahrestag der Unterzeichnung des Vertrages über die Liquidierung von Raketen mittlerer und kürzerer Reichweite. Mit noch grösserer Genugtuung spreche ich davon, dass die Realisierung dieses Vertrages – die Vernichtung der Raketen – normal, in einer Atmosphäre von Vertrauen und Sachlichkeit verläuft. In eine scheinbar undurchdringbare Wand von Argwohn und Feindseligkeit wurde diese Bresche geschlagen. Vor unseren Augen steht eine neue historische Realität – die Wende vom Prinzip der Überrüstung zum Prinzip der vernünftigen Hinlänglichkeit für die Verteidigung.»[17]

Zu jener Zeit (1988) wird während einer Konjunktion von Saturn und Uranus aufgrund der Enthüllungen des früheren Staatschefs Donald Regan plötzlich bekannt, dass der «mächtigste Mann der Welt», Ronald Reagan, sich für die Wahl wichtiger Termine astrologisch beraten liess. Die Astrologie steht traditionell unter dem Einfluss des Uranus, und diese Lehre der Qualität der Zeit tritt unter der Konjunktion von Uranus mit Saturn ins Rampenlicht. Viele sind geschockt, andere erfreut, alle verwundert.

1989 sind auch die Astrologen erstaunt, als sich am 9. November 1989 die Grenze zur DDR öffnet (siehe Fig. 10 auf S. 215).* Zwar ist die Konjunktion von Saturn und Neptun, die am 13. November 1989 zum dritten und letzten Mal genau wird, symbolisch gesehen eine direkte Entsprechung des Zusammenbruchs (der «Aushöhlung») der Berliner Mauer, die Ost- von Westdeutschland trennt, aber es fehlte den meisten ganz einfach an der erforderlichen Phantasie, um dies im voraus so zu erkennen und zu formulieren. Eine aus dem Zweiten Weltkrieg resultierende Teilung wird zu diesem Zeitpunkt überwunden.

### Überwindung der Apartheid

Während der Zeit von Pluto in Skorpion gelingt es, ein anderes – im wörtlichen Sinne gemeintes – Schwarzweiss-Denken zu überwinden: die Rassentrennung, Apartheid genannt, die sich in Südafrika seit 1948 hartnäckig hält. Sie wurde damals unter einer Saturn/Pluto-Konjunktion eingeführt, und die folgenschwersten Gesetze gelten dem Verbot der Heirat zwischen Weissen und Nichtweissen (Schwarze, Mischlinge, Asiaten) sowie der staatlichen Kontrolle über die nach Rassen getrennte Besiedlung von Gebieten. Letzteres wird über das Recht der Regierung zur Zwangsumsiedlung der Schwarzen durchgesetzt. Im Laufe der Zeit sind noch weitere Verfügungen dazugekommen, wie das 1970 eingeführte Verbot eines nächtlichen Aufenthaltes für Schwarze in den Städten.

Der Abbau der Apartheid als explizit rassistische Einrichtung erfolgt während der Zeit von Pluto in Skorpion in verschiedenen Stufen: 1990 wird Nelson Man-

---

* Das Horoskop für die DDR-Grenzöffnung wurde für 18.57 Uhr erstellt. Zu diesem Zeitpunkt teilte Günter Schabowski, gerade ernannter Informationssekretär des SED-Zentralkomitees, auf einer im Fernsehen live übertragenen Pressekonferenz mit, ab sofort könnten die DDR-Bürger problemlos in den Westen reisen, nach Lust und Laune.

216

dela, Symbolfigur des Widerstands der Schwarzen gegen die weisse Alleinherrschaft, nach 27 Jahren aus der Haft entlassen. Im März 1992 gibt es ein Referendum, welches den Weg für die Überwindung der Apartheid freigibt. Vom 26.–28. April 1994 finden dann die ersten Wahlen ohne Rassendiskriminierung statt, bei welchen sich erwartungsgemäss der von Nelson Mandela geführte ANC durchsetzt. Zuvor hatten der Weisse de Klerk und der Schwarze Mandela für die historische Versöhnung zwischen Schwarz und Weiss den Friedensnobelpreis des Jahres 1993 erhalten. Da Rassismus, Schwarzweiss-Denken und Feindbilder mit Saturn/Pluto zu tun haben, ist es interessant festzuhalten, dass die Apartheid unter der Saturn/Pluto-Konjunktion von 1948 gesetzlich verankert wurde und deren Überwindung unter der Saturn/Pluto-Quadratur von 1993/94 erfolgte. Unter der Saturn/Pluto-Opposition von 2001/02 geht erwartungsgemäss Südafrika im Rahmen seiner demokratischen Entwicklung durch eine schwierige Phase: unter anderem eine verfehlte AIDS-Politik, welche für die Zukunft düstere Folgen haben könnte.

Übrigens sind die Parallelen zwischen Südafrika mit seinen zwei Völkern und Israel/Palästina frappant: Die Gründung des Staates Israel und die daraus resultierende Spaltung zwischen Juden und Arabern fand mit der Aufteilung Britisch-Palästinas 1948 einen blutigen Anfang. Am 13. September 1993 kam es dann mit dem historischen Händedruck zwischen dem israelischen Premierminister Rabin und dem Chef der PLO, Arafat, zu einem verheissungsvollen Neubeginn (Camp David Abkommen). So wie Mandela und de Klerk 1993 den Friedensnobelpreis erhielten, waren es 1994 Arafat, Rabin und Aussenminister Peres. Der angebahnte Friedensprozess wurde allerdings im November 1995 durch die Ermordung von Rabin jäh gestoppt. Pluto war bereits ins Schützezeichen übergetreten, und religiöser Fanatismus fing an, rationale politische Entscheidungen zu durchkreuzen. Bezeichnenderweise sind zwischen beiden Völkern mit der Saturn/Pluto-Opposition von 2001/02 offene kriegerische Handlungen ausgebrochen.

### Ozonloch, Meeresverschmutzung, Waldsterben und Öko-Bewegung
Wie in keiner späteren Periode beschäftigt man sich zur Zeit von Pluto in Skorpion mit Fragen von Luft- und Umweltverschmutzung. Nicht nur werden die Konsequenzen der Atomtechnologie (Tschernobyl) spürbar, sondern auch jene der Verbrennung fossiler Brennstoffe und deren Auswirkungen auf Klima und Ozonschicht. Es ist die Rede vom Treibhauseffekt, der Ausdünnung der Ozonschicht und dem daraus resultierenden Zuwachs an ultravioletter Strahlung. Bei der Begrenzung des Ausstosses an Treibhausgasen zeigt sich, dass die Entwicklungsländer nicht gewillt sind, irgendwelchen Massnahmen zuzustimmen, die auch mit wirtschaftlichen Kosten verbunden sind. Es tut sich eine Kluft auf, die nur durch weltweite Solidarität und wohl auch wirtschaftliche Unterstützung durch die entwickelten Länder überbrückt werden kann. So muss mit einer Verschlechterung der bereits irreversibel vor sich gehenden Prozesse gerechnet werden.

Kaum ist Pluto ins Skorpionzeichen getreten, setzt man sich auch mit der Frage des Waldsterbens auseinander. Ende 1984 wird in der Schweiz und in der Bundesrepublik Bilanz gezogen: In Deutschland soll gemäss einer Ende 1984 durchgeführten Erhebung jeder zweite Baum beschädigt sein. Waldsterben und Luftverschmutzung haben zur Folge, dass in den achtziger Jahren in den meisten europäischen Ländern neue benzinbetriebene Autos nur noch mit Katalysatoren zugelassen werden. Kaum ist Pluto aber aus dem Skorpionzeichen ausgetreten, spricht kaum jemand mehr von Waldsterben. So fragt die Neue Zürcher Zeitung 2001 in einem Artikel provokativ: «Ist das Waldsterben tot?»

Diese Entwicklungen geben Ökoparteien und den «Grünen», die seit 1983 in Deutschland im Bundestag vertreten sind, Auftrieb. Die zentralen Anliegen sind Umweltschutz, Ablehnung der Atomenergie und Abrüstung.

### Der Golfkrieg und die verpasste «Neue Weltordnung»

Das Zusammenrücken zwischen dem Westen und der Sowjetunion macht es 1990 möglich, dass dem Angriff des Irak auf den kleinen Nachbarstaat Kuwait von seiten der Staatengemeinschaft einheitlich und mit vereinten Kräften im Rahmen eines UNO-Beschlusses begegnet wird. Zwar sind es in erster Linie westliche Mächte, allen voran die USA, die den Militärschlag gegen den Irak ausführen, aber die Sowjetunion, die sich bisher gegen eine solche westliche Intervention gestellt hätte, verhält sich solidarisch.

Dies wären glänzende Voraussetzungen, um bei Ungerechtigkeiten in der Landschaft des Nahen Ostens korrigierend einzugreifen, und es ist anfänglich von seiten des amerikanischen Präsidenten George Bush tatsächlich von einer «Neuen Weltordnung» die Rede. Sollten solche Absichten wirklich vorhanden gewesen sein, so werden sie, wie man feststellen kann, sehr bald aufgegeben oder verraten. Man hat jedenfalls Mühe zu verstehen, welche Politik die USA mit Saddam Hussein verfolgen, als sie kurz vor dem Ziel Halt machen und Saddam Hussein an der Macht belassen. Die Oppositionsgruppen (Kurden und Schiiten), die man zuvor dazu ermuntert hatte, gegen Saddam Hussein zu rebellieren, werden im Regen stehen gelassen und erhalten vom Westen keine militärische Unterstützung. Man scheint nun plötzlich Saddam Hussein als das geringere Übel zu betrachten, im Vergleich zum Machtvakuum, welches im Falle eines Sieges der in sich zersplitterten Opposition entstehen würde.

Vielleicht war dieser Kompromiss ein Zückerchen an einzelne arabische Staaten (zum Beispiel Saudiarabien), die sich eine Erhaltung des Status quos wünschten, und es kam damit vielleicht auch zum Ausdruck, dass es nicht möglich war, extrem divergierende Interessen unter einem Dach zu vereinigen. Eine neue Weltordnung hätte bedeutet, dass Amerika sich vermehrt für arabische Interessen eingesetzt und auf eine einseitige Bevorzugung Israels verzichtet hätte. Man hätte aber auch eine Lösung für die Kurdenfrage finden müssen. Für einen Krieg, der Schätzungen zufolge 150 000 Zivilisten forderte (bei bloss 200 Opfern auf seiten der Alliierten) war dies eine magere Bilanz. Sie schien jenen Gruppen recht zu geben, die zum vornherein meinten, die USA bezweckten mit ihrer Intervention lediglich die Errichtung von Stützpunkten im für sie wichtigen erdölreichen Gebiet des Nahen Ostens (speziell Kuwait und Saudi-Arabien).

### Yuppie-Bewegung, Materialismus, Fusionen und Börsenspekulationen

Die Verbindung des Skorpionzeichens mit Besitz, Kredit und Substanz (geschäftliche und andere) führt zu einer Überbetonung materieller Werte. Die Schere zwischen unteren und oberen Einkommen öffnet sich, dem Beispiel der USA folgend, in verschiedenen Ländern in zunehmendem Masse. So nimmt der Leiter des US-Medienkonzerns Time Warner, Steve Ross, zwischen 1986 und 1990 insgesamt 137 Millionen US-Dollar ein. Der bestbezahlte Manager der Bundesrepublik im Jahre 1990, der Vorsitzende der Springer AG, Peter Tamm, bringt es immerhin auf vier Millionen DM im Jahr. Wild geht es auch im Bereich der Firmenübernahmen zu. Die USA werden zu einem Tummelplatz für Firmenjongleure, und Leute wie Donald Trump, Michael Milken machen Übernahmen zum grossen Geschäft. Mit Hilfe sogenannter Junk-Bonds (hochverzinsliche Wertpapiere zur Finanzierung von Risikogeschäften) borgen sich die Firmenaufkäufer Geld, um rentable, aber niedrig bewertete Firmen aufzukaufen, denen sie dann ihre Schulden aufbürden (zuweilen landen sie auch im Gefängnis wie zum Beispiel Milken), nachdem sie als Helden gefeiert worden waren. Im Bereich der Firmenkäufe wird mit der Übernahme von RJR Nabisco für 25 Milliarden Dollar ein bisheriger Rekord gebrochen.

Es gibt aber auch Erschütterungen der Börsen-Landschaft. So bricht am 19. Oktober 1987, am sogenannten «Schwarzen Montag», der Dow-Jones-Index um 22,6 %, beziehungsweise über 500 Punkte ein, und dies ist der Beginn eines internationalen Kurssturzes. Noch nie gab es an einem einzigen Tag solche Verluste. Dieser Sturz wird als sogenannter «Mini-Crash» in die Geschichte eingehen. Die Börse erholt sich, aber viele Anleger sind verunsichert.

Nachhaltiger ist die 1990 stattfindende Ernüchterung mit Japan. Man hatte dem japanischen Markt alles mögliche und unmögliche zugestanden und war auch bereit, Kurs/Gewinn-Verhältnisse in der Grössenordnung von 100 oder darüber zu akzeptieren, denn man ging noch Ende der achtziger Jahre davon aus, dass Japan in den neunziger Jahren das Rennen machen würde. Immerhin rangierte die Tokioter-Börse 1990 gemessen an der Kapitalisierung noch vor Wall Street auf Platz eins. Dies sollte sich allerdings sehr bald ändern, und der Nikkei-Index, der 1989 fast 40 000 Punkte erreichte, stürzt bis 1992 auf zirka 15 000 Punkte, um sich danach lange Zeit auf einen Durchschnittswert von 20 000 einzupendeln.

### Die Generation mit Pluto in Skorpion

In keinem anderen Zeichen wird man so stark von Themen wie Macht/Ohnmacht und Kontrolle oder Kontrollverlust berührt. Dabei weiss man, dass effektive Macht nicht an äussere Attribute wie Position, Funktion, Alter, Geld, etc. gebunden ist. Vielmehr ist entscheidend, ob man das Gefühl hat, korrekt behandelt zu werden und einen eigenen Raum einnehmen zu können. Dabei ist ein inneres Gefühl von Richtigkeit entscheidend, welches häufig von äusseren Normen weitgehend unabhängig ist.

Dies führt Kinder mit Pluto in Skorpion dazu, ihre Eltern in erheblichem Masse herauszufordern. Dafür gibt es verschiedene Gründe: Einerseits ist man mit dieser Stellung hochgradig sensibilisiert für das, was der andere bei sich selbst zudeckt und nicht näher anschauen will. Eltern, die der Meinung sind, es sei wichtig, dass sie ihre Rolle wahren und eigene Schwächen nicht zugeben, um das Kind nicht zu verunsichern, haben mit solchen Kindern eine schwierige Zeit. Dazu kommt, dass während einer Zeit mit Pluto in Skorpion und Neptun in Steinbock die Eltern selbst unsicher sind, welches das richtige Verhalten ist, weil sich in dieser Periode gesellschaftlich und sozial so vieles verändert. Die Sensibilisierung für Fragen von Machtmissbrauch und die Angst, etwas falsch zu machen, nehmen zu. In dieser Situation fahren jene Eltern am besten, die ihre eigenen Motivationen und Beweggründe dem Kind gegenüber spontan und ohne Schuldgefühle einbringen. Dann kann das Kind den betreffenden Elternteil auf der emotionalen Ebene spüren, und es hat es nicht nötig, etwas zu inszenieren, um eine unkontrollierte – und dem entsprechenden Elternteil peinliche – emotionale Reaktion hervorzurufen.

Berücksichtigt man innerhalb der Zeit von Pluto in Skorpion jene Periode, während welcher auch Uranus und Neptun im Steinbockzeichen und damit in einer weiten oder engen Konjunktion stehen, was von 1989–1995 der Fall ist, so kann man zusätzlich davon ausgehen, dass die Eltern in erheblichem Masse über ihre Kinder mit den Zeichen und Symbolen dieser neuen Epoche der Menschheitsgeschichte in Berührung kamen. Dies ist um so wichtiger, als die Uranus/Neptun-Konjunktion, die 1993 exakt wird, einen übergeordneten Zyklus von 171 Jahren einleitet. Gewöhnlich ist dies mit tiefgreifenden Umwälzungen verbunden, die zunächst ein Gefühl von Chaos sowohl im kollektiven wie auch im individuellen Bereich auslösen. Zu einer solchen Zeit erneuert sich die Gesellschaft, und bisherige Werte verlieren ihre Gültigkeit, was die Thematik von Pluto in Skorpion verstärkt.

Zur Generation von Pluto in Skorpion und Neptun in Steinbock meint die kanadische Astrologin Erin Sullivan in «Astrologische Familiendynamik»: «Pluto in Skorpion/Neptun in Steinbock (in Konjunktion mit Uranus in einem Teil dieser Jahre) bringt eine Generation von weisen oder gereiften Menschen hervor, deren Seelen das Wissen der Zeitalter mitbringen. Nichts schockiert, nichts erstaunt sie – nur die Zukunft ist für sie offen, die Vergangenheit abgeschlossen. Die Modelle der Vergangenheit wurden rettungslos zertrümmert, nichts funktioniert mehr ‹wie früher›, Systeme schleppen sich daher und hoffen auf Erneuerung. Und es wird diese Generation sein, die flicken und erneuern wird, die wieder aufleben lassen, regenerieren und renovieren wird.»*

### Andere astrologische Einflüsse zur Zeit von Pluto in Skorpion
Kurz vor dem Eintritt von Pluto in Skorpion ereignet sich am 18. November 1982 eine Konjunktion zwischen Saturn und Pluto: Eine Woche früher war am 10. November der russische Staatschef Breschnew gestorben, der zur Zeit der letzten Sa-

---

* Erin Sullivan, «Astrologische Familiendynamik – Eltern, Kinder und Generationen im Horoskop», Edition Astrodata, Wettswil 1997, S. 34.

turn/Pluto-Opposition von 1965 (nach dem Sturz von Nikita Chruschtschow im Oktober 1964) erster Sekretär der KPdSU wurde. Zunächst bestand die sowjetische Führung aus einem Triumvirat, dessen Leitung Breschnew jedoch sehr bald übernahm. Es sollte sich zeigen, dass die Ereignisse um die Saturn/Pluto-Konjunktion von 1982 von noch grösserer Bedeutung sein sollten als die damalige Absetzung Chruschtschows, wenn man bedenkt, dass von nun an bis zu Gorbatschow kein sowjetischer Führer die Geschicke des Landes mehr als ein Jahr und wenige Monate innehaben sollte. Tatsächlich vermittelt die Saturn/Pluto-Konjunktion, die Ende Waage stattfindet, mit Saturn, der zwischen Waage und Skorpion hin- und hergeht, bereits einiges der Qualität von Pluto in Skorpion.

In kurzem Abstand treten zwischen Ende 1983 und Frühjahr 1984 Pluto ins Skorpion- und Neptun ins Steinbockzeichen ein, wobei sie diese Position erst im Herbst/Winter 1984 definitiv einnehmen.

Noch ist die weltpolitische Lage gespannt, aber die Saturn/Uranus-Konjunktion, die sich ab Ende 1985 mit beiden Planeten im Schützezeichen vorbereitet (mit Chiron in Opposition dazu) kündigt bereits unerwartete und unkonventionelle Formen der Annäherung zwischen den verfeindeten Blöcken an. Als die Tschernobyl-Explosion 1 1/2 Tage nach einer Mondfinsternis in Konjunktion mit Pluto (am absteigenden Mondknoten) im Frühjahr 1986 Europa erschüttert, denkt man kaum mehr an die Sowjetunion als militärische Gefahr, sondern eher an ein Land, von dem eine ökologische Gefährdung ausgeht und welches Zusammenarbeit und Hilfe braucht.

Als dann Saturn und Uranus im Jahre 1988 Ende Schütze dreimal eine Konjunktion eingehen, ist nur noch die Rede von Perestroika und Glasnost. Gorbatschow wird zur neuen Lichtgestalt der Weltpolitik und von verschiedenen Zeitschriften zum «Mann des Jahres» erkoren. Dies führt dann zielgerichtet unter einer ebenfalls dreifachen Saturn/Neptun-Konjunktion im Jahr 1989 zum Fall der Mauer und zur Öffnung der Grenzen zum Ostblock. Eine gleichzeitig stattfindende Jupiter-Opposition im Krebszeichen zur Saturn/Neptun-Konjunktion in Steinbock erklärt die grossen Migrationen von Osten nach Westen in die Freiheit und in die Prosperität.

Mit der Saturn/Neptun-Konjunktion von 1989 wird uns ein astrologischer Zyklus von besonderer Prägnanz ins Bewusstsein gerufen: So haben die wichtigsten Etappen in der Geschichte der Sowjetunion mit Saturn/Neptun-Aspekten und insbesondere Konjunktionen zu tun. Während sich die kommunistische Herrschaft 1989 unter der Saturn/Neptun-Konjunktion praktisch auflöst, war sie unter der vorhergehenden Saturn/Neptun-Konjunktion von 1952/53 (Zyklus von 36 Jahren von Konjunktion zu Konjunktion) in eine markante Zeit der Veränderung geraten: Damals starb Stalin. Die vorhergehende Konjunktion von 1917 fiel zusammen mit der russischen Revolution. Zuvor war während der Saturn/Neptun-Konjunktion von 1882/83 die sozialistische Partei Russlands gegründet worden und weitere 36 Jahre zurück zwischen 1846–1848 (Saturn/Neptun-Konjunktion und anschliessend Saturn in Fische) der «Bund der Kommunisten» gegründet worden, begleitet vom «Kommunistischen Manifest» von Marx und Engels.

Mit Recht erweitert man die Periode wichtiger Veränderungen, die insbesondere durch die Uranus/Neptun-Konjunktion von 1993 charakterisiert wird, auf die Zeit zwischen 1988–1995. Die Dinge begannen mit der Saturn/Uranus-Konjunktion (1988), dem Eintritt Saturns zusammen mit Uranus ins Steinbockzeichen, wo sich bereits Neptun befand (1988/89), und der Konjunktion von Saturn und Neptun im Jahre 1989.

Der Zyklus von Uranus und Neptun gehört zu den grossen Zyklen der langsamen Planeten. Von Konjunktion zu Konjunktion verstreichen durchschnittlich 172 Jahre, und die letzte Konjunktion vor jener von 1993 fand 1821 statt. In der Zwischenzeit kam es zur industriellen Entwicklung und damit zur starken Expansion republikanischer und demokratischer Staatsformen, indem man die Verrichtung mechanischer Arbeiten, für die früher Menschen erforderlich waren, Maschinen übertragen konnte. Damit es aber nicht zur völligen Ausbeutung der Arbeiter kam (Vorherrschen des Uranusprinzips), mussten soziale Gesetze (Neptunprinzip) erarbeitet und eingeführt werden. Einen wichtigen Anstoss dazu gaben die Impulse von Karl Marx (unter einer Uranus/Neptun-Konjunktion im zehnten Haus geboren) und Friedrich Engels, die ihr gemeinsames Werk, das «Kommunistische Manifest», 1848, kurz nach der Entdeckung des Neptun (1846) herausbrachten.

Mit dem Zuendegehen des industriellen Zeitalters ändert sich vieles im Bereich der Arbeit und der sozialen Einrichtungen. Das verbriefte Recht auf Arbeit, welches in der zweiten Hälfte des 20. Jahrhunderts als Errungenschaft des industriellen Zeitalters hochgehalten wurde, erscheint in den neunziger Jahren immer obsoleter. Plötzlich heisst es, es käme keiner darum herum, Eigeninitiative zu entwickeln und wenn möglich zu mehreren Jobs fähig zu sein. Viele Länder, die stolz sind auf ihren Sozialstaat, müssen plötzlich aufgrund einer ungünstigen Alterspyramide umdenken.

Im individuellen Bereich findet mit der Konjunktion von Uranus und Neptun eine neue Auseinandersetzung zwischen Individualismus und Bezogensein, zwischen «den eigenen Weg gehen, koste es, was es wolle» und dem Wunsch «gänzlich im Du und in einem grösseren Ganzen aufzugehen» statt. Dies bedeutet, dass Menschen, die bisher den Eindruck hatten, ihr Leben fest im Griff zu haben und gewohnt waren, alles mit Hilfe des Verstandes zu planen und zu organisieren, plötzlich von Gefühlen oder sentimentalen Schüben überschwemmt werden.

Andererseits erleben Menschen, die ihre Sicherheit aus der Zugehörigkeit zu einer Beziehung, einer Familie, einer Gruppe oder einer Firma bezogen, plötzlich, wie brüchig diese Sicherheit ist. Sei es, dass die Möglichkeit der Zugehörigkeit durch Fremdeinwirkung unterbrochen wird, oder dass eigene Ausbruchstendenzen das Zusammengehörigkeitsgefühl gefährden. Im gesellschaftlichen Bereich kommt es zu Entlassungen durch Firmenzusammenschlüsse und Rationalisierungen, im Beziehungsbereich macht das sprunghafte Verhalten eines Partners oder einer Partnerin zu schaffen.

So kommt in dieser Zeit der eigenwillige Uranier in Berührung mit seiner bisher zu wenig gelebten neptunischen Seite, während der angepasste Neptunier aktiv oder passiv die Aufforderung verspürt, aus einer lähmenden Symbiose auszubrechen. Dies führt dazu, dass die Karten neu gemischt werden, damit das Spiel auf einer anderen Ebene frisch beginnen kann.

Diese wichtigen Impulse, die ab Ende der achtziger Jahre spürbar wurden, überlagern sich mit der Thematik von Pluto in Skorpion zu einer Situation, die für viele Menschen bedeutet, dass kaum etwas auf seinem Platz bleibt und ein tiefgreifendes Umdenken erforderlich wird.

*(Astrologische Konstellationen während der Zeit von Pluto in Skorpion siehe Tabelle 6 auf S. 206: «Pluto in Waage und Skorpion».)*

# Pluto in Schütze

Januar 1995 – November 2008
Übergangszeit Skorpion–Schütze: 1995
Übergangszeit Schütze–Steinbock: 2008

### Astrologische Symbolik

Bekanntlich symbolisiert das Schützezeichen Recht, Religion, Philosophie, Bewusstseinserweiterung, im weiteren das ferne Ausland und weite Reisen. Die Gemeinsamkeit all dieser Entsprechungen wird uns klar, wenn wir uns zu der Erkenntnis durchringen, dass sämtliches Wissen und sämtliche Anschauungsmodelle einer bestimmten Zivilisation oder Kultur auf Apriori beruhen, die von der betreffenden Kultur nie hinterfragt werden, weil man sie als allgemeingültig und «richtig» betrachtet. Nun kann man im Zusammenhang mit aktivierten Schützequalitäten die Anschauungen einer bestimmten Zivilisation oder Kultur mit Überzeugung oder Vehemenz vertreten und wird dann zum geistigen Lehrer, Politiker oder einflussreichen Unternehmer. Man kann aber auch den Weg der Auseinandersetzung mit fremden Kulturen wählen und deren anderslautende Überzeugungen zur Kenntnis nehmen und damit die Apriori, die den Anschauungen des eigenen Kulturraumes zugrunde liegen, in Frage stellen. Im ersten Falle wird man zum Sprachrohr der gängigen Überzeugungen (und Vorurteile) einer bestimmten Zeit und kann vielleicht auf der Woge des Erfolgs und der allgemeinen Anerkennung reiten, wird jedoch dafür des öfteren sein Gewissen und die aufkeimenden inneren Zweifel durch eine rechthaberische Haltung zum Schweigen bringen müssen. Im letzteren Falle wird man vielleicht zum Philosophen, aber auch zum Zweifler, dessen Gedankengänge zu unbequem und zu schwierig sind, um bei einer grösseren Masse Anklang zu finden.

Es sind mit Pluto in Schütze (begleitet von Neptun und bis 2003 auch von Uranus in Wassermann) beide Entsprechungen denkbar, wobei wir im äusseren Geschehen weniger mit jener des Philosophen als viel eher mit jener des Händlers und Machers, der einen Anspruch auf Globalität (statt Ganzheit) anmeldet, konfrontiert werden dürften. Je weniger philosophisch die Haltung ist, um so grösser die Gefahr, dass in einer solchen Zeit verschiedene Weltbilder und Systeme aufeinanderprallen. Da wir uns Anfang 2002 in der Halbzeit der Periode von Pluto in Schütze (bis 2008) befinden und deshalb noch nicht die ganze Epoche überblicken können, ist es interessant, uns zunächst einmal einen Einblick in die früheren Perioden des Durchgangs von Pluto durch das Schützezeichen zu verschaffen.

### Frühere Transite von Pluto durchs Schützezeichen

#### 1749–1762: Aufklärung und englische Erfolge in Amerika und Indien

Das letzte Mal war Pluto von 1749–1762 im Schützezeichen. Diese Periode entspricht innerhalb der Zeit der Aufklärung dem Wirken Voltaires, der sich für die

224

Anwendung der Vernunft einsetzt und sich gegen religiösen Fanatismus und Aberglauben richtet – wobei Voltaire unter «Aberglauben» einen grossen Teil dessen miteinschliesst, was seinen Zeitgenossen Religion bedeutet. In einem seiner Romane wird geschildert, wie ein Indianer nach Frankreich kommt, zum Christentum bekehrt werden soll, das Neue Testament liest und sich dabei dauernd an kirchlichen Lehren stösst, von denen in den Evangelien nichts zu finden ist. In einem andern Roman, «Micromégas», kommt ein Bewohner des fernen Planeten Sirius auf die Erde und unterhält sich mit einem hiesigen Philosophen. Als er hört, dass auf der Erde Mord und Krieg das Geschehen beherrschen und dass auch zur gegenwärtigen Zeit «hunderttausend Narren unseres Geschlechts mit Hüten auf den Köpfen hunderttausend andere, die Turbane tragen, ums Leben bringen oder von ihnen gemordet werden», ruft der Bewohner des Planeten Sirius mit Verachtung aus: «Ihr Unglücklichen! … Fast hätte ich Lust, drei Schritte zu tun und so mit drei Fusstritten den ganzen Ameisenhaufen dieser lächerlichen Mörder zu vertilgen.» Darauf antwortet der Philosoph: «Die Mühe können Sie sich sparen. Sie arbeiten schon selbst genug an ihrer Vernichtung. Sollten sie wohl glauben, dass nach Ablauf von zehn Jahren kaum der zehnte dieser Elenden mehr vorhanden ist?» Und dann lässt Voltaire den Philosophen folgende Worte sprechen: «Übrigens verdienen nicht diese die Strafe, sondern jene faulen Barbaren, die, während sie in ihren Palästen verdauen, das Blutvergiessen von Millionen Menschen gebieten und dann Gott feierlich für diesen Erfolg danken lassen.» Mahnende Worte, die wohl nichts von ihrer Aktualität verloren haben, denn wir befinden uns beim jetzigen Durchgang wieder in einer Situation, in der von gut und böse gesprochen wird und die Vertreter des «Bösen» – wie zufällig – einer andern Religion und Weltanschauung angehören.

Seine Ideen kann Voltaire am Hofe des fortschrittlichen preussischen Königs Friedrich II. von 1750–1752 entwickeln und vertreten. Hier geniesst er zwei Jahre lang die Freiheit, die ihm in seinem Heimatland fehlte. Dort wird praktisch gleichzeitig im Jahre 1751 die «Encyclopédie» von Diderot und D'Alembert herausgegeben. Darin werden zum ersten Mal die Ergebnisse einer freien, nur von der Vernunft geleiteten Forschung präsentiert. Die Aufklärer kämpfen für Gleichheit vor dem Gesetz, Freiheit des Unternehmertums, Förderung von Wissenschaft und Technik, Pressefreiheit und Entmachtung der Kirche. Die Vernunft wird zur obersten Instanz erklärt. Aus heutiger Sicht treibt sie manchmal auch seltsame Blüten. So stirbt 1751 der Mediziner La Mettrie, mit seinem Werk «Der Mensch, eine Maschine», einer der wichtigsten Begründer einer sich ausschliesslich an der Materie orientierenden Philosophie.

Im politischen Bereich ist diese Periode vom Siebenjährigen Krieg zwischen England und Frankreich geprägt, in dessen Verlauf Frankreich fast alle Stützpunkte in Kanada und Ostindien verliert (1755–1762). China wiederum erreicht 1752 durch Eroberungen in Zentralasien seine grösste territoriale Ausdehnung. Die Mongolei, Ostturkestan und Tibet werden annektiert.

Die Aufmerksamkeit dieser Zeit ist – wie dies auch der Schützethematik entspricht – in Europa auf ideologische und philosophische Auseinandersetzungen konzentriert, andererseits aber auch auf die Gebiete des Fernen Ostens und des ebenfalls entfernten amerikanischen Kontinents, wo die entscheidenden Ausein-andersetzungen zwischen Frankreich und England stattfinden, was die Zukunft Amerikas entscheidend beeinflussen wird. Dies ist um so interessanter, als beim vorhergehenden Plutotransit durch das Schützezeichen die ersten Kolonien in Amerika und Indien errichtet wurden.

## Erdbeben von Lissabon

Wir können uns fragen, ob die Zerstörung des reichen Lissabon 1755 durch ein katastrophales Erdbeben (32 000 Tote) auch unter dem Gesichtspunkt der Religi-on, des Weltanschaulichen und des Welthandels zu sehen ist. Die Zeitgenossen schienen jedenfalls einen solchen Zusammenhang herzustellen. Die «Chronik der Menschheit» dazu: «Die Naturkatastrophe fordert rund 32 000 Menschenleben, doch die genaue Zahl der Toten und Verletzten kann nicht ermittelt werden. Die Tragödie von Lissabon erschüttert ganz Europa. Die Zerstörung der blühenden Handelsstadt, in welcher der europäische Handel mit dem aus Übersee zusam-mentrifft, wird von den Christen als Zeichen des Zorns Gottes gedeutet. Noch monatelang wird Lissabon von weiteren Erdstössen heimgesucht.» Eine andere Quelle, die «Encyclopædia Britannica», gibt gar eine Zahl von 60 000 Toten an, wenn man all jene dazurechnet, die in den damit verbundenen riesigen Flutwellen von sechs Metern Höhe oder in den anschliessenden, sechs Tage dauernden Feu-ersbrünsten umkommen. Zweifellos handelt es sich dabei um das schlimmste europäische Erdbeben aller Zeiten. Das Horoskop für das Erdbeben ist in Fig. 11 abgebildet. Wir erkennen Pluto am Aszendenten im Quadrat zu Uranus am ab-steigenden Mondknoten.

## 1502–1516: Erste Kolonien in Amerika, Siegeszug Spaniens und Portugals

Auch dieses Mal stehen die Überseegebiete im Vordergrund des Interesses, je-doch für Spanien und Portugal. 1502 baut der portugiesische Seefahrer Vasco da Gama die portugiesischen Stellungen an der Malabarküste aus. Ebenfalls im Jah-re 1502 wird von den Portugiesen Rio de Janeiro gegründet. 1503 wird Sansibar portugiesisch, 1510 ist Goa an der Reihe, womit Portugal den Gewürzhandel in In-dien beherrscht, während bisher die Araber über die Seewege im indischen Oze-an Kontrolle ausübten. Die Expedition Alfonso de Albuquerques begründet Por-tugals Stellung als führende Seemacht Europas. Aber auch die Spanier bleiben nicht untätig: 1503 erlässt die kastilische Königin Isabella eine Verfügung über die Eingeborenen in den Kolonien. Es geht darum, die Indianer zu überzeugen, dass sie Christen werden und wie vernünftige Menschen leben sollen. Dazu werden den Statthaltern «Geistliche mitgegeben, die ihnen predigen und die sie in den Dingen ‹Unseres Heiligen Katholischen Glaubens› unterrichten und ihnen an-kündigen sollen, dass sie ‹Unsere Untertanen› sind.» In diese Zeit fällt auch Spa-niens Aufstieg zur Grossmacht Europas. Die Macht des Adels wird eingeschränkt, und die Vereinheitlichung, sowohl politisch wie religiös, wird mit Hilfe der Inqui-sition gefördert.

Auch die Geographie macht nun grosse Fortschritte. Amerigo Vespucci zeigt auf, dass die neu entdeckten Länder einen zusammengehörenden Erdteil bilden. Diesem Kontinent wird zu seinen Ehren der Name «Amerika» gegeben.

## Die Osmanen beherrschen die islamische Welt

Interessante weitere Details machtpolitischer Art: das mongolische Reich der Goldenen Horde, das unter dem letzten Plutotransit durchs Schützezeichen (1260) seine grösste Ausbreitung hatte, wird 1502 von den Krimtataren zerschlagen und endgültig vernichtet. Gegen Ende der Periode sind es nun die Osmanen, die die islamische Welt beherrschen. Sultan Salim I. Yavuz (der Strenge) besiegt die Perser, unterwirft Anatolien und erobert Aserbaidschan, Syrien und Ägypten.

## Schweiz wird neutral, Utopia und Macchiavelli

Was geschieht während dieser Zeit in Europa? Verschiedene Kämpfe finden insbesondere in Norditalien statt, und es wird die Niederlage der Schweizer Söldnertruppen in der Schlacht bei Marignano sein, die die Schweiz zum Entschluss einer dauerhaften, ewigen Neutralität bewegt. An der ideologischen, philosophischen

*Fig. 11*

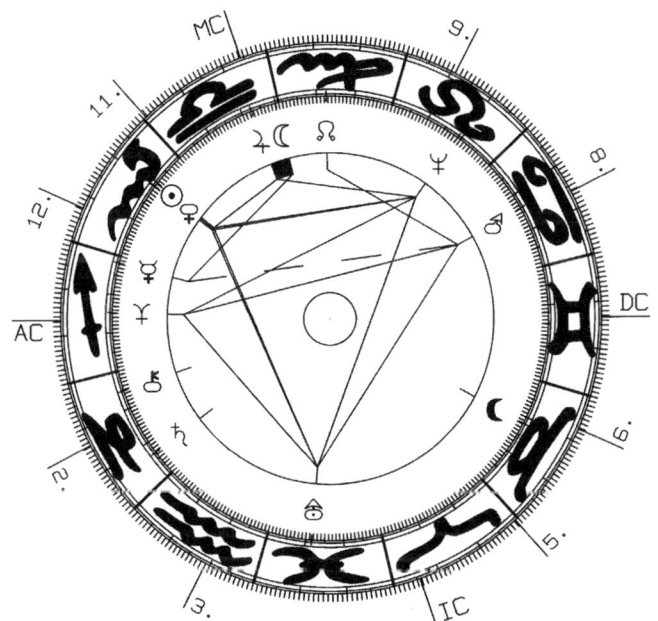

Grosses Erdbeben von Lissabon
1. 11. 1755   LT 9.40   GT 10.16.32   Lissabon P (Quelle: «Encyclopædia Britannica»)   AD-Koch

| | | | | | | | |
|---|---|---|---|---|---|---|---|
| ☉ | 8 ♏ 42' 2" | ♀ | 9 ♏ 47' 3" | ♄ | 23 ♉ 18'51" | ♅ | 14 ♐ 43' 0" |
| ☾ | 0 ♎ 49'57" | ♂ | 16 ♋ 10'14" | ⚷ | 11 ♓ 31'55" R | ☊ | 17 ♍ 28'49" R |
| ☿ | 1 ♐ 45' 9" | ♃ | 7 ♎ 28'36" | ♆ | 10 ♌ 55' 7" | ☊ᵣ | 19 ♍ 19'26" R |

227

und religiösen Front tut sich ebenfalls einiges. Der Staatsmann und Humanist Thomas Morus (More) fragt nach der Möglichkeit des Zusammenwirkens von Moral und Politik und kritisiert damit die bestehenden Machtverhältnisse. Es wird dargelegt, wie Privateigentum eine gerechte Güterverteilung behindert, und ein Staatsmodell auf der Insel Utopia wird beschrieben, bei dem es weder Privateigentum noch Geld gibt, wo aber eine rigide Moral- und Sittenlehre ein naturgemässes, vernunftgeleitetes Leben regelt. «Utopia» erscheint 1516 in England. Fast gleichzeitig, nämlich 1513, legt Macchiavelli in Italien in seiner Schrift «Il Principe» (Der Fürst) Vorstellungen dar, die jenen von Morus diametral entgegengesetzt sind. Darin wird die Staatsraison gerechtfertigt, nach welcher der Herrscher unter bestimmten Voraussetzungen genötigt ist, bei seinem Handeln ethische Normen ausser acht zu lassen. Seine Erfahrung lehrt ihn, dass es oft die Mittel der Täuschung, der List, des Verrats, des Meineids und der Bestechung sind, die den Erfolg verbürgen. «Menschen müssen entweder geschmeichelt oder zerschlagen werden, denn für ein kleines Unrecht werden sie sich rächen können. Aus dem Grabe heraus rächt sich niemand. Wenn man also schon jemand Unrecht tut, so muss es derart sein, dass er sich wenigstens nicht mehr rächen kann.» Macchiavelli bringt damit offen zum Ausdruck, was viele zwar nicht sagen, jedoch über ihr Handeln verraten. Die Verkehrtheiten und Grausamkeiten der Welt zeigt auch der Maler Hieronymus Bosch in seinen Werken. Sie schildern über die Darstellung von widerlichen Dämonen und Spukgestalten die Schrecken, die den Menschen in der Hölle erwarten. Damit werden Grundängste des abendländischen Menschen berührt, die zu jener Zeit besonders offen zutage treten.

### Krisenstimmung bereitet die Reformation vor

Diese Stimmung bereitet die Reformation vor. Der Kommentar der «Chronik der Menschheit» dazu: «Am Beginn des 16. Jahrhunderts beherrschte die Bevölkerung ganz Europas eine krisenhafte Stimmung. Sie äusserte sich in materiellen Sorgen, die durch ökonomische Veränderungen – erste Anzeichen einer Trennung von Kapital und Arbeit, Einführung neuer Produktionstechniken und -organisationen, Preisrevolution bei gleichzeitiger Stagnation der Löhne – hervorgerufen wurden. Zugleich beherrschte die Menschen die Angst vor Unordnung, Krieg, Umsturz und vor der Bedrohung des Abendlandes durch die Osmanen. Dieses Krisenbewusstsein bewirkte eine stark veräusserlichte Frömmigkeit, übersteigerte Heilserwartungen und wachsende Kritik an der Kurie und dem Klerus. Die Unzufriedenheit entzündete sich an der zunehmenden Verweltlichung der Kirche. Durch das Primat des Politischen wurde die römische Kurie zu einem Fürstenstaat unter vielen. Der Fiskalismus der Kirche, d.h. das unaufhörliche Bestreben um Vergrösserung der Kircheneinnahmen, ging mit der Bürokratisierung und Materialisierung der kirchlichen Heils- und Gnadenmittel einher. Viele seelsorgerische Aufgaben der Kirche und Glaubensangelegenheiten konnten mit Geld geregelt werden.»

Auf diesem Boden entwickelt sich die Bewegung Martin Luthers mit der Veröffentlichung seiner 95 Thesen gegen den Ablasshandel am 31. Oktober 1517.

Dies ist der Beginn der Reformation. Auch wenn zu diesem Zeitpunkt Pluto bereits ins Steinbockzeichen gewechselt hat (Pluto 2 Grad Steinbock in Konjunktion mit Saturn 27 Grad Schütze, beide am absteigenden Mondknoten), so ist der Unmut gegen die Kirche natürlich schon vorher, als Pluto sich im Schützezeichen befand, gewachsen, bis er mit dem mutigen Schritt Luthers offen zum Ausdruck kommt.

*Postverbindung und Erdbeben von Konstantinopel*
Ein weiteres Detail aus dieser Zeit sei erwähnt, aus dem wir wiederum die Schützentsprechung herauslesen können: Im Januar 1505 verpflichtet sich Franz von Taxis vertraglich, zwischen den Niederlanden, dem Hof des deutschen Königs in Wien sowie dem französischen und dem spanischen Hof eine Postverbindung einzurichten. Interessanterweise finden wir auch in dieser Periode ein schweres Erdbeben in Europa. Dieses Mal trifft es am 14. September 1509 Konstantinopel, die Hauptstadt des Osmanischen Reiches. Die Naturkatastrophe fordert etwa 13 000 Menschenleben. Wieder wird die Metropole eines der derzeit grössten Reiche heimgesucht. (Das letzte grössere europäische Beben hatte sich am 18. Oktober 1356 in der Gegend von Basel ereignet und führte damals zum Tod von etwa 300

*Fig. 12*

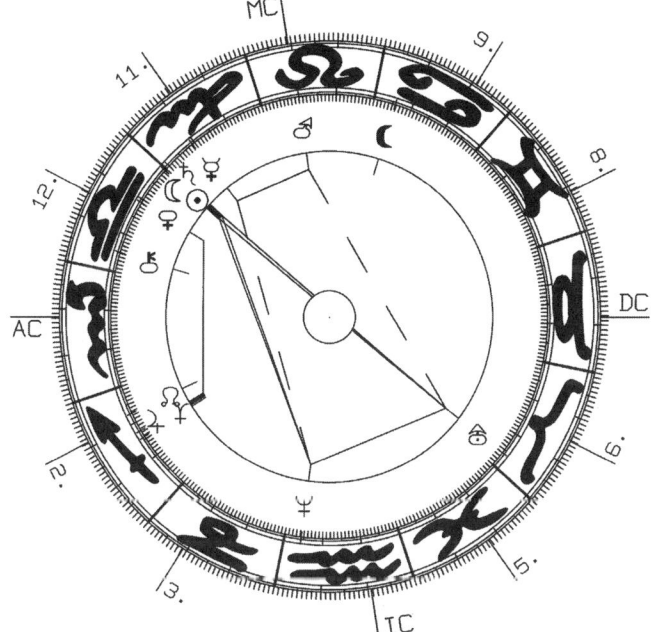

Neumond am Tag des Erdbebens von Konstantinopel
14. 9. 1509 (Jul. Kal.)    LT 9.22    GT 7.26.08    Konstantinopel (Istanbul) TR                AD-Koch

| | | | |
|---|---|---|---|
| ☉ 0 ♎ 26'59" | ♀ 10 ♎ 51'19" | ♄ 28 ♏ 54'27" | ♆ 14 ♐ 21'59" |
| ☽ 0 ♎ 26'59" | ♂ 19 ♌ 59'37" | ⚷ 4 ♈ 1'27" R | ☊ 7 ♐ 26' 9" R |
| ☿ 20 ♏ 41'50" R | ♃ 12 ♐ 30'31" | ♇ 4 ♒ 21'37" R | ⚵ 6 ♐ 28'58" R |

Menschen.) In Fig. 12 auf S. 229 ist das Horoskop für den am gleichen Tag in Opposition zu Uranus stattfindenden Neumond für Konstantinopel aufgezeichnet.

### *1256–1270: Grösste Ausbreitung des Mongolenreiches und Ende der Kreuzzüge*

Bezeichnend für diese Periode ist die gewaltige Ausbreitung des Mongolenreiches unter Khubilai-Khan, dessen Macht vom gerade eroberten Bagdad bis nach China reicht. Auch die Herrschaft der Kreuzfahrer über Konstantinopel nimmt ein Ende. Überhaupt haben die Kreuzzüge ausgedient, und der siebte Kreuzzug Ludwigs IX. wird durch den Tod des Königs vor Tunis beendet. In England tobt ein Bürgerkrieg, bei welchem sich der Landadel gegen den König wendet und damit die Institution eines Parlaments erringt. Dieses setzt sich aus Baronen, Rittern und gewählten Bürgern zusammen und bedeutet eine Beschränkung der königlichen Macht.

### *1010–1024: Römischer Kaiser, König von England und Dänemark*

Der deutsche König Heinrich II. wird in Rom zum römisch-deutschen Kaiser gekrönt (1014). In Russland stirbt Wladimir der Heilige, der als erster die Christianisierung Russlands vorangetrieben hat. Ebenfalls zur gleichen Zeit (1016) besiegt der dänische Königssohn Knud II. England, um kurz danach König von England und Dänemark zu werden. Dies ist auch die Zeit von Kaiser Basileios II., unter dessen Regierung das spätbyzantinische Reich seinen Höhepunkt erreicht. Es gelingt ihm, im Kampf gegen die Barbaren die ganze Balkanhalbinsel zu erobern, was ihm den Namen «Bulgarentöter» einbringt. Er war mit dem Grossfürsten Wladimir dem Heiligen verbunden, was die Ausbreitung des Christentums in Russland stark förderte.

### *764–778: Karl der Grosse und das Römische Reich unter christlicher Prägung*

771 wird Karl der Grosse Alleinherrscher über das Frankenreich. Dieses vertritt im Westen die Christenheit, und dessen Herrscher ist verpflichtet, im Falle von Angriffen Rom und den Papst zu schützen. Ziel ist auch die Christianisierung der heidnischen germanischen Stämme im Norden und Osten des Reiches. Auf diesem Weg wird Karl der Grosse zuerst das Langobardenreich besiegen und damit seine Herrschaft auf Italien ausdehnen. Mit seiner Krönung zum Kaiser durch den Papst in Rom im Jahre 800 wird Karl der Grosse das Römische Reich unter christlicher Prägung wieder auferstehen lassen. Auf das Ende der Periode mit Pluto in Schütze (778) bezieht sich das Rolandslied, ein später entstandenes Heldenepos, welches den bei Roncesvalles umgekommenen Markgrafen Roland rühmt.

### *518–533: Justinian und die christliche Zeitrechnung*

In dieser Zeit wird versucht, das von innen und aussen gefährdete Römische Reich zu erneuern und zwar von Osten her. Justinian I. besteigt den Thron in Konstantinopel und erklärt seine Frau Theodora zur Mitregentin. Er bemüht sich – allerdings ohne viel Erfolg – der weit verbreiteten Korruption unter der Beamtenschaft Herr zu werden und den Gegensatz zwischen dem in Prunk lebenden Adel und dem Elend der Soldaten, Landarbeiter und Diener zu überbrücken. Es gelingt ihm aber, das Reich zusammenzuhalten. Das Christentum wird gefestigt, und der Mönch Dionysius Exiguus berechnet das Datum von Christi Geburt neu und begründet damit die Zeitrechnung ab Christi Geburt. Diese Zählweise wird bis zur gregorianischen Kalenderreform im Jahre 1582 erhalten bleiben. Ostern wird festgelegt als erster Sonntag nach dem Frühlingsvollmond. 529 reformiert der Mönch Benedikt von Nursia das Klosterleben unter dem Leitsatz «Bete und arbeite», womit er auch ein Zeichen für die Erneuerung der Gesellschaft setzen will.

### 272–287: Bedrohtes Römisches Reich, Religionsgründer Mani

Zu dieser Zeit wird das Römische Reich von innen und aussen bedroht. Laufend müssen Schlachten gegen die Germanen geführt werden, was Aurelian dazu veranlasst, eine Mauer um Rom zu bauen, die die Stadt beschützen soll. Die Abspaltung von Palmyra führt 272 zur totalen Zerstörung dieses wichtigen, im heutigen Syrien angelegten Reiches, womit eine der bedeutendsten Handelsstätten der römischen Kaiserzeit verschwindet. Auch ein Aufstand im gallischen Sonderreich führt zu dessen Vernichtung. Noch geht für Rom alles gut, solange Kaiser Aurelian regiert. Er wird aber 275 ermordet, und es folgen ihm in weniger als zehn Jahren sechs Kaiser, die in kurzen Abständen allesamt umgebracht werden, bis Diokletian das römische Weltreich ab 284/85 stabilisiert. Bezeichnend für Pluto im Schützezeichen ist der Tod des Religionsstifters Mani. Beim Manichäismus handelt es sich um eine gnostische Erlösungslehre, derzufolge der Mensch nicht durch das Opfer, sondern durch das Wissen erlöst wird. Mani beruft sich bei seiner Lehre auf Buddha, Jesus und Zarathustra. Er stirbt in Persien am 26. Februar 277.

### 26–42: Kreuzigung – Beginn der christlichen Religion

Diese Periode beginnt mit der Amtszeit von Pontius Pilatus in Judäa. Er zeichnet sich durch Härte gegenüber der jüdischen Bevölkerung aus. Gleichzeitig dürfte Jesus zu dieser Zeit als 30jähriger mit seiner Mission begonnen haben. Einige Jahre später wird er zum Kreuzestod verurteilt, weil er sich als Sohn Gottes und König der Juden bezeichnet hat. Die Kreuzigung findet am Vortag des jüdischen Passah-Festes an einem Freitag statt. In diese Periode von Pluto in Schütze lässt sich also der Beginn der christlichen Religion ansiedeln. Die Zeit ist im übrigen geprägt von Willkürherrschaft im Römischen Reich: Tiberius zieht sich von Rom auf Capri zurück, wo er sich einem ausschweifenden Leben hingibt. Ihm folgt nach seinem Tode im Jahre 37 Kaiser Caligula, der zum Ende dieses Zeitabschnitts im Jahre 41 ermordet wird. Seine Regierungszeit ist von Verschwendung, Willkür und Ausschweifungen geprägt. Er bezeichnet sich als Gott, und viele betrachten ihn als geistesgestört.

### Frühere Perioden

Unter früheren Transiten von Pluto durch das Schützezeichen finden wichtige Kriege zwischen unterschiedlichen Kulturen statt, so der Zweite Punische Krieg

zwischen Rom und Karthago, bei welchem Hannibal versucht, mit einer Riesen-
armee, Reitern und Elefanten von Spanien aus startend, Rom von Norden her zu
bezwingen (Periode 219–203 v. Chr.). Zuvor gibt es zwischen 464–447 v. Chr. den
ersten peloponnesischen Krieg, bei welchem das kunst-, wissenschafts- und
handelsorientierte Athen mit dem militärisch ausgerichteten Sparta zusammen-
prallt – wobei Sparta kurz vorher bei einem Erdbeben (464) die Hälfte seines
Heeres verloren hatte.

Während die vorhergehende Phase von 710–693 v. Chr. der Ausbreitung der
Assyrer in Juda und der ersten Verfassung von Sparta entspricht, fällt die Zeit von
955–938 v. Chr. mit der Regierungszeit von König Salomo zusammen. Unter seiner Herrschaft erreicht das Reich Israel die grösste Ausdehnung von der Mittel-
meerküste bis zum Euphrat und im Süden bis an die Grenzen Ägyptens.

Wenn wir Bilanz ziehen über die früheren Epochen von Pluto in Schütze, so
können wir feststellen, dass zu solchen Zeiten häufig neue Weltreiche gegründet
wurden oder eine früher begonnene Entwicklung fortgesetzt wird. Dies lässt sich
besonders gut an weltlichen oder religiösen Weltreichen verfolgen. Zum Beispiel
finden wir wichtige Etappen in der Verteidigung des Römischen Reiches kurz vor
200 v. Chr., dann kurz nach Christi Geburt eine Phase der Krise (Beginn der
christlichen Religion), um 280 n. Chr. die Bedrohung durch die Germanen und die
anschliessende erfolgreiche Stabilisierung und zum Schluss die letzte Periode des
Reiches mit Kaiser Justinian nach 500. Ähnliches kann man beim Judentum beobachten, zum Beispiel die Zeit von König Salomo, dann die Herausforderung
durch die Assyrer und viel später durch Jesus Christus.

Ab zirka 800 finden wir wichtige Etappen in der europäischen Geschichte, und
ähnliches lässt sich im Zusammenhang mit Asien verfolgen, wo verschiedene Reiche sich zu Zeiten mit Pluto in Schütze ablösen.

*Zusammenfassung der Entsprechungen*

- Wichtige Erneuerungen im Bereich des Denkens, der Weltanschauungen und
  der Religion; häufig ein Paradigmenwechsel.

- Konfrontationen zwischen verschiedenen Kulturen, Gesellschaften und Rassen;
  häufig Ablösung einer bisherigen Kultur und Zivilisation durch eine neue.

- Intensive Auseinandersetzung mit dem fernen Ausland und damit zu früheren
  Zeiten grosse Eroberungsfeldzüge; häufig ist damit auch eine beachtliche wirtschaftliche Expansion verbunden.

- Die Natur zeigt sich von ihrer wilden Seite (Naturkatastrophen und besondere
  Häufung von Erdbeben).

**Wichtige Zyklen prägen die Periode von 1995–2008 mit Pluto in Schütze**
Die gegenwärtige Phase von Pluto im Schützezeichen weist einige interessante
Merkmale auf:

1. Sie fällt zusammen mit dem Beginn eines Uranus/Neptun-Zyklus. Etwas ähnliches gab es schon um das Jahr 1500 herum: Der Uranus/Neptun-Konjunktion von 1478 folgte 1502 der Eintritt des Pluto ins Schützezeichen. Dies war begleitet von Uranus in Fische (ab 1500) und etwas später Neptun in Wassermann (ab 1506). Dieses Mal tritt nach der Uranus/Neptun-Konjunktion von 1993 Uranus 2003 ins Fischezeichen ein, und Neptun befindet sich bereits seit 1998 in Wassermann. Die gegenwärtigen Verknüpfungen zwischen Uranus und Neptun (Rezeption: beide Planeten sind in jenem Zeichen, über welches der andere herrscht) verlängern die Wirksamkeit der Verbindung zwischen beiden Faktoren, die bereits die Konjunktion charakterisierte, um viele Jahre (bis 2011, wenn Neptun das Wassermannzeichen und Uranus das Fischezeichen verlassen). Nach der Konjunktion von 1478 dauerte diese Rezeptionsphase, die wie jetzt einen Teil der Periode mit Pluto im Schützezeichen begleitete, bis 1508, 30 Jahre nach der Uranus/Neptun-Konjunktion (dieses Mal findet sie bis 20 Jahre danach statt).

2. Während das 20. Jahrhundert seit dem Ende des Zweiten Weltkriegs von einem Sextil zwischen Neptun und Pluto begleitet war, ist der genauere Aspekt, den Pluto seit 1994 bildet, ein Sextil zum Uranus, was ab 1995/96 jeweils in den aktiven Zeichen Schütze und Wassermann stattfindet. Dieses Sextil begleitete uns bis zum Ende des 20. Jahrhunderts. Ein neuerliches Sextil zwischen Pluto und Neptun wird es erst wieder ab den zwanziger Jahren des dritten Jahrtausends geben, wobei der genaue Aspekt erst 2026 erreicht ist, wenn Pluto und Neptun sich in den jeweiligen Zeichen Wassermann und Widder befinden. Man kann daraus schliessen, dass bereits ab 1995 die erste Phase von Pluto in Schütze mit Uranus in Wassermann einen gewaltigen Auftrieb in Richtung globale Aktivitäten und Handel, Aufbruch zu neuen Dimensionen und Netzwerkdenken erfährt. Dies ändert sich 2003 mit dem Übergang von Uranus ins Fischezeichen.

*Der neue Uranus/Neptun-Zyklus ab 1993*
Der Beginn dieses übergeordneten Zyklus von 172 Jahren (von Konjunktion zu Konjunktion) überlappt sich mit der Zeit von Pluto in Skorpion. Man befindet sich am Ende des industriellen Zeitalters (in westlichen Ländern gar im postindustriellen oder Dienstleistungs-Zeitalter), welches seit 1821 währte, und die Periode mit Pluto in Skorpion ist noch stark geprägt von emotionalen Prozessen, die um das Thema der Krise auf dem Arbeitsmarkt und des Abschieds von der Sicherheit des Arbeitsplatzes kreisen. Mit dem Eintritt von Pluto in Schütze und Uranus in Wassermann in den Jahren 1995/96 beginnt sich dann eine neue Energie durchzusetzen. Bei vielen kommt ab 1997/98 eine Art Goldgräberstimmung auf, die dazu führt, dass man sich mit Enthusiasmus auf neue Kommunikationskanäle wie Internet stürzt, von Selbständigkeit und einem eigenen Geschäft auf einem innovativen Gebiet träumt und vielleicht auch lebhafte Börsenphantasien entwickelt, was durch die Banken, die Morgenluft wittern, kräftig unterstützt wird. Diese Euphorie erreicht absurde Ausmasse, wenn Firmen, die in ihrem Namen ein Kürzel aufweisen, welches auf Technologie und Internet hinweisen könn-

te, Geld nur so nachgeschossen wird. Diese Erregung mag vergleichbar sein mit dem Fieber, welches – allerdings bei einer wesentlich beschränkteren Zahl von Menschen – wohl aufkam, als die Nachricht sich verbreitete, dass ein neuer Kontinent, Amerika, entdeckt worden sei, dies um 1500, als Pluto zum vorletzten Mal ins Schützezeichen kam.

### Frühere Uranus/Neptun-Konjunktionen

Wenn man die verschiedenen Stationen der Uranus/Neptun-Zyklen studiert, so kommt man auf eine interessante Abfolge, die sich mit der Uranus/Neptun-Konjunktion von 1993 fortsetzt.

### Renaissance

Wenn wir bei der Konjunktion von 1478 beginnen, so stellen wir fest, dass zu jener Zeit der Mensch sein Weltbild in räumlicher Hinsicht ausdehnt, und die kirchlichen Vorstellungen des vorhergehenden Jahrtausends in Frage stellt. Die geistige Erneuerung geht als «Renaissance» in die Annalen ein. In der künstlerischen Darstellung kommt ein räumliches Bewusstsein auf, mit ausgeklügelten perspektivischen Darstellungen, die ein neues Bewusstsein zum Ausdruck bringen: Die Wirklichkeit wird nicht zweidimensional wie im Mittelalter, sondern aus der Perspektive eines Beobachters dreidimensional dargestellt. In diesem für das Erwachen des modernen Menschen wichtigen Uranus/Neptun-Zyklus von 1478–1649 spielen die Entdeckung Amerikas und die Infragestellung der Kirche über die Reformation eine wichtige Rolle.

### Sieg der Naturwissenschaften und Republik

Der nächste Uranus/Neptun-Zyklus beginnt 1649 mit der Hinrichtung des englischen Königs. Das Parlament tritt an seine Stelle, und England erlebt unter dem Commonwealth eine beeindruckende Expansion. Die Zeit um diese Uranus/Neptun-Konjunktion symbolisiert auch den Erfolg der modernen Naturwissenschaften, und es ist bezeichnend, dass René Descartes, der den berühmten Satz: «Cogito, ergo sum» (Ich denke, also bin ich) ausgesprochen hat, 1650 stirbt. Dieser Bezug zum Denken und zur Vernunft ist neu und prägt als Entwicklung das 17. Jahrhundert. Der Philosoph Bertrand Russel hat diesen Siegeszug der Vernunft, der im 17. Jahrhundert die westliche Welt prägte, folgendermassen bildhaft erläutert: Während es zu Beginn des 17. Jahrhunderts durchaus üblich war, einer Hexenverbrennung beizuwohnen, war dies gegen Ende des Jahrhunderts out.

### Das industrielle Zeitalter

Man kann sagen, dass sich von 1650–1820 die Naturwissenschaften durchsetzen, und es gegen Ende der Periode praktisch zeitgleich mit der Entdeckung des Uranus und der Französischen Revolution zu den wesentlichen Errungenschaften kommt, die für die industrielle Revolution von herausragender Bedeutung sein werden. Dazu gehört zuvorderst die Entwicklung der Dampfmaschine, die im 19. Jahrhundert die Einführung der Eisenbahn ermöglichen und die Schiffahrt revolutionieren wird.

Damit kommen wir zum industriellen Zeitalter, das (mit Ausnahme von England, wo die industrielle Entwicklung schon früher einsetzt) die Zeit von der Uranus/Neptun-Konjunktion von 1821 bis zu jener von 1993 prägt. Die Einführung der Maschine ermöglicht es zum ersten Mal dem Menschen, Reichtum anzuhäufen, ohne dass dafür Ausführende in Knechtschaft oder Sklaverei gehalten werden müssen. Es kommt dabei allerdings zu einer Spaltung zwischen Kapital und Arbeit, indem es Geld braucht, um Maschinen zu kaufen, welche wiederum Arbeiter einsparen, etwas, das zum Problem werden kann, wenn viele Menschen ohne Arbeit sind. Der Gegensatz zwischen Industrialisierung und technologischem Rückstand wird am deutlichsten über den amerikanischen Bürgerkrieg der sechziger Jahre des 19. Jahrhunderts zum Ausdruck kommen, bei welchem der industrialisierte Norden die Südstaaten dazu zwingt, die Sklaverei abzuschaffen. Interessanterweise finden zu jener Zeit mit Neptun in Widder, Pluto in Stier und Uranus in Zwillinge auch wichtige soziale Entwicklungen statt, wie zum Beispiel die Gründung der «Ersten Internationalen» mit Karl Marx in London (1864). Revolutionär ist auch die Forderung amerikanischer Arbeiter, die eine Gewerkschaft gründen, nach einem Achtstundentag (1866).

Mit der industriellen Revolution kommt eine Spaltung zwischen einer uranischen und einer neptunischen Ausrichtung in Form des Kapitalismus (Uranus) und des Sozialismus (Neptun) zum Tragen. Der uranische Weg legt den Akzent auf Eigeninitiative und steht symbolisch für Liberalismus und Kapitalismus. In der amerikanischen Version lautet dieses Credo: «Jeder kann es an die Spitze bringen, wenn er will und die erforderliche Leistung erbringt» (die idealisierte Tellerwäscher-Karriere). In Wirklichkeit führt diese Überbetonung des Willens, des Geldes und der Maschinen zu einem Ungleichgewicht und zur Ausbeutung der Arbeiter, die in der Entfremdung zwischen Kapital und Arbeit zu überleben versuchen. Begreiflicherweise wird von dieser Seite verbreitet «nicht das Kapital, sondern die Arbeit zählt», und dies führt zur Forderung, die Arbeiter sollen zusammenhalten, weil ihnen dann die Kapitalisten nichts anhaben können. Während Uranus in dieser Periode die Linie des Kapitalismus darstellt, symbolisiert Neptun jene des Sozialismus, dessen Geschichte über eine Reihe von Saturn/Neptun-Konjunktionen zum Ausdruck kommt.

So gesehen musste man nicht erstaunt sein, wenn zu Beginn der neunziger Jahre des 20. Jahrhunderts mit der dann stattfindenden Uranus/Neptun-Konjunktion Sozialismus und Kapitalismus ihre Gegensätzlichkeit überwanden und zusammenwuchsen, ein Prozess, der bereits mit der Saturn/Neptun-Konjunktion von 1989 klar sichtbar einsetzte.

Mit dem Beginn der neunziger Jahre (und ab der neuen Uranus/Neptun-Konjunktion) stehen wir am Anfang eines neuen Zyklus. Wir können davon ausgehen, dass damit eine neue Form der Partnerschaft zwischen Kapital und Arbeiterschaft ansteht. Ein Nebeneffekt davon liegt darin, dass es keine sichere Arbeit, keine Stelle auf Lebenszeit und keinen gesicherten Arbeitsplatz (eine Errungenschaft des letzten Uranus/Neptun-Zyklus von 1821–1993) mehr gibt. Der Arbeitnehmer kann nicht mehr automatisch davon ausgehen, dass er mit seinem erlernten Beruf bis zu seinem Lebensende Arbeit finden wird, sondern er muss sich selbst Gedanken darüber machen, ob seine Fähigkeiten und Fertigkeiten in Zukunft nach wie vor gefragt sein werden. Dies heisst, sich ständig weiterzubilden und Kreativität sowie unternehmerische Qualitäten zu entwickeln: Eine schlechte Zeit für ungelernte Arbeitskräfte und für Menschen, die erwarten, dass für sie gesorgt wird.

Klassisch für diesen neuen Zyklus ist auch, dass sich die Aufmerksamkeit von der materiellen Ebene des Produktes auf jene des «Prozesses» und des «Entwurfs» verschiebt. Nicht die fertigen Erzeugnisse zählen mehr, sondern die Fähigkeit, diese nach einem gedanklichen Modell jederzeit in verschiedenster Ausgestaltung zu erschaffen oder zu produzieren (zum Beispiel Computer- und Robotertechnik). In diesem Sinne beginnt mit der neuen Uranus/Neptun-Konjunktion eine virtuelle Welt, ein Thema, welches sehr schnell mit dem Internet und abenteuerlichen Projekten in diesem Bereich einen sichtbaren Niederschlag findet. Wie überall kommt es auch hier am Anfang eines neuen Zyklus zu Übertreibungen. Man weiss nicht, wie man die neuen Errungenschaften einstufen soll, und es heisst bald einmal, dass die alten Gesetze der «Old Economy» ihre Gültigkeit eingebüsst haben, und nun jene erst erahnten Gesetzmässigkeiten der «New Economy» zählen. Rausch und Goldgräberstimmung breiten sich aus, und der Kater ist schon vorprogrammiert, wie am Beginn jeder neuen Entwicklung, die den Geist der Menschen beflügelt, diesen aber auch erschwert, die Grenzen des Neuen zu erkennen.

### *Gegenwärtige Entsprechungen von Pluto in Schütze*

#### *1. Die Natur zeigt sich von ihrer wilden Seite: massive Erdbeben*
Der Eintritt Plutos ins Schützezeichen am 17. Januar 1995 wird von einem schweren Erdbeben begleitet, das die japanische Stadt Kobe verwüstet. Damit wird eine Reihe von grossen Beben fortgesetzt, welche bereits die letzten beiden Male, als Pluto im Schützezeichen war, blühende Handelsstädte in Schutt und Asche legte. Am 14. September 1509 betraf dies Konstantinopel, die Hauptstadt des Osmanischen Reiches und am 1. November 1755 Lissabon, die blühende Handels- und Hauptstadt Portugals. Nun ist Japan an der Reihe, wobei das Erdbeben in einer Gegend stattfindet, in welcher es nicht erwartet wurde und zahlreiche Konstruktionen, die einem Erdstoss hätten widerstehen sollen, zerstört werden. Man hatte bisher vom hochmodernen Japan ein anderes Bild, und die in der ganzen Welt empfangenen Horrorszenen von Menschen, die den Naturkräften ausgeliefert sind, führen zu einem Sturz an der Börse, weil aufgrund der vorliegenden Evidenzen dem Land seine bisherige Rolle als führende Wirtschaftsmacht abgesprochen wird. Obwohl dies eine psychologische Überreaktion vieler Anleger darstellt, trifft sie den Nerv einer in ihrem Selbstbewusstsein erschütterten Nation.

Das Erdbeben findet nicht nur bloss 13 Stunden vor dem Eintritt von Pluto ins Schützezeichen statt, sondern praktisch gleichzeitig mit einem Vollmond, der diesen Ingress begleitet. Bloss 20 Minuten nachdem der Mond die Oppositionsstellung zur Sonne überquert, ereignet sich das Beben. Damit hat es Parallelen zum Erdbeben von Konstantinopel (Fig. 12 auf S. 229), welches ebenfalls am Tag einer

Lunation, in diesem Falle einem Neumond, stattfand. Damals, am 14. September 1509, befand sich der laufende Neumond in Opposition zum Uranus, und dieses Mal trifft dies für den Vollmond zu.

*Relevanter Vollmond auf 26 Grad Krebs/Steinbock*
Da Neumond- und Vollmondstellungen (bzw. Eklipsen, die davon einen Spezialfall darstellen), welche um die Zeit eines wichtigen Zeicheneintritts eines Langsamläufers stattfinden, eine besondere Bedeutung zukommt, kann man das in Fig. 13 abgebildete Horoskop für den Vollmond des 16. Januar 1995 als relevant für die ganze Periode von Pluto in Schütze betrachten. Es lässt sich beliebig für einen Ort unserer Wahl relozieren. Dabei fällt auf, dass Uranus auf 26 Grad 24 Minuten Steinbock in exakter Konjunktion mit der Sonne und in exakter Opposition zum Mond steht (Abstand 10 Bogenminuten). Als dann 20 Minuten nach dem Vollmond das Erdbeben stattfindet, ist der Orb der Mond/Uranus-Opposition auf 0 Bogenminuten geschrumpft (Neptun ist mit 23 Grad Steinbock lediglich 3 Grad davon entfernt). Mit der Aktivierung der Uranus/Neptun-Konjunktion durch den Vollmond zum Zeitpunkt des Ingresses von Pluto in Schütze lässt sich schliessen, dass einerseits die Grade von 23–26 Krebs/Steinbock, andererseits auch die Ura-

*Fig. 13*

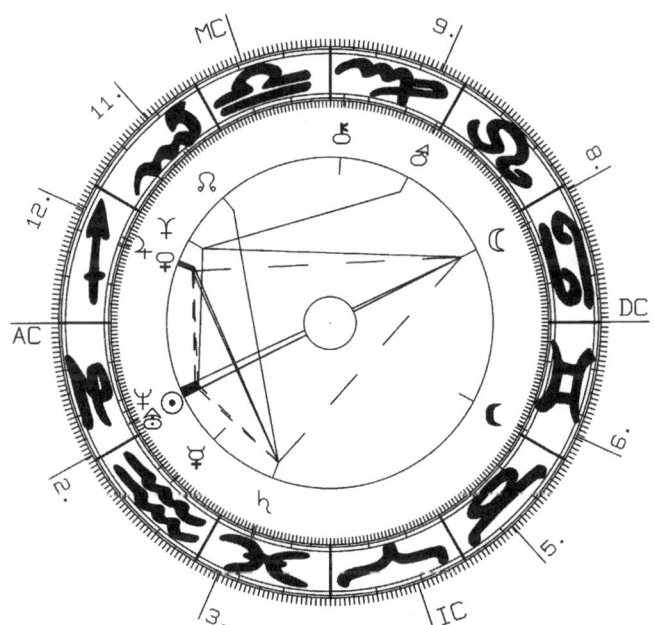

Vollmond Januar 1995 für Kobe

16. 1. 1995   GT 20.26   Kobe  JP                                                    AD-Koch

| ☉ 26 ♉ 14'37" | ♀ 9 ♐ 25' 5"   | ♄ 9 ♓ 27' 1"   | ⚷ 29 ♏ 59' 5"    |
| ☾ 26 ♋ 14'30" | ♂ 1 ♍ 23' 1" R | ⊛ 26 ♉ 24' 3"  | ☊ 10 ♏ 55'27" R  |
| ☿ 14 ♒ 39'30" | ♃ 7 ♐ 46' 1"   | ♆ 23 ♉ 9'59"   | ⚵ 11 ♏ 48'19" R  |

237

nus/Neptun-Konjunktion für die ganze Periode von Pluto in Schütze eine wichtige Rolle spielen dürften. Aufschlussreich ist auch die Lilith/Pluto-Opposition an der Schwelle zur Zwillinge/Schütze-Achse, das Ganze im Quadrat zum Mars. Auffällig ist im weiteren die Tatsache, dass die Vollmondkonstellation auf der Uranus/Neptun-Konjunktion im jeweiligen Halbquadrat zu und in der Halbsumme zwischen Venus/Jupiter auf 8–9 Grad Schütze und Saturn auf 9 Grad Fische zu liegen kommt. Es dürfte lohnend sein, sich diese Gradzahlen (23– 26 Grad kardinal und 8–10 Grad veränderlich) zu merken, um so mehr als letztere gradmässig der sogenannten Nuklearachse entsprechen, die wir auf 7–11 Grad veränderlich ansiedeln und auch die Gradzahl von 23–26 Grad Krebs/Steinbock mit Themen der Nuklearenergie in Verbindung stehen. So standen zur Zeit der Explosion der ersten Atombombe in Alamogordo in New Mexico am 16. Juli 1945 die Sonne auf 24 Grad Krebs, der Aszendent auf 27 Grad Krebs und die Venus auf 9 Grad Zwillinge. Das Horoskop dieses Ereignisses – welches die militärische Vorherrschaft der USA für die kommenden Jahrzehnte zum Ausdruck bringt – weist auch einen Mond auf 15 Grad Waage auf, wo im US-Horoskop Saturn steht, und einen Saturn auf 15 Grad Krebs, auf der Sonne der USA und im gradgenauen Quadrat zum Mond (Horoskop der USA siehe Fig. 22 auf S. 254).

*Fig. 14*

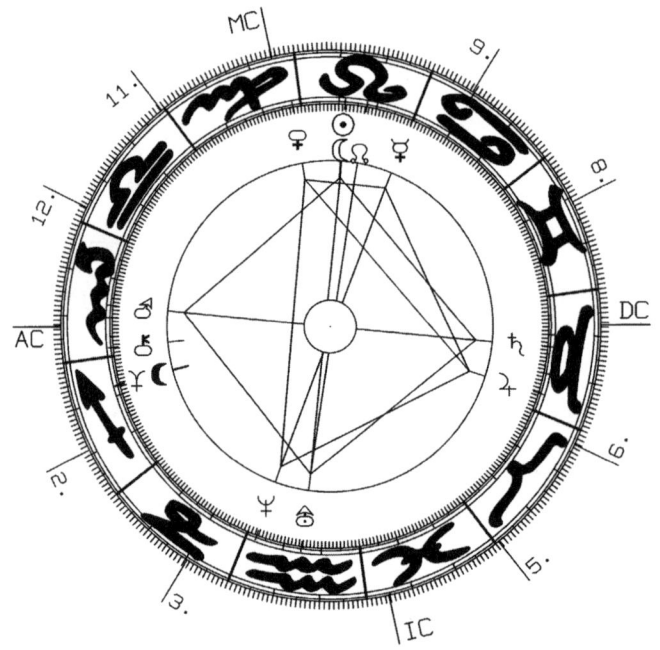

Sonnenfinsternis August 1999 für Izmit
11. 8. 1999   GT 11.09   Izmit  TR                                                    AD-Koch

| ☉ 18 ♌ 21'12" | ♀ 2 ♍ 9'20" R | ♄ 16 ♉ 52'35" | ♅ 7 ♐ 45' 6" R |
| ☽ 18 ♌ 21'30" | ♂ 16 ♏ 50'57" | ⊕ 14 ♒ 40' 8" R | ☊ 12 ♌ 37' 3" R |
| ☿ 0 ♌ 9'45" | ♃ 4 ♉ 40'51" | ♆ 2 ♒ 32'48" R | ⚷ 12 ♌ 59'56" R |

Nicht-Astrologen mussten es wohl als merkwürdigen Zufall ansehen, dass das letzte Beben, welches eine moderne Grossstadt erschütterte und erhebliche Schäden anrichtete, recht exakt ein Jahr vorher stattfand, nämlich nach kalifornischer Zeit am 17. Januar 1994 mit beinahe derselben Sonnenstellung (27 statt 26 Grad Steinbock). Die astrologische Erklärung dafür scheint weniger im Datum zu liegen als in der Tatsache, dass in beiden Fällen kurz vor dem Erdbeben eine Neumond- oder Vollmondstellung in gradgenauer Konjunktion mit Uranus stattfand.

Als wir in Astrologie Heute Nr. 54 (April/Mai 1995) das Erdbeben von Kobe diskutierten, wiesen wir im Hinblick auf spätere, ernste Beben auf die Sonnenfinsternis vom 11. August 1999 hin, weil auch dann, und in noch stärkerem Masse, erdbeben-spezifische Konstellationen spürbar werden: Spannungen zwischen aktiven Planeten wie Sonne, Mars oder Uranus und solchen, die Starrheit symbolisieren, wie Saturn und Pluto. Tatsache ist, dass weniger als eine Woche nach der Sonnenfinsternis vom 11. August, am 17. August 1999, sobald der Mond nach seiner Konjunktion mit der Sonne anlässlich der Sonnenfinsternis wieder in ein fixes Zeichen trat, ein schweres Erdbeben die türkische Stadt Izmit erschütterte. Die Sonnenfinsternis vom 11. August 1999 auf Izmit bezogen ist in Fig. 14 aufgezeichnet, das Erdbeben von Izmit vom 17. August 1999 in Fig. 15. In der Folge gab es

*Fig. 15*

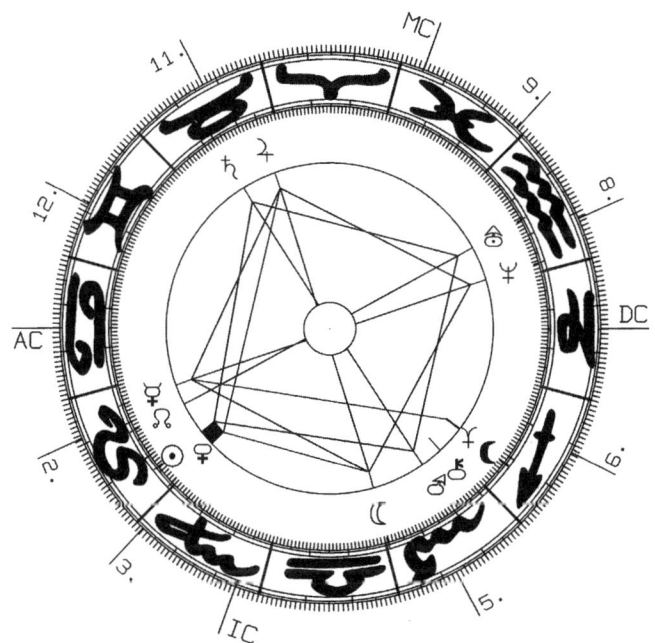

Erdbeben von Izmit

17. 8. 1999  LT 3.02  GT 0.02  Izmit TR                                    AD-Koch

| ☉ 23 ♌ 40'17" | ☿ 29 ♌ 10'38" R | ♄ 17 ♉ 1'48" | ♆ 7 ♐ 44'13" R |
| ☽ 0 ♏ 41'53" | ♂ 19 ♍ 56'33" | ⊕ 14 ♒ 26'59" R | ☊ 12 ♌ 19'28" R |
| ☿ 5 ♌ 9'43" | ♃ 4 ♉ 52'42" | ♇ 2 ♒ 24'22" R | ☊ 12 ♌ 55'17" R |

dann jede Woche oder alle 14 Tage, immer wenn der Mond sich in einem fixen Zeichen befand und Stellungen der Sonnenfinsternis aktivierte, ein aufwühlendes Ereignis, in den meisten Fällen ein Erdbeben. Das dramatischste nach jenem von Izmit (über 15 000 Tote) war das von Nantou/Taiwan vom 21. September 1999, welches über 2 100 Tote forderte.

### 2. Die neuen Krankheiten: BSE und Creutzfeld-Jakob

Zur Zeit von Pluto in Schütze treten erwartungsgemäss Krankheiten auf, die auf einen fehlenden Sinn und Blick für das Ganze zurückzuführen sind und Organe betreffen, die gemäss dem veränderlichen Kreuz mit Wahrnehmung, Übermittlung von Botschaften und Denken zu tun haben (Augen, Hirn, Nervenbahnen). Im übrigen ist das Verhältnis zwischen Mensch und Tierwelt angesprochen.

Das Auftreten von AIDS zur Zeit von Pluto in Skorpion als oral-genital/analen Problemkreis war dem fixen Kreuz von Nahrungsaufnahme und Ausscheidung sowie Liebe und Sexualität zuzuordnen. Mit dem Übergang von Pluto ins Schützezeichen spielen nun Krankheiten des Gehirns und der Nervenbahnen eine grössere Rolle. Gleichzeitig ergeben sich hinsichtlich Auseinanderhalten von lebender und toter Materie neue Knacknüsse. Hatte man es bei der Krankheit AIDS immer noch mit einem Virus als Zwischending zwischen Leben und leblos zu tun, so handelt es sich beim Erreger des Rinderwahnsinns offenbar lediglich um ein Eiweissmolekül ohne eigenes Erbgut, welches sich wie Sondermüll an die Nervenzellen heftet und so zu deren Niedergang führt. Mit solchen Krankheiten entfernen wir uns immer weiter vom Konzept eines Erregers, den wir gezielt zum Beispiel mit Antibiotika oder andern Mitteln bekämpfen können. Hier hilft nur noch Prophylaxe, was in vielen Fällen auch heissen mag, stärker im Einklang mit dem «Sinn» zu leben. Dies heisst astrologisch gesprochen weniger Merkur (als Prinzip der Quantität) und mehr Jupiter (als Prinzip der Rückverbindung zum Ganzen).

Mit der im März 1996 glaubwürdig hergestellten Verknüpfung zwischen dem Rinderwahnsinn und der Creutzfeld-Jakob-Krankheit beim Menschen wird uns bewusst, dass wir Tiere nicht wie Futterfabriken behandeln können, ohne damit ernste Nachteile zu erfahren. Zu diesem Thema meinte Rudolf Steiner, der Begründer der biologisch-dynamischen Landwirtschaft, bereits zu Beginn des letzten Jahrhunderts: «Wenn ein Ochse anstatt Pflanzen Fleisch fressen würde, dann würden sein Nervensystem und sein Gehirn geschwächt, und der Ochse würde verrückt werden.» Ist es unter diesen Umständen nicht naheliegend, dass ein Mensch, der sich vom Fleisch eines solchen «verrückten Ochsen» ernährt, selber verrückt wird?

In den Jahren 1996 und 1997 sind vor allem Grossbritannien, und dann – mit grossem Abstand – auch die Schweiz von der BSE-Seuche betroffen, was zu Exportverboten für Rindfleisch führt. Das restliche Europa, mit Ausnahme von Portugal, wiegt sich weitgehend in Sicherheit. Im Jahre 2000 treten aber auch in andern europäischen Ländern vermehrt Fälle auf, was zu einer eigentlichen Panik führt. 2001 taumeln dann die Viehzüchter und Fleischesser in Europa von einem

Schock in den andern. Nach der Erschütterung durch BSE taucht die Maul- und Klauenseuche wieder auf. Wie bei BSE geht die Epidemie wieder von Grossbritannien aus, und es wird die Tötung von Millionen von Rindern gefordert. Interessanterweise treten diese Hiobsbotschaften unter der die Pluto/Schütze-Thematik verstärkenden Jupiter/Pluto-Opposition von Herbst 2000 bis Frühjahr 2001 auf. Allerdings bleibt bis Anfang 2002 unklar, wie viele Menschen wegen Rindfleischkonsum von der tödlichen Creutzfeld-Jakob-Krankheit befallen werden. Grossbritannien, das am massivsten betroffene Land, verzeichnet bis Ende 2001 lediglich 93 Todesfälle, und es erscheint wahrscheinlich, dass sich die Zahl der Opfer in Grenzen halten wird. Dennoch kommt BSE der Charakter einer ernsten Warnung an die Menschheit in ihrem Umgang mit der Tierwelt zu.

Der Symbolik des Schützezeichens entspricht die Tierwelt, die Natur und das Wilde, Unbändige im Menschen, welches nur durch den Sinn und den Geist gezähmt werden kann. Als Bild dafür gibt es das Symbol des Kentauren, der halb Mensch, halb Pferd ist oder auch die jahrtausendealte Partnerschaft zwischen Mensch und Pferd: Erst durch die Zähmung des Pferdes gelang es dem Menschen, sein Entfaltungspotential an Beweglichkeit auszuschöpfen. Um das Pferd zu lenken, muss der Mensch jedoch wissen, wohin er gehen will, d.h. er muss ein Ziel haben.

Das gleiche gilt für das andere Symbol des Schützezeichens, dem Bogenschützen, der ebenfalls häufig mit einem Pferdeunterleib dargestellt wird. Mit diesem Bild ist die Möglichkeit des Menschen dargestellt, sich auf die Zukunft auszurichten, auf Künftiges zuzusteuern, wozu es jedoch ebenfalls einer Zielsetzung bedarf. Im Idealfall bezieht der so dargestellte Schütze aus seinem Tierkörper die animalischen Energien und Motivationen, die er durch eine Ausrichtung auf den Geist und den Sinn umwandelt und sublimiert. Berücksichtigen wir bei der Deutung von Pluto und Schütze die Forderungen des neu entdeckten Chironprinzips, welches zwischen den Zeichen Schütze und Jungfrau eine Verbindung herstellt, so können wir im weiteren davon ausgehen, dass die entsprechenden Energien auch im Sinne des Chironprinzips zu sehen sind. Damit lautet die Konsequenz: Versöhnung mit der Tierwelt, die parallel mit dem Abklingen der Bedeutung des Pferdes als wichtigstem Freund und Helfer des Menschen zum Objekt und zur Futterfabrik degradiert wurde. Im weiteren heisst dies aber auch: Versöhnung mit der Natur und mit jenen Kulturen, die es materiell nicht so weit gebracht haben, jedoch noch eine grosse Naturverbundenheit pflegen, wozu auch landwirtschaftlich orientierte Gemeinschaften gehören. Wird dies nicht getan, so droht sowohl die Natur- und Tierwelt als auch das ursprünglich Animalische im Menschen zurück zuschlagen. Dies fordert auf, uns nicht mehr so ausschliesslich nach dem zweckorientierten und auf Maximierung ausgerichteten Merkurprinzip zu richten, sondern uns vermehrt dem umfassenderen, positiv gewährenden Jupiterprinzip zu öffnen, das der deutsche Astrologe Thomas Ring treffend als Prinzip des «Optimums» charakterisiert hat. Ein Optimum anzustreben bedeutet bereits, ökologisch zu denken, denn es geht dabei immer um das Ganze und nicht um den Vor-Teil des einen, welcher nur durch den Nach-Teil des andern möglich wird.

### 3. Der Krieg der Kulturen: Morden im Namen Gottes

Wie wir bereits weiter oben berichteten, fiel der erste Eintritt Plutos ins Schützezeichen mit einem schweren Erdbeben zusammen. Eine weitere Entsprechung
der Pluto/Schütze-Thematik ereignet sich kurz vor dem zweiten und definitiven
Übergang ins Schützezeichen Anfang November 1995 (zwischendurch war Pluto
im April 1995 wieder ins Skorpionzeichen zurückgegangen, um erst am 10. November definitiv ins Schützezeichen zu treten). Weniger als eine Woche zuvor gibt
es am 4./5. November mit einer Venus/Pluto-Konjunktion an der Schwelle zwischen Skorpion und Schütze ein reich befrachtetes Wochenende. So lauten einige
der Schlagzeilen in den Zeitungen vom folgenden Montag: «Mordanklage gegen
Andreotti», «Auslieferung eines SS-Mörders von Argentinien an Italien», «Islamischer Terroranschlag in Oberägypten mit fünf Toten», «Verhaftung algerischer
Extremisten in London» (mit Verbindungen zur Terrorszene in Frankreich), «Be-
waffneter Einbrecher im Haus des kanadischen Ministerpräsidenten», «Taifun auf
den Philippinen tötet über 500 Menschen».

Der 4./5. November wird jedoch nicht wegen dieser Themen in die Annalen
eingehen, sondern weil an diesem Wochenende etwas passiert, das in seiner Un-
geheuerlichkeit nie hätte stattfinden dürfen und den Schatten von Pluto in Schüt-

*Fig. 16*

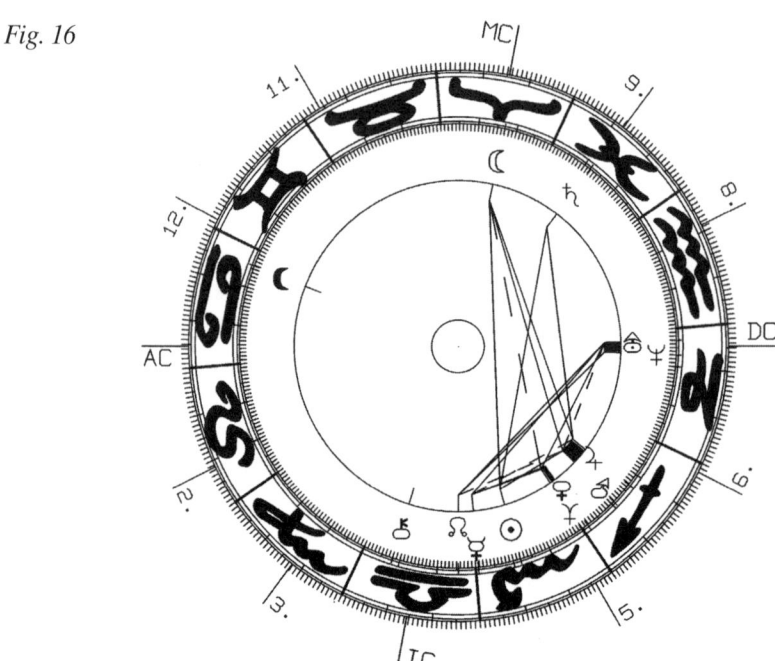

Yitzhak Rabin: Ermordung

4. 11. 1995   LT 21.40   GT 19.40   Tel Aviv IL                    AD-Koch

| ⊙ 11 ♏ 54'41" | ♀ 1 ♐ 43'44" | ♄ 18 ♓ 14'53" R | ⚷ 29 ♏ 46' 1" |
| ☾ 13 ♈ 6'58" | ♂ 10 ♐ 48'41" | ⚸ 26 ♉ 53'19" | ☊ 25 ♎ 27'48" R |
| ☿ 0 ♏ 44'13" | ♃ 16 ♐ 47'26" | ♅ 23 ♉ 2' 6" | ⚹ 26 ♎ 35'26" |

242

ze zum Ausdruck bringt: Ein rechtsextremer 25jähriger Jurastudent ermordet den israelischen Premierminister Yitzhak Rabin, Friedensnobelpreisträger und engagierter Kämpfer für einen Frieden zwischen Israelis und Palästinensern. Kurz nach seiner Verhaftung sagt der Attentäter Igal Amir, der religiös-nationalistischen Kreisen angehört: «Ich handelte alleine, auf Gottes Befehl, und ich bereue nichts.» Das Horoskop für das Attentat auf Yitzhak Rabin ist in Fig. 16 wiedergegeben. Unsere Vermutung, dass das Horoskop für den Vollmond, der zur Zeit des ersten Eintritts Plutos ins Schützezeichen und dem Erdbeben von Kobe stattfand (Fig. 13 auf S. 237), für die ganze Periode von Pluto in Schütze wichtig sein könnte, scheint sich zu bestätigen. So kommt die AC/DC-Achse des Attentatmoments auf die damalige Vollmondstellung zu liegen, mit dem Aszendenten auf dem Mond und dem Deszendenten in Konjunktion mit Sonne, Uranus und Neptun des Vollmondes. Die Venus/Pluto-Konjunktion des Attentats liegt auf der Plutostellung, in Opposition zur Lilith und im Quadrat zum Mars des Vollmondes, während sich der Mars des Attentats auf der Venus der damaligen Konstellation befindet. Auch ohne diesen Vergleich fällt beim Zeitpunkt des Anschlags (Fig. 16) die Stellung von Uranus/Neptun an einer Hauptachse und im Quadrat zur Mondknotenachse auf, was gemäss der Symbolik des Uranus mit plötzlichen Erschütterungen

*Fig. 17*

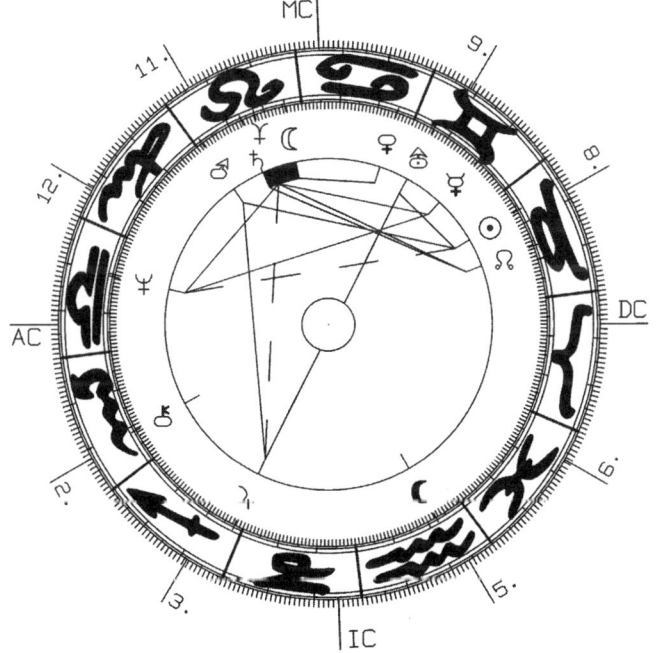

Israel
14.5.1948   LT 16.00   GT 14.00   Tel Aviv, IL                     AD-Koch

| ☉ 23 ♉ 39'48" | ♀ 4 ♋ 47'58" | ♄ 16 ♌ 25'10" | ♅ 12 ♌ 38'34" |
| ☾ 4 ♌ 21'16" | ♂ 28 ♌ 18'9" | ⚷ 24 ♊ 21'21" | ☊ 13 ♉ 41'43" R |
| ☿ 10 ♊ 21'45" | ♃ 27 ♐ 38'52" R | ♆ 10 ♎ 34'33" R | ⚸ 14 ♉ 3'8" R |

sowie eigenwilligen, extremen Handlungen zu tun haben kann, während Neptun einerseits Religion, andererseits aber auch Verrat und irregeleitetes Denken und Handeln symbolisiert. Jupiter Konjunktion Mars in Schütze im Quadrat zu Saturn – der im verunsichernden Fischezeichen steht – verkörpert dann aggressive, rechtslastige Handlungen (im Glauben, im Recht zu sein), die gegen die staatliche Autorität (Saturn) gerichtet sind. Die Venus/Pluto-Konjunktion am Übergang zwischen Skorpion und Schütze kann man in dem Sinne interpretieren, dass dem Friedenskämpfer (Venus) der Tod (Pluto) droht, und dabei Form (Venus) in der Gestalt von Menschenleben zerstört wird. Bezogen auf das Horoskop von Israel (Fig. 17 auf S. 243) ist aufschlussreich, dass die Uranus/Neptun-Konjunktion und der Deszendent des Attentathoroskops auf den IC zu liegen kommen, die Venus/Pluto-Konjunktion ein Quadrat zum Mars und die Sonne ein Quadrat zum Pluto des Landes bildet. Die Lilith des Attentats liegt im weiteren bezeichnenderweise auf der schwach aspektierten Venus (symbolisch für Frieden) im neunten Haus des Israelhoroskops. Wie folgenschwer diese Ereignisse für die ganze Zeit des Laufes von Pluto durchs Schützezeichen sein sollten, zeigt sich fünf Jahre später, als im Sommer/ Herbst 2000 die Nahostverhandlungen definitiv scheitern und die zweite Intifada beginnt.

Mit Pluto in Schütze prallen verschiedene Ideologien aufeinander, und dies kann, falls der Kampf nicht mit fairen Mitteln, das heisst auf der Basis eines gemeinsamen Verständigungswillens ausgetragen wird, zu extremen Verzerrungen führen, die jenen, der das Jupiterprinzip für seine Zwecke missbraucht, zu Aussagen wie: «Gott hat es mir befohlen» veranlasst, während die Lieblingsdevise des materialistischen Gegenübers lautet: «Der Zweck heiligt die Mittel».

Eine konstruktive Haltung auf einer Basis, die einen Dialog möglich macht, gibt es jedoch nur, wenn verschiedene Kulturen und Religionen einander Achtung entgegenbringen und sich gegenseitig anhören. Unterliegt die eine Richtung, weil sie unterdrückt und zum Schweigen gebracht wird, so besteht die Gefahr von verdeckten Handlungen bis hin zu terroristischen Aktionen. Wer noch glaubte, solche Tendenzen durch Nichtbeachtung zu stoppen, wurde spätestens am 11. September 2001 mit dem Anschlag von New York eines Besseren belehrt. Eine verdeckt handelnde Terrorgruppe trug ihre Unzufriedenheit mit dem Status quo direkt ins Herz der kapitalistischen Metropole und wählte dafür symbolisch hochgradig signifikant den Lebensnerv der amerikanischen Handelsmacht, das sogenannte «World Trade Center» mit seinen dem Zwillingezeichen entsprechenden zwei Türmen. Begreiflicherweise besann man sich gleich nach dem Anschlag darauf, wie man solchen Terroristen durch entsprechende Kontrollen und Sicherheitsmassnahmen das Handwerk legen kann. Mit der Zeit wird jedoch unweigerlich die Einsicht um sich greifen müssen, dass nur ein Dialog in Toleranz und gegenseitiger Achtung die Chance beinhaltet, solche Fehlentwicklungen zu vermeiden.

### Samuel Huntingtons «Kampf der Kulturen»

Manchmal beschreiben Nicht-Astrologen kommende Entwicklungen, die ganz direkt einer astrologischen Konstellation entsprechen. So schrieb bereits 1993 Harvard-Professor Samuel Huntington in einem Essay über einen kommenden «Kampf der Kulturen» («Clash of Civilizations»). Dieses Werk war nach dem 11. September 2001 in aller Munde. Persönlich hatte ich anlässlich eines Astrologie-Kongresses in Australien Ende Januar 1995 kurz nach dem Eintritt von Pluto ins Schützezeichen die Gelegenheit, kurz darzulegen, wie sich Huntingtons Ideen für die kommenden Jahre aus astrologischer Perspektive auslegen lassen:

«Ich denke wie Professor Samuel Huntington, dass wir in den kommenden Jahren mit einem Zusammenprall der Kulturen rechnen müssen: Erstens der westlichen Kultur, die demokratisch und individualistisch ausgerichtet ist, und der die reichen Nationen des Westens angehören, zweitens der asiatischen Kultur, die eher vom autoritären Konzept familiärer Werte geleitet ist und drittens der islamischen Nationen, die in den Jahren, die Pluto in Schütze verbringt, ihre Forderungen nachdrücklicher formulieren werden. Der Islam, der unter dem Vorzeichen einer Uranus/Neptun-Konjunktion entstand, ist in einen neuen Zyklus eingetreten; die Reise Plutos durch das religiöse Schützezeichen wird ihn ermutigen. Dieser Zusammenprall der Zivilisationen wird eine natürliche Begleiterscheinung von Pluto in Schütze sein. Der Westen wird mit asiatischen Ländern auf dem Gebiet der Wirtschaft und mit islamischen Ländern auf dem Gebiet der Religion konfrontiert werden. Bedenkt man, dass viele Ölfelder in islamischen Ländern liegen, dann könnte auch eine Kombination aus ökonomischen, politischen und religiösen Konfrontationen entstehen, soweit der Dialog mit dem Islam betroffen ist.

Ich halte es auch für wichtig, neue Wege zu finden, um die grossen Unterschiede abzubauen, die es in der Welt gibt, und dafür zu sorgen, dass es weniger Menschen gibt, die nichts zu verlieren haben, was bedeutet, die Hilfeleistungen zu erhöhen. Sonst müssten wir unter Pluto in Schütze fürchten, dass die Armen nicht länger so still bleiben, wie sie es in der Vergangenheit taten. Die Gefahr könnte noch dadurch verstärkt werden, dass Atomwaffen eine grössere Verbreitung erfahren, denn Pluto in Schütze kann auch als ‹Plutonium auf Reisen› gedeutet werden … Dies ist deshalb auch ein guter Grund, im Umgang mit der Nukleartechnologie vorsichtiger zu werden und uns für eine Art internationaler Solidarität zwischen den Nationen einzusetzen, die leider noch nicht verwirklicht werden konnte.»*

Es besteht kein Zweifel, dass Samuel Huntington mit seinem Buch den Nerv getroffen hat, und es ist bezeichnend, dass im Anschluss an den 11. September «Kampf der Kulturen»** auf deutsch in einer Sonderausgabe neu herausgebracht wurde. Allerdings geht es sicher nicht darum, den Terrorismus selbstmörderischer Banden als Ausdruck eines zum Krieg eskalierenden Konflikts zwischen verschiedenen Zivilisationen zu deuten. Terrorismus kann nur eine pervertierte Form einer Willensäusserung sein, die – aus welchen Gründen auch immer – keine konstruktive Ausdrucksform gefunden hat.

* Astrologie Heute Nr. 55 (Juni/Juli 1995), S. 6.
** Samuel P. Huntington, «Kampf der Kulturen. Die Neugestaltung der Weltpolitik im 21. Jahrhundert», Goldmann, München 2002.

## 4. Globalisierung und Internet-Euphorie

Mit Pluto im Schützezeichen und Uranus in Wassermann, beide ab Anfang 1996 definitiv in diesen aktiven Bereichen, konnte man erwarten, dass die Wirtschaft loslegt und sich für Handel und Kommunikation neue Tore auftun. Dies findet zwischen 1995 und 1998 tatsächlich auf beeindruckende Art statt, was in einer Verdoppelung des amerikanischen Aktien-Indexes Dow Jones innert drei Jahren zum Ausdruck kommt, wobei die Dynamik durch einen Übergang des Jupiter über den Uranus Anfang 1997 zusätzlich angeheizt wurde. Die gleiche fulminante Entwicklung ist auch an verschiedenen europäischen Börsen zu verzeichnen, deren Index sich zwischen 1995 und 1998 verdoppelt bis beinahe verdreifacht. Dann fangen jedoch einige Märkte zu stottern an, und Gefahren werden sichtbar – zunächst weiter weg im fernen Asien, dann in Russland und Südamerika, bis sich Ernüchterung und ernsthafte Korrekturen ab 2000 auch in den USA und Europa abzeichnen. Der eigentliche Katzenjammer erfasst ab 2000 im besonderen die Technologiebörsen, die nach 1998 jegliche Bodenhaftung verloren hatten. Rückblickend stellt man fest, dass 2002 in etwa wieder die Kurse realisiert werden, die 1997 oder 1998 erreicht wurden.

Offensichtlich haben Pluto in Schütze und Uranus in Wassermann im Sextil dazu zu einer Euphorie und einer Spekulationsblase geführt, die im Jahre 2000 platzt, nachdem ab 1999 das Sextil zwischen Uranus und Pluto nicht mehr im Orb war und Saturn ebenfalls ab 1999 ins Stierzeichen trat, mit zuerst einem Quadrat zu Neptun in Wassermann und danach (ab Mitte 1999) zum Uranus. Die wirkliche Ernüchterung kommt aber erst im Frühjahr 2000 mit einer Saturn/Jupiter-Konjunktion im Stierzeichen, welche alles, was unrealistisch und abgehoben ist – insbesondere die Internet-Börse – wieder auf den Boden des Pragmatischen und Belegbaren herunterholt. Diese Veränderungen kommen auch über Präferenzen der Börse zum Ausdruck, die sehr schnell wechseln: 1999 geht es um sogenannte «clicks», und wer viele solche Besucher auf seiner Internetseite hat, ist König. Verächtlich schaut man auf traditionelle Firmen mit materiell greifbaren Werten herunter, Firmen, die aus «bricks» (Backsteinen) und «mortar» (Zement) bestehen. Ab der Konjunktion von Jupiter und Saturn im Jahre 2000 wendet sich jedoch das Blatt. Die Firmen, die bisher mit ihren «clicks» und ihrem Potential prahlten und von den Anlegern entsprechend in den Himmel gehoben wurden, setzen zu einer rasanten Talfahrt an. Wer ein solides, angestammtes Geschäft hat, ist wieder gefragt.

Wir erkennen die kombinierte Wirkung von Schütze und Wassermann mit drei Langsamläufern (Neptun seit 1998 ebenfalls in Wassermann) in diesen aktiven Zeichen, die sich mehr für die Zukunft und das Potential als für die Vergangenheit interessieren. In dieser Situation sieht man alles, was auf neue Horizonte ausmünden könnte, in übermässig positivem Licht – trotz warnender Stimmen. Eine solche ist jene von Alan Greenspan, Chef der amerikanischen Notenbank, der bereits im Dezember 1996 vor einem «irrationalen Überschwang» warnt. Es glaubt ihm jedoch niemand, denn man kann bis 1999 oder Anfang 2000 noch so gute Geschäfte machen, dass niemand hinhören will.

Ähnlich verhält es sich gegen Ende der neunziger Jahre mit dem Thema der Globalisierung. Während der zweiten Hälfte der neunziger Jahre werden für den Welthandel rosige Perspektiven entwickelt, die allesamt auf einer Liberalisierung und dem Abbau von Handelsschranken basieren. Solche Vorstellungen ermöglichen es, verlockende Projekte zu entwerfen und rasant steigende Börsenkurse zu rechtfertigen. Allerdings wird in einigen Ländern zunehmend spürbar, dass die Globalisierung offensichtlich nicht allen gleichermassen zum Vorteil gereicht. Auch führen die Launen von Investoren, die sich unvermittelt auf die Märkte eines bestimmten Landes stürzen, um einige Zeit danach ihre Investitionen abzuziehen, zu grosser Unordnung und existentieller Unsicherheit in den betroffenen Staaten.

Als erste grosse Konferenz, die von massiven Protesten begleitet und gestört wird, geht die WTO-Konferenz von Seattle von Anfang Dezember 1999 in die Annalen ein. Das Treffen endet am 4. Dezember mit einem Debakel. Man kann sich auf keines der angestrebten Ziele einigen. Dabei spiegeln sich die Divergenzen bei den Teilnehmern der Konferenz in Demonstrationen wider, die teilweise recht heftig verlaufen. Unterschiedlichste Gruppen finden im gemeinsamen Protest gegen die Globalisierung des Handels zusammen. Von nun an wird es schwierig, ei-

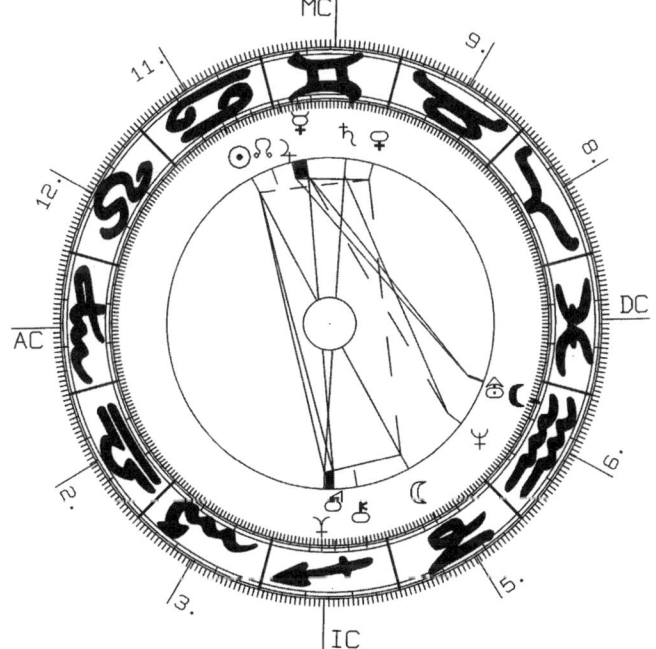

*Fig. 18*

Mondfinsternis Juli 2001 für Washington
5. 7. 2001   GT 15.04   Washington USA                          AD-Koch

| ☉ 13 ♋ 38'49" | ♀ 29 ♉ 55'30" | ♄ 9 ♊ 29' 6" | ♃ 13 ♐ 7'51" R |
| ☽ 13 ♑ 38'26" | ♂ 16 ♐ 31'29" R | ⊕ 24 ♒ 18'48" R | ☊ 5 ♋ 51'33" R |
| ☿ 23 ♊ 28'32" | ♃ 28 ♊ 20'50" | ♆ 8 ♒ 1'49" R | ☋ 6 ♋ 25'27" R |

247

ne grosse Handelskonferenz zu organisieren, ohne dass diese durch massive Proteste gestört wird. Das Davoser Wirtschaftsforum von Ende Januar 2000 verläuft vergleichsweise noch ruhig, was von jenem von Anfang 2001 nicht behauptet werden kann. Besonders brutal gestaltet sich dann der G8-Gipfel von Ende Juli 2001 in Genua. Es ist inzwischen klar geworden, dass die Mächtigen ihre Versammlungen nicht mehr in Ruhe durchführen können, ohne dass Gegner (der Schatten der Wohlhabenden) ihre Kreise massiv stören. Die Auseinandersetzung mit dem aktiven oder passiven Widerstand breiter Volksschichten gegen solche Treffen privilegierter Länder absorbiert soviel von der vorhandenen Aufmerksamkeit, dass die beabsichtigte Arbeit nicht im gewünschten Umfang und erst recht nicht in der dafür erforderlichen Atmosphäre geleistet werden kann. Statt über Schützebetonte, längerfristige strategische Pläne muss man sich im Hinblick auf das Medienecho zu Hause mit den Hindernissen des Alltags herumschlagen.

### 5. Der 11. September – Kreuzzug und Kampf gegen das Böse

Das Jahr 2001 entspricht der Halbzeit des Durchgangs von Pluto durch das Schützezeichen. Pluto ist Anfang 1995 zum ersten Mal eingetreten, und er verlässt das Schützezeichen Anfang 2008 zum ersten Mal. Halbzeit ist August 2001, und auf-

*Fig. 19*

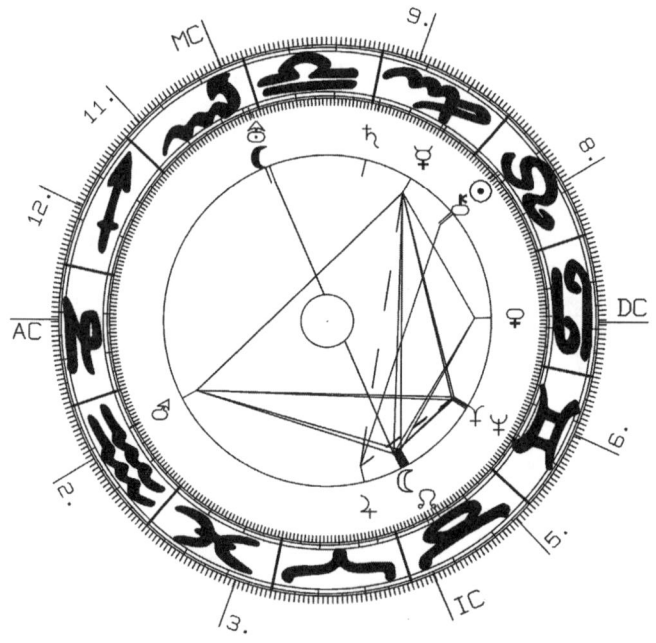

Menschheitshoroskop: Progressionen 11. 9. 2001 für Washington
(Radix: 26. 4. 1892   GT 21.46.34)   Washington USA                                    AD-Koch

| ☉ 21 ♌ 53' 7" | ♀ 12 ♋ 58'48" | ♄ 28 ♍ 13'49" | ♅ 9 ♊ 42'49" |
| ☾ 8 ♉ 49' 2" | ♂ 9 ♒ 42'29" R | ☊ 2 ♏ 30'54" | ♌ 11 ♉ 54'20" R |
| ☿ 11 ♍ 2'44" R | ♃ 24 ♈ 56'26" R | ♆ 11 ♊ 3'39" | ☋ 11 ♉ 28' 7" |

grund einer besonderen Parallelität bildet der laufende Saturn ebenfalls im August 2001 zum ersten Mal eine Opposition zum laufenden Pluto. Eine solche Konstellation ereignet sich lediglich alle 34–36 Jahre, und sie stellt in einem Saturn/Pluto-Zyklus einen Umschlagpunkt dar. Das, was 17–19 Jahre vorher mit der Konjunktion begann, gerät in eine Krise, und die Schwachstellen dessen, was man inzwischen aufgebaut hat, werden sichtbar (siehe dazu das Kapitel «Die epochalen Saturn/Pluto-Zyklen» auf S. 259). 2001 fällt die Halbzeit des Saturn/Pluto-Zyklus also mit der Halbzeit des Durchgangs von Pluto durchs Schützezeichen zusammen, was auch darin zum Ausdruck kommt, dass Pluto in diesem Jahr 15 Grad Schütze erreicht und auf diesem Punkt seine Richtung wechselt und eine Station macht.

*Frühe Anzeichen für dramatische Herausforderungen der USA ab Sommer 2001*
Man kann gewiss nicht sagen, dass sich der Terroranschlag vom 11. September 2001 astrologisch gesehen ohne Vorwarnung ereignete. Es gab am 5. Juli 2001 eine Mondfinsternis, die recht exakt auf die Sonne der USA (Unabhängigkeitserklärung vom 4. 7. 1776 und Kriegserklärung an England vom 6. 7. 1775) und auf die Sonne von George W. Bush fiel. Berechnet man diese Mondfinsternis für Washington, so kommt deren Mars/Pluto-Konjunktion exakt auf den IC zu liegen (Fig. 18 auf S. 247). Vis-a-vis am MC steht Saturn, und diese Konstellation wurde bereits in der Juni/Juli-Ausgabe 2001 von Astrologie Heute im Artikel «Mars, Bush und das Weisse Haus» in folgender Weise beschrieben: «Dies kann dramatische Ereignisse aggressiver Art anzeigen, welche die Geborgenheit der Amerikaner schwer erschüttern.»*

In der gleichen Nummer von Astrologie Heute zeigten wir in einem weiteren Artikel «Menschheitshoroskop: Die zu kurz Gekommenen melden sich zurück», dass das Menschheitshoroskop** für Washington aufgezeichnet und für das Jahr 2001 progrediert auf wichtige Auslösungen hinweist, die einen Gegenschlag zu kurz Gekommener nahelegen. In Fig. 19 ist dieses für den 11. September 2001 progredierte Menschheitshoroskop für Washington abgebildet.

Wir sehen, dass eine progressive Lilith/Uranus-Konjunktion im Sommer 2001 durch den progressiven Mond ausgelöst wird und diese Konstellation für die USA mit deren Hauptstadt Washington eine besondere Bedeutung hat, kommt doch für Washington die progressive MC/IC-Achse darauf zu liegen. Die Bedeutung der im abgebildeten progressiven Horoskop erkennbaren Lilith/Uranus-Kon-

---

* Astrologie Heute Nr. 91 (Juni/Juli 2001), S. 25.
** Das Menschheitshoroskop wird für die Sonnenfinsternis, welche vier Tage vor der letzten Neptun/Pluto-Konjunktion von 1892 stattfand, berechnet. Verschiedene Untersuchungen haben gezeigt, dass dieses Horoskop wichtige Etappen der modernen Menschheitsgeschichte anzeigt. Theoretisch ist es für den ganzen Neptun/Pluto-Zyklus von 492 Jahren, welcher im Jahre 1892 beginnt, gültig. Nachforschungen zeigen jedoch, dass dieses Horoskop auch für Perioden vor 1892 interessante und wichtige Hinweise liefert, so beispielsweise für derart weit zurückliegende Ereignisse wie die Französische Revolution von 1789.

junktion wird durch die Tatsache verstärkt, dass die Mondfinsternis vom 5. Juli 2001 (Fig. 18 auf S. 247) und das Solar 2001 für die USA beide ebenfalls eine Lilith/Uranus-Konjunktion aufweisen.

*Uranus/Lilith: Die zu kurz Gekommenen melden sich zurück*
Um die Bedeutung des Uranus im Menschheitshoroskop zu verstehen, ist es allerdings wichtig, das Radix des Menschheitshorokops zu betrachten, welches in Fig. 20 für Washington aufgezeichnet ist. Wir sehen, dass der Uranus als Einzelgänger im Wasser zur Sonne/Mond-Konjunktion in Stier eine Opposition bildet. Damit können wir annehmen, dass das Streben nach Besitz und fester Verankerung, welches mit Sonne und Mond im Stierzeichen, die der Neptun/Pluto-Konjunktion von 1892 folgenden fünf Jahrhunderte prägt, periodisch in Frage gestellt wird durch unvorhergesehene Ereignisse, die auf der politischen und sozialen Ebene von seiten zu kurz Gekommener und Ausgeschlossener (Uranus im Skorpionzeichen) initiiert und in die Wege geleitet werden. Solche Vorgänge können recht zwanghaften Charakter annehmen, denn Uranus stellt als Einzelgänger in den Wasserzeichen und aufgrund seiner Stellung im Zeichen des absteigenden Mondknotens den am schlechtest integrierten Planeten des Menschheitshoro-

*Fig. 20*

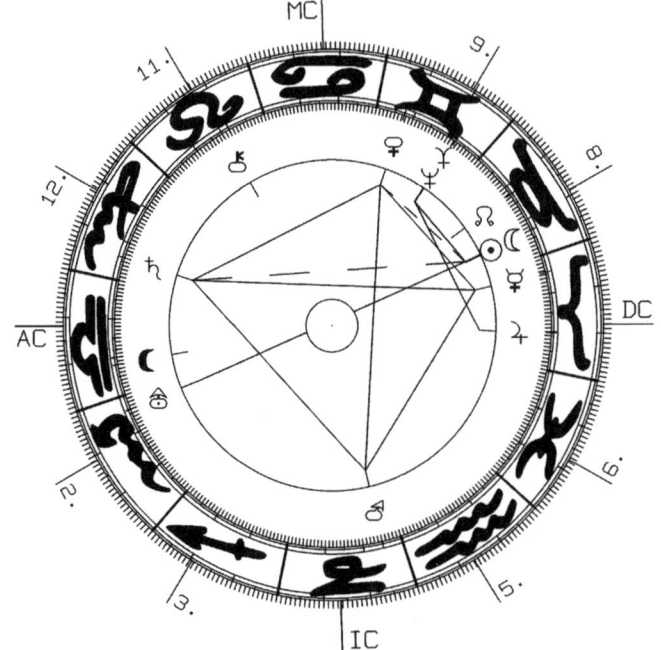

Menschheitshoroskop für Washington

26. 4. 1892  GT 21.46.34  Washington USA                    AD-Koch

| ☉ 7 ♉ 5' 6" | ♀ 22 ♊ 31'10" | ♄ 24 ♍ 0'18" R | ♅ 7 ♊ 37' 9" |
| ☾ 7 ♉ 4'44" | ♂ 24 ♉ 57'41" | ⊕ 3 ♏ 55'35" R | ☊ 17 ♉ 41'51" R |
| ☿ 25 ♈ 31' 8" R | ♃ 9 ♈ 44'34" | ♆ 7 ♊ 34' 7" | ⚷ 16 ♉ 57'54" R |

skops dar. Über ihn kommt der Kampf der Habenichtse dieser Welt gegen die Wohlhabenden zum Ausdruck. Dies beschrieben wir in Astrologie Heute Nr. 91 unter anderem folgendermassen:

«Unter die Ersteren [die Habenichtse] fallen jene, die sich von ihrer Mentalität her nicht so leicht die rationalen Anschauungen, auf denen die Entwicklung der modernen Wissenschaft und Technik beruht, zu Nutze machen konnten. Besonders akut ist das Thema bei Völkern oder Nationen, die früher eine grosse Bedeutung in der Welt hatten, diese jedoch in den letzten Jahrzenten oder Jahrhunderten eingebüsst haben. Zu erwähnen wären in dieser Hinsicht die arabische Welt, deren machtpolitische Bedeutung bereits im 19. Jahrhundert stark abgenommen hat und deren Niedergang durch den Untergang des Osmanischen Reiches im Ersten Weltkrieg besiegelt wurde, die sich jedoch in den letzten Jahrzenten durch die Abhängigkeit der westlichen Länder vom Erdöl ihres Potenzials neu bewusst wurde. Die arabischen Länder sind zwar seit den 60er-Jahren des letzten Jahrhunderts nicht mehr kolonisiert, sie haben aber noch unerledigte Geschäfte mit dem Westen, und die zurzeit blutende Wunde des Krieges zwischen Palästinensern und Israelis erinnert sie daran, dass sie im Weltmassstab nicht die Bedeutung einnehmen, auf die sie insgeheim Anspruch erheben.»*

Diese Themen schienen uns in besonderer Weise mit den USA in Zusammenhang zu stehen: «Zur Zeit sind die USA nämlich mit dem Uranusprinzip des Menschheitshoroskops konfrontiert, und sie fordern dessen rebellische Entsprechung heraus, wenn sie sich arrogant und eigenmächtig (eine andere Entsprechung des Uranus) gebärden. … Wenn jedoch das Uranusprinzip als Gegensatz zur etablierten Gesellschaft gefürchtet wird, so dürfte es projiziert werden, und dies löst eine panische Angst vor revolutionären Tendenzen (früher war es der Kommunismus) aus, insbesondere wenn Terrorismus im Spiel ist. Ein Bezug zur Angst vor Unterwanderung durch undurchschaubare revolutionäre Kräfte ergibt sich tatsächlich daraus, dass der Herrscher des Uranus, Pluto, in Konjunktion mit Neptun steht. Diese Stellung kurz vor der Spitze des neunten Hauses (Fig. 20) zeigt die entsprechende Gefahr als aus dem Ausland kommend.»**

Von besonderer Bedeutung erschien uns auch, dass der progressive Merkur des Menschheitshoroskops 1999 im auf wenige Bogenminuten genauen Quadrat zum progressiven Neptun rückläufig wurde – eine Konstellation, welche eine Entwicklung einleitet, die die darauffolgenden zwei Jahrzehnte prägt – und der progressive Jupiter im Jahre 2001 ebenfalls rückläufig wurde. Dazu schrieben wir im oben erwähnten Artikel: «Der Richtungswechsel des Merkur im exakten Quadrat zum Neptun kann einerseits Pannen in der Kommunikation bedeuten, wie zum Beispiel der Zusammenprall verschiedener Kulturen, Mentalitäten und Sprachen, mit der Schwierigkeit, sich über die Fakten zu einigen und gemeinsame Entscheidungsgrundlagen zu finden, andererseits aber auch, dass das Irrationale die Pläne des Verstandes gehörig durcheinander bringt. Merkur wird uns in den kommen-

---

* Astrologie Heute Nr. 91 (Juni/Juli 2001), S. 40.
** Astrologie Heute Nr. 91 (Juni/Juli 2001), S. 41.

den Jahren auch immer wieder die Bedeutung der Neptun/Pluto-Konjunktion nahe bringen, denn er bildet zunächst einmal (gegenwärtig) ein Quadrat zum progressiven Neptun, dann bis 2005 zum progressiven Pluto und anschliessend bis 2008 ein Quadrat zu Radix-Neptun und -Pluto.»*

*Der Terroranschlag vom 11. September 2001*

In diese Kulisse bettet sich nun der Terroranschlag vom 11. September 2001 ein, der die USA und die ganze Welt nachhaltig erschüttern sollte. An diesem Tag krachen zwei von arabischen Terroristen entführte Flugzeuge in die beiden Türme des 417 Meter hohen World Trade Centers in New York. Ein weiteres stürzt auf ein Gebäude des Pentagons (Verteidigungsministerium) in Washington, welches in Flammen aufgeht. In einem vierten entführten Passagierflugzeug kommt es zu einem Kampf zwischen Entführern und Passagieren, so dass die Maschine von den Terroristen nicht zum Ziel – wahrscheinlich dem Landsitz des US-Präsidenten Camp David – gesteuert werden kann, sondern in der Nähe von Pittsburgh am Boden zerschellt.

Die Anschläge führen insgesamt zum Tod von über 3000 Menschen. Man hat es mit einer neuen Art von Krieg zu tun, und der 11. September symbolisiert in mancher Hinsicht einen traurigen Höhepunkt des noch nicht Dagewesenen: Für die USA ist es seit dem Amerikanischen Bürgerkrieg (1861–1865) das erste Mal, dass sie grosse, ihnen in aggressiver Absicht zugefügte Zerstörungen – wie man sie von Kriegen kennt – in ihrem Heimatland erleben. Zwar gab es im Dezember 1941 den japanischen Angriff auf Pearl Harbor, aber Hawaii war damals noch kein Bundesstaat, und alles fand in grosser Entfernung statt. Entsprechend extrem ist die Reaktion der amerikanischen Regierung, deren Präsident mit dem laufenden Jupiter auf seiner Sonne – die in Konjunktion mit jener der USA steht – weiss, dass das ganze Land patriotisch und solidarisch hinter ihm steht, wenn er erklärt, dass die USA sich nun im Krieg befinden und nicht ruhen werden, bis sie die Terroristen zur Strecke gebracht haben.

Wenn man ein solches Ereignis wie die kombinierten Terroranschläge vom 11. September 2001 astrologisch untersuchen will, so steht grundsätzlich eine Auswahl verschiedener Zeiten zur Verfügung, denn es gab eine ganze Serie von einzelnen Anschlägen. Es ist jedoch naheliegend, jenen Moment zu wählen, zu welchem der erste Anschlag erfolgte und die Aufmerksamkeit der Weltöffentlichkeit sich auf die Ereignisse in den USA richtete. Dieser Moment entspricht dem Einschlag des ersten Flugzeuges in den nördlichen Büroturm des World Trade Centers um 8.45 Uhr Lokalzeit. Das für diese Zeit für New York aufgezeichnete Horoskop ist in Fig. 21 abgebildet.

Die Stelle des mörderischen Aufpralls war offensichtlich genau berechnet worden, und sie lag etwa auf Zweidrittel der Höhe des Wolkenkratzers, was das grösste Mass an Zerstörung versprach. In gewaltigen Explosionen entzündete sich beim Einschlagen der vollgetankten Maschine das Kerosin. Kaum waren die Ka-

---

* Astrologie Heute Nr. 91 (Juni/Juli 2001), S. 43.

meras der meisten Fernsehstationen der Welt auf das World Trade Center gerichtet, konnte man live beobachten, wie knapp 20 Minuten später ein zweites Flugzeug in den südlichen Turm des WTC raste. Damit wird das mit erstaunlicher Präzision ausgeführte Vorhaben auch noch zu einem noch nicht dagewesenen dramatischen Medienereignis.

Die Konstellationen des Crashs
Entsprechend der medialen Bedeutung des gegen die Symbole der amerikanischen Handelsmetropole (World Trade Center, Zwillingstürme) gerichteten Anschlags, finden wir den Planeten Merkur präzis am Aszendenten. Betrachten wir dieses Horoskop einzeln, so beobachten wir, dass die während der ganzen Zeit wirkende Pluto/Saturn-Opposition die Achsen drei/neun besetzt, womit die diese Zeit prägende Zwillinge/Schütze-Achse häusermässig durch Umkehrung intensiviert wird. Wir beobachten aber auch eine Ballung von Faktoren im dritten Haus, die mögliche Probleme und Gewalttätigkeiten im Verkehr und in der Kommunikation ebenso wie potentielle weltanschauliche Konfrontationen anzeigt: Pluto steht mit Chiron in Schütze in drei, und Mars am absteigenden Mondknoten, soeben ins Steinbockzeichen getreten und ebenfalls im dritten Haus, verstärkt die

*Fig. 21*

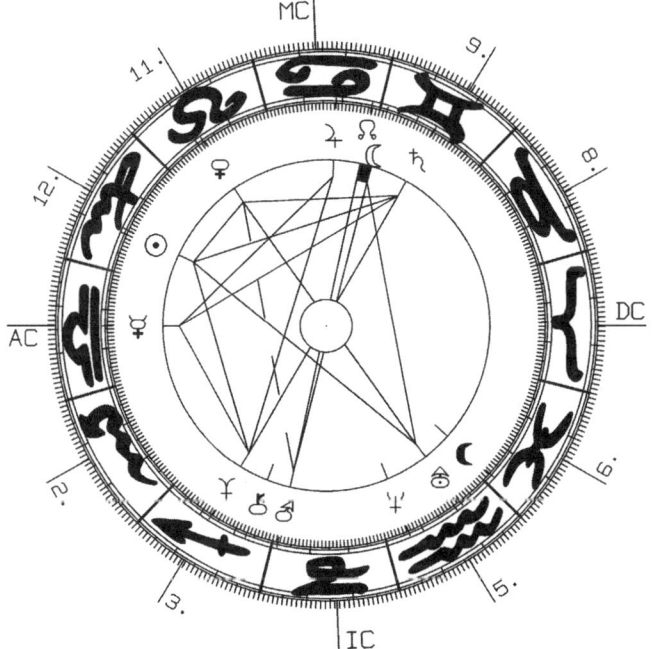

Terroranschlag USA: 1. Flugzeugcrash WTC
11. 9. 2001   LT 8.45   GT 12.45   New York  USA                                      AD-Koch

| ☉ 18 ♍ 50'38" | ♀ 18 ♌ 23'58" | ♄ 14 ♊ 45' 5" | ♆ 12 ♐ 38' 8" |
| ☽ 28 ♊ 3'33" | ♂ 1 ♑ 26'30" | ⚷ 21 ♒ 50'16" R | ☊ 2 ♋ 15'48" R |
| ☿ 14 ♎ 17'10" | ♃ 11 ♋ 35'22" | ♇ 6 ♒ 20'33" R | ☊ᵀ 3 ♋ 8' 1" |

Problematik der Konstellation. Zur Zeit des Geschehens aktiviert der laufende Mond die einige Tage wirkende Konstellation von Mars am absteigenden Mondknoten. Auffallend ist auch der gradgenaue Aspekt der Lilith zur Mars/Mondknoten-Opposition. Er nimmt zwar die Form eines Sextils und Trigons an, aber wir wissen von solchen schwierigen Faktoren wie Lilith und Chiron, dass auch harmonische Aspekte mit aufwühlenden Themen in Verbindung gebracht werden können. Richtig interessant wird das Horoskop des Terroranschlags aber erst, wenn man es zu anderen Kosmogrammen in Beziehung setzt.

Zunächst einmal fällt aufgrund der beinahe identischen Häuseranordnung die Ähnlichkeit zum Menschheitshoroskop für Washington (Fig. 20 auf S. 250) auf. Reloziert man das in Fig. 21 (S. 253) für New York aufgezeichnete Horoskop des Anschlags auf die Hauptstadt Washington (symbolisch für Regierung und Reaktion der USA als Nation), so kommt man sogar zu einem Aszendenten, der mit 11° 54' Waage auf 6 Bogenminuten genau jenem des für Washington aufgezeichneten Menschheitshoroskops (12° 00') entspricht. Das gleiche gilt für den MC auf 14 Grad Krebs mit einer Abweichung von ebenfalls bloss 7 Bogenminuten. Dies kommt einem tatsächlich gespenstisch vor, um so mehr als dieses für Washington aufgezeichnete Menschheitshoroskop wenige Monate vor dem Anschlag in der

*Fig. 22*

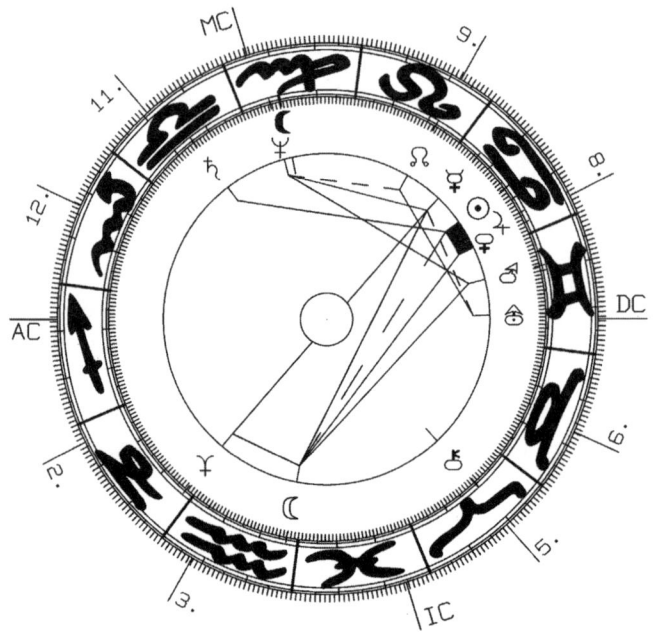

USA: Unabhängigkeitserklärung
4. 7. 1776   LT 16.47   GT 21.47   Philadelphia/Pa. USA                                      AD-Koch

| ☉ 13 ♋ 18'25" | ♀ 3 ♋ 5' 5" | ♄ 14 ♎ 48'16" | ♅ 27 ♊ 33'45" R |
| ☾ 26 ♒ 55'50" | ♂ 21 ♊ 21'52" | ⊕ 8 ♊ 55'16" | ♌ 7 ♌ 35'55" R |
| ☿ 24 ♋ 12'17" R | ♃ 5 ♋ 55'46" | ♆ 22 ♍ 25'12" | ☊ 6 ♌ 38'24" |

Juni/Juli-Ausgabe 2001 von Astrologie Heute im Artikel «Menschheitshoroskop: Die zu kurz Gekommenen melden sich zurück» abgebildet wurde. Natürlich bedeutet dies auch, dass die laufende Saturn/Pluto-Opposition nicht nur im Horoskop des Terroranschlags, sondern auch im für Washington aufgezeichneten Menschheitshoroskop auf der Achse drei/neun verläuft. Die Herrscher der jeweiligen Zeichen Schütze und Zwillinge stehen im Horoskop des Anschlags beide achsennah und im Quadrat zueinander. Diese Quadratur aktiviert aber auch genauestens die Sonne/Saturn-Spannung des amerikanischen Horoskops (Fig. 22), in dem Merkur und Aszendent des Terror-Anschlags auf den Saturn und Jupiter auf die Sonne des Landes zu stehen kommen – erstere gradgenau und letztere im Orb von 2 Grad. Damit wird die Rolle des Weltpolizisten angesprochen, welcher nun in seinem Hauptquartier herausgefordert wird. Dass dies im Jahre 2001 akut werden konnte, ersah man aus der Mondfinsternis vom 5. Juli 2001 (Fig. 18 auf S. 247), die gradgenau in Opposition zur Sonne der USA stattfand.

Schlüsselstellung des Merkur
Zusätzlich fallen Merkur und AC des Anschlags auf den IC der für Washington aufgezeichneten Sonnenfinsternis vom 21. Juni 2001. Sie kommen auch auf den Chiron von George W. Bush (15 Grad Waage) zu liegen, der in seinem Geburtshoroskop in Konjunktion mit dem Mond steht. Nun sind 15 Grad Waage zur Zeit (2001) aber auch die Stellung der progressiven Lilith der USA im Horoskop der Unabhängigkeitserklärung. Sogar der Vergleich mit Pearl Harbor liefert interessante Einsichten: Der MC für den Moment des Überfalls der Japaner auf die amerikanische Flotte stand ebenfalls auf 15 Grad Waage in Opposition zum Mars, der sich exakt am IC befand, womit auch diese Konstellation den Saturn der USA auf 15 Grad Waage aktivierte. In beiden Fällen wurde dementsprechend rasch und dezidiert reagiert.

Sprechend sind auch die Verbindungen zu früheren Finsternissen. So steht die Venus des Terroranschlags, die auch Herrscherin des Aszendenten ist, mit 18 Grad 24 Minuten Löwe auf drei Bogenminuten genau auf der Sonnenfinsternis vom 11. August 1999. Die Mond/Mondknoten-Konjunktion des Anschlags, die in Opposition zum laufenden Mars steht, befindet sich andererseits auf der Sonnenfinsternis vom 21. Juni 2001. Es ist recht aufschlussreich, dass Mars, der im Jahre 2001 von Mitte Februar bis Anfang September im Schützezeichen transitierte und sich dabei ideologisch aufladen konnte, kurz nach seinem Übertritt ins Steinbockzeichen mit seinem ersten Kontakt mit der Sonnenfinsternis vom 21. Juni 2001 die angestaute explosive Situation zur Entzündung bringt.

*Der Kreuzzug gegen das Böse*
Kurz nach dem 11. September steht eines fest: Amerika wird in den Krieg ziehen. Mit der Definition des Anschlags vom 11. September als kriegerische Handlung ist ein Gegenschlag gerechtfertigt und gefordert. Für lange Zeit wird nun die amerikanische Regierung freie Hand haben, um Gesetze zu verändern und kriegerische Aktionen durchzuführen, wenn immer dies durch die Erfordernisse des

Kampfes gegen den Terrorismus gerechtfertigt wird. Dies beginnt mit einer Strafaktion gegen Al Qaida, Bin Laden und die Taliban in Afghanistan. Diese ist mit Jupiter auf der Sonne der USA innert kurzer Zeit erstaunlich erfolgreich, was dazu ermuntert, weitere Interventionen zu planen. Im Namen der Terrorbekämpfung werden in den USA auch systematisch individuelle Rechte ausgehöhlt, so dass Ausländer bei Verdacht auf Verbindungen zur Terrorszene ohne offizielle Anklageerhebung während Monaten festgehalten werden können, was ganz besonders arabischstämmige Bürger trifft, die den Behörden ohnmächtig ausgeliefert sind.

Hatte George W. Bush beim Krieg in Afghanistan bereits von einem «Kreuzzug» gesprochen, was in den Ohren von Muslimen entsprechende Assoziationen auslöste, so steigert er sich Ende Januar 2002 in seiner Rhetorik mit der Identifizierung einer «Achse des Bösen», gegen die es vorzugehen gilt. Dazu gehören die Staaten Irak, Iran sowie Nordkorea, und gegen den ersten der Gruppe werden bereits kriegerische Aktionen geplant. So ist es für die restlichen Staaten nicht schwer, sich vorzustellen, was sie als nächstes erwartet. Parallel dazu verkünden die USA, dass in Zukunft auch in regionalen Konflikten Atombomben zum Einsatz kommen könnten und dazu die Entwicklung kleinerer Atomsprengsätze geplant ist. Zur Beeinflussung von Freunden und Feinden auf der ganzen Welt sollen vom amerikanischen Verteidigungsministerium auch gezielt Falschinformationen gestreut werden, eine Nachricht, die, weil sie nicht für die Öffentlichkeit bestimmt ist, bald dementiert wird. Dabei weiss man allerdings nicht, ob diese Dementis bereits eine Umsetzung dieser Desinformationsstrategie darstellen.

Diese Besinnung auf das Recht des Stärkeren zieht bei denen, die an anderen Orten der Welt in einem Konflikt sich in der machtvollen Position fühlen, Nachahmungstäter an, und es gelingt dem israelischen Premierminister Ariel Sharon zunächst, die USA davon zu überzeugen, dass er selbst zu den aktivsten Terroristenbekämpfern gehört und dementsprechend die Unterstützung der USA verdient. Als er jedoch seinen Gegenspieler, Palästinenserpräsident Arafat, als Oberterroristen abstempelt und isoliert, löst dies so viel Unmut in arabischen Staaten aus, dass die USA im Hinblick auf die Verwirklichung ihrer strategischen Ziele, die als erstes die Neutralisierung des Irak beinhalten, gegenüber Sharon eine Abgrenzung vornehmen. Daran, dass die Welt sich seit dem 11. September hinsichtlich der Werte, die hochgehalten werden, massiv verändert hat, gibt es dennoch keinen Zweifel. Es ist wie wenn in wichtigen Fragen Macchiavelli übernommen hätte und sich das Recht des Stärkeren als Handlungsmaxime durchsetzen würde. Um dies besser zu verstehen, empfiehlt sich ein Blick auf den Saturn/Pluto-Zyklus, welcher die Betrachtung der Plutotransite durch die Zeichen ergänzt.

*Tabelle 7*

## Astrologische Konstellationen während der Zeit
## von Pluto in Schütze (1995–2008)

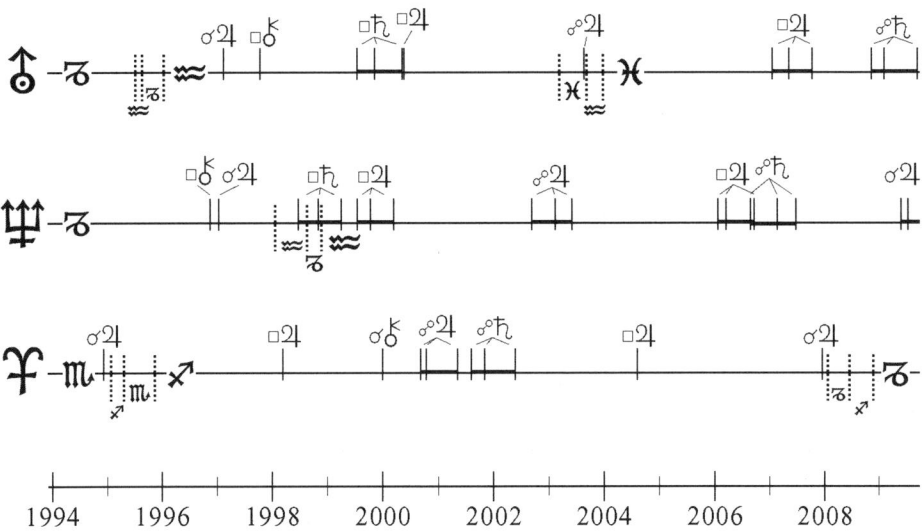

# Übergeordnete Plutoaspekt-Zyklen

Neben dem Übergang Plutos in ein neues Zeichen gibt es eine andere Periodizität, die wir berücksichtigen sollten, um zu verstehen, welche Art von Herausforderungen und Erfahrungen eine bestimmte Zeitperiode mit sich bringt. Es handelt sich um die Aspekte, die Pluto mit anderen Langsamläufern bildet. Dabei gibt es Aspektverbindungen, die nur sporadisch vorkommen, und andere, die eine grosse Regelmässigkeit aufweisen.

Zu den seltenen Aspekten gehören jene des Neptun/Pluto-Zyklus von 492 Jahren, welcher letztmals mit einer dreimaligen Konjunktion zwischen 1891 und 1892 neu begonnen hat. Nach knapp 60 Jahren wurde 1950 das Sextil zwischen beiden Planeten erreicht. Dieses blieb aufgrund der extrem asymmetrischen Bahn des Pluto, der zeitweilig schneller läuft als Neptun, während der ganzen zweiten Hälfte des 20. Jahrhunderts erhalten, und es konstelliert sich erneut in den zwanziger Jahren des 21. Jahrhunderts. Danach muss man weitere 35 Jahre warten, bis ab 2061 – kurz bevor Pluto das Fischezeichen verlässt – zwischen Neptun und Pluto ein Quadrat gebildet wird. Die Unregelmässigkeit des Zyklus legt nahe, dass dessen Berücksichtigung für das Studium ganzer Jahrhunderte und weniger von einzelnen Jahrzehnten oder Jahren von Interesse ist. Andererseits fliesst beispielsweise die Thematik der Neptun/Pluto-Konjunktion der neunziger Jahre des 19. Jahrhunderts im Zwillingezeichen ganz automatisch in die Deutung von Pluto in Zwillinge ein.

Ähnlich verhält es sich mit dem Uranus/Pluto-Zyklus. So prägte die letzte Konjunktion zwischen beiden Planeten praktisch die ganzen sechziger Jahre des 20. Jahrhunderts (vom Eintritt des Uranus ins Jungfrauzeichen im Jahre 1961 bis zum letzten Austritt im Jahre 1969). Zuvor gab es als markanten Aspekt ein Quadrat, welches den Anfang der dreissiger Jahre mitbestimmte, und das nächste Quadrat zwischen diesen beiden Planeten wird sich um die Zeit von 2010–2015 auswirken. Bei diesem Zyklus beobachten wir eine gewisse – wenn auch unregelmässige – Periodizität, die uns das Anstellen von Vergleichen erleichtert. Dementsprechend werden wir später in diesem Kapitel, in Kombination mit anderen Faktoren, auf einzelne Uranus/Pluto-Aspekte der näheren Vergangenheit und der nächsten Zukunft zu sprechen kommen.

Am ergiebigsten für die Deutung sind – neben Plutos Zeichenstellungen – jedoch die Saturn/Pluto-Aspekte, die zwar in ihrer Dauer je nach Geschwindigkeit des Pluto ebenfalls etwas variieren, aber insgesamt eine recht brauchbare Regelmässigkeit aufweisen. So betrug die Dauer dieses Zyklus von Konjunktion zu Konjunktion im letzten und bis zu Beginn dieses Jahrhunderts jeweils zwischen 33 und 38 Jahre (mit einer Opposition nach jeweils 17–19 Jahren).

Im Folgenden wird auf diese prägenden Aspekte eingegangen, die regelmässig markante Herausforderungen, Krisen und Entscheidungen mit sich bringen, um danach einige wichtige globale Konstellationen im Hinblick auf die kommenden Jahre zu diskutieren.

# Die epochalen Saturn/Pluto-Zyklen und die Wende von 2001–2002

Zusätzlich zum Zeichenwechsel des Pluto bringen wichtige Aspekte zwischen Saturn und Pluto, insbesondere die Konjunktion und die Opposition, im individuellen und kollektiven Bereich neue Betrachtungsweisen und im Weltgeschehen Aufstieg, Infragestellung und Fall von Nationen, manchmal auch Weltmächten zum Ausdruck. Bei solchen Aspekten verändert sich insbesondere die Art, wie Sicherheit und Verankerung gesucht und gefunden werden. Dies betrifft begreiflicherweise auch die Finanzen, und man konnte bei den letzten Saturn/Pluto-Zyklen feststellen, dass unter einer Saturn/Pluto-Opposition auffallend oft ein bisheriger Trend seine Richtung wechselte, sich also die Haltung vieler Investoren und Anleger zu Wirtschaft und Börse wandelte: Eine Ausrichtung, die bei der Konjunktion beginnt, kommt zur Zeit der Opposition in eine Krise, und die Herausforderung führt dazu, dass sich die Menschen neu orientieren. Aus dieser Perspektive ist es nicht verwunderlich, dass die Opposition von Herbst 2001 bis Frühjahr 2002 an den Weltbörsen Unsicherheit auslöste. Der gleiche Aspekt spielte bereits 1930–1932 und 1965–1967 bei den Saturn/Pluto-Oppositionen des letzten Jahrhunderts eine wichtige Rolle, indem übertriebene Wachstumsphantasien ernüchtert wurden.

Die Börse ist aber bloss ein gut quantifizierbares Mass für umfassendere psychologische, soziologische und gesellschaftspolitische Entwicklungen, die unter dem Saturn/Pluto-Zyklus stattfinden. So können wir uns vorstellen, dass auch in psychologischer und gesellschaftlicher Hinsicht mit der Konjunktion in einem bestimmten Zeichen eine Entwicklung in Gang kommt und mit der Opposition ein Kurswechsel ansteht. Die Werte, an denen sich die Menschen orientieren, werden in der ersten Hälfte des Zyklus gemäss dem Zeichen definiert, in welchem die Konjunktion stattfindet, während für die zweite Hälfte des Zyklus die Opposition beider Planeten in ihren jeweiligen Zeichen die neuen Prioritäten anzeigt. Der Saturn/Pluto-Zyklus dauert, je nachdem, in welchen Zeichen er sich abspielt, 33–38 Jahre, mit folgenden Etappen zwischen dem letzten und dem Anfang dieses Jahrhunderts:

| | |
|---|---|
| 1914–1915 | Konjunktion |
| 1931 | Opposition |
| 1947 | Konjunktion |
| 1965–1966 | Opposition |
| 1982 | Konjunktion |
| 2001–2002 | Opposition |
| 2020 | Konjunktion |

In der Praxis gibt es gute Gründe, die Dauer der Wirkung eines Aspekts durch plus/minus ein Jahr zu erweitern oder aber selektiv aufgrund der vorher und nachher vorhandenen Orbes zwischen beiden Planeten, einem Zeichenübertritt oder angereihter Aspekte die Periode etwas grosszügiger zu bewerten. Solche Betrachtungen führten uns in einem im Juli 2001 auf dem Netz veröffentlichten Artikel «Saturn/Pluto-Opposition: Widerstand gegen den globalen Kapitalismus» unter anderem zu folgender Aussage: «Aufgrund zyklischer Überlegungen kommen wir zum Schluss, dass mit der Saturn/Pluto-Opposition, welche die nächsten anderthalb Jahre beherrschen dürfte (der Aspekt findet noch im Frühjahr 2003 auf 2–3 Grad genau statt), ein Zyklus, der 1982 mit der Konjunktion begonnen hat, in eine kritische Umkehrphase gerät. Dies dürfte bedeuten, dass Anschauungen, Werte und Konzepte, die mit der Konjunktion gemäss der damaligen Zeichenstellung von Saturn und Pluto hochgehalten wurden, zur Zeit der Opposition gemäss der Zeichenachse, auf welcher diese stattfindet, eine Herausforderung und Krise erfahren.» Summarisch kann dies so gedeutet werden, dass eine auf Wohlstand, materielle Vorteile und Diplomatie ausgerichtete Haltung (Saturn/Pluto-Konjunktion in Waage) zur Zeit der Opposition auf der Zwillinge/Schütze-Achse eine Infragestellung erfährt, die über Behinderungen im Verkehr, in der Kommunikation und im Handel zum Ausdruck kommt, wobei gleichzeitig unterschiedliche Mentalitäten aufeinanderprallen (Kampf der Kulturen). Wenn man berücksichtigt, dass der Anschlag vom 11. September 2001 über zweckentfremdete Flugzeuge ausgetragen wurde, die das Herz der Handelsmetropole der westlichen Welt trafen und dabei gänzlich unterschiedliche Mentalitäten auch hinsichtlich des jeweils dem Diesseits und dem Jenseits zugewiesenen Wertes aufeinanderprallten, ist diese Definition durchaus stimmig. Dass eine langfristige Wachstumsphase im Flugverkehr und im Transport damit zu einem abrupten Halt kam, ist nur eine weitere logische Konsequenz davon. Im übrigen lassen sich die verschiedenen Phasen des Saturn/Pluto-Zyklus ab Anfang letzten Jahrhunderts wie folgt charakterisieren:

## 1. Der Saturn/Pluto-Zyklus von 1914–1947

### 1914–1915: Saturn Konjunktion Pluto im Krebszeichen

Beginn der Wirkung (5 Grad Orb) im Juli 1914, genau am 4. Oktober und am 1. November 1914 auf 2 Grad, danach am 19. Mai 1915 auf 1 Grad Krebs.

Diese Konjunktion fällt mit dem Beginn des Ersten Weltkrieges (1. August 1914) zusammen. Gemäss dem Krebszeichen dreht sich um die Zeit der ersten Saturn/Pluto-Konjunktion des letzten Jahrhunderts alles um Nationalismus und Ehre. Ein überholtes, aus dem 19. Jahrhundert ererbtes System von Kaiserreichen bricht bald zusammen (noch vor Ende des Ersten Weltkrieges), und es kommt zur Russischen Revolution mit der Forderung nach der «Diktatur des Proletariats», einer damaligen Sichtweise des Transfers der Macht an das Volk (Krebs). Der Erste Weltkrieg führt zu gewaltigen Grenzverschiebungen, aber auch zu einer Frustration, welche den Nährboden für den nächsten Krieg legt.

Den von europäischen Mächten Kolonisierten in Afrika kommt dieser Krieg wie ein «europäischer Bürgerkrieg» vor. In Wirklichkeit zeigen die europäischen Nationen mit diesem Krieg aber auch ihre Unmündigkeit, und sie verwirken damit bereits jetzt jegliche Legitimität, um glaubwürdig als Kolonialmächte aufzutreten. Als Resultat des Krieges wird aus dem Gläubigerkontinent Europa ein Schuldnerkontinent, dessen Konkursmasse nach dem Krieg von amerikanischen Ausschüssen verwaltet werden muss. Psychologisch und soziologisch kann man diesen Prozess wiederum als Emanzipation der Kinder gegenüber ihren Eltern sehen. Die amerikanische Nation, die sich – übrigens ebenfalls unter einem Saturn/Pluto-Aspekt (Quadrat) – von England als Elternteil löste, wird aufgefordert, bei seinen sich streitenden Eltern oder Ahnen für Ordnung zu sorgen. Damit erhebt sich aber die neue, jugendliche Nation mit Sonne im Krebszeichen zur neuen Weltmacht.

Entsprechend dem Start des Saturn/Pluto-Zyklus im Krebszeichen verlaufen die nächsten Etappen. Es dreht sich um Nationalismus, Wirtschaft und Staatsform. Mit dem Quadrat des Saturn zum Pluto in den Jahren 1922/23 kommt es in Italien zum Marsch auf Rom durch Mussolini, zum rechtsgerichteten Putsch von Primo de Rivera in Spanien, zur Besetzung des Ruhrgebiets durch Frankreich, zum ersten Parteitag der NSDAP, zum gescheiterten Hitlerputsch, zu einer deutschen Wirtschaft, die vor dem Kollaps steht und zur Einführung der Rentenmark, nachdem vorgängig die Mark zum Dollar einen Umtauschwert von über vier Millionen erreicht hatte.

### *1929–1931: Saturn/Pluto-Opposition auf der Steinbock/Krebs-Achse*

Die Wirkung beginnt im Dezember 1929 mit dem Eintritt von Saturn ins Steinbockzeichen. Die genauen Oppositionen finden am 17. Februar, am 8. Juli und am 13. Dezember 1931 auf jeweils 19–20 Grad Steinbock/Krebs statt.

In dieser Zeit bricht ab Oktober 1929 – mit dem grossen Börsencrash – und bis 1932 – dem Tiefstand der Börse – die bisherige Weltwirtschaft zusammen. Dies ist nach der sorgenlosen zweiten Hälfte der zwanziger Jahre und der Hochkonjunktur von 1928–1929 eine bittere Enttäuschung und eine dramatische Wende. Innert drei Jahren sinkt die deutsche Industrieproduktion um 40 % ab, und die Zahl der Arbeitslosen steigt auf sechs Millionen. Immer mehr Staaten und Volkswirtschaften riegeln sich ab, um einen nationalen Egoismus und Protektionismus zu betreiben. Damit kommt es auf der Krebs/Steinbock-Achse mit dem Nationalsozialismus, dem italienischen und spanischen Faschismus und dem russischen Stalinismus zur zweiten Auflage paternalistischer Systeme mit Diktatoren statt Kaisern (Deutschland und Russland). Während Europa und Japan von rückwärtsgewandten Politikern und Führern beherrscht werden, profiliert sich in den USA mit Roosevelt ein Erneuerer, der wesentlich dazu beitragen wird, dass das demokratische System diese schwierigen Zeiten erfolgreich überlebt.

Mit der neuen Machtverteilung sind bereits die Würfel für die Entsprechungen des nächsten Saturn/Pluto-Aspektes gefallen, der in Form des von 1939–1940 wahrenden Quadrates über den Ausbruch des Zweiten Weltkrieges zum Ausdruck kommt. Dieses findet bereits knapp in den Zeichen Stier/Löwe statt.

In der zweiten Hälfte dieses Saturn/Pluto-Zyklus brechen in der Folge des Zweiten Weltkrieges bisherige gesellschaftliche Modelle und familiäre Strukturen auseinander. Dies ist aber auch die Zeit der Befreiung vieler Frauen von der Bindung an Heim und Herd. Die Übernahme von Aufgaben, die bisher Männer innehatten, die nun an der Front sind, durch Frauen, schafft hinsichtlich Geschlechterrollen neue Situationen, die nicht mehr umkehrbar sind.

Der erste Saturn/Pluto-Zyklus des letzten Jahrhunderts wird ganz massgeblich durch die Krebs/Steinbock-Achse geprägt, auf welcher nicht nur die Konjunktion, sondern auch die Saturn/Pluto-Opposition stattfindet. Dementsprechend beinhaltet die Entwicklung eine Auseinandersetzung mit Kaisern und andern politischen Führerfiguren. In diesem Prozess müssen bisherige Vorstellungen über Nationen und Völker revidiert werden.

## 2. Der Saturn/Pluto-Zyklus von 1947–1982

### 1947–1948: Saturn Konjunktion Pluto in Löwe
Beginn der Wirkung mit dem Eintritt des Saturn ins Löwezeichen im August 1946, genau im August 1947 mit Wirkung bis Mitte 1948.

In diesen Jahren geht es darum, aus dem Zweiten Weltkrieg seine Konsequenzen und Lehren zu ziehen und sich für den Aufbau einer neuen Welt einzusetzen. Zum Abschluss mit der Vergangenheit gehören die Nürnberger Prozesse, die in diese Zeit fallen, aber auch der nicht mehr zeitgemässe Krieg der Franzosen in Indochina (ab 1946), der in die Zukunft weisende Marshall-Plan für Europa (1947/48), die Entlassung Indiens und Pakistans in die Unabhängigkeit (1947) und die Gründung des Staates Israel (1948). Über die Berliner Blockade (1948) wird von seiten der Sowjetunion versucht, auf die Nachkriegsregelung hinsichtlich Deutschland Einfluss zu nehmen.

Gemäss der Saturn/Pluto-Konjunktion im Löwezeichen dominiert für diese Zeit eine auf die Zukunft ausgerichtete, fortschrittliche Haltung. Man will nach einer Phase des Dunkels und der Einschränkungen wieder, oder jetzt erst recht, aus dem vollen schöpfen können. Während jene, die schon in einer Demokratie leben, Fortschritt und Selbstverwirklichung erfahren, geht es in diesem Zyklus für die bisher Unterdrückten und Kolonisierten um Freiheit. Parallel dazu entwickelt sich ein in dieser Form bisher nicht beobachteter Jugend- und Freizeitkult (speziell ab dem Saturn/Pluto-Quadrat). Das neue Lebensgefühl kommt in den USA über James Dean, Rock'n'Roll, Elvis Presley und überdimensionierte Autos mit viel Chrom und ausladenden Formen, in Europa über «Wunderkinder» am einen und «Halbstarke» am anderen Ende des Spektrums zum Ausdruck. Ab der Konjunktion nimmt die Börse einen Aufschwung, der bis zur Opposition andauern wird.

Das Quadrat zwischen Saturn und Pluto der Jahre 1955/56 stellt einen Test dar hinsichtlich der Frage, ob die neuen Werte des Löwezeichens verstanden und integriert wurden. Es bringt den Rückzug der Franzosen aus Indochina, aber auch Schlag auf Schlag einen neuen Aufstand in Algerien, der das Löweland Frankreich in einen aufwendigen und blutigen Krieg stürzt. Die Erkenntnis, dass Kolonien (oder Satelliten) nicht zu halten sind, hat sich allerdings noch nicht durchgesetzt. So kommt es 1956 im Abstand von wenigen Tagen zu «kolonialistischen» Interventionen von seiten Russlands in Ungarn (nach einem Volksaufstand) sowie von Paris und London, zusammen mit Israel, am Suezkanal. Während Russland in Ermangelung eines Gegners den Widerstand der Ungarn bricht und sein Pfand behalten kann, müssen England und Frankreich auf Druck von Amerika und Russland einlenken und sich zurückziehen.

### 1964–1967: Saturn/Pluto-Opposition auf der Achse Fische/Jungfrau

Beginn der Wirkung mit dem Eintritt Saturns ins Fischezeichen im März 1964; genaue Opposition April 1965, August 1965 und Februar 1966; Ausklang mit dem Austritt Saturns aus dem Fischezeichen im Frühjahr 1967.

Das wichtigste Merkmal dieser Zeit ist der offizielle Ausbruch des Vietnamkrieges, mit der Entsendung von US-Bodentruppen zwischen Frühjahr und Sommer 1965. Man sagt von diesem Krieg, dass es sich um den letzten Kolonialkrieg handelt, wobei die Amerikaner anderer Meinung sind. Für sie geht es um den Kampf für die Werte der «Freien Welt». Mit dem Vietnamkrieg wird zu dieser Zeit jene Macht in Frage gestellt, die die Nachkriegszeit seit der letzten Saturn/Pluto-Konjunktion beherrscht. Die Krise Amerikas kommt aber auch über Rassenkrawalle zum Ausdruck, welche die schlimmsten und blutigsten der amerikanischen Geschichte sind.

Nicht nur im Westen erscheint die Zeit von 1965–1967 als eine Art Halbzeit eines neubegonnenen Zyklus. 1949, kurz nach der Saturn/Pluto-Konjunktion, hatte sich Mao Tse-tung im chinesischen Bürgerkrieg durchgesetzt, so dass man den Beginn der Volksrepublik China auf dieses Jahr ansetzt. 1966 kommt es nun zur sogenannten «Kulturrevolution», bei der maoistische Rote Garden gegen die «bourgeoisen Intellektuellen», gegen alles Fremde und gegen die feudalistische Vergangenheit Chinas ankämpfen. Dabei werden zahlreiche alte Kulturgüter zerstört.

Indien und Pakistan, die beide 1947 anlässlich der Saturn/Pluto-Konjunktion durch Teilung der britischen Kolonie entstanden sind und sich von Beginn an erbitterte Kämpfe lieferten, gelingt es nach einem neuerlichen Krieg in der zweiten Hälfte des Jahres 1965, Anfang 1966 eine Friedensdeklaration zu unterzeichnen, worin sich beide Staaten zum Rückzug ihrer Truppen und zum Einstellen feindseliger Propaganda verpflichten.

Zwei weitere Staaten gingen nach dem Rückzug der Engländer 1948 unter der damaligen Saturn/Pluto-Konjunktion aus einer Teilung hervor: Israel und Jordanien. Wie im Falle Indiens und Pakistans kommt es mit der Unabhängigkeitserklärung (Ausrufung des Staates Israel) zu einem Krieg zwischen Israel und seinen arabischen Nachbarn, welcher erst 1949 durch einen Waffenstillstand vorerst neutralisiert wird. Unter der Saturn/Pluto-Quadratur von 1956 findet dann der zweite Krieg Israels, nun gegen Ägypten am Suezkanal statt, bei welchem die Franzosen und Engländer Israel unterstützen. 1967 ereignet sich dann in Form des sogenannten Sechstage-Krieges der dritte israelisch-arabische Krieg, welcher dem Judenstaat erhebliche territoriale Gewinne bringt, die die politische Landschaft in der Region völlig verändern.

In Deutschland geht die seit der Saturn/Pluto Konjunktion währende Adenauer-Erhard-Ära zu Ende. Adenauer hatte das Kanzleramt bereits 1963 an Ludwig Erhard abgegeben, nun überträgt er diesem 1966 auch den Vorsitz der CDU. Bereits im Dezember 1966 kommt es dann zu einer grossen Koalition von CDU/CSU und SPD unter dem Vorsitz von Kurt Georg Kiesinger.

Dies sind einige klar quantifizierbare Ereignisse, welche die wichtigen Veränderungen anzeigen, die zwischen der Saturn/Pluto-Konjunktion im Löwezeichen und der im Abstand von 18–19 Jahren folgenden Opposition auf der Jungfrau/Fische-Achse stattfanden. Im Gegensatz zum vorhergehenden Zyklus, bei welchem Konjunktion und Opposition sich auf der gleichen Zeichenachse ereigneten, gibt es hier einen Zeichenwechsel, der eine neue Qualität ins Spiel bringt: Verloren geht in dieser Zeit der anfänglich vorhandene naive Fortschrittsglaube und der etwas undifferenzierte Enthusiasmus, alle Kräfte in den Dienst des Wachstums und der Zelebrierung der eigenen Grösse zu stellen, wobei das, was nicht dazu passt, unter den Tisch gewischt wird. Es entstehen nun neue Trends:

### Beatles und Hippies

Der Kultur der älteren Generation, die den Krieg durchgemacht hat und von Werten des Überlebens und des Glaubens an den wirtschaftlichen Fortschritts geprägt ist, stellt sich ein neuer Trend entgegen. Dieser propagiert romantische Ideale und, auf dem Hintergrund des Vietnamkrieges, Liebe statt Krieg. Parallel zum weltweiten Siegeszug der Beatles Mitte der sechziger Jahre kommen in den USA nach den «Beatniks», welche ein Leben fern von bürokratischen Verpflichtungen und lähmendem Büroalltag anstreben – lieber ist man ohne festen Wohnsitz und ständig auf Reisen – die Hippies auf, welche mit psychedelischen Drogen experimentieren. So kommt noch in der Zeit der Saturn/Pluto-Opposition eine Begeisterung dafür auf, bisher nicht erforschte Möglichkeiten des menschlichen Geistes und seiner Wahrnehmung zu erkunden. Für die Philosophen dieser Generation liegt der Akzent nicht auf der betäubenden Wirkung von Drogen, sondern auf den damit verbundenen Möglichkeiten, das eigene Bewusstsein zu erweitern.

Diese westliche «Kulturrevolution», welche astrologisch ohne weiteres als Jungfrau/Fische-Polarität erkennbar ist, führt nach der Saturn/Pluto-Opposition zu handfesten politischen Forderungen von seiten der Studenten. Dafür steht das Jahr 1968, welches nicht nur in der Tschechoslowakei mit dem sogenannten «Prager Frühling», sondern auch in Westeuropa im Zusammenhang mit den Studentenunruhen das politische Gefüge erschüttert. Man spricht in diesem Zusammenhang von den sogenannten «Achtundsechzigern», welche, wie man meist beifügt, später ihre Ideale verraten, indem sie sich trotz anderslautender Anschauungen ins Gesellschaftssystem einfügen. Solche Kritik kann man insbesondere ab den achtziger Jahren lesen, als die neue Yuppie-Generation viel Idealistisches aus früheren Zeiten wegfegt. Bei der nächsten Saturn/Pluto-Konjunktion von 1982 sind die meisten Achtundsechziger auch bereits Mitte Dreissig – eine Lebensphase, in der man damit beschäftigt ist, seinen Platz in der Gesellschaft zu definieren.

*Grenzen des Wachstums*

Die Mitte der sechziger Jahre bringt aber auch eine weitere Qualität zum Ausdruck, die sich extrem vom Fortschrittsglauben der Zeit der Konjunktion in Löwe unterscheidet: Zum ersten Mal werden den Menschen die Grenzen des Wachstums bewusst. Man realisiert, dass der früher mit Pluto in Löwe angestrebte Sieg über die Natur (unter anderem durch Penicilin und DDT) seine Grenzen hat. Der Begriff des «qualitativen Wachstums» ist zwar noch nicht geprägt – er zirkuliert erst bei der nächsten Saturn/Pluto-Quadratur von 1973/74 –, aber man spürt, dass sich einiges vorbereitet, das die Freude an der ungehemmten Entfaltung des eigenen Ego-Anspruchs trüben könnte.

Auch an der Börse ist mit dem quantitativen Wachstum, welches seit der Konjunktion von 1947 andauert, für die nächsten 17 Jahre zunächst einmal Schluss. Unter der Saturn/Pluto-Opposition erreicht der amerikanische Aktienindex Dow Jones im Februar 1966 zum ersten Mal die 1000er-Marke; danach fällt der Index, und er wird sich erst ab 1983 nach der nächsten Saturn/Pluto-Konjunktion wieder eindeutig aufwärts entwickeln (dann aber für die folgenden 17 Jahre).

Zwischen der Opposition von 1965/66 und der nächsten Konjunktion von 1982 wird das Sozialsystem, welches von nun an viele europäische Länder charakterisiert, ausgebaut; es wird bald zu Staatsquoten führen, die als schmerzlich empfunden werden. Der Anstoss zu einer Überwindung solcher Formen des Sozialstaates kommt Anfang der achtziger Jahre (um die Saturn/Pluto-Konjunktion) von den angelsächsischen Ländern mit Margaret Thatcher in England und Ronald Reagan in den USA.

Der Rest des Saturn/Pluto-Zyklus von der Opposition zur neuerlichen Konjunktion ist durch markante Ereignisse anlässlich des Quadrats gekennzeichnet. In den Jahren 1973–1974 kommt es wieder zu einem Krieg zwischen Israel und seinen arabischen Nachbarn (Yom-Kippur-Krieg). Diese Auseinandersetzungen bleiben auch Europäern in Erinnerung, denn sie sind von Benzinrationierungen und sonntäglichen Fahrverboten begleitet. Die USA werden von der Watergate-Affäre und dem daraus resultierenden Rücktritt Präsident Nixons erschüttert.

### 3. Der Saturn/Pluto-Zyklus von 1982–2020

*1981–1982: Saturn Konjunktion Pluto in Waage*
Beginn der Wirkung mit Saturn in Waage ab 1981; genaue Konjunktion November 1982, weiterhin im Orb Mitte 1983.

Mit der Konjunktion von Saturn und Pluto im Krebszeichen stand der erste Zyklus von 1914–1947 unter dem Zeichen von Veränderungen im Bereich von Bodenzugehörigkeit, Familie und Staatsgefüge. Im zweiten Zyklus von 1947–1982, welcher mit einer Saturn/Pluto-Konjunktion im Löwezeichen begann, ging es um Freiheit, Fortschritt und Selbstverwirklichung. Es kam zu einem in dieser Form bisher nicht beobachteten Jugend- und Freizeitkult. Anlässlich der Opposition musste dann erkannt werden, wo die Grenzen des eigenen Anspruchs liegen. Dies galt auch für Staaten mit Ambitionen hinsichtlich weltbeherrschender Stellung (der Vietnamkrieg, welcher von der Saturn/Pluto-Opposition von 1965/66 bis zum Quadrat von 1973/74 dauerte und angeblich im Namen der «Freien Welt», ein Wert der Pluto in Löwe-Kultur, geführt wurde).

Der dritte Saturn/Pluto-Zyklus von 1982–2020, der um 2001/02 mit der Saturn/Pluto-Opposition eine Halbzeit erfährt, fängt mit einer Saturn/Pluto-Konjunktion in Waage etwas anders an. So hat einerseits das Waagezeichen mit Beziehungen und Diplomatie zu tun, und es erstaunt nicht, dass nach den flippigen siebziger Jahren ab der Saturn/Pluto-Konjunktion in Waage Verbindlichkeit und Treue in Beziehungen wieder einen neuen Stellenwert einnehmen – ein Gesinnungswandel, welcher auch durch das Aufkommen von AIDS gefördert wird. Man wird gleichzeitig materialistischer, und es breitet sich synchron mit der Präsidentschaft Ronald Reagans ab 1982 ein Phänomen aus, welches man bald als «Yuppie-Kultur» bezeichnen wird: Junge Menschen streben unverhohlen nach Reichtum und legen auf äussere Attribute Wert, die diesen zeigen. Für sie ist die Börse ein willkommenes Tummelfeld, und wir erleben ab 1982 bis zur Saturn/Pluto-Opposition von 2001 eine Verfünfzehnfachung der US-Börsenkurse (Dow-Jones-Index). So konnte man in dieser Periode, wenn man in Aktien investierte, kaum etwas falsch machen. Die Waage hat es gerne schön und angenehm, sie legt Wert auf Wohlstand, liebt Luxus und überflüssige Äusserlichkeiten. Man ist daran interessiert, weniger durch harte Arbeit als durch gute Kontakte und nützliche Informationen zu Geld und Ansehen zu gelangen.

*Zusammenschlüsse, Fusionen und Sieg des Kapitalismus*
Wenn das Waagezeichen mit Diplomatie und Verhandlungen zu tun hat, so erstaunt es nicht, dass exakt bei der Saturn/Pluto-Konjunktion vom November 1982 mit dem Tod des russischen Staatschefs Leonid Breschnew im selben Monat die Voraussetzungen für die spätere Annäherung des kommunistischen und des kapitalistischen Blocks geschaffen werden. Mit Breschnew geht eine lange Zeit sowjetischen Herrschaftsanspruchs zu Ende. Bis zu Gorbatschow, der einige Jahre später an die Macht kommt und zusammen mit Reagan die Wende einleitet, hat die Sowjetunion nur noch alte, kranke Herrscher, die bei ihren Auftritten gestützt werden müssen. Der Durchbruch, der dann später mit Gorbatschow gelingt, ist als ausserordentliche diplomatische Leistung ein besonderer Ausdruck dieses Zyklus, der mit Saturn und Pluto in Waage begann: zwei Feinde werden zu Partnern und fast zu Freunden. Dies ermöglicht es während einer kurzen Zeit, weltpolitische Aktionen gemeinsam zu beschliessen, was den Erfolg von 1990/91 bei der Intervention in der Irak-Kuwait-Krise erklärt. Allerdings begünstigt die Saturn/Pluto-Konjunktion in Waage auch das kapitalistische System gegenüber dem kommunistischen, denn die Menschen neigen zu einer hedonistischen Einstellung und sind weniger bereit als früher, zugunsten eines Staates oder Kollektivs Opfer auf sich zu nehmen. Das Waagezeichen bedeutet auch, dass man zusammenspannt, wenn man sich dadurch für beide Seiten Vorteile verspricht. So kommt es in diesem Zyklus zu zahlreichen Fusionen und Firmenkäufen. Teilweise werden damit aber auch Wagnisse eingegangen, die tollkühn sind und später zu Problemen führen.

Wie immer gibt unter den Saturn/Pluto-Aspekten auch in diesem Zyklus das Verhältnis zwischen Israel und seinen arabischen Nachbarn zu reden. Zur Zeit der Konjunktion zwischen Saturn und Pluto im Jahre 1982 marschiert Israel in den Libanon ein und zwingt die PLO, dieses Land zu verlassen. Es kommt zu blutigen Gemetzeln in Palästinenserlagern durch christliche Milizen, dies alles vor den Augen der israelischen Armee, die unter der Leitung von Ariel Sharon dem Ganzen seinen Lauf lässt. Später – anlässlich der Saturn/Pluto-Opposition von 2002 – wird Sharon erklären, dass er es bereut, damals Arafat nicht umgebracht zu haben.

Dazwischen kommt es während der Quadratur von 1992/93 zu einer Annäherung, die eine ähnlich mutige Leistung darstellt wie jene zwischen Reagan und Gorbatschow: Im Dezember 1993 wird in Washington vom israelischen Ministerpräsidenten Rabin und von Yassir Arafat ein Friedensvertrag unterzeichnet, dem bald eine israelische Anerkennung palästinensischer Autonomie folgt. Zur Zeit des Quadrates zwischen Saturn und Pluto findet aber auch ein Bürgerkrieg in Jugoslawien statt, und Europa muss sich im Zusammenhang mit den sogenannten «ethnischen Säuberungen» mit Greueltaten auseinandersetzen, die es seit dem Zweiten Weltkrieg auf dem Kontinent nicht mehr gegeben hatte. In die Zeit des Quadrates fällt auch die Ausserkraftsetzung der Sowjetunion ab Dezember 1991 und das Zusammenwachsen Europas mit Unterschrift und Umsetzung der Maastrichter Verträge in den Jahren 1992 und 1993. Der endgültige Schritt in dieser Entwicklung findet mit der Einführung des Euro am 1. Januar 2002 unter dem nächsten wichtigen Saturn/Pluto-Aspekt, jenem der Opposition statt.

### 2001–2002: Saturn/Pluto-Opposition auf der Achse Zwillinge/Schütze
Beginn der Wirkung mit dem ersten Übertritt des Saturn in Zwillinge von August bis Oktober 2000, dann mit dessen definitivem Eintritt ab April 2001. Genaue Oppositionen zwischen Saturn und Pluto am 5. August und am 2. November 2001 sowie am 26. Mai 2002. Noch im Februar/März 2003 kommt es zu einer approximativen Opposition mit einem Orb von weniger als 3 Grad.

### Schwere Unruhen und neue Intifada in den Palästinensergebieten
Kaum ist Saturn ins Zwillingezeichen getreten, beginnt – während Jupiter gleichzeitig eine Opposition zu Pluto bildet – eine Entwicklung, die charakteristisch ist für Spannungsaspekte zwischen Saturn und Pluto: Nach dem Scheitern der Friedensverhandlungen zwischen Israelis und Palästinensern Ende Juli 2000 löst der Besuch des Chefs des oppositionellen Likud-Blocks Israels, Ariel Sharon, im den Muslimen heiligen Bezirk auf dem Tempelberg am 28. September 2000 gewaltige Demonstrationen Steine werfender, jugendlicher Palästinenser aus, die von den Israelis zunächst mit Tränengas und Gummigeschossen, dann aber auch mit scharfer Munition beantwortet werden. Der betreffende Bezirk auf dem Tempelberg gilt im Islam als drittwichtigste, religiöse Stätte, gleich nach Mekka und Medina, und Sharons Besuch in Begleitung von Hunderten von israelischen Polizisten stellt eine bewusste Provokation dar. Bis Ende November fordert die Welle von Gewalt und Hass über 250 Todesopfer, zu 90% Palästinenser, und mindestens 4000 Verletzte. Damit beginnt ein Prozess, der die ganzen Friedensbemühungen

der neunziger Jahre zunichte macht und durch die Wahl Sharons zum Premierminister im Februar 2001 erst recht in eine Sackgasse führt. Dabei ist es ihm mit seinem Versprechen «Sicherheit, und dann Frieden» gelungen, 62,5 % der Wählerinnen und Wähler auf sich zu vereinigen.

*Schwere Rückschläge an der Börse*

Wer sich mit Zyklen beschäftigte, hatte allen Grund, für das Jahr 2001 nicht viel von der Börse zu erwarten, denn schliesslich gab es im vorhergehenden Jahrhundert mit jeder Saturn/Pluto-Opposition schwere Rückschläge langfristiger Art. Nachdem die Technologie-Börse bereits mit der Jupiter/Saturn-Konjunktion im Stierzeichen im Frühjahr 2001 einen schweren Dämpfer erleidet, zeigen auch andere Finanzmärkte im Sommer 2001 markante Schwächetendenzen, die durch den Anschlag vom 11. September massiv verstärkt werden. Für die Zwillinge/Schütze-Achse ist bezeichnend, dass schon vor dem Anschlag Werte, die mit Kommunikation (auch Telekommunikation), Medien und Transport (inklusiv Luftfahrt) zu tun haben, tangiert wurden, ein Vorgang, der durch den 11. September eine derartige Intensivierung erfährt, dass eine bis vor kurzem gut etablierte Gesellschaft wie die Swissair «gegroundet» wird und den Konkurs anmelden muss. Das Attentat auf das World Trade Center, welches eine märchenhafte Entwicklung der Börsen seit der letzten Saturn/Pluto-Konjunktion für alle sichtbar und nachvollziehbar stoppt, hat selbst mit der Zwillinge/Schütze-Achse, auf welcher die Saturn/Pluto-Opposition stattfindet, zu tun. Ausländer und Vertreter einer anderen Religion bedienen sich fortgeschrittener Transportmittel des westlichen Kapitalismus, um mit diesen Werkzeugen für alle erkennbar dessen Machtembleme auszuschalten. Der Vorgang entspricht einer eindrücklichen Verdichtung von Symbolen der Zwillinge/Schütze-Achse.

Nach der Saturn/Pluto-Opposition der Jahre 2001/02, welche das offenkundig vorführt, was seit der letzten Konjunktion entwickelt wurde und im Zusammenhang mit Unausgegorenem Spannungen und Krisen hervorruft, geht es wieder auf die nächste Konjunktion von 2020 zu. Dazwischen findet 2009/10 eine dreifache Quadratur zwischen Saturn und Pluto statt, welche aufgrund der Tatsache, dass auch Uranus in die Figur involviert ist, einen wesentlichen nächsten Punkt in der Entfaltung des Saturn/Pluto-Zyklus darstellen dürfte. Dann ist Pluto aber bereits im Steinbockzeichen, und die entsprechenden Themen werden im nachfolgenden Kapitel über Pluto in Steinbock besprochen.

# Nach dem 11. September 2001: Unterwegs zu Pluto in Steinbock

Wir wählten für einen Artikel, der im Frühjahr 2001 in Astrologie Heute erschien, den Titel «Saturn/Pluto-Opposition: Wenn alles anders wird»*. Das vorhergehende Kapitel über den Saturn/Pluto-Zyklus verdeutlicht, dass Saturn/Pluto-Oppositionen tatsächlich neue Situationen schaffen. Dies war Anfang der dreissiger Jah-

---

* Astrologie Heute Nr. 90 (April/Mai 2001), S. 22.

re mit der Weltwirtschaftskrise und dem Aufkommen des Nationalsozialismus der Fall, und es trifft auch für die Jahre 1965–1967 zu, als der Vietnamkrieg offiziell begann und Proteste wie auch Hippie-Bewegung das bisherige Weltbild in Frage stellten.

Wenn wir uns als nächster Station Pluto in Steinbock zuwenden, können wir uns vorstellen, dass wichtige Saturn/Pluto-Aspekte uns bereits einiges darüber verraten, welche Themen beim Durchgang von Pluto durch das Reich des Saturn aktuell sein könnten. Dies trifft aber auch für wichtige Zyklen zu, die im Steinbockzeichen begannen oder markante Konstellationen im kardinalen Kreuz unter Beteiligung des Steinbockzeichens beinhalteten. Wenden wir dieses Raster an und gehen wir davon aus, dass für Zeiten des Umbruchs auch der Planet Uranus in einem markanten Aspekt zum Saturn im Spiel sein sollte, so kommen wir zu interessanten Überlegungen. So ist es denkbar, dass die Zeit von 1998–2002 einer Halbzeit entspricht zwischen einer wichtigen Konstellation in den kardinalen Zeichen und insbesondere in Steinbock, die von 1988–1993 währte – womit auch ein neuer Uranus/Neptun-Zyklus von 172 Jahren begann –, und einer neuerlichen Betonung der kardinalen Zeichen mit Pluto in Steinbock von 2008–2015. Während all diesen Perioden gibt es wichtige Saturn/Uranus- und Saturn/Pluto-Aspekte. Immer sind auch Jupiter/Saturn-Konjunktionen oder –Oppositionen im Spiel.

### Die kardinale Ballung von 1988–1993

Diese Periode brachte das Ende der Teilung der Welt in zwei Blöcke, die es seit dem Zweiten Weltkrieg gegeben hatte, und damit die Vision einer globalen Weltgemeinschaft. Hinsichtlich Weltwirtschaft beflügelte dies die Phantasien, und es kam zu einem Gefühl des Aufbruchs. Allerdings fällt der Golfkrieg in diese Zeit, und es entstand damals für den Westen, insbesondere Amerika, ein neues Feindbild: der machtpolitische Anspruch rebellischer islamischer Länder. Dass die Auflösung eines starren politischen Gefüges auch Probleme mit sich bringt, zeigte sich unter anderem mit dem Aufflackern des jugoslawischen Bürgerkrieges gegen Ende der Periode. Die markanten Aspekte zwischen Langsamläufern, die diese Zeit prägen, sind:

| | |
|---|---|
| 1988 | Saturn Konjunktion Uranus auf 27° Schütze bis 1° Steinbock |
| 1989 | Saturn Konjunktion Neptun auf 9–12° Steinbock |
| 1989–1990 | Jupiter Opposition Uranus und Neptun in Steinbock |
| 1989–1991 | Jupiter Opposition Saturn in Steinbock und Wassermann |
| 1993 | Uranus Konjunktion Neptun auf 18–20° Steinbock<br>Saturn Quadrat Pluto |
| ganze Periode | Saturn Opposition Chiron |

Diese Periode ist durch den Beginn eines Uranus/Neptun-Zyklus gekennzeichnet, welcher immer tiefgreifende Veränderungen mit sich bringt. Bei der vorhergehenden Uranus/Neptun-Konjunktion von 1821 lösten sich die meisten spanischen Kolonien Lateinamerikas von der Krone, und es kam im Anschluss daran zur Formulierung der sogenannten Monroe-Doktrin. Damit erklärten die USA den gesamten amerikanischen Kontinent zu ihrem Einflussbereich und untersagten europäische Interventionen in der «Neuen Welt». Man kann sich vorstellen, dass der neue Uranus/Neptun-Zyklus ab 1990 die Vereinigten Staaten dazu ermuntert, gegenüber der Welt eine imperiale Vorrangstellung einzunehmen, mit ähnlichen Ansprüchen wie damals, nur dass sich diese nun auf eine Kontrolle wirtschaftlich und militärisch wichtiger Standorte auf der ganzen Welt bezieht (zum Beispiel die Kontrolle über die wichtigsten Erdölfelder).

Nun ist der Uranus/Neptun-Zyklus auch für die Entwicklung des Islam von Bedeutung, denn die Hedschra, die Übersiedlung Mohammeds von Mekka nach Medina im Jahre 622 – ein Jahr, welches auch den Beginn der islamischen Zeitrechnung symbolisiert –, fand ebenfalls unter einer Uranus/Neptun-Konjunktion statt. Entsprechend der Wichtigkeit solcher Etappen des Uranus/Neptun-Zyklus kam es bei der letzten Konjunktion von 1821 zum Freiheitskampf der Griechen gegen die Osmanen, ein Thema, welches damals ganz Europa beschäftigte.

Nun gibt es jedoch noch eine andere, ungleich wichtigere Verbindung zwischen dem Islam und der Periode von 1988–1993: Es fand zur Zeit des Beginns der islamischen Zeitrechnung wie auch zwischen 1988–1993 nicht nur eine Uranus/Neptun-Konjunktion, sondern beinahe gleichzeitig auch eine Konjunktion von Saturn mit Uranus und Saturn mit Neptun statt. Solche Dreifach-Konjunktionen zwischen Saturn, Uranus und Neptun gibt es bloss alle 680–685 Jahre, und die erste der christlichen Ära ereignete sich just 625, als die erste islamische Expansion begann. Knapp sieben Jahrhunderte später gab es 1308 die nächste dreifache Saturn/Uranus/Neptun-Konjunktion, und dies war mit Osman I. Ghasi der Anfang des Osmanischen Reiches, womit eine wichtige Erneuerung des Islams und eine nachhaltige Expansion stattfand, die bald einmal auch auf Europa übergriff. So war zu erwarten, dass der Islam ab der 680 Jahre später nochmals stattfindenden Dreifachkonjunktion – nach einer Zeit der Stagnation seit dem Untergang des Osmanischen Reiches im Jahre 1922 – neue Forderungen anmelden würde. Exakt in dieser Zeit – mit einer Dreifachkonjunktion im Steinbockzeichen – fühlte sich Saddam Hussein ermuntert, Kuwait zu annektieren. Aufgrund ihres Anspruchs auf Kontrolle der Erdölfelder waren die Amerikaner naheliegende Kontrahenten, und sie stellten sich dem Vorhaben entgegen.

### Kritische Halbzeit von 1998–2002

Die nächste Phase kritischer Aspekte findet zwischen 1998–2002 statt. In chronologischer Reihenfolge ergeben sich in diesen Jahren folgende Aspekte:

| | |
|---|---|
| 1998/99 | Saturn Quadrat Neptun auf 1–4° Stier/Wassermann |
| 1999/2000 | Saturn Quadrat Uranus auf 13–21° Stier/Wassermann<br>Chiron Konjunktion Pluto auf 11–13° Schütze |
| 2000 | Jupiter Konjunktion Saturn auf 23° Stier |

| 2000/01 | Jupiter Opposition Pluto auf 10–15° Zwillinge/Schütze |
| 2001–2002 | Saturn Opposition Pluto auf 12–17° Zwillinge/Schütze |
| 2002–2003 | Jupiter Opposition Neptun auf 8–13° Löwe/Wassermann |

Der Zyklus, der mit der kardinalen Ballung von 1988–1993 begann (dreifache Konjunktion von Saturn, Uranus und Neptun), gerät zu dieser Zeit mit den Quadraten zwischen Saturn und Neptun sowie zwischen Saturn und Uranus in eine Krise. Kam es zum Beispiel unter der Saturn/Uranus-Konjunktion von 1988 zur Wende in den Beziehungen USA–Sowjetunion und unter der Saturn/Neptun-Konjunktion von 1989 zum Abbau der Mauer, so werden unter Saturn Quadrat Neptun und Saturn Quadrat Uranus von Russland neue Töne angeschlagen. Mit einem neuen Leader wird dem Westen gegenüber frisches Selbstbewusstsein demonstriert, und es kommt in Russland zu einer Renaissance nationalistischer Gefühle. In vielen Ländern findet in dieser Zeit ein Rechtsruck statt und man vernimmt vermehrt patriotische Töne. Diese bringen in den USA nach dem 11. September 2001 alle anderen Stimmen zum Schweigen, und die Menschen sind bereit, persönliche Freiheiten für Sicherheit zu opfern. Die Terrorbekämpfung rechtfertigt die Repression von Andersdenkenden, und man muss auf der richtigen Seite stehen, um nicht unter die Räder zu kommen, denn der Stärkere setzt sich in solchen Zeiten durch. Parallel dazu werden viele Visionen und Träume der letzten Jahre, so die Höhenflüge, die die Börse und die Globalisierung betrafen, auf den Boden heruntergeholt und ernüchtert.

Was hinsichtlich Umgang mit Menschenrechten, individuellen Freiheiten und internationaler Gerechtigkeit zur Zeit der Saturn/Pluto-Opposition von 2001–2002 entschieden wird, könnte für die spätere Phase von Pluto in Steinbock von grosser Bedeutung sein. Die Menschen sind zu solchen Zeiten von Saturn/Pluto-Verbindungen für Ungerechtigkeiten hochgradig sensibilisiert und nicht bereit, eine Weltordnung hinzunehmen, die sie als ungerecht empfinden. Gruppen, die sich aufgrund ihrer Situation ohnmächtig ausgeliefert fühlen, machen die «Faust im Sack» und sinnen auf Rache. Mehr Staat, mehr Überwachung, mehr Kontrolle ist nicht nur kostspielig; es verstärkt die allgemeine Paranoia. Ein Teufelskreis bildet sich, aus dem auszusteigen immer schwerer fällt. In diesem Sinne könnte die Saturn/Pluto-Opposition einen Testfall darstellen für Pluto in Steinbock ab 2008, und ganz besonders für jene Zeit von Ende 2009–2010, während welcher der laufende Saturn dazu ein Quadrat bildet.

# Pluto in Steinbock

Januar 2008 – Dezember 2024
Übergangszeit Schütze–Steinbock: 2008
Übergangszeit Steinbock–Wassermann : 2023–2024

Mit seinem Übergang in das Steinbockzeichen verringert sich, von der Erde aus gesehen, die Geschwindigkeit von Pluto, die im Skorpionzeichen am grössten war. Brauchte Pluto für das Jungfrauzeichen zwischen seinem ersten Ein- und dem ersten Austritt noch 15 Jahre, so betrug diese Zeit im Waagezeichen 12 Jahre, in Skorpion wenig mehr als 11 Jahre und im Schützezeichen 13 Jahre. Im Steinbockzeichen sind es von 2008–2023 wieder gut 15 Jahre, und von nun an wird dieser Wert weiter steigen, bis er in Stier (erdfernster Durchgang) 30 Jahre überschreitet. Damit ergeben sich wieder mehr Möglichkeiten, dass verschiedene wichtige Plutoaspekte (zum Beispiel mehrere Spannungsaspekte oder Konjunktionen zwischen Saturn und Pluto) mit Pluto im gleichen Zeichen stattfinden. Dies war im letzten Jahrhundert mit Pluto in Krebs und in Löwe jeweils dreimal (Konjunktion, Quadrat, Opposition bzw. Quadrat, Konjunktion und Quadrat), dann mit Pluto in Waage zweimal (Quadrat, Konjunktion) der Fall, während es beim Durchgang durch das Skorpion- und Schützezeichen nur einen Aspekt (jeweils Quadrat bzw. Opposition) gab.

Für die Zeit von Pluto in Steinbock konstelliert sich eine ganze Reihe wichtiger Aspekte, die für diese Periode von grosser Bedeutung sein dürfte. Es kommen auch zwei markante Saturn/Pluto-Aspekte (Quadrat und Konjunktion) vor.

### Die kardinale Spannungskonstellation von 2008–2015

In chronologischer Reihenfolge ergeben sich in diesen Jahren folgende Aspekte:

2008–2010    Saturn Opposition Uranus auf 19° Fische bis 1° Widder

2009–2010    Saturn Quadrat Pluto auf 0–5° Steinbock

2009–2011    Chiron Konjunktion Neptun auf 23° Wassermann bis 1° Fische

2010    Jupiter Konjunktion Uranus Opposition Saturn Quadrat Pluto (approximativ)

2010–2011    Jupiter Opposition Saturn in Waage

2012–2015    Uranus Quadrat Pluto auf 8–15° Steinbock

2015–2016    Saturn Quadrat Neptun auf 7–11° Fische

Aufgrund dieser Konstellationen könnte die Zeit um 2010 die Thematik von Pluto in Steinbock besonders intensiv zum Ausdruck bringen. Es handelt sich dabei um eine grosse Spannungsfigur zwischen Saturn, Uranus und Pluto, die vorübergehend auch noch durch den Jupiter intensiviert wird. Wenn die Menschheit bis dahin keine adäquate Lösung für die Spannung zwischen persönlichen Freiheiten und staatlichen Strukturen gefunden hat – ein Thema, welches mit Saturn Opposition Pluto bereits 2001–2002 ansteht – sind heftige Konfrontationen zwischen verschiedenen politischen Systemen angezeigt– dies mit der Gefahr eines Rufes nach dem starken Mann, was zu diktatorischen Vollmachten oder plutokratischen Systemen führen kann. Auch wenn wir davon ausgehen können, dass sich die Vergangenheit nie wiederholt, ist es interessant zu vermerken, dass wir bereits Anfang der dreissiger Jahre ähnliche Konstellationen hatten. 1931 gab es eine Jupiter/Pluto-Konjunktion um 18–22 Grad Krebs in Opposition zu Saturn in Steinbock und im Quadrat zu Uranus in Widder. Die gleichen Planeten befinden sich 2010/11 im selben kardinalen Kreuz, wiederum in Spannung zueinander.

Der nächste Höhepunkt während der Zeit von Pluto in Steinbock ist dann 2020 gegeben, wenn Jupiter zusammen mit Saturn auf Pluto eine Konjunktion um 22–25 Grad Steinbock macht. Dieser folgt 2021 ein Quadrat zwischen Saturn und Uranus.

### Astrologische Symbolik

Pluto und Saturn, als Herrscher des Steinbockzeichens, haben in der Astrologie einiges gemeinsam. Während Jahrtausenden war Saturn in der Siebenerreihe der traditionellen Planeten der letzte und langsamste. Seit der Entdeckung des Pluto im Jahre 1930 kommt in der auf zehn erweiterten Reihe diese Rolle nun letzterem zu. In dieser Funktion setzen beide dem Menschen Grenzen. Als Sensemann teilte Saturn dem Einzelnen mit, wann seine (Sand-) Uhr abgelaufen war. Pluto wiederum als Gott der Unterwelt herrscht über das Reich der Toten. Sein Wort ist endgültig und kann nicht zurückgenommen werden.

Nun ist es bezeichnend, dass Pluto zu einer Zeit entdeckt wurde, als Saturn zu ihm einen wichtigen Aspekt (Opposition) bildete. Dies gilt für die Entdeckung sämtlicher neuer Planeten und zeigt eine weitere Qualität des Saturnprinzips an, nämlich jene des Bewusstseins. So können wir erwarten, dass das Steinbockzeichen uns dazu verhilft, Plutonisches bewusst zu machen. In diesem Sinne dürfte es während der Periode von Pluto in Steinbock darum gehen, Machtstrukturen genauer unter die Lupe zu nehmen. Eine weitere Entsprechung, die wir beiden Prinzipien Saturn und Pluto zuordnen, ist die menschliche Gesellschaft und unsere Möglichkeiten, in ihr zu Ansehen und Kredit zu gelangen. Beide in Verbindung stehenden Prinzipien interessieren sich für Machtfragen, wobei Saturn und das Steinbockzeichen die sichtbare und offizielle Macht darstellen, die nach klar definierten Richtlinien zum Ausdruck kommt und Rechenschaft schuldig ist, während Pluto nicht offen gezeigte und zugegebene Ansprüche anzeigt. Entsprechend den Insignien der Macht, zu denen man gemäss Saturn demokratisch und im offenen Wettbewerb und gemäss Pluto über Begünstigung oder eine geheime Wahl Zugang erhält, symbolisieren beide Prinzipien in der Erziehung Elternrollen und elterliche Instanzen. Dabei arbeitet Saturn mit nachvollziehbaren Rechtfertigungen und Appellen an die Vernunft, während Pluto mit Instrumenten wie Zuckerbrot und Peitsche operiert und reiche Belohnungen, aber auch Bannstrahl und Verwünschungen einsetzt. In der Plutokratie hat jemand, der nicht aufgrund seiner gesellschaftlichen Stellung oder Blutsbande dazu gehört oder nicht die Rituale der Reichen und Mächtigen akzeptiert und sich zu eigen macht, keinen Einfluss – er bleibt draussen. Anders in der von klaren Gesetzen (Saturn) geprägten Demokratie: Hier kann sich jeder, der die Spielregeln einhält und die entsprechende Leistung erbringt, für ein Amt qualifizieren.

Mit Pluto in Steinbock dürften wir es vermehrt mit Machtfragen zu tun haben, inklusive der Auseinandersetzung, welche Staatsform die richtige und wieviel Überwachung erforderlich ist, damit die Gemeinschaft gut funktioniert. Es geht um Kontrolle, und so besteht die Gefahr, dass soziale Unterschiede zwischen Wohlhabenden und Benachteiligten bis zu einer solchen Periode zunehmen, dann aber auch vehement thematisiert werden. Die Stellung von Pluto in Steinbock kann sowohl Korruption und Machtmissbrauch als auch das Anprangern und Bekämpfen solcher Praktiken symbolisieren. Allerdings laufen im Falle von Kontroversen beide Seiten Gefahr, aufgrund von Angst und Paranoia den Gegner als übermächtig und gefährlich zu erleben, so dass wegen dieser Dämonisierung wenig Bereitschaft für Kompromisse besteht. Bei primitiverer Ausprägung kommen Vorstellungen auf, man müsse mit Widersachern und Hindernissen radikal aufräumen, «damit die Welt wieder in Ordnung ist». Im politischen Bereich ergibt dies die berüchtigten «Säuberungen», die um so leichter durchzuführen sind, als man den Gegner zum Symbol des «Bösen» oder Unwerten gemacht hat.

Positive Entsprechungen dieses Transits sind andererseits die Ernsthaftigkeit, die dafür sorgt, dass sich die Menschen nicht mit Oberflächlichem zufriedengeben, sondern nach dem Wesentlichen Ausschau halten und auf faule Kompromisse verzichten. Überlebensinstinkte und –kräfte werden wach, und das Bewusstsein der eigenen Stärken und Schwächen nimmt zu. Vorhandene Gesellschaftsmodelle werden überprüft und wo erforderlich umgewandelt. Dies kann auch eine bisherige Weltordnung betreffen, die während einer solchen Zeit verändert wird, damit sie den neuen Gegebenheiten besser entspricht. Machtkämpfe zwischen Nationen oder verschiedenen Ethnien sind dabei häufig.

### Frühere Transite von Pluto durch das Steinbockzeichen

#### 1762–1778: Höhepunkt und Herausforderung der beherrschenden Weltmacht

Als Pluto 1762 ins Steinbockzeichen tritt, sieht für Grossbritannien alles sehr positiv aus. Der Siebenjährige Krieg geht seinem Ende zu, und die Friedensschlüsse im Jahre 1763 bedeuten einen Sieg für England und Preussen, ebenso wie das Ende der französischen Kolonialmacht. Grossbritannien erhält von Frankreich Kanada und Louisiana östlich des Mississippi, und es gewinnt von Spanien Florida. Auch die französischen Stützpunkte in Ostindien fallen den Briten zu. England ist zur alles beherrschenden Weltmacht geworden.

In einer solchen Situation wird man häufig übermütig, und das Stempelgesetz, welches ab 1765 eine direkte Besteuerung von Dokumenten und Druckschriften (Zeitungen, Bücher) in den nordamerikanischen Kolonien einführen soll, ohne dass die Betroffenen konsultiert worden wären, ist offensichtlich keine gute Idee. Die Kolonisten erklären, dass sie als britische Staatsbürger nur besteuert werden können gemäss einem Gesetz, welches unter Mitwirkung ihrer gewählten Vertreter zustande gekommen ist. Unter dem Slogan «No taxation without representation» (Keine Besteuerung ohne Vertretung) fordern sie eine Aufhebung der «Stamp Act». Dies ist der Beginn eines Widerstands gegen die Absicht Grossbritanniens, durch Zölle Mehreinnahmen aus den Kolonien zu erzielen.

Nach heftigen Protesten wird die Steuer wieder abgeschafft. Es ist aber eine Bewegung in Gang gekommen, die sich zu einem regelrechten Zollkrieg entwickelt und zu Boykottmassnahmen für englische Produkte von seiten der amerikanischen Kolonisten führt. 1770 kommt es dann zum sogenannten «Boston Massacre», bei welchem die britischen Soldaten das Feuer auf eine Menge eröffnen, die gegen Steuern protestiert – es gibt fünf Tote. 1773 folgt die «Boston Tea Party», bei welcher als Indianer verkleidete Bostoner Bürger Schiffe der ostindischen Kompanie entern und über 300 Kisten Tee über Bord werfen. Die Dinge eskalieren immer weiter, so dass 1775 der amerikanische Unabhängigkeitskrieg ausbricht. Diesem folgt am 4. Juli 1776 die Unabhängigkeitserklärung der USA (Horoskop siehe Fig. 22 auf S. 254). Das Krebs-Land USA (Sonne 13 Grad Krebs)

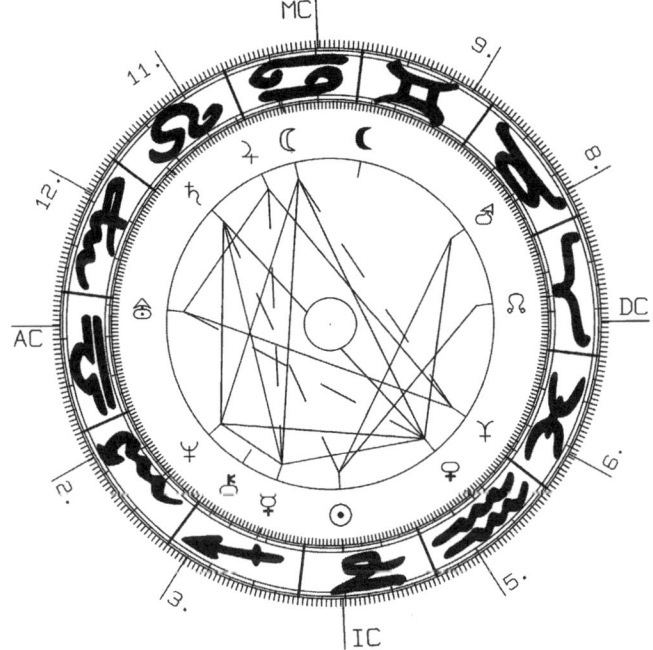

*Fig. 23*

Grossbritannien 1801 (Vereinigung mit Irland)

| 1.1.1801 | LT 0.00 | GT 0.01 | Westminster GB | | AD-Koch |
|---|---|---|---|---|---|

| ☉ 10 ♉ 10'50" | ♀ 16 ♒ 32'18" | ♄ 23 ♌ 22' 9" R | ♂ 2 ♓ 42'51" |
|---|---|---|---|
| ☾ 19 ♋ 25'54" | ♂ 11 ♉ 45'35" | ⚷ 1 ♎ 53'45" | ♌ 13 ♈ 55'11" R |
| ☿ 17 ♐ 33'45" | ♃ 1 ♌ 51'29" R | ♆ 18 ♏ 44' 9" | ☊ 14 ♈ 4'35" R |

275

hat sich von seinen Eltern (Grossbritannien mit Sonne auf 10 Grad Steinbock) gelöst.

Während als wichtigstes Horoskop für England bisher jenes für die Krönung des ersten normanischen Königs Wilhelm der Eroberer zu Weihnachten (25. Dezember 1066, Julianischer Kalender) gilt, erhält bald auch England – durch die Union mit Irland – per 1. Januar 1801 ein neues Horoskop, von welchem Nicholas Campion meint, es sei das nützlichste zur Beschreibung der Entwicklungen des Vereinigten Königreichs.* Es ist in Fig. 23 auf S. 275 abgebildet, und es weist gradgenau die gleiche Sonnenstellung auf wie das bisherige englische Horoskop für die Krönung Wilhelms des Eroberers. Interessant ist aber auch, dass die dem Vereinigten Königreich als Kolonie abhanden gekommenen Vereinigten Staaten im neuen britischen Horoskop durch Mond im Krebszeichen abgebildet werden. Durch eine weite Sonne/Mond-Konjunktion zwischen beiden Horoskopen wird zwischen England und den USA wiederum eine starke Beziehung geschaffen. Diese kommt auch darüber zum Ausdruck, dass die Sonne der Vereinigten Staaten eine Konjunktion mit dem MC Englands bildet.

*Dramatische Entwicklungen in Königshäusern*
Mit Pluto, der minutengenau an der Schwelle zwischen Steinbock und Schütze (0 Grad 0 Minuten Steinbock) rückläufig geworden ist, besteigt in Russland am 9. Juli 1762 (heutiger Kalender) Katharina II. den Kaiserthron. Die neue Herrscherin, die seit 1745 mit Kaiser Peter III. verheiratet ist, lässt diesen mit Hilfe von Offizieren und dem Senat verhaften und übernimmt selbst die Macht (Peter III. kommt wenige Tage später unter ungeklärten Umständen um). Mit der Machtübernahme durch Katharina wird eine der glanzvollsten Epochen der russischen Geschichte eingeleitet und ein 1774 zu Ende gehender Krieg gegen das Osmanische Reich endet mit territorialen Gewinnen für Russland.

In Österreich beginnt mit Kaiser Josef II. ein aufgeklärter Absolutismus. Verwaltung, Kirche und Heer werden reformiert. Weniger glücklich ist der französische König Ludwig XVI. mit seiner Thronbesteigung im Jahre 1774. Er übernimmt ein Königtum, welches beim Volk kein Ansehen mehr geniesst, und ein Land, welches finanziell heruntergewirtschaftet ist. Auch gerät er immer mehr unter den Einfluss seiner österreichischen Gattin Marie-Antoinette, die von den Nöten des Volkes keine Ahnung hat und entsprechend unpopulär ist. Beide werden 19 Jahre später während der Französischen Revolution (Pluto in Wassermann) hingerichtet.

*Beginn der industriellen Entwicklung und neue Wirtschaftstheorien*
Der letzte Durchgang von Pluto durch das Steinbockzeichen bringt aber auch erste Ansätze zur industriellen Revolution. 1764 wird erstmals eine mechanische Baumwollspinnmaschine als «spinning-jenny» vorgestellt, ein Prinzip, welches in der Folge weiterentwickelt wird. Gegen Ende der Periode (1775/76) kommt es

*Nicholas Campion, «Das Buch der Welthoroskope», Edition Astrodata, Wettswil 1991.

dann zum Einsatz der Dampfmaschine von James Watt – dessen Patent für Dampfmaschinen bereits 1760 angemeldet worden war –, zunächst in einem Kohlebergwerk und einer Eisenhütte. Dazu passend und durchaus im Sinne des modernen Kapitalismus, veröffentlicht im gleichen Jahr (1776) der schottische Nationalökonom Adam Smith eine Studie über Wesen und Ursachen des Volkswohlstandes. Darin betont er die Möglichkeit einer Selbstregulierung des Marktes ohne Eingriffe des Staates. Eine «unsichtbare Hand» lenke das Wirtschaftsgeschehen, so dass es der Wohlfahrt aller diene.

Innert kurzer Zeit entstehen mit dem letzten Durchgang von Pluto durch das Steinbockzeichen also eine ganze Reihe von Elementen unseres modernen Wirtschaftssystems. Es wird auch eine Nation geboren, die USA, welche bald beides, die neuen Maschinen und die entsprechenden Wirtschaftstheorien, am erfolgreichsten einsetzen und in der Welt bald eine Vormachtsstellung einnehmen wird, die vorher England innehatte. Die USA werden damals vom in Nordamerika lebenden britischen Publizisten Paine beschrieben als «der einzige Teil der Welt, wo Menschen frei und ohne Unterdrückung leben können» (was natürlich nur für die weisse Bevölkerung gilt).

Im Jahre 1778, als Pluto das Steinbockzeichen verlässt, sterben drei Exponenten, die die Vorstellung einer neuen Welt geprägt haben: Carl von Linné, der schwedische Naturforscher, der eine Systematik der Lebewesen entwickelte, Voltaire, welcher für Menschenrechte, Vernunft und Toleranz eintrat, und Jean-Jacques Rousseau, der als Kritiker von Zivilisation und wissenschaftlichem Fortschritt ein «Zurück zur Natur» und die Wichtigkeit von Gefühlswerten propagierte.

### 1516–1532: Fiskalismus der Kirche führt zur Reformation

Bis zum Anfang des 16. Jahrhunderts hat sich die katholische Kirche darauf konzentriert, ihre Einnahmen zu maximieren, und besonders einträglich ist dabei der Ablasshandel, bei welchem den Gläubigen mittels einer Geldzahlung der Erlass ihrer Sünden versprochen wird. Dies wird in den Ländern Brandenburg und Magdeburg marktschreierisch angeboten, denn die damit der Kirche zufliessenden Gelder dienen dem Erzbischof und Kurfürsten von Mainz, seine Schulden abzuzahlen. Dagegen wendet sich Martin Luther mit dem Anschlag seiner Thesen zu Wittenberg am 31. Oktober 1517. Dem Erzbischof Kardinal Albrecht von Mainz schreibt Luther, als er die werbewirksamen Anpreisungen des Ablasshandels kritisiert: «Denn die unglücklichen Seelen glauben infolgedessen, wenn sie nur Ablassbriefe lösen, seien sie ihrer Seligkeit sicher; weiter glauben sie, dass die Seelen ohne Verzug aus dem Fegefeuer fahren, sobald man für sie in den Kasten einlege; diese Ablassgnade sei ferner so kräftig, dass keine Sünde so gross sein könne, dass sie nicht erlassen und vergeben werden könne, und hätte einer selbst (dass sind ihre Worte) die Mutter Gottes geschändet; endlich soll der Mensch durch diesen Ablass frei und los werden von aller Pein und Schuld.»* Dadurch dass der Augu-

* Bodo Harenberg, «Chronik der Menschheit», Chronik Verlag, Dortmund 1988.

stinermönch Luther für die Verbreitung seiner Thesen die deutsche Volkssprache statt das Lateinische verwendet, erreichen seine Schriften eine für damalige Verhältnisse enorme Verbreitung von 20 000 Exemplaren innert weniger Monate. Ganz Deutschland verfolgt gespannt seine Auseinandersetzung mit der katholischen Kirche. In der Folge wird gegen Luther ein Verfahren wegen Ketzerei angestrengt, aber er widerruft seine Thesen nicht. Als der Papst gegen ihn eine Bulle erlässt, wird diese von Luther verbrannt. In der Schweiz veröffentlicht der Theologe Huldrych Zwingli etwas später sein eigenes reformatorisches Programm.

*Eine Zeit der Unsicherheit*

Für die Christen ist die Periode um 1520 eine schwierige Zeit, und es herrscht in Europa eine krisenhafte Stimmung. Das vordergründig sichtbare Bedürfnis der Kirche, sich zu bereichern, lässt sie unglaubwürdig erscheinen. Die Reformation bringt eine Spaltung mit sich, und viele wissen nicht mehr so recht, woran sie glauben und wie sie sich orientieren sollen. Gleichzeitig erlebt das Abendland in dieser Periode eine akute Bedrohung durch die Osmanen.

Wie wir bereits anlässlich der Besprechung des letzten Pluto-Transits durch das Steinbockzeichen gesehen haben, ist dieses Klima der Auflehnung gegen ein System, welches als korrupt und ausnützerisch erlebt wird, eine naheliegende Entsprechung dieser Konstellation. Diese Unzufriedenheit vermittelt auch die Kraft, reformerische Gedanken zu entwickeln und etwas zu unternehmen, um die Verhältnisse zu verändern. Solche Prozesse finden aber nicht überall statt; es gibt auch dynamische Staatsgefüge und Weltreiche, die sich zu einer solchen Zeit in einem Prozess der Entfaltung befinden.

*Spanien wird zur Grossmacht Europas und Osmanisches Reich expandiert*

Zur Zeit des Eintritts Plutos in das Steinbockzeichen wird Karl I. im Jahre 1516 zum ersten König Spaniens ausgerufen. Einige Jahre später übernimmt er als Karl V. auch das Erbe seines Grossvaters Kaiser Maximilian I., und er wird 1530 gar vom Papst zum Römisch-Deutschen Kaiser gekrönt. Dies wird die letzte Kaiser-Krönung im Heiligen Römischen Reich sein.

Eine ähnliche Machterweiterung findet sich im Osmanischen Reich. Mit dem Eintritt Plutos ins Steinbockzeichen besiegt der Osmanische Sultan Salim I. Yavuz die Perser, unterwirft Anatolien, Syrien und Ägypten, womit die Grösse des Osmanischen Reiches verdoppelt wird. Die Osmanen werden auch zur führenden Seemacht im Mittelmeer. Als Salim I. 1520 stirbt, setzt Suleiman II. die Eroberungen fort. Unter seiner Herrschaft erreicht das Osmanische Reich seine grösste territoriale Ausdehnung, und es feiert einen kulturellen Höhepunkt. Der Balkan und Ungarn werden erobert und Wien wird belagert. Gleichzeitig dringen die Moslems in Indien ein, und der Mongole Babur, ein Nachkomme Dschingis-Khans, begründet das sogenannte Mogul-Reich auf dem Indischen Subkontinent.

Es fehlt also nicht an mutigen Entwürfen und fulminanten Eroberungen von seiten aufstrebender Dynastien und Reiche. In Europa passieren aber auch beunruhigende Dinge. Nicht nur ist es zur Reformation gekommen, die dadurch, dass sie Missstände beseitigt, die der Strenge des Saturn und Steinbockprinzips zuwiderlaufen, gut in die gegenwärtige Zeitqualität passt, die katholische Kirche jedoch ernsthaft herausfordert und schwächt. Es kommt im Jahre 1527 zu einer Plünderung der Heiligen Stadt Rom durch meuternde und marodierende Landsknechte des kaiserlichen Heeres. Der Feldherr des führerlos gewordenen Heeres hat einen Schlaganfall erlitten, und seine Soldaten plündern, morden und vergewaltigen wochenlang in der Ewigen Stadt. Der Papst flüchtet sich nach Orvieto, und Erasmus von Rotterdam schreibt zu diesem «Sacco di Roma»: «In Wahrheit, dies war der Untergang, nicht der Stadt, sondern der Welt».

*Alte Weissagungen erleichtern Eroberung Mexikos*
Im Jahre 1519 erobert Hernán Cortés das Reich der Azteken in Mexiko. Der Herrscher Moctezuma II. hat von der Landung erfahren und glaubt, eine alte Weissagung erfülle sich mit der Rückkehr des Gottes Quetzalcoatl. So sendet er zum Empfang der Spanier Boten mit reichen Geschenken. Er hofft damit, die Gottheit gnädig zu stimmen und von seiner Stadt fernzuhalten. Dies weckt aber lediglich die Begehrlichkeit der Spanier, und der aztekische Herrscher wird gefangengenommen und schliesslich von seinen eigenen Leuten umgebracht. Die Spanier zerstören die Azteken-Hauptstadt und bauen die Stadt unter dem Namen Mexiko neu auf.

*Bauernaufstand*
In Deutschland breiten sich 1524/25 Aufstände von Bauern aus, die aufgrund ihrer wirtschaftlichen und sozialen Notlage die Ideen der Reformation begeistert aufgreifen. Sie fordern den Gottesstaat auf Erden, in welchem alle Menschen gleich sind, und diese erste Bauernrevolution in Deutschland stellt die bestehende soziale, politische und wirtschaftliche Gesellschaftsordnung in Frage. Dies ist dem Adel zuviel, und dessen Truppen besiegen in mehreren Schlachten den Bauernaufstand. Es sterben etwa 100 000 Menschen.

*Künstler und grosse Geister*
1519 stirbt im Alter von 67 Jahren Leonardo da Vinci. Er war als Maler, Bildhauer, Architekt, Ingenieur und Naturforscher so etwas wie ein Universalgenie und ist eine anschauliche Verkörperung des Renaissance-Menschen. Neun Jahre später stirbt in Nürnberg Albrecht Dürer, der zwischen italienischer Renaissance und deutscher Kunst eine Brücke zu schlagen verstand.

*1270–1287: Zeit der Orden und der Hanse – Beginn der Habsburger-Dynastie*
Während des Jahres 1270 pendelt Pluto zwischen Schütze- und Steinbockzeichen hin und her. Als er im Sommer kurz ins Schützezeichen zurückkrebst, scheitert der siebte und letzte Kreuzzug vor Tunis. Diese Periode ist auch die Zeit der Orden und der Hanse. Der Deutsche Orden kontrolliert Preussen, und die deutschen Kaufleute schliessen sich in London zu einer «Hanse der Deutschen» zusammen.

In Florenz regieren die Zünfte, und diese haben überhaupt in vielen europäischen Städten grosse Bedeutung. Als neues Bürgertum verdrängen sie den Stadtadel und übernehmen in zunehmendem Umfang auch politische Macht.

Unter den Herrscherhäusern kommt es zu einer Bereinigung. Rudolf I. von Habsburg wird zum deutschen König gewählt, und es beginnt damit der Aufstieg der Habsburger. Rudolfs Ziele beinhalten die Wiederherstellung friedlicher und geordneter Zustände im Reich. Durch einen Sieg über seinen Widersacher Ottokar II. baut Rudolf I. seine Herrschaft aus.

Im Jahre 1271 reist Marco Polo, Kaufmann aus Venedig, auf dem Landweg nach China und gewinnt dort die Gunst von Khubilai-Khan, so dass er Gouverneur einer Provinz wird. Seine Rückkehr nach Venedig erfolgt 1295, als Pluto sich bereits im Wassermannzeichen befindet. Khubilai-Khan, der Mongolenführer, der China regiert, scheitert 1274 beim Versuch, Japan zu erobern. Ein Taifun zerstört seine Flotte und treibt ihn nach Korea zurück. Dieser erhält von den Japanern den Namen «Kamikaze» (Götterwind). Ähnliches passiert noch einmal, als Khubilai-Khan 1281 einen neuerlichen Versuch unternimmt, Japan zu erobern.

Bekannte Persönlichkeiten, die während dieser Periode von Pluto in Steinbock sterben, sind der scholastische Theologe und Philosoph Thomas von Aquin und der deutsche Naturforscher, Philosoph und Theologe Albertus Magnus. Sie zählen beide zu den bedeutendsten europäischen Philosophen des Mittelalters. Die Leistung von Albertus Magnus liegt in der Aufarbeitung der griechischen Philosophie Aristoteles' für das scholastische Denken. Aufgrund seines grossen Interesses für Naturwissenschaft entwickelt er eine erste Klassifikation der Pflanzen. 500 Jahre später wird, ebenfalls unter Pluto im Steinbockzeichen, Carl Linné das endgültige Einteilungssystem der Pflanzen- und Tierwelt schaffen. Thomas von Aquin versucht eine Synthese zwischen Glauben und Wissen, Offenbarung und Vernunft. Sein Werk wird einen enormen Einfluss auf die Entwicklung der katholischen Philosophie haben.

### 1024–1041: Neue Herrscherdynastien

Im Jahre des Eintritts von Pluto in das Steinbockzeichen, 1024, stirbt Heinrich II. (der Heilige), römisch-deutscher Kaiser, und es folgt ihm mit Konrad II. der Herrscher einer neuen Dynastie, jener der Salier, welche 100 Jahre regieren wird. Damit lösen die fränkischen Salier die sächsischen Ottonen ab. 1027 wird Konrad II. in Rom zum Kaiser gekrönt; anwesend sind dabei König Rudolf III. von Burgund und König Knud II. (der Grosse) von England und Dänemark.

Auch in Byzanz gibt es einen Wechsel. Der byzantinische Kaiser Basileios II., der das Mittel- und Spätbyzantinische Reich zu einem Höhepunkt gebracht hat, stirbt 1025. In Spanien kommt es unter Ferdinand I. zu einer Vereinigung von Kastilien und Léon im Jahre 1037. Ferdinand I. ist Wegbereiter der Rückeroberung Spaniens von den Mauren. Seine Erfolge tragen ihm später den Titel eines Kaisers ein. In Asien beginnt ab 1040 die Herrschaft der Seldschuken. Ihre Dynastie wird einen Plutoumlauf später von jener der Osmanen abgelöst (zirka 1290).

280

*Stabilisierung des Feudalismus*

Das verbreitetste Gesellschaftssystem jener Zeit, nicht nur in Europa, sondern auch in Fernost, ist jenes des Feudalismus. Dabei gibt der König bestimmte Gebiete seinen Vasallen zu Lehen. Ursprünglich fiel das Lehen nach dem Tod des Vasallen an den König zurück, der es neu verteilen konnte. Es wurde aber immer üblicher, bei der Neuvergabe von Lehen den Sohn des Verstorbenen zu berücksichtigen. Nun geht der römisch-deutsche Kaiser Konrad II. ein Stück weiter und macht die Lehen erblich. Dies schafft Möglichkeiten für ein weitreichendes System von Lehen und Unterlehen, indem direkte Vasallen des Königs Lehen weiter vermitteln. Die damaligen Menschen, die stark in Stammesbegriffen denken, fühlen sich meist ihrem Lehnherrn stärker verpflichtet als einem abstrakten Staat. Sie leisten Abgaben, aber der Herr hat auch die Pflicht, den Untertan zu beschützen und ihm in Notlagen beizustehen.

Ein Problem und eine Quelle von nicht endender Gefahr und Destruktivität sind Fehden und Blutrache. Der Nachfolger Konrads II., der deutsche König Heinrich III., setzt mit einem Verbot diesem Tun ein Ende. Die wohl bekannteste nicht politische Persönlichkeit jener Zeit ist der Philosoph und Arzt Avicenna, der 1037 in Persien stirbt.

Insgesamt hat man bei diesem Plutotransit durch das Steinbockzeichen den Eindruck einer Verstärkung von Organisation und hierarchischen Strukturen. Neue Herrschergeschlechter treten an (in Europa die Salier, in Asien die Seldschuken), und der nächste Durchgang von Pluto durch das Steinbockzeichen wird in Europa die Herrschaft der Habsburger bringen, während die Regentschaft der Seldschuken dannzumal verfällt, um etwas später dem Reich der Osmanen Platz zu machen.

### *778–796: Blütezeit der Kaiser- und Kalifenreiche*

Von solchen Perioden mit Pluto in Steinbock würde man sich mehr wünschen. Natürlich gibt es auch zu dieser Zeit Kriege, aber man hat den Eindruck, dass an verschiedensten Orten der Welt und in wichtigen Bereichen so etwas wie eine Blüte- oder Renaissancezeit einkehrt. In Europa jedenfalls ist belegt, dass Karl der Grosse ab 781 eine Erneuerung der Kunst und Bildung einleitet, die als «Karolingische Renaissance» in die Annalen eingeht. Der Hof Karls des Grossen wird ein Kultur- und Bildungsmittelpunkt, wo berühmte Gelehrte lehren und an die Tradition der Spätantike anknüpfen. Die lateinische Sprache der christlichen Spätantike und der römischen Klassiker wird gepflegt. Dies gilt auch für den künstlerischen Bereich, und es wird eine eigene Schrift entwickelt, die rasch allgemeine Verbreitung findet.

Ähnliches tut sich in Bagdad unter der Herrschaft des Kalifen Harun ar Raschid. Auch hier treffen sich neben Händlern, die zwischen Europa und dem Orient vermitteln, Dichter, Künstler und Gelehrte aus aller Welt. Gedankengut aus verschiedenen Kulturen wie die späthellenistische, christliche, arabische, persische und indische kommen zusammen. Der Hof des Kalifen glänzt wie jener Karls des Grossen durch Pracht und Fülle. In Japan verlegt der Kaiser im Jahre 794 seine

Residenz in das neu gegründete Heian (heute Kyoto). Hier beginnt die sogenannte «Heian-Zeit», die knapp 400 Jahre andauert und der Blütezeit aristokratischer Kultur Japans entspricht.

Das fränkische Reich Karls des Grossen wird bald seine grösste Ausdehnung erreichen. Zuvor führt Karl der Grosse zur Konsolidierung seiner Herrschaft um 793 eine Verwaltungsreform durch, die aus heutiger Sicht modern anmutet. Die Anweisungen für die Verwaltung des Königsguts, Kapitularien (Königsgesetze) genannt, führen gesetzliche Bestimmungen auf, die sich auf Rechts- und Verfassungsfragen, Verwaltung, Vorratshaltung und Bewirtschaftung beziehen. Die Verwalter werden angewiesen, detaillierte Angaben über die jährlichen Einkünfte zu machen und dem König zuzustellen. Den Königsboten obliegt die Aufgabe, die königlichen Anweisungen zu verbreiten, und sie kontrollieren auch die Praxis der Rechtsprechung. Durch dieses ausgeklügelte System gelingt es Karl, ein beeindruckend grosses Reich erfolgreich zu verwalten.

Ein Kontrastprogramm dazu liefern die Wikinger. Im Jahre 793 fallen sie in England und Irland ein, wobei sie die Landstriche, die sie erobern, regelmässig plündern.

### 532–551: Beginn der christlichen Zeitrechnung

Just mit dem Jahr des Eintritts von Pluto in das Steinbockzeichen beginnt die christliche Zeitrechnung, indem das Jahr 248 (entspricht einem Plutoumlauf) seit Diokletian mit dem Jahr 532 seit Christi Geburt gleichgesetzt wird. Die entsprechenden Berechnungen durch den Mönch Dionysius Exiguus fanden bereits zur Zeit von Pluto in Schütze statt. Der Beginn der neuen Zeitrechnung mit dem Jahr 532 beim Eintritt von Pluto ins Steinbockzeichen lässt aber ebenso aufhorchen wie die Tatsache, dass bisher ab Diokletian gerechnet wurde, als Pluto ebenfalls in Steinbock stand. Darin kommt das Bedürfnis nach Ordnung, welches dem Steinbockzeichen entspricht, zum Tragen – und dies, obwohl die Menschen von damals vom Plutoumlauf noch keine Ahnung hatten.

### Justinian und seine Frau Theodora herrschen in Konstantinopel

Das Herrscherpaar muss sich 532 gegen einen Aufstand der sogenannten «Zirkus-Parteien» durchsetzen. Bis zur Niederschlagung der Revolte verkörperten Gruppierungen, die vor allem mit Wagenrennen für Ablenkung sorgten, politische Kräfte, die schwer zu kontrollieren waren. Justinian schafft Ordnung, und es gelingt ihm auch, im Jahre 534 das in Nordafrika angesiedelte Vandalenreich zu zerschlagen und 536 Rom zu erobern. Diese Erfolge verdankt er in grossem Masse der Tatkraft und Umsicht seines Heerführers Belisar.

Allerdings belasten die Ausgaben für die territoriale Expansion des Reiches dessen Kassen, und dies führt zu Steuerlasten, die politischen und sozialen Zündstoff bergen und immer wieder Unruhen zur Folge haben. Erfolgreich ist der Kaiser in der Durchsetzung von Zivil- und Strafgesetzen, die ihn überdauern werden. Im übrigen setzt er die nunmehr christlich geprägte weltumspannende Einheit des Römischen Reiches durch. Es gelingt ihm auch, im Jahre 532 mit dem persischen

Sassanidenreich einen dauerhaften Frieden zu schliessen. Zum Ende der Herrschaft Justinians beherrscht Ostrom den ganzen Mittelmeerraum.

In Japan wird 538 neben der bereits bestehenden Shinto-Religion der Buddhismus eingeführt. Er findet vor allem im Adel Verbreitung.

### 287–306: Stabilisierung des Römischen Reiches durch Diokletian

In dieser Periode wird das römische Weltreich durch Diokletian stabilisiert. 288 gelingt es Kaiser Diokletian, mit den persischen Sassaniden einen Frieden zu schliessen, womit diese auf Armenien und Mesopotamien verzichten, so dass der Euphrat zur Grenze zwischen Rom und Persien wird. Die Festigung des Reiches durch Diokletian führt zu einer Viererherrschaft mit zwei Kaisern (Augusti), denen zwei Unterkaiser (Caesari) zur Seite stehen. Letztere sind gleichzeitig als Nachfolger vorgesehen. Diese Machtaufteilung wird von einer Wirtschafts- und Verwaltungsreform begleitet. Es werden neue Steuergesetze und Höchstpreise festgelegt, um die im Römischen Reich bereits seit Jahrzehnten galoppierende Inflation in Schach zu halten. Zum Ende der Periode wird im Jahre 306 Konstantin zum Kaiser ausgerufen. Darüber werden sich die Christen freuen, denn Diokletian hatte sie verfolgt. Konstantins Herrschaft fällt jedoch bereits in die Zeit von Pluto in Wassermann.

### 42–61: Rohe Sitten in der Kaiserfamilie

Die Periode beginnt unter der Herrschaft des römischen Kaisers Claudius mit einer Festigung der Donaugrenze durch Kastelle, die auch als Basen für neue Feldzüge dienen. Zwischen 43 und 44 werden Teile Britanniens unterworfen. In der Folge wird das ganze Gebiet südlich der Donau römisches Territorium.

Während Kaiser Claudius im Aussen erfolgreich ist und es versteht, die Macht des Reiches zu festigen, ist er in seinem Privatleben weniger glücklich. So erschüttert der Lebenswandel seiner dritten Frau Messalina das Ansehen des Kaiserhauses. Ihre Affären und ihre Verschwendungssucht verstossen gegen die Sitten, und sie wird, nachdem sie heimlich, ohne Wissen von Claudius, eine weitere Ehe eingegangen ist, im Jahre 48 beseitigt. 49 heiratet Claudius trotz Mahnungen von Beratern seine vierte Frau und Nichte Agrippina, und er adoptiert ihren Sohn aus erster Ehe, der den Namen Nero Claudius Caesar Germanicus erhält (später Nero genannt). Diese vierte Beziehung wird Claudius zum Verhängnis. Er wird im Jahre 54 von seiner Frau Agrippina durch ein vergiftetes Pilzgericht ermordet, und Agrippinas Sohn Nero wird neuer römischer Kaiser. Auf dessen Dankbarkeit kann Agrippina aber nicht zählen. Fünf Jahre später lässt Nero seine Mutter ermorden, weil er ihre Bevormundung als Gefährdung seines Machtanspruchs empfindet.

Diese erste Periode der christlichen Ära mit Pluto in Steinbock ist hinsichtlich des Machtmissbrauchs innerhalb der Kaiserfamilie – in der auch vor Königs- und Muttermord nicht zurückgeschreckt wird – die extremste und stellt alles andere in den Schatten. Es zeigt sich, dass später im grossen und ganzen zivilisiertere Formen des Umgangs in Herrscherfamilien entwickelt werden.

### Künftige Entsprechungen mit Pluto in Steinbock

Es geht nicht mehr lange, denn Pluto wird uns bereits im Jahre 2008 einen Eindruck von dem vermitteln, was für die folgenden 16 Jahre ansteht. Zweifellos gibt es dafür verschiedene mögliche Szenarien, je nachdem wie in der Zwischenzeit die im kollektiven Massstab sich abzeichnenden Probleme angegangen werden. Wir haben bereits erwähnt, dass die Saturn/Pluto-Opposition der Jahre 2001/02 vielleicht einen Vorgeschmack dessen vermittelt, was uns mit Pluto in Steinbock beschäftigen könnte. Dabei bringen Bemühungen, die auf das Wohl des Ganzen und eine grössere Gerechtigkeit hinzielen, das Kollektiv der Menschheit weiter und schaffen günstige Voraussetzungen für eine harmonische Epoche, während Vorgehensweisen, welche Unterschiede zwischen einzelnen Menschen, Gruppen und Staaten verstärken, ein Terrain für massive Auflehnungen gegen die bestehende Ordnung erzeugen.

Vergangene Epochen mit Pluto in Steinbock liefern dazu gute Anschauungsbeispiele: Als England anlässlich des letzten Plutodurchgangs durch das Steinbockzeichen in der zweiten Hälfte des 18. Jahrhunderts durch Steuern und Abgaben aus seinen Kolonien ein Maximum herausholen wollte, rebellierten die nordamerikanischen Siedler. Dies führte zur Geburt eines neuen Staates, welcher später zur führenden Weltmacht wurde, und England verlor bald einmal seine weltbeherrschende Rolle. Ähnliches spielte sich kurz nach 1500 im Zusammenhang mit der katholischen Kirche ab. Damals befand sich das katholische Spanien mit der Eroberung Amerikas und der Krönung Karls V. zum römisch-deutschen Kaiser auf dem bisherigen Höhepunkt seiner Macht. Zur gleichen Zeit begann mit der Reformation aber auch ein Prozess, der im Laufe der Zeit den Niedergang katholischer Machtentfaltung mit globalem Anspruch bringen sollte. Direkter Anlass der Reformation war der missbräuchliche Ablasshandel der katholischen Kirche zwecks Bereicherung.

Wir können andererseits beobachten, dass Reiche, die von einer neuen Idee oder einem Gefühl des Aufbruchs getragen waren, in Zeiten mit Pluto in Steinbock häufig gut gediehen und Dynastien, welche sich danach Jahrhunderte lang hielten, damals ihren Anfang nahmen. Dies lässt sich auch auf neue Ordnungssysteme anwenden, wie beispielsweise die christliche Zeitrechnung, die im Jahre 532 mit dem Eintritt Plutos in das Steinbockzeichen eingeführt wurde.

Der Natur des Steinbockzeichens entsprechend kann man sagen, dass es für einen positiven Umgang mit Pluto in Steinbock zwei Möglichkeiten gibt, je nachdem, ob etwas Bestehendes, welches sich bewährt hat, zu verwalten ist, oder in einer Phase des Aufschwungs und Wachstums neue Strukturen zu entwickeln und einzuführen sind. Im ersten Fall geht es nicht um grosse Würfe, vielmehr ist Redlichkeit gefragt. Das richtige Verhalten in einer solchen Situation wird in Hexagramm Nr. 63 des «Buchs der Wandlungen» («I Ging») mit dem Titel «Nach der Vollendung» beschrieben. Dabei wird eine Situation charakterisiert, in welcher «der Übergang von der alten in die neue Zeit» schon vollzogen ist:

«Prinzipiell ist alles schon geregelt. Nur noch im einzelnen lässt sich Erfolg erzielen. Dabei kommt es jedoch darauf an, dass man stets die rechte Gesinnung wahrt. Es geht alles seinen Gang wie von selbst. Das verführt zu leicht dazu, dass man in seiner Anspannung erlahmt und die Dinge laufen lässt, ohne sich im einzelnen darum zu kümmern. Diese Gleichgültigkeit ist aber die Wurzel allen Übels. Aus ihr entspringen mit Notwendigkeit Verfallserscheinungen. Hier ist die Regel aufgestellt, wie es in der Geschichte zu gehen pflegt. Aber diese Regel ist kein unausweichliches Gesetz. Wer sie versteht, der vermag durch unausgesetzte Beständigkeit und Vorsicht ihre Wirkungen zu vermeiden.»*

Das «Buch der Wandlungen» schildert mit diesen Worten wie aus dem Zustand der Ordnung wieder der Zerfall entsteht, wenn die Strukturen nicht laufend lebendig erhalten werden. In diesem Fall lautet das Urteil: «Im Anfang heil, am Ende Wirren».

Im Falle, dass etwas neu zu gestalten und zu ordnen ist, sieht die Situation anders aus und Empfehlungen zu einem adäquaten Verhalten werden in den Erklärungen zu Hexagramm Nr. 64 «Vor der Vollendung» gegeben. Dabei kommt die Kardinalität des Steinbockzeichens neben seinen ordnenden Qualitäten zum tragen. Es heisst:

«Die Aufgabe ist gross und verantwortungsvoll. Es handelt sich um nichts Geringeres, als die Welt aus der Verwirrung in die Ordnung zurückzuführen. Dennoch ist es eine Aufgabe, die Erfolg verheisst, da ein Ziel vorhanden ist, das die auseinanderstrebenden Kräfte zu vereinigen vermag. Nur muss man zunächst noch leise und behutsam vorgehen.»**

Diese Zitate schildern sehr treffend, wie vorteilhaft es ist, im Steinbockzeichen von einer Vision und einem zu erreichenden Ziel angespornt zu sein. In diesem Sinne haben es Gesellschaften mit Strukturen, die im Aufbau begriffen sind, häufig leichter als solche, die sich in einer Phase der Festigung und vielleicht sogar der Erstarrung befinden. Es folgen einige Anregungen betreffend möglicher Entsprechungen für den bevorstehenden Durchgang von Pluto durch das Steinbockzeichen.

*Politische Entwicklungen*

Es ist auffallend, wie viele Staaten, denen auf dem internationalen Parkett jetzt und für die nächsten Jahrzehnte voraussehbar eine grössere Bedeutung zukommt, die Sonne in einem kardinalen Zeichen aufweisen: USA 13 Grad Krebs, China 8 Grad Waage, Deutschland (Wiedervereinigung) 9 Grad Waage, Frankreich (5. Republik) 11 Grad Waage, Russland (Hissen der russischen Fahne am 25. Dezember 1991) 3 Grad Steinbock, Grossbritannien 10 Grad Steinbock und Europäische Union (Beginn EWG und Einführung Euro) 10 Grad Steinbock. Natürlich kann man argumentieren, dass jeder Neubeginn, bei welchem als Startdatum der 1. Januar gewählt wird – und dies gilt für die EU und Grossbritannien – die Sonne in die Nähe der Position von 10 Grad Steinbock bringt. Dies wäre aber an

*   «I Ging – Das Buch der Wandlungen», Übertragung ins Deutsche von Richard Wilhelm, Eugen Diederichs Verlag, München 1972, S. 229ff.
**  «I Ging», a. a. O., S. 233.

sich noch kein Grund, die Bedeutung dieser kardinalen Stellungen in Frage zu stellen, und es gibt für die Sonnenstellungen der anderen Staaten keine solche kalendarische Erklärung.

So können wir tatsächlich davon ausgehen, dass das kardinale Kreuz für politische und gesellschaftliche Entwicklungen von besonderer Bedeutung ist und dies wohl auch auf den Transit von Pluto durch das Steinbockzeichen zutrifft. Es sind im übrigen nicht nur die Sonnenstellungen, die in den erwähnten Staatshoroskopen angesprochen sind. In jenem der USA (Fig. 22 auf S. 254) finden wir nämlich von den zehn normalerweise berücksichtigten Gestirnen nicht weniger als sechs in kardinalen Zeichen mit vier in Krebs, die zu Saturn in Waage und Pluto in Steinbock in Spannung stehen. Im Falle von China (1. Oktober 1949) sind es fünf Planeten der Zehnerreihe plus die Mondknotenachse und Lilith mit einer Ballung in Waage am absteigenden Mondknoten. Das wiedervereinigte Deutschland (3. Oktober 1990) weist von zehn ebenfalls fünf Planeten im kardinalen Kreuz mit einer Spannungsfigur zwischen Waage und Steinbock auf. Die Liste liesse sich beliebig weiterführen. Tatsache ist, dass die Periode von 2010–2015 mit einer Spannungsfigur zwischen Uranus und Pluto in der ersten Hälfte des kardinalen Kreuzes und am Anfang der Periode (2010–2011) zusätzlich mit Jupiter und Saturn in der Figur in vielen Länderhoroskopen Markantes auslösen dürfte. Ähnliches könnte dann wiederum im letzten Viertel der Zeit mit Pluto in Steinbock der Fall sein, wenn 2020 Jupiter, Saturn und Pluto auf 22–25 Grad Steinbock eine Konjunktion bilden. Diese Ballung ereignet sich auf dem Pluto der USA, dem Aszendenten des Islam (Hedschra), der Lilith der EU (Einigung in Maastricht) und Russlands (beide auf den Dezember 1991 zurückgehend) sowie des Jupiter Chinas.

Wenn wir auf die in vergangenen Perioden mit Pluto in Steinbock gemachten Erfahrungen zurückblicken, können wir annehmen, dass auch dieses Mal zwischen verschiedenen Ländern und Blöcken intensive Auseinandersetzungen um Machtpositionen in der Welt stattfinden werden. Die USA dürften auf ihrem Kurs Richtung Weltherrschaft weiterfahren, aber es erscheint wahrscheinlich, dass sie während der Zeit mit Pluto in Steinbock und insbesondere um 2010 und dann wieder um 2020 heftigen Widerständen begegnen werden. Während es aus heutiger Sicht noch unklar ist, welche Rolle die islamische Welt dabei spielen wird, erscheinen die Konflikte mit China um weltweite Machtpositionen vorprogrammiert.

Ein ernstzunehmender französischer Astrologe, Charles Ridoux, der bereits in der Vergangenheit im voraus politische Entwicklungen erfolgreich beschrieben hat, stützt sich bei einer Analyse der kommenden Entwicklungen* auf einen zyklischen Index, der von Claude Ganeau entwickelt und als «Cyclic Index of Equilibrium» (CIE) bekannt wurde. Dieser Index stürzt ab 2001 bis 2004 auf 0 ab, und er erreicht zwischen 2017 und 2023 einen starken Minuswert, der frühere Minima

---

* Charles Ridoux: «The War in Afghanistan: A Third World War?», in: «Astrological Journal», Vol. 44, No. 2, March/April 2002.

286

unterschreitet. Dies veranlasst Ridoux, um die Zeit von 2010 eine ernsthafte Krise in den internationalen Beziehungen anzunehmen. Gemäss dem zyklischen Index ist aber die Zeit der Jupiter/Saturn/Pluto-Konjunktion von 2020 noch wesentlich gefährlicher.

Ridoux betont wie wir die Wichtigkeit der Saturn/Pluto- und Uranus/Pluto-Aspekte. Er sieht im Abstand von zirka zehn Jahren wesentliche Entwicklungen, die zu Beginn der achtziger Jahre ihren Anfang nahmen: So gab es kurz vor der Saturn/Pluto-Konjunktion von 1982 in der Zeit von 1980–1982 die sowjetische Intervention in Afghanistan, den Beginn des irakisch-iranischen Krieges, den Einmarsch Israels in den Libanon, zur Zeit des Quadrates von 1992/93 den Beginn des jugoslawischen Bürgerkrieges, welcher zu einer Unterdrückung und Dezimierung von Moslems in Jugoslawien führte, und das erste Attentat auf das World Trade Center (1993). Viele der damaligen Probleme verdichten sich noch einmal um die Zeit von 2001/02 (Opposition), und wenn sie in dieser Periode nicht sinnvoll angegangen werden, haben wir allen Grund, deren Reaktivierung für die Zeit um 2010 (Quadrat) zu erwarten.

Pluto in Steinbock wäre eine geeignete Periode, um sich zu einer neuen Weltordnung unter der Autorität der UNO durchzuringen. Allerdings scheinen die Aussichten dafür im Moment (Frühjahr 2002) gering, denn es ist zum gegenwärtigen Zeitpunkt so, dass jene, die im Weltgefüge eine vorherrschende Stellung einnehmen – insbesondere die USA – den Wunsch hegen, diese weiter auszubauen. Wahrscheinlich müssen wir für eine andere Ausrichtung nicht nur auf eine neue US-Regierung warten, sondern auch darauf, dass Nachteile des bisherigen Verhaltens für eine grosse Zahl von US-Bürgern sichtbar werden. Wie dies im einzelnen geschehen kann, ist momentan nicht absehbar. Der Publizist Peter Scholl-Latour äusserte im April 2002 im Rahmen einer Vortragsreihe des Schweizerischen Instituts für Auslandforschung folgende von der NZZ wiedergegebene Einschätzung der künftigen Perspektiven: «Auch wenn man davon ausgehen könne, … dass das Netz der Terrororganisation al-Kaida in Afghanistan zerschlagen sei, stehe der Kampf gegen den Terrorismus wahrscheinlich erst in seinen Anfängen. Amerika könnte sich in einen ‹Abnützungskrieg› verstricken, der sich mehr und mehr zu einem Kampf gegen den revolutionären Islam ausweiten dürfte. … Es sei gefährlich … von einer ‹Achse des Bösen› zu sprechen, werde man doch damit der sehr verschiedenartigen politischen und kulturellen Strömungen der anvisierten Länder nicht gerecht. Mit dieser manichäischen Sicht laufe man Gefahr, bereits schwelende Konflikte in religiöse Auseinandersetzungen ausmünden zu lassen.»*

Hinsichtlich der Stimmung in den verschiedenen Ländern und der Zufriedenheit der Bürger mit ihren Politikern, kann man annehmen, dass diese Faktoren stark davon abhängen werden, ob Politiker fähig sind, das Wohl des Ganzen im Sinne zu haben oder aber primär eigene Interessen verfolgen. So ist auch anzunehmen, dass es mit Pluto in Steinbock und ganz besonders zu Zeiten mit zusätz-

---

* «Abnützungskrieg gegen den Terrorismus? – Peter Scholl-Latour zur Weltlage», in: «Neue Zürcher Zeitung», 25. April 2002.

lichen Saturn/Pluto-Aspekten zu spektakulären Rücktritten wegen Amtsmiss-
brauch kommen wird. Vielleicht ist die Ernüchterung irgendwann gross genug,
dass es zu einer Erneuerung der Politik nach einer jahrzehntelangen Haltung des
Laisser-faire kommt. Eine Art «Reformation» der Art zu politisieren könnte in
einzelnen Ländern stattfinden. Dies wird sich aber auch nicht immer steuern lassen, und es sind auch eigentliche Revolutionen zu befürchten.

*Wirtschaftliche Entwicklungen*
Aus zyklischen Betrachtungen erscheint in wirtschaftlicher Hinsicht jenes Szena-
rio am wahrscheinlichsten, dass zu Anfang der Zeit mit Pluto im Steinbockzeichen, wenn Saturn gleichzeitig dazu ein Quadrat bildet – was Ende 2009 und 2010
der Fall ist – die Börse einen Tiefpunkt erreicht und die Wirtschaft gedrückt ist.
Vergleichbare Perioden im letzten Jahrhundert waren die Jahre 1973/74, als ebenfalls im kardinalen Kreuz, das letzte Quadrat des Saturn zum Pluto vor der Konjunktion stattfand. Man könnte auch 1939/40 anführen, mit einem vergleichbaren
Quadrat, welches sich aber im fixen Kreuz ereignete. Natürlich war die Zeit von
1939/40 mit dem Beginn des Zweiten Weltkrieges für die Welt dramatischer als jene von 1973/74, einer Periode, während welcher die Menschen lediglich lernen
mussten, an gewissen Sonntagen ohne Auto auszukommen und in Amerika mit
Richard Nixon jemand aus dem Amt gejagt wurde, der die Spielregeln nicht ein-
gehalten hatte. Es könnte jedoch sein, dass aus arabischer Perspektive die Zeit
von 1973/74 als dramatischer und bedenklicher eingestuft würde als 1939/40, denn
zu jener Zeit mussten die arabischen Länder erkennen, dass sie im Krieg gegen Israel keine Chance haben und dem Judenstaat die sechs Jahre früher annektierten
arabischen Gebiete nicht entrissen werden können.
   Eine Situation des wirtschaftlichen Mangels, vielleicht im Zusammenhang mit
Vorgängen im Nahen Osten, ist also für den Beginn der Zeit mit Pluto in Steinbock denkbar, und aus bisheriger Perspektive sogar wahrscheinlich. Allerdings ist
dies abhängig davon, ob die Lage im Nahen Osten so lange unter Kontrolle oder
zumindest «unter dem Deckel» gehalten werden kann, dass sie nicht schon vorher – zum Beispiel zwischen 2002 bis Mitte 2003 – explodiert. Ähnliches gilt übrigens für die Wirtschaft, deren Entwicklung auch nicht unabhängig von Vorgängen
im Nahen Osten sein dürfte. Gelingt es zwischen 2002 und 2009, eine gewisse
Stabilität aufrechtzuerhalten, so dass die Menschen den Eindruck haben, die
Chancen der Börse hätten sich nicht grundlegend verändert und verschlechtert,
dürfte die Zeit um 2009/10 einen markanten Einbruch mit sich bringen. Ist es andererseits schon vorher zu einem starken Abbröckeln der Kurse gekommen, wird
es sich wohl ebenfalls um ein Tief handeln, aber dieses wird weniger ausgeprägt
sein.
   Tatsache ist, dass bereits am Anfang der Periode von Pluto in Steinbock sich
saturnische Einflüsse so stark verdichten, dass eine illusionslose Suche nach dem
wirklich Beständigen und Festen einsetzt und überhaupt die ganze Zeit von Pluto
in Steinbock von einem Gefühl des Ernstes geprägt wird. Zeichen eines verlässli-
chen Aufschwungs dürften erst gegen Ende der Periode spürbar sein. Dies wird

aber von den politischen Gegebenheiten zur Zeit der Saturn/Pluto-Konjunktion des Jahres 2020 abhängen. Das Jahr 2020 ist mit 1914, 1947/48 und 1982 vergleichbar, wobei nur 1914 und 1982 die damaligen Saturn/Pluto-Konjunktionen ebenfalls im kardinalen Kreuz stattfanden.

Im positiven Sinne kann man mit Pluto in Steinbock die Bereinigung unbefriedigender Handelsordnungen und Wirtschaftssysteme erwarten, vielleicht auch verbunden mit einer Erneuerung des Bankwesens. Im negativen Fall besteht die Gefahr, dass mächtige Nationen ihre Macht missbrauchen, um kleinere Staaten wirtschaftlich zu unterdrücken und am Gängelband zu halten. Auch könnte eine Tendenz zu mehr Staat und höheren Steuern aufkommen. Die Frage, wieviel staatliche Kontrolle die Wirtschaft braucht, wird neu gestellt werden, und es sind protektionistische Massnahmen zu befürchten, falls es zu Situationen des Mangels kommt.

Wir sollten nicht vergessen, dass es unter der Uranus/Pluto-Quadratur von 2010–2015 auch zu revolutionären neuen Entdeckungen kommen kann (Uranus wechselt um diese Zeit ins Widderzeichen). Kombiniert man dies mit der Symbolik von Pluto in Steinbock als Macht durch Kontrolle, «Power» und Geld, so kann man sich gut vorstellen, dass zu einer solchen Zeit neue Energiequellen entdeckt oder entwickelt werden, was das ganze Gerangel um Erdölfelder und deren Kontrolle überflüssig machen könnte.

### Gesellschaftliche Entwicklungen

Zur Zeit von Pluto in Steinbock werden sich jene Gesellschaften und Individuen bewähren, die dem Prinzip der Eigenverantwortung und der Selbstdisziplin nachleben. Gesellschaftsmodelle, bei welchen vom Staat viel erwartet wird und die Menschen nicht gelernt haben, für sich selbst zu sorgen, dürften in arge Schwierigkeiten kommen, weil die versprochenen Leistungen nicht erbracht werden können und dann nach Schuldigen gesucht wird. Man kann sich auch fragen, ob Pluto in Steinbock nicht viele jener Sozialsysteme in Frage stellen wird, die mit Pluto in Waage während des vorhergehenden Jahrhunderts entwickelt wurden. So könnte eine der vielen Facetten von Pluto in Steinbock auch über «dramatische Zuspitzungen in Folge Überalterung» zum Ausdruck kommen. Die Staaten und Individuen, die Systeme entwickelt haben, die nicht primär auf den Leistungen künftiger Generationen aufbauen, werden besser dastehen, als solche, die zur Finanzierung der Pensionäre in erster Linie solche Umlagen in Anspruch nehmen. Es ist mit Pluto in Steinbock nicht angebracht, zu viel vom Staat zu erwarten, während sich Selbstdisziplin und eigene Vorsorge bewähren. Es ist aber auch denkbar, dass unter solchen Konstellationen Massnahmen eingeplant werden müssen, wie man ältere Jahrgänge länger in den Arbeitsprozess einbinden kann.

### Andere astrologische Einflüsse in der Zeit von Pluto in Steinbock

Die Zeit von Pluto in Steinbock beginnt mit Neptun in Wassermann und Uranus in Fische, einer Rezeption, welche bereits die Jahre ab 2003 prägte. Ab 2010/11 wechseln aber Uranus ins Widder- und Neptun ins Fischezeichen, eine Konstellation, die bis 2018/19 anhält und damit das zweite Jahrzehnt des 21. Jahrhunderts bestimmt. Die Kombination von Pluto in Steinbock und Uranus in Widder vermittelt etwas Pionierhaftes und ein Bedürfnis, Aufgaben mit frischem Elan, aber auch mit viel Beharrlichkeit anzupacken. Wenn wir in die Vergangenheit zurückblicken, so erinnert uns diese Kombination an die Zeit um 1850 herum, als eine dreifache Uranus/Pluto-Konjunktion Ende Widder stattfand und Neptun sich ebenfalls im Fischezeichen befand. Dies war nach sozialen Unruhen Ende der vierziger Jahre des 19. Jahrhunderts die Periode der Restauration und einer starken Industrialisierung. Es gab viele unternehmungslustige Menschen, und die Auswanderung nach Amerika (auch im Zusammenhang mit dem Goldrush) erreichte einen Höhepunkt.

Weitere Parallelen zur kommenden Periode können wir mit Uranus ebenfalls im Widderzeichen und Pluto in Krebs – die beiden im Quadrat zueinander – für den Beginn der dreissiger Jahre des letzten Jahrhunderts erkennen. In diesem Fall führte ein Zusammenbruch der Weltwirtschaft und eine bedrückende materielle Situation viele Menschen dazu, die Erneuerung auf eine starke Führungs- oder Führerpersönlichkeit zu projizieren. Dies ergab in den USA einen neuen Sozialkontrakt mit dem «New Deal» von F. D. Roosevelt und in Europa Chancen für den Nationalsozialismus in Deutschland und den Faschismus in Italien und Spanien. Neptun befand sich in dieser Halbzeit zwischen den 1850er und den 2010er Jahren – beide mit Neptun in Fische – in den dreissiger Jahren des letzten Jahrhunderts im Jungfrauzeichen. Dementsprechend gab es chaotische und zersetzende Zustände im Arbeitsbereich (Jungfrau), was mit Neptun in Fische nun nicht in dieser Form angezeigt ist, aber über das Thema der Flüchtlingsströme zum Ausdruck kommen könnte.

Dem Spannungsaspekt zwischen Uranus und Pluto und der Kardinalität beider Stellungen mit Uranus in Widder dürfte ein Erneuerungsdrang gemeinsam sein, welcher ein pionierhaftes Verhalten nahe legt und vielleicht auch zu einer Welle von Erfindungen führt. Die Menschen sind bereit, neue Wege zu gehen, und es ist anzunehmen, dass dies im Westen im wesentlichen auf der individuellen Ebene stattfinden wird. Es gibt aber auch Länder, in denen ein Demokratisierungsprozess entweder noch nicht stattgefunden hat oder in den Anfängen steckt, und in diesen Staaten könnte – falls eine Frustration über die bisherige Rolle des Landes im internationalen Staatengefüge besteht – diese Konstellation zu ähnlichen Prozessen führen wie in den dreissiger Jahren des 20. Jahrhunderts in Europa. Dann werden da und dort Volkstribune und Diktatoren das Bedürfnis der Masse nach Veränderung kanalisieren und über markige Parolen und Forderungen zum Ausdruck bringen.

Diesen recht tatkräftigen Komponenten, die über Uranus und Pluto zum Ausdruck kommen, steht mit Neptun in Fische eine andere Dimension gegenüber, die vor allem die Sehnsüchte der Epoche charakterisiert. Neptun in Fische wird übrigens für die ganze weitere Periode mit Pluto in Steinbock anhalten, bis es 2025, als Pluto dann bereits in Wassermann steht, zu einem Wechsel ins Widderzeichen kommt.

*Tabelle 8*

## Astrologische Konstellationen während der Zeit
## von Pluto in Steinbock (2008–2024)

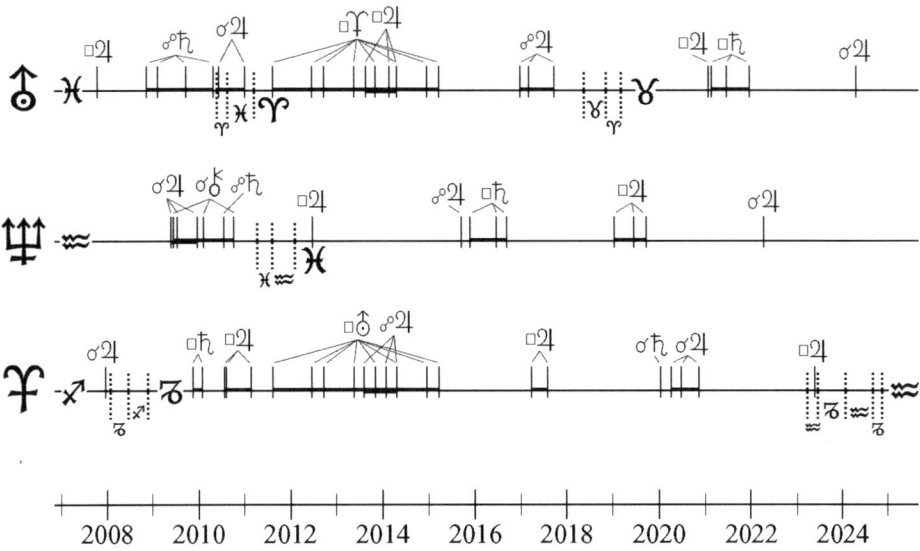

# Pluto in Wassermann

April 2023 – Januar 2044
Übergangszeit Steinbock – Wassermann: 2023 – 2024
Übergangszeit Wassermann – Fische: 2043 – 2044

### Astrologische Symbolik

Mit Pluto in Wassermann sind umwälzende Erfahrungen in Freundschaften, im Umgang mit politischen und sozialen Systemen und im Bereich der Innovation, des Einführens von neuen Modellen und Betrachtungsweisen zu erwarten. Entdeckungen stehen an, und die Freude an der individuellen Selbstverwirklichung zusammen mit Gleichgesinnten vermittelt Auftrieb. Man hat Spass daran, bisherige Systeme und Sicherheiten durch frische Konzepte zu ersetzen. Dies sind Zeiten des Umbruchs, bei denen es auf der kollektiven Ebene um neue Ideale und Weltbilder geht. Allerdings kann man auch «das Kind mit dem Bade ausschütten» und manche, die durch eine neue Sicht der Dinge oder ein revolutionäres Modell eine Macht erhalten, die sie vorher nicht hatten, können im Halten und Haften ebenso hartnäckig sein wie die Vertreter jener Systeme, gegen die sie vorher ankämpften. Dies ergibt dann das Bild des Diktators im Kleinen und im Grossen, der aufgrund der Begeisterung für das Neue, die er ausstrahlt, hochkommt, dann aber, wenn er oben angelangt ist, frische Impulse abwürgt und Andersdenkende unterdrückt. Dabei kann mit der Verbindung zwischen Pluto und Wassermann die Vorgehensweise radikal, unsentimental und ohne Rücksicht für das Gewachsene und Bewährte ausfallen. Diese Kombination hat damit etwas vom Gigantischen, Prometheischen, welches durch seine Hybris die Götter herausfordert. Es wird aber auch erfrischend sein, dass Pluto in Wassermann überholte wirtschaftliche, gesellschaftliche und politische Modelle, die in den meisten Fällen bereits unter Pluto in Steinbock getestet und in Frage gestellt wurden, herunterreisst und durch Konzepte ersetzt, die der neuen Zeitqualität entsprechen. Diese Konstellation trägt zur Individualisierung und Humanisierung leblos gewordener Strukturen bei und flösst neuen Elan ein.

### Frühere Perioden mit Pluto in Wassermann

#### 1778–1798: Entdeckung des Uranus, erster bemannter Flug, Revolution

Die Periode beginnt mit einem Bündnis zwischen Frankreich und den Vereinigten Staaten, die sich kurz vorher für unabhängig erklärt haben. Frankreich unterstützt die Amerikaner in ihrem Unabhängigkeitskrieg gegen die Briten, und dies führt zu einer katastrophalen Überbeanspruchung des französischen Staatshaushalts. Vor dieser gefährlichen Entwicklung warnt der französische Finanz-Generaldirektor Jacques Necker 1780 eindringlich, worauf er 1781 von König Ludwig XVI. entlassen wird. Die Unterstützung der amerikanischen Armee durch Frankreich ist erfolgreich, und der Einsatz der französischen Flotte in der Schlacht von Yorktown am 19. Oktober 1781 führt zur Kapitulation der Briten vor den Amerikanern und Franzosen. Damit hat sich der neue Staat durchgesetzt, und dies wird 1783 im Frieden von Versailles durch Anerkennung der Vereinigten Staaten als Nation besiegelt. England tritt Gebiete an Frankreich und Spanien, so zum Beispiel Florida, ab.

In Wien geht in dieser Zeit (1780) die Ära Maria Theresias zu Ende und bald wird auch der preussische König Friedrich II., der Grosse, beigesetzt werden (1786). Zuvor haben sich Kursachsen, Preussen und Hannover im Deutschen Fürstenbund zusammengeschlossen (1785).

Am 13. März 1781 entdeckt der Astronom Herschel mit Uranus den sechsten Planeten, womit die astrologische Siebener Reihe, die für Jahrtausende galt, durch ein achtes Prinzip erweitert wird. Uranus wird bald von den Astrologen das Zeichen Wassermann zugeordnet, in welchem – wie sich 150 Jahre später, nach der Entdeckung des Pluto zeigen wird – sich zu jener Zeit Pluto befindet. Im gleichen Jahr beobachtet Joseph Mongolfier, dass Seiden- und Papierreste von den Flammen in seinem Kamin in die Luft getrieben werden. Dies bringt ihn auf die Idee des Heissluftballons und bereits 1783 kommt es zum ersten Mal zur erfolgreichen Luftreise eines Menschen, dies über eine Distanz von zwölf Kilometern.

Einen Überblick zum Alltagsgeschehen vermittelt im Jahr der Entdeckung des Uranus auch der Philosoph Immanuel Kant mit seinem Werk «Die Kritik der reinen Vernunft», welches 1781 erscheint. Darin legt Kant, dessen Horoskop eine auf weniger als zehn Bogenminuten genaue Sonne/Uranus-Opposition aufweist, die Relativität unserer Anschauung dar – so auch, dass wir die Realität in Kategorien von Raum und Zeit wahrnehmen, wie wenn wir quasi eine «Zeit- und Raumbrille» tragen würden. Albert Einstein wird etwas mehr als ein Jahrhundert später als Dreizehnjähriger aus der Lektüre Kants manche Anregung für das Konzept seiner Relativitätstheorie beziehen. Interessant ist auch, dass die Astrologen den Uranus – Herrscher des Wassermannzeichens – als die höhere Oktave des Merkur bezeichnen, und ein Philosoph, der davon nichts weiss, im Jahr der Entdeckung des Uranus ein Werk veröffentlicht, in welchem die Vernunft (Merkur) kritisiert wird, auch in dem Sinne, dass Kant uns darauf hinweist, wie «der ausschliessliche Gebrauch der Vernunft philosophisch notwendigerweise in Sackgassen führt».

Das Wassermannzeichen hat bekanntlich mit Technik zu tun, und es werden nun die Voraussetzungen fur die industrielle Revolution geschaffen: Bei den Spinnereimaschinen gibt es grosse Fortschritte, die 1790 zum Antrieb durch Kraftmaschinen führen, nachdem früher nur der Handbetrieb möglich war. 1783 wird die Dampfmaschine von James Watts, die 1776 zum ersten Mal zum Einsatz gekommen war, so perfektioniert, dass die doppelte Wirkung erzielt wird. Nachdem 1779 in England die erste gusseiserne Brücke der Welt gebaut wird, kommt es 1784 ebenfalls in Grossbritannien zur Stahlherstellung durch das sogenannte «Puddel-Verfahren». Damit werden Voraussetzungen für eine Weiterentwicklung der Stahlindustrie geschaffen.

*Französische Revolution*

Frankreich hat sich in den USA stark verausgabt, und es droht 1787 der Staatsbankrott. Wieder einmal wird der Finanzminister entlassen, und man holt 1788 den sieben Jahre früher abgesetzten Generalkontrolleur der Finanzen, Jacques Necker, zurück ins Amt. Die französische Staatskasse hat inzwischen den Bankrott erklärt, und es werden die Generalstände einberufen. Nachdem Necker am 11. Juli 1789 noch einmal vom König entlassen wird, brechen Unruhen aus, und es werden Volksmilizen («Nationalgarden») gebildet. Drei Tage später kommt es am 14. Juli 1789 mit dem Sturm auf die Bastille zur Französischen Revolution. Bereits im August 1789 werden von der französischen Nationalversammlung die Menschen- und Bürgerrechte proklamiert – ein Meilenstein in der Rechtssprechung. Damit bekennen sich zwischen 1783 und 1789 zwei Staaten, die USA und Frankreich, zu einem modern anmutenden Katalog von Rechten und Freiheiten, die in bisher nicht dagewesener Form Ideale des Wassermannzeichens verkörpern. Das ganze geistige Gut der Aufklärung findet darin seinen Niederschlag.

Allerdings bleibt es nicht dabei. Nachdem Kirchenbesitz zur Deckung der Schulden verstaatlicht und Erbadel abgeschafft wird, kommt es ab 1792 zu einem allgemeinen Widerstand der Monarchien Europas gegen die Revolution. Diese wird auch immer radikaler, und gipfelt 1793 in der Hinrichtung König Ludwigs XVI. Ab 1794 herrscht dann der sogenannte «Terror»; die Guillotine ist permanent im Einsatz, und die meisten Revolutionäre landen nacheinander selbst auf dem Schaffott. Längst ist zur Abwehr von Angriffen von aussen die allgemeine Wehrpflicht eingeführt worden.

Mit der Zeit trübt sich auch das Verhältnis zu den USA. Während zu Beginn der Französischen Revolution die meisten Bürger der USA auf der Seite der Revolutionäre standen, verschiebt sich das Verhältnis bald einmal, worauf die USA über ihren Präsidenten George Washington die Neutralität gegenüber den kriegführenden Mächten Europas erklären. Die kreditsuchenden Franzosen werden abgewiesen.

Dennoch scheint es, dass die Zeitqualität nicht nur die Amerikaner, sondern auch das revolutionäre Frankreich begünstigt. 1795 kann sich zum ersten Mal der 26jährige Brigadegeneral Napoleon Bonaparte in der Niederschlagung eines royalistischen Aufstandes in Paris profilieren, und er wird zum Dank im darauffolgenden Jahr zum Oberbefehlshaber der Armee in Italien ernannt. Schliesslich unterstützt er 1797 einen Staatsstreich, der ihn bald offiziell an die Macht bringen wird. Auch für die Schweiz ist der Zeitpunkt für eine Erneuerung gekommen. Nach der Besetzung durch französische Revolutionstruppen wird die Eidgenossenschaft 1798 zur Helvetischen Republik erklärt. Die neue Verfassung wird am 12. April 1798 von den meisten Kantonen angenommen.

*1532–1553: Reformation und Gegenreformation, Heinrich VIII. gründet*
*eigene Kirche*

Kaum ist Pluto ins Wassermannzeichen getreten, fordert der englische König Heinrich VIII. den Papst heraus. Er will sich von seiner Frau Katharina von Aragonien scheiden lassen, weil sie ihm keinen Sohn geboren hat und seine Geliebte Anna Boleyn heiraten. Damit lässt er im Anschluss an einen Parlamentsbeschluss seine Ehe mit Katharina durch den Erzbischof von Canterbury, dem ranghöchsten englischen Geistlichen, für nichtig und seine neue Ehe mit Anna für gültig erklären. Darauf wird er vom Papst exkommuniziert. Die kirchlichen Pfründe, die dem Papst zustanden, lässt er nun einziehen, hebt die kirchlichen Privilegien auf und verbietet finanzielle Abgaben an Rom. Er wird in der Folge insgesamt sechsmal heiraten, wobei er zwei seiner früheren Ehefrauen hinrichten lässt. Einzig seine sechste und letzte Frau Katharina Parr wird ihn überleben. Heinrichs zweite Eheschliessung und Exkommunikation erfolgen 1533, die Gründung der anglikanischen Staatskirche mit dem König als Oberhaupt 1534.

Im Gegensatz zur katholischen Kirche steht auch Jean Calvin, der im Jahre 1541 in Genf eine neue reformierte Kirchenordnung durchsetzt. Dabei wird, ähnlich wie bei der anglikanischen Kirche, eine Einheit von geistlicher und politischer Herrschaft hergestellt. Verstösse gegen diese Ordnung werden durch schwere Strafen bis zur Hinrichtung geahndet.

Diese Gebietsverluste der katholischen Kirche werden durch Eroberungen auf dem amerikanischen Kontinent wettgemacht. Allerdings sind problematische Repräsentanten des Christentums am Werk. Nach dem der Konquistador Hernán Cortés das im heutigen Mexiko gelegene Aztekenreich erobert hat, zerschlägt Francisco Pizarro im Jahre 1533 das Inkareich und lässt den Inkaherrscher trotz Zahlung eines enormen Lösegelds ermorden. Spanien versucht zwar, solche Praktiken der Gesetzlosigkeit einzuschränken, und erlässt Gesetze, die zum stufenweisen Abbau der Sklaverei führen sollen, aber die Konquistadoren halten sich nicht daran. Zuhause geht es den Menschen auch nicht viel besser, denn der Papst versucht, die Gegenreformation durch die Einrichtung römischer Inquisitionsgerichte zu stärken.

Von anderen Motiven angetrieben sind einzig die Jesuiten, deren Orden 1534 von Ignatius von Loyola gegründet wird. Wo sie in die Kolonien reisen, zum Beispiel nach Brasilien, bemühen sie sich, die Indianer vor Misshandlungen und Versklavung zu schützen. Sie erzielen sogar in Japan Missionserfolge.


*Gold und Sonne stehen im Mittelpunkt*
Während die spanischen Konquistadores auf ihrer Suche nach Gold auch Florida erobern, macht sich der deutsche Konquistador Philipp von Hutten im nördlichen Südamerika auf die Suche nach dem sagenumwobenen Goldland Eldorado. Er muss unverrichteter Dinge abziehen. Hingegen kommt zu jener Zeit die Sonne, der astrologisch die Herrschaft über das Element Gold zugesprochen wird, auf andere Art zu ehren: Kurz vor seinem Tod veröffentlicht der deutsche Astronom Nikolaus Kopernikus im Jahre 1543 eine Sammlung von Schriften über die Kreisbewegung der Himmelskörper. Darin wird die Überzeugung vertreten, die Sonne stehe im Mittelpunkt, um welchen die Planeten ihre Bahnen drehen. Diese Auffassung bedeutet eine Abkehr von den bisherigen Vorstellungen über die Stellung des Menschen in der Welt und im Kosmos. Astrologisch gesehen ist interessant,

dass Kopernikus seine revolutionären Ideen über die prominente Rolle der Sonne zur Zeit von Pluto in Wassermann, Gegenzeichen zum von der Sonne beherrschten Löwezeichen, und mit Uranus im Löwezeichen veröffentlicht. Dem Begriff Revolution, welchen er für Drehungen von Planeten in seinem Werk «De revolutionibus orbium coelestium libri VI» für die Umdrehung von Planeten um ihre Achse verwendet, wird man einen Plutoumlauf später, noch einmal im Zusammenhang mit der Entsprechung der Französischen Revolution begegnen. Beide Male tut sich für die Menschheit ein neues Weltbild auf. Wir haben allen Grund anzunehmen, dass wir mit Pluto wieder in Wassermann, zirka 490 Jahre nach der Veröffentlichung des Buches von Kopernikus und 245 Jahre nach der Französischen Revolution in den dreissiger Jahren des 21. Jahrhunderts erneut mit ähnlich bahnbrechenden und revolutionierenden Erkenntnissen in Berührung kommen könnten. Übrigens stand beide Male mit Pluto in Wassermann, 1543 und 1789, Uranus im Löwezeichen. Dies wird um 2040 noch einmal der Fall sein.

### Eine Vielfalt von interessanten Persönlichkeiten

Es gibt noch andere Möglichkeiten sich mit dem Symbol der Sonne und des Goldes auseinanderzusetzen. So strebten die Alchemisten nach einer Selbstwerdung des Menschen durch Umwandlung der Stoffe und des Stofflichen, was häufig beschrieben wurde als der Versuch, aus anderen Metallen Gold zu machen.

Bezeichnend mag für die Epoche mit Pluto in Wassermann auch sein, dass berühmte Freidenker, wie der namhafte Naturphilosoph und Okkultist Agrippa von Nettesheim, Autor des Werkes «Drei Bücher über die okkulte Philosophie oder Magie», in dieser Zeit, 1535, sterben. Wegen des Widerstandes der katholischen Kirche musste er allerdings seine Lehren widerrufen. Wenig später stirbt ein Zeitgenosse von ihm, der berühmte Arzt und Naturforscher Paracelsus in Salzburg (1541). Dies ist nicht alles: In diese Zeit (1536) fällt auch der Tod des bedeutendsten europäischen Humanisten Erasmus von Rotterdam in Basel. Er wandte sich gegen den Krieg, den Hochmut des Adels und trat für ein tolerantes Christentum ein.

### Eigenwillige Herrscher

In dieser Periode von Pluto in Wassermann haben wohl nur Gelehrte und Könige Möglichkeiten, eigene Anschauungen zu entwickeln und zu vertreten. Die Gelehrten müssen allerdings an den Gerichten der Inquisition vorbeikommen, und dies ist nicht immer einfach. Das Volk hingegen hat noch herzlich wenig zu melden, und es kann froh sein, wenn es nicht einem kriegs- oder blutrünstigen Herrscher ausgesetzt ist. Tatsächlich treten die damaligen Könige und Fürsten als markante und eigenwillige Persönlichkeiten in Erscheinung. Dies bekommen die Ehefrauen von Heinrich VIII. zu spüren, während der französische König Franz I. ständig daran ist, sich mit Kaiser Karl V. um Italien zu bekriegen. Heinrich VIII. und Franz I. sterben Anfang 1547 im Abstand von bloss zwei Monaten. Übrig bleibt Kaiser Karl V., der, was Italien betrifft, gegen Franz I. den Sieg davongetragen hat. Gleichzeitig mit dem Tod der beiden Könige Heinrich VIII. und Franz I.

kommt im fernen Russland aber auch ein finsterer Herrscher zu Macht und Ansehen: Russland erhält mit Iwan dem Schrecklichen seinen ersten Zar. Er regiert sein Land mit eiserner Hand und brutaler Grausamkeit, legt aber auch den Grundstein für ein zentralistisch regiertes russisches Reich.

*Landnahme auf dem nordamerikanischen Kontinent*
Wir haben gesehen, dass beim nächsten Plutotransit durch das Wassermannzeichen die USA ihre Unabhängigkeit erlangen. Interessant ist, dass die ersten Kolonisierungen des nordamerikanischen Kontinents zur Zeit von Pluto in Wassermann stattfanden. So landen die Franzosen 1534 in Neufundland, Kanada. Der Seefahrer Cartier befindet sich auf der Suche nach dem nordwestlichen Seeweg nach Asien. Er erklärt das Land, welches er neu gefunden hat, zum Besitz der französischen Krone. Allerdings war schon jemand im Auftrag Englands (John Cabot) dort, und die Auseinandersetzungen zwischen Frankreich und England um dieses Gebiet werden sich bis ins 18. Jahrhundert fortsetzen. Cartier stösst auf dem Sankt-Lorenz-Strom bis zum Punkt vor, an welchem er Montreal gründet (1535). Nur wenige Jahre später landen die Spanier auf Florida, so dass der nordamerikanische Kontinent von Norden und von Süden her in Besitz genommen wird, lange bevor die «Mayflower» englische Puritaner mit ihren Familien auf das künftige Gebiet der Vereinigten Staaten bringt, was man gewöhnlich als die «Landung der Pilgerväter» und damit als erste erfolgreiche Besiedelung der USA bezeichnet.

**Andere Einflüsse beim nächsten Transit von Pluto durch Wassermann**
Der nächste Durchgang von Pluto durch das Wassermannzeichen liegt zeitlich zu weit weg, um sich zum Zeitpunkt, an dem diese Zeilen geschrieben werden (Frühjahr 2002), konkret und mit Aussicht auf ein Mindestmass an Treffsicherheit zu dieser Periode äussern zu können. Davor liegt die Zeitspanne mit Pluto in Steinbock, und wir müssen auf die in diese Zeit fallende Quadratur zwischen Uranus und Pluto (2010–2016) warten, um ein Gefühl für Pluto in Wassermann zu erhalten. Danach gibt es mit der Saturn/Pluto-Konjunktion von 2020 und der darauffolgenden Saturn/Uranus-Quadratur von 2021 den Beginn eines neuen Saturn/ Pluto-Zyklus von 34 Jahren. So mag ein geeigneter Moment, um konkretere Projektionen für die ab 2023/24 beginnende Periode von Pluto in Wassermann zu entwerfen, etwa um 2015 liegen. Man wird dann ein besseres Gespür dafür haben, was die Verknüpfung von Saturn und Uranus am Anfang des 21. Jahrhunderts bedeutet. Auch ist im allgemeinen ein Zeitrahmen von etwa 5–10 Jahren das Maximum, was man astrologisch konkreter ausleuchten kann, ohne bloss in der abstrakten Kombination der Symbole zu verbleiben.

Wer sich jetzt schon Gedanken über die Zeit mit Pluto in Wassermann machen möchte, wird berücksichtigen wollen, dass Neptun ab 2025 und definitiv ab 2026 ins Widderzeichen tritt, und von dort aus dann wieder ein Sextil zu Pluto macht – eine Verbindung, die sich wegen des schnelleren Laufs des Pluto ab den neunziger Jahren des 20. Jahrhunderts und speziell ab 1995 als Pluto das Zeichen wechselte, verloren hatte. Das Sextil, welches ab 2025 wieder zu tragen kommt, prägt die Verbindung zwischen beiden Planeten bis etwa 2037, kurz bevor der nun schnellere Neptun vom Widder ins Stierzeichen hinüberwechselt. Damit ist auch schon gesagt, dass Neptun in Widder die meiste Zeit des Plutotransits durch den Wassermann begleiten wird.

Wenn wir etwas Ähnliches in der Vergangenheit finden wollen, so müssen wir zwei Plutoumläufe (die etwa drei Neptunumläufen entsprechen) zurückgehen. Dies führt uns in den Zeitraum von 1534–1547. In dieser weiter oben beschriebenen Periode der Menschheit, die mit der Eroberung verschiedener Indianerreiche in Lateinamerika, dem Beginn einer moderneren Form der Medizin und dem Aufkommen des kopernikanischen Weltbildes zusammenfiel, war die Neugierde der Menschen enorm. Sie erkundeten nicht nur neue Kontinente und fanden Erklärungsmodelle der Wirklichkeit, die einen Bruch mit der Vergangenheit darstellten, sie wandten sich mit dem Humanismus und über die Alchemie auch zeitlosem altem Wissen aus anderen Kulturkreisen zu.

Wir können uns vorstellen, dass diese Zeitqualität die Periode von 2025–2039 ebenfalls prägen wird. Hinsichtlich des uranischen Pols wird es allerdings einen Unterschied geben. Während der letzten beiden Epochen mit Pluto in Wassermann gab es im Verlauf dieser Periode eine Opposition zwischen Pluto und Uranus – Herrscher des Wassermanns –, das heisst jeweils um 1540 und um 1793/94. Nächstes Mal ereignet sich diese Opposition erst um 2047/48, wenn sich Pluto bereits im Fischezeichen befindet.

*Tabelle 9*

## Astrologische Konstellationen während der Zeit
## von Pluto in Wassermann (2023–2044)

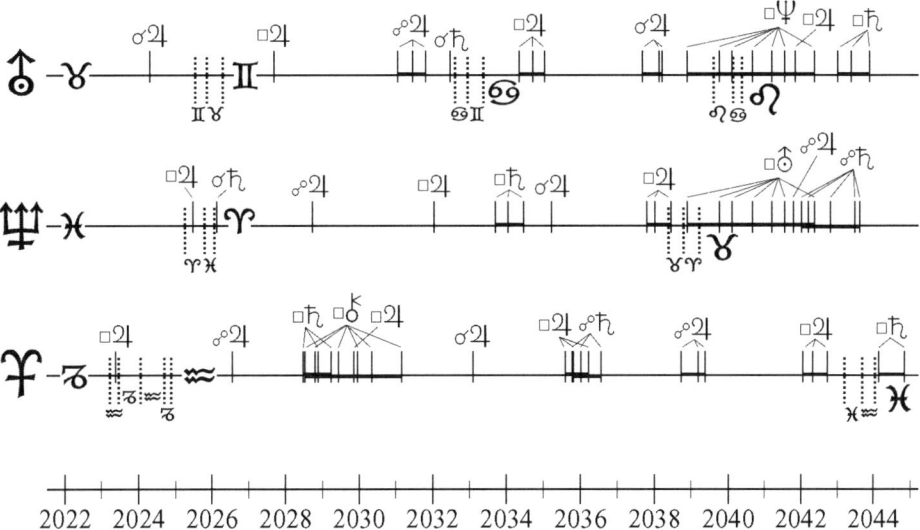

# Pluto in Fische

März 2043 – Februar 2068
Übergangszeit Wassermann–Fische: 2043–2044
Übergangszeit Fische–Widder: 2066–2068

### Astrologische Symbolik

Pluto in Fische bringt dem Menschen näher, dass es verschiedene Welten gibt, die parallel nebeneinander existieren. Das, was «gefaltet» und deswegen unerkannt vor einem liegt, kann «entfaltet», das, was nicht gesehen wird, weil eine Decke darüber liegt, kann «entdeckt» werden. Mit dieser Stellung können wir realisieren, dass wir uns unsere Wirklichkeit selbst erschaffen und unsere Vorstellungen sich – wie magisch – im Aussen konstellieren. Umso wichtiger ist es deshalb, eine Vision einer positiven Entfaltung zu haben, einen Weg zu sehen, der uns weiter führt zu etwas Grösserem und Umfassenderem. Fehlt die Vision, so kann das Leben unerträglich werden, weil in der unmittelbaren Umgebung und im Bereich des Materiellen vieles zusammenbricht. Dann machen Ängste und nicht bewusst gemachte Aggressionen das Leben zur Hölle. Die Lösung liegt im Transzendieren des Räumlichen und Dreidimensionalen zugunsten einer höheren Dimension, die das Verstandesmässige und materiell Greifbare überschreitet. Dabei gilt, dass die tiefere in der höheren Dimensionalität Platz hat, aber nicht umgekehrt. Indem wir zulassen, dass das Licht des Bewusstseins unsere innere Sphäre erhellt, konstelliert sich das lichte Prinzip auch im Aussen.

Wenn wir versuchen, uns zwanghaft an das Greifbare als das Sichere und Beständige zu halten, kommen wir in Berührung mit der Macht des Verborgenen, nicht Sichtbaren und erleben ein Gefühl von Ohnmacht. So geht es darum, ein Vertrauen in die stattfindenden Veränderungsprozesse zu entwickeln, im Bewusstsein, dass eine lenkende Hand dafür sorgt, dass wir unserer Bestimmung zustreben. Dabei mögen wir erkennen, dass wir den Weg, den wir einschlagen, wählen können, jedoch nicht das Ziel. Letzteres erreichen wir dann, wenn wir den uns entsprechenden Weg gehen nach dem Motto: Der Weg ist das Ziel. Dabei hilft der Glaube an das Vorhandensein einer höheren Ordnung.

So verlangt Pluto in Fische nach einem überpersönlichen oder im weitesten Sinne religiösen Bewusstsein. Welche Erfahrungen wir mit dieser Stellung machen, hängt nämlich ganz wesentlich von den eigenen Motivationen ab. Je ichbezogener diese sind, umso eher gibt es Probleme. Befreiend wirkt es, von einer über das Ich hinausgehenden Vision getragen zu sein und in dem, was man tut, eine Haltung des Dienstes an der Sache zu pflegen.

Pluto in Fische bringt uns in Berührung mit dem Thema des Glaubens und der Religion. Allerdings kann Religion auch trennend wirken, wenn sie nicht verbindet wie es das Wort *re-ligio* nahelegt, sondern nicht Zugehörige ausschliesst. Die Neigung monotheistischer Religionen einen Ausschliesslichkeitsanspruch geltend zu machen, kann mit Pluto in Fische schnell einmal zu Religionskämpfen führen und zur Projektion des Schattens auf Andersgläubige.

Das Bedürfnis nach Transzendenz und das Interesse für alles, was entrückt ist und nicht zum Alltag gehört, kann in einer weniger befriedigenden Entsprechung auch zu einer Flucht vor persönlichen Stellungnahmen und Verantwortung führen. Möglicherweise wird eine überpersönliche Haltung auch dadurch simuliert, dass man sich auf «Gott» beruft, um unbewusste persönliche Anliegen zu rechtfertigen und durchzusetzen wie auch Unliebsames auf andere zu projizieren. Im Extremfall gehen dann verschiedene Gruppen im Namen ihres jeweiligen Gottes auf einander los. Statt sich um eine klärende Kommunikation zu bemühen, ruft man den «Heiligen Krieg» aus und wird selbst zum Märtyrer oder man bringt andere in diese Rolle. So gibt es mit Pluto in Fische ebenso wie mit Pluto in Schütze Phänomene des religiösen Wahns. Die potenziell positive Kraft des Glaubens und des Idealismus nimmt dann zwanghafte und fanatische Züge an.

### Frühere Transite von Pluto durch das Fischezeichen

Bevor frühere Epochen mit Pluto in Fische, welche auf Grund des Plutozyklus rund 245 Jahre auseinanderliegen, besprochen werden, mag es nützlich sein, sich zu vergegenwärtigen, dass es auch andere astrologische Kombinationen gibt, die eine Ähnlichkeit mit Pluto in Fische aufweisen. So kommt es alle 492 Jahre zu einer Konjunktion zwischen Neptun, dem Herrscher des Fischezeichens und Pluto. Die letzte solche Konjunktion fand 1891/92 statt, und die Entsprechungen, die dieser Konstellation folgten, haben manche Parallelen mit jenen Themen, die wir mit Pluto in Fische erwarten können. So wurden während des der letzten Neptun/Pluto-Konjunktion folgenden Jahrzehnts zwischen 1895 und 1905 verschiedene Entdeckungen gemacht, die aufzeigten, dass es im Bereich der Materie nichts Bleibendes und Festes gibt. 1895 wurden die Röntgenstrahlen entdeckt, ein Jahr später wies der Physiker A. H. Becquerel nach, das Uran zerfällt und radioaktive Strahlung abgibt. Dem folgten die Formulierung der Quantentheorie durch Max Planck (1900) und der Relativitätstheorie durch Albert Einstein (1905). Die Überwindung der Fixierung auf das Räumliche und ein erstes Gefühl für ein Raum-Zeit-Kontinuum vermittelte auch das Aufkommen des Films als Darstellung bewegter Abläufe, die Entwicklung der ersten Motorflugzeuge und die ersten Entwürfe zur abstrakten Malerei. Wir können uns für die künftige Periode von Pluto in Fische ähnliche tiefgreifende Veränderungen des menschlichen Bewusstseins vorstellen. Vielleicht geschieht dies auch in der Form, dass Zusammenhänge, die bisher erst über abstrakte, wissenschaftliche Konzepte zum Ausdruck kamen, seelisch und geistig von breiten Schichten der Bevölkerung integriert werden.

Im weiteren können wir uns von früheren Stationen von Pluto in Fische inspirieren lassen, wobei – wie immer bei solchen Vergleichen – zu berücksichtigen ist, dass die Menschheit sich inzwischen an einem ganz anderen Punkt in ihrer Entwicklung befindet.

*1797–1823: Napoleon – ein feurig-visionärer Eroberungsdrang, gefolgt von Wirren*
Wenn wir uns fragen, ob es für die Zeit von 1797–1823 (oder 1799–1821, mit Pluto permanent im Fischezeichen) einen gemeinsamen Nenner gibt, dann ist das sicher die Epoche des Aufstiegs und Falls Napoleon Bonapartes. Im September 1797 beteiligt er sich an einem Staatsstreich, welcher ihm zum ersten Mal grössere Macht sichert, dann im November 1799 an einem zweiten Putsch, der ihm die absolute Macht verleiht. Er stirbt dann 1821 in der Verbannung. Dabei mögen sich allerdings manche fragen, was diese napoleonische Episode der Geschichte mit Pluto in Fische für eine Bewandtnis hat. Die Tatsache, dass Napoleon auf einer Insel (Korsika) zur Welt kam und ebenfalls auf einer Insel (St. Helena) starb, erscheint dabei wohl eher als Nebenerscheinung. Wesentlicher ist zweifellos, dass er den Franzosen wie auch einigen Völkern, die unter autoritären Herrschern litten, zeitweilig eine Vision vermittelte. Der unter seiner Leitung entwickelte Code civil schrieb wichtige Errungenschaften der Französischen Revolution gesetzlich fest, und dieser wurde auch in den von Frankreich beherrschten Ländern eingeführt. Darin finden sich so modern anmutende Rechte wie die Gleichheit aller Bürger vor dem Gesetz, die Freiheit des Individuums, des Eigentums und des Gewissens, sowie Trennung von Staat und Kirche und obligatorische Zivilehe. Allerdings rettete die Vision, die Napoleon hatte, ihn nicht vor dem Fall und der diesem folgenden Ernüchterung. Wahrscheinlich hat sie diesen sogar beschleunigt. Wenn man von einer Überzeugung getragen ist, die andere mitreisst, so dass sich anfängliche Erfolge schnell einstellen, lässt man sich von seiner Mission eher berauschen und täuschen, als wenn man sich alles hart und mühsam erarbeiten musste.

So ging in einer ersten Phase alles beinahe zu gut und ohne viel Anstrengung. Als jedoch Pluto in die Mitte des Fischezeichens kam und ein Quadrat zu Neptun in Schütze bildete, krachte das etwas vorschnell aufgerichtete Kartenhaus zusammen. Aufstieg und Fall, beflügelnde Vision, gefolgt von Zusammenbruch und Ernüchterung: Dies sind häufige Entsprechungen von Pluto in Fische.

Aus der Sicht der vom napoleonischen Abenteuer betroffenen Menschen lässt sich sagen, dass von 1797–1812 ein ganzer Kontinent unüberblickbaren Entwicklungen ausgesetzt war. Gängige Wertsysteme mussten aufgegeben werden, um neuen zu weichen, worauf, nach der Niederlage von Napoleon in Russland im Jahre 1812 vieles wieder rückgängig gemacht wurde. Fürsten und Könige schafften die liberalen Verfassungen wieder ab, und der Wiener Kongress von 1814/15 war Anlass für die Restauration, die Wiederherstellung der Grenzen von 1792, verbunden mit der Wiedereinrichtung absolutistisch-monarchistischer Herrschaftssysteme mit Gesetzen, die die Abwehr nicht staatskonformer Bestrebungen zum Ziele hatten. Nationalstaaten wurden verankert, die die Assimilierung von Minderheiten erzwangen. Die von aussen angeordnete Liberalisierung war den meisten Völkern zu viel gewesen, und sie sehnten sich wieder zurück nach vertrauten, häufig feudalistischen Hierarchien. 1814 ist also der Spuk vorbei, und es wird in Frankreich mit Ludwig XVIII., dem Bruder des 1793 hingerichteten Königs Ludwig XVI. das monarchische System in Form einer konstitutionellen Monarchie wieder errichtet. Man orientiert sich dabei am britischen Vorbild.

## Sieg der Seemacht England

Grossbritannien startet die Periode von Pluto in Fische mit einem Sieg der Briten über die Franzosen in Ägypten. So gelingt es Admiral Nelson 1798, die im Nildelta in der Bucht von Abukir vor Anker liegende französische Flotte durch Überraschung fast vollständig zu vernichten. Damit verliert Frankreich die Nachschubwege für seinen Ägypten-Feldzug. Eine Stärkung erfährt Grossbritannien 1801 auch durch die Union zwischen Grossbritannien und Irland. In der Folge ist man sehr froh, auf einer Insel zu sein, denn Napoleon bricht 1803 einen im Vorjahr abgeschlossenen Frieden mit Grossbritannien. Wie Adolf Hitler 130 Jahre später, beschäftigt er sich mit Plänen zur Eroberung Grossbritanniens und lässt Versuche anstellen, ob sich die Engländer aus Ballon-Gondeln angreifen lassen. Die Idee wird wieder verworfen, denn Luftballons sind zu stark vom Wind abhängig und können keine grosse Traglast befördern. 1805 kommt es unter der Leitung von Nelson noch einmal zu einer Seeschlacht bei Trafalgar, wo der Grossteil der französisch-spanischen Flotte vernichtet wird. Damit sichern sich die Briten die Herrschaft über die Ozeane. Während Grossbritannien in der Folge der napoleonischen Eroberungen gegen Frankreich eine Seesperre verfügt, errichtet Napoleon gegen Grossbritannien eine Kontinentalsperre. Sämtliche Häfen und Küsten des europäischen Kontinents werden für den Handel mit England und britischen Gütern gesperrt. Dies wird 1812 zwischen USA und Grossbritannien zum Krieg führen.

## Unabhängigkeitskämpfe in Lateinamerika

Die Vorgänge in Spanien, welches neu von König Joseph Bonaparte regiert wird, lösen Unabhängigkeitsbestrebungen in zahlreichen lateinamerikanischen Staaten aus, so zum Beispiel in Argentinien, Bolivien, Chile, Mexiko und Peru. In Argentinien vertreibt eine einheimische Junta die Spanier, während Nationalheld Simon Bolivar in Venezuela eine Republik errichtet. Mexiko wird nach einem Kampf gegen die spanischen Kolonialherren, der seit 1810 andauert, 1813 unabhängig. Teilweise werden die abtrünnigen Republiken aber zurückerobert. Es ist jedoch ein Prozess in Gang gekommen, welcher bis 1822 zur Unabhängigkeit des ganzen südamerikanischen Kontinents führen wird. Um Eingriffen von Europa in die unabhängig gewordenen spanischen Kolonien Lateinamerikas vorzubeugen, verkündet im darauffolgenden Jahr (1823) der amerikanische Präsident James Monroe die sogenannte Monroe-Doktrin. Darin wird der Grundsatz der politischen Nichteinmischung der europäischen Mächte auf dem amerikanischen Doppelkontinent festgelegt. Lateinamerika wird zum Einflussbereich der USA deklariert.

## Wissenschaftliche und industrielle Fortschritte

Der Beginn der Eisenbahnen fällt in die Zeit von Pluto in Fische. Während die erste, 1803 in England eingeführte Eisenbahn von Pferden angetrieben wird, kommt es im gleichen Jahr (1803) zur Entwicklung der ersten Dampflokomotive. 1814 findet die Methode des Dampfantriebs für Schienenverkehr und Schiffahrt

Anklang. 1819 überquert der erste Dampfer den Atlantischen Ozean (in 25 Tagen).

## *1552–1579: Religionskämpfe zwischen Protestanten und Katholiken, Staatsbankrott, Nostradamus*

In der vorhergehenden Phase von Pluto in Wassermann hatte der eigenwillige König Heinrich VIII. die anglikanische Kirche von Rom losgelöst, um sich – in Übereinkunft mit dem Erzbischof von Canterbury – selbst zum Oberhaupt der englischen Kirche zu machen. Nun weht mit Maria I., die Katholische, die sechs Jahre nach Heinrichs Tod im Jahre 1553 den englischen Thron besteigt, ein anderer Wind. Sie ist die Tochter der ersten Frau Heinrichs VIII., Katharina von Aragonien, von der sich der König scheiden liess, um Anna Boleyn zu heiraten. Aufgrund dieser Situation hatte sie eine freudlose Kindheit, denn sie wurde nach der Wiederheirat Heinrichs für illegitim erklärt. So wuchs sie auch getrennt von ihrer Mutter auf. Nun hat sie die Gelegenheit an Thomas Cranmer, Erzbischof von Canterbury, der die Scheidung ihrer Eltern bewilligt hat, Rache zu üben. Er wird mit der Thronbesteigung von Maria eingekerkert und schliesslich als Ketzer verbrannt. Maria selbst heiratet ein Jahr später den katholischen König Philipp II. von Spanien.

Danach kommt es 1557 zum Krieg zwischen Spanien und Frankreich. Philipp II. will seine Frau Maria I. für den Krieg gegen Frankreich gewinnen, aber sie verweigert die Zusammenarbeit. Dennoch kommt es zu spanischen Erfolgen gegen Frankreich. Der 1559 geschlossene Friede von Cateau-Cambrésis entscheidet dann den Kampf um die Vormachtstellung in Europa zugunsten Spaniens. Frankreich muss zahlreiche Gebiete abgeben. Zuvor hatten die zwei katholischen Grossmächte Spanien und Frankreich 1557 den Staatsbankrott erklärt. Sie verkündeten, sie seien nicht mehr in der Lage, die Zinsen auf die ihnen gewährten Kredite zu bezahlen.

## *Lebendiges Zeugnis der Kunst von Astrologen und Hellsehern*

Frankreich ist in dieser Zeit generell nicht vom Glück gesegnet. Zum Anlass der Hochzeit der französischen Prinzessin Elisabeth mit dem spanischen König Philipp II. wird am 1. Juli 1559 in Paris ein Turnier organisiert. Um 10.00 Uhr morgens tritt der französische König Heinrich II. in die Arena und fordert den Grafen von Montgomery zum Turnier auf. Kaum beginnt der Kampf, passiert das Schreckliche: Ein Teil der Lanze von Montgomery dringt ins Visier des Helms von Heinrich II., sticht ihm ein Auge aus, und er stirbt nach neun Tagen grauenvoller Qualen. Drei Monate zuvor hatte er seinen 40. Geburtstag gefeiert. Nun erinnert man sich daran, dass der Astrologe Gauricus im Jahre 1546 die Königin davon unterrichtet hatte, «dass der König während seines 41. Lebensjahres jeden Einzelkampf meiden sollte, denn eine Wunde am Kopf könnte den Tod nach sich ziehen».

Ähnliches hatte Nostradamus im 35. Vierzeiler der I. Centurie im voraus beschrieben:

«Le lyon jeune, le vieux surmontera
En champ bellique par singulier duelle:
Dans cage d'or les yeux lui crèvera,
Deux classes une, puis mourir, mort cruelle.»

(Der junge Löwe überwindet den alten
Im Turnier beim Einzelwettkampf:
Durch das goldene Visier sticht er ihm die Augen aus
Im dritten Waffengang. Der stirbt dann einen grausamen Tod.)\*

Der Vers war allgemein bekannt, und das Symbol des Löwen war ohne Schwierigkeit Heinrich II. zuzuordnen. Er selbst kannte den Vers ebenfalls, liess sich aber
trotzdem zu einem Wettkampf hinreissen. Dem verstorbenen Heinrich II. folgt
sein fünfzehnjähriger Sohn Franz II., der mit der schottischen Königin Maria
Stuart verheiratet ist, auf den Thron. Die Regentschaft übernimmt die Frau Heinrichs II., Katharina von Medici. Sie wird diese Funktion lange ausüben müssen,
denn bereits ein Jahr später stirbt der junge Franz II. im Alter von 16 Jahren. Dessen Bruder und Thronfolger Karl ist erst zehn Jahre alt. Maria Stuart kehrt nach
dem Tod ihres Mannes Franz II. nach Schottland zurück.

Mit dem Eintritt von Pluto in Fische beginnen die astrologischen und seheri-
schen Publikationen von Nostradamus, der sich vorher als Pestarzt einen Namen
gemacht hatte. 1555 erscheint die Erstausgabe der berühmten Centurien, welche
auch spätere Generationen beschäftigen werden. Noch zur Zeit König Heinrichs II. lädt Katharina von Medici, die begeisterte Okkultistin ist, Nostradamus
an den Hof ein, wo dieser im August 1556 sowohl von ihr als auch vom König mehrere Male in Privataudienz empfangen wird. Ausgerüstet mit Aufträgen astrologischer und medizinischer Art kehrt er danach an seinen Wohnort Salon in Süd-
frankreich zurück, wo er von manchen Fürsten und reichen Kaufleuten aufge-
sucht wird. 1564 erweist ihm Katharina ebenfalls die Ehre, als sie auf einer 28mo-
natigen Reise und königlichen Prozession zusammen mit ihrem minderjährigen
Sohn Karl in Salon halt macht. Nostradamus stirbt zwei Jahre später, aber sein
Ruhm wird ihn derart überdauern, dass er international gesehen, wohl die bekannteste Figur jener Zeit ist. Er hat in kryptischen Versen verschiedene Situationen der späteren Geschichte erstaunlich präzise beschrieben, aber die Nostrada-
mus-Forscher streiten sich immer noch über den zeitlichen Schlüssel für seine
Voraussagen, die man meist erst im Nachhinein zuordnen kann.

*Vom Augsburger Religionsfrieden zur Bartholomausnacht*
Auf dem europäischen Kontinent gibt es während der Periode von Pluto in Fische
hinsichtlich Umgang der Konfessionen miteinander zunächst ermunternde Ansätze, später jedoch bedenkliche kriegerische und bürgerkriegsähnliche Auseinandersetzungen. So kommt es 1555 zum «Augsburger Religionsfrieden», bei wel-

---

\* Übersetzung von Kurt Allgeier; aus: «Die Prophezeihungen des Nostradamus», Wilhelm
  Heyne Verlag, 16. Aufl., München 1988, 1990.

chem im römisch-deutschen Reich die bisherige Religionseinheit aufgegeben und die lutherische Glaubenslehre rechtlich anerkannt wird. Die Reichsfürsten können für ihr Land eine der beiden Konfessionen wählen, und die Untertanen müssen diese annehmen oder auswandern. In den Städten ist es möglich, beide Konfessionen nebeneinander auszuüben. Dies ist für den römisch-deutschen Kaiser und König von Spanien Karl V. eine Niederlage, denn er hätte gerne eine katholische Universalmonarchie errichtet. Sein Erbe wird aufgeteilt, wobei sein Sohn Philipp II. Spanien und Burgund erhält und sein Bruder Ferdinand I. ihm in der Fortführung des Reiches folgt. Philipp II. kann dann sein Reich zu Lasten Frankreichs erweitern, indem in den Niederlanden und Italien Siege errungen werden.

In England folgt 1558 Elisabeth I. ihrer Halbschwester Maria I. auf den Thron. Im Gegensatz zu Maria spielt sie die protestantische Karte aus und wird England zur führenden Seemacht und Vormacht des Protestantismus in Europa machen. Frankreich ist mit dieser Thronfolge nicht einverstanden und bezeichnet Elisabeth als Usurpatorin. Frankreich sähe lieber Maria Stuart auf dem englischen Thron – ein Anspruch, den diese hinsichtlich der Nachfolge Elisabeths ebenfalls anmeldet, als sie 1561 nach Schottland zurückkehrt.

Ab 1562 spitzen sich die Religionskämpfe zu, wobei es in Frankreich zu bürgerkriegsähnlichen Situationen kommt, indem die katholischen und hugenottischen Adelsparteien um die Macht ringen. England unterstützt die Hugenotten, Spanien die Katholiken. Ab 1566 geschieht Vergleichbares in den Niederlanden, wo die Adligen und die Protestanten sich gegen die spanische Herrschaft verbünden. Es kommt zu Aufständen, die vom spanischen König durch Entsendung des Herzogs von Alba, als Statthalter der Niederlande beantwortet werden. Dieser quittiert Appelle für eine massvolle Religionspolitik durch eine Gewaltherrschaft. Parallel dazu muss in Schottland Maria Stuart auf Druck des calvinistischen Adels abdanken. Sie flieht nach England und wird von Elisabeth I. gefangen genommen.

Die religiösen Auseinandersetzungen erreichen 1572 mit einem blutigen Massaker an dreitausend Hugenotten in Paris während der sogenannten Bartholomäusnacht vom 23./24. August 1572 einen traurigen Höhepunkt. In der Folge werden in ganz Frankreich circa zwanzigtausend Hugenotten umgebracht. Den Befehl dazu hat Katharina von Medici gegeben, und es kommt zu grässlichen Szenen, bei welchen der hugenottische Adel massakriert wird unter Beteiligung des jungen Königs Karl IX., der bereits halb wahnsinnig, wild um sich schiesst. Dabei werden die Hugenotten ihrer Führung beraubt. Im protestantischen Europa ist man entsetzt, während der spanische Hof und Rom gratulieren. In den Niederlanden kommt es zunächst zu einer gemeinsamen Front gegen die Spanier unter Leitung von Prinz Wilhelm von Oranien, dann aber zum Schluss der Periode mit Pluto in Fische (1579) zu einer Spaltung zwischen einem calvinistischen Norden und einem wallonischen, vorwiegend katholischen Süden.

*Blütezeiten und Schreckensherrschaften*
1556 übernimmt Akbar der Grosse in Indien die Herrschaft über das islamische Mogul-Reich. Er wird es auf ganz Nordindien ausdehnen und während seiner

fünfzigjährigen Regierungszeit zu hoher kultureller und wirtschaftlischer Blüte führen. Im Gegensatz dazu lebt in Russland der paranoide Iwan der Schreckliche seine Grausamkeit aus. Er entmachtet den altrussischen Adel, die Bojaren, um sich mit einem niederen Dienstadel ein ergebenes Werkzeug zu schaffen. Es kommt im Jahre 1570 in Moskau zu Massenhinrichtungen. Später erschlägt Iwan sogar seinen eigenen Sohn.

*Beginn des Siegeszugs des Tabaks*
Als Christoph Kolumbus Amerika entdeckte, stellte er fest, dass die Einheimischen an Veranstaltungen häufig Tabak rauchten. Weil man glaubt, dass Tabak medizinische Eigenschaften hat, werden Pflanzen nach Europa gebracht. Erst nachdem Pluto ins Fischezeichen getreten ist, findet Tabak jedoch an den verschiedenen europäischen Höfen Eingang: Frankreich 1556, Portugal 1558, Spanien 1559 und England 1665. Daran war Jean Nicot, französischer Botschafter in Lissabon, der Katharina von Medici Tabaksamen sandte, massgeblich beteiligt, so dass die Tabakpflanze *nicotiana tabacum* benannt wird. Nach deren Einführung kommt in Paris das «Schnupfen» allgemein in Mode.

## *1307–1334: Geldgieriger König, schwacher Papst; Sieg der Eidgenossen*
Der damalige Eintritt Plutos ins Fischezeichen im Jahre 1307 wird begleitet von einer seltenen, lediglich alle 680 Jahre stattfindenden Saturn/Uranus/Neptun-Konjunktion. Wahrscheinlich haben beide Stellungen, Pluto in Fische wie auch diese Dreifachkonjunktion einen Bezug zu weltanschaulichen und religiösen Themen, denn die vorhergehende Dreifachkonjunktion dieser Planeten fand drei Jahre nach dem Beginn des Islams und der islamischen Zeitrechnung um 625 statt. Möglicherweise ist auch von Interesse, dass Neptun damals in Skorpion stand, was zu Pluto in Fische eine Rezeption ergibt. Jedenfalls passierten Anfang des 14. Jahrhunderts Dinge, die sehr stark den Charakter des Missbräuchlichen, Korrupten und Chaotischen verkörperten:

Der französische König Philipp IV., der Schöne, hatte grosse Schulden und Geldprobleme. Seine Gläubiger waren insbesondere die Juden und die Tempelritter, welche nach dem Ende der Kreuzzüge über viel Geld und grosse Besitztümer verfügten. Um sich der lästigen Forderungen seiner Gläubiger zu entziehen, lässt Philipp zunächst einmal im Juli 1306 die Juden aus Frankreich ausweisen und deren Güter und Geldwerte einziehen. Dabei wird die Staatskasse davon entbunden, die Schulden, die sie gegenüber den Juden hat, zurückzuzahlen. Das Vorgehen wird damit begründet, dass die christliche Religion die Wucherei verbietet, die Juden jedoch diese betreiben.

Dass der Grund woanders liegt, wird im folgenden Jahr offensichtlich, als Philipp am 13. Oktober 1307 alle Mitglieder des Templerordens festnehmen und deren Vermögen konfiszieren lässt. Als Vorwand dienen ihm Gerüchte über Ketzerei, Sittenverfall und abartige Geheimrituale. Unter der Folter bekennen sich manche Tempelritter zu dem ihnen zur Last gelegten Verbrechen. Viele werden zum Tod auf dem Scheiterhaufen verurteilt. Der Papst Clemens V., der bereits seit

1305 in Avignon und nicht mehr in Rom residiert, unternimmt nichts zur Rettung der Ritter. Überhaupt ist die Autorität des Papstes geschwächt, und der deutsche Kaiser Ludwig IV. ernennt im Jahre 1328 einen römischen Gegenpapst.

Man hat den Eindruck, dass die Anwesenheit von Pluto im Fischezeichen häufig von wichtigen Ereignissen in der Schweiz und in Russland begleitet ist. Zum Beispiel wurde die Schweiz 1798 kurz nach dem Eintritt Plutos ins Fischezeichen zur Helvetischen Republik. Im 16. Jahrhundert wurde Genf mit dieser Konstellation zur Asylstadt für Reformierte, dies ganz besonders nach der Bartholomäusnacht. Russland stoppte 1812 erfolgreich die napoleonische Expansion, und der russische Zar Iwan der Schreckliche stärkte während des Durchgangs Plutos durch das Fischezeichen in der zweiten Hälfte des 16. Jahrhunderts die russische Zentralgewalt. Nun sind folgende Entsprechungen zu vermelden: 1315 siegen die Schweizer Bauern in der Schlacht von Morgarten über die Ritterheere der Habsburger. Nach der Beschwörung des ewigen Bundes der drei Waldstätte vom August 1291 muss Habsburg die Autonomie der Schweizer Eidgenossenschaft definitiv anerkennen. In Russland wird 1328 Fürst Iwan I. vom Khan der Goldenen Horde zum Grossfürsten von Wladimir erhoben. Damit beginnt der Aufstieg Moskaus zur russischen Metropole.

*Frühere Perioden*

Kämpfe zwischen Königen und Päpsten scheinen eine häufige Entsprechung für Pluto in Fische. Während des Durchgangs von 1062–1090 kommt es zu einem Kampf zwischen Papst Gregor VII. und dem römisch-deutschen König Heinrich IV. Zunächst erklärt die Reichssynode in Worms unter dem Vorsitz von König Heinrich IV. 1076 Papst Gregor VII. für abgesetzt. Der Papst antwortet mit der Bannung des Königs. Daraufhin muss der König den Weg nach Canossa antreten, womit er sich dem Papst unterwirft, so dass der Bann aufgehoben wird. Diese Periode entspricht auch der Zeit der Normannen. Sie erobern Sizilien von den Sarazenen zurück. Wichtiger noch: Im Jahre 1066 fällt der Normanne Wilhelm der Eroberer in England ein und besiegt am 14. Oktober den englischen König. Mit der Eroberung verändert sich allerdings Wilhelms Verhältnis zum Papst. Er macht sich selbst zum Oberhaupt der Kirche in England und versucht auf diese Weise den päpstlichen Einfluss einzudämmen.

Während der vorhergehenden Periode von 817–846 gerät im Jahre 824 der Papst wieder unter die Kontrolle des Kaisers. Es wird ein Gesetz erlassen, wonach jeder neugewählte Papst dem Kaiser den Treueeid schwören muss. In dieser Zeit erobern die Araber Sizilien und Süditalien (847), jene Gebiete, die einen Plutozyklus später von den Normannen befreit werden. Auch diese machen in dieser Periode von sich zu reden, allerdings als Plünderer. Sie verwüsten 834 Städte in Friesland, 844 Lissabon und Sevilla, 845 Hamburg.

In der vorhergehenden Phase von 573–602 waren Spanien und England katholisch geworden. An der Christianisierung Englands war Papst Gregor I. durch seine guten Beziehungen zum Frankenreich massgeblich beteiligt. Gregor I., «der Grosse» genannt, gilt als Begründer der weltlichen Macht des Papsttums in Italien.

308

### Andere Einflüsse beim nächsten Transit von Pluto durch Fische

Obwohl der nächste Plutodurchgang durch das Fischezeichen relativ weit in der Zukunft liegt, seien einige markante Stellungen erwähnt, die diese Zeit begleiten. Der Transit beginnt 2043 mit Neptun in Stier, eine Konstellation, die bis 2052 gilt. In dieser Periode ereignet sich aber auch eine Uranus/Pluto-Opposition mit Uranus Anfang Jungfrau, die in den Jahren 2047/48 exakt ist. (In den vorhergehenden 800 Jahren hatten Uranus/Pluto-Oppositionen zur Zeit von Pluto in Wassermann und damit auf der Löwe/Wassermann-Achse stattgefunden.)

Neptun wechselt 2052 ins Zwillingezeichen und er nähert sich danach dem Quadrat zum Pluto, welches zum Ende des Zeitabschnitts um 2065/66 an der Schwelle zum Übergang beider Langsamläufer in das kardinale Zeichenkreuz erreicht wird. Damit ist die lange Periode des Sextilaspektes zwischen Neptun und Pluto, welches die zweite Hälfte des 20. Jahrhunderts bis Mitte der neunziger Jahre und dann wiederum die Periode zwischen 2020 und 2040 beherrschte, endgültig zu Ende.

*Tabelle 10*

## Astrologische Konstellationen während der Zeit von Pluto in Fische (2043–2068)

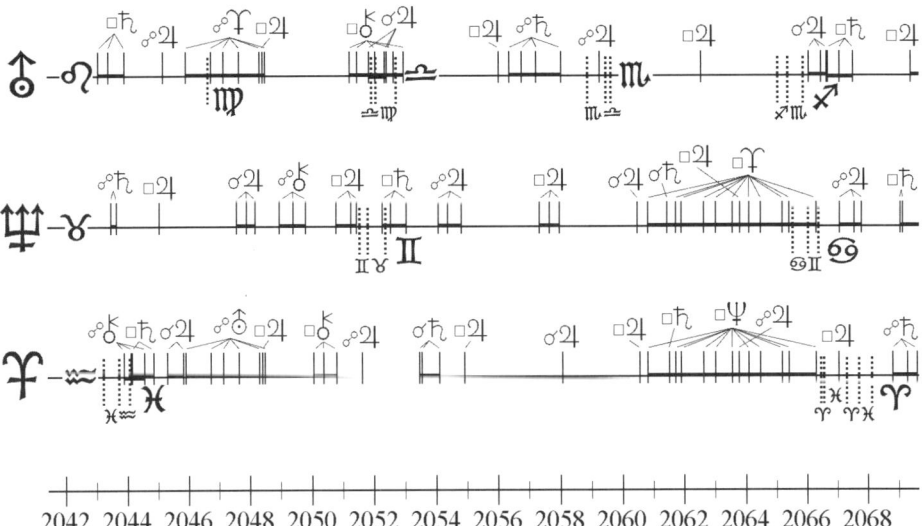

# Literaturverzeichnis

**1. Teil: Symbolik, Mythologie und Entdeckung des Pluto**

1) von Ranke-Graves, Robert: «Griechische Mythologie», Rowohlt Enzyklopädie, Reinbek/Hamburg 1987

2) Frazier, Kendrick: «Das Sonnensystem», Time Life Bücherei, Amsterdam 1987

3) Harenberg, Bodo: «Chronik des 20. Jahrhunderts», Chronik Verlag, Dortmund 1988


**2. Teil: Pluto-Themen in der Praxis**

1) Berne, Eric: «Spiele der Erwachsenen. Psychologie der menschlichen Beziehung», Rowohlt Taschenbuch Verlag, Hamburg

2) Jonas, A. David: «Orientierungshilfen zur Psychotherapie in der Allgemeinpraxis. Archaische Relikte in psychosomatischen Symptomen», Edition Materia Medica, Socio-medico Verlag, Gräfelfing

3) Jonas, Doris F., und Jonas, A. David: «Signale der Urzeit. Archaische Mechanismen in Medizin und Psychologie», Hippokrates Verlag, Stuttgart

3) Norwood, Robin: «Wenn Frauen zu sehr lieben. Die heimliche Sucht, gebraucht zu werden», Rowohlt Verlag, Reinbek/Hamburg

4) Grof, Stanislav: «Topographie des Unbewussten: LSD im Dienste der tiefenpsychologischen Forschung», Verlag Klett-Cotta, Stuttgart

   Grof, Stanislav: «Geburt, Tod und Transzendenz. Neue Dimensionen der Psychologie», Kösel Verlag, München

5) Jung, C. G.: «Symbole der Wandlung». Gesammelte Werke Bd. 5, Walter Verlag, Olten

6) Neumann, Erich: «Die Grosse Mutter», Walter Verlag, Olten


**3. Teil: Pluto im Weltgeschehen**

1) Marx, Karl: «Zur Kritik der politischen Ökonomie», Dietz Verlag, Berlin 1859

2) Hartmann, J.: «Das Geschichtsbuch», Fischerbücherei, 1957

3) Gebser, Jean: «Die Welt im Banne von Wissenschaft und Technik» (Bilder im Spiegel der Zeit, Bd. II), Weltrundschau Verlag, Baar 1983

4)   von Salis, J. R.: «Bilder im Spiegel der Zeit», Bd. III (Panikkar: Asien und die Herrschaft des Westens), Metz Verlag, Zürich 1977

5)   Batra, Ravi: «Die grosse Rezession von 1990», Heine Verlag, München 1988

6)   Harenberg, Bodo: «Chronik der Menschheit», Chronik Verlag, Dortmund 1988

7)   von Salis, J. R.: «Bilder im Spiegel der Zeit», Bd. III (Gründe und Hintergründe des Ersten Weltkrieges), Metz Verlag, Zürich 1977

8)   Jung, C. G.: «Die Hypothese des kollektiven Unbewussten» (Vortrag aus dem Jahr 1932 an der ETH), Gesammelte Werke Bd. 18, 2. Teil, S. 547, Walter Verlag, Olten 1981

9)   von Salis, J. R.: «Bilder im Spiegel der Zeit», Bd. IV (Im Tal der Könige), Metz Verlag, Zürich 1977

10)  Greer, Germaine: «The female Eunuch», Mac Grawhill, New York 1971 (deutsche Ausgabe: «Der weibliche Eunuch», Fischer Taschenbuch Verlag, 1974)

11)  Jungk, Robert: «Heller als tausend Sonnen», Rowohlt Taschenbuch Verlag, Reinbek/Hamburg 1983

12)  Berne, Eric: «Spiele der Erwachsenen», Rowohlt Taschenbuch Verlag, Hamburg 1970

13)  Pearls, Frederick S.: «Gestalttherapie in Aktion», Ernst Klett Verlag, Stuttgart 1976

14)  Gysling, Erich: «Bilder im Spiegel der Zeit», Weltrundschau Verlag, Sessa/Lugano 1974

15)  Toffler, Alvin: «Der Zukunftsschock», Scherz Verlag, Bern 1972

16)  Kernberg, Otto F.: «Object Relations Theory and Clinical Psychoanalysis», Yason Aronson, New York 1976

17)  Gysling, Erich: «Weltrundschau 88», Weltrundschau Verlag AG, S. 336

# ASTROLOGIE HEUTE

**Zeitschrift für Astrologie, Psychologie und Zukunftsthemen**

ASTROLOGIE HEUTE wurde 1986 von *Claude Weiss* gegründet und ist die grösste deutschsprachige Astrologie-Fachzeitschrift; sie erscheint alle zwei Monate. Das durchgehend farbige Heft enthält im Mittelteil ein <u>Magazin</u>, das unter der Leitung von *Brigitte Theler* Astrologie aus den verschiedensten Blickwinkeln und im Zusammenhang mit verwandten Themen vermittelt. Im <u>Kalender</u> macht *Verena Bachmann* jeweils eine astrologische Vorausschau auf die folgenden zwei Monate. In der Rubrik <u>Astrologie im Weltgeschehen</u> werden anhand der aktuellen astrologischen Konstellationen die wichtigsten politischen und gesellschaftlichen Ereignisse von *Claude Weiss* analysiert und kommentiert. In jeder Nummer sind die Horoskope von <u>Berühmten Persönlichkeiten</u> abgedruckt. Weitere Rubriken: <u>Interview</u>, <u>Baukasten</u> (astrologisches Grundwissen), <u>Psychologie</u>, <u>Bücherschau</u>, <u>Trends</u>, <u>Reflexe/Reflexionen</u>.

### Bestellen Sie ein Probeabonnement bei:

ASTROLOGIE HEUTE, Postfach, CH-8047 Zürich

Telefon: (0041) (0) 43 343 33 00 / Fax: (0041) (0) 43 343 33 01

E-Mail: <u>Info@astrologieheute.ch</u> / Internet: <u>www.astrologieheute.ch</u>